U0089994

中國學術思想 研究輯刊

二四編

林慶彰 主編

第9冊

中、晚明「泰州學派」的思想發展研究：
從「百姓日用」到「參之以情識」

韓曉華 著

花木蘭文化出版社

國家圖書館出版品預行編目資料

中、晚明「泰州學派」的思想發展研究：從「百姓日用」到「參之以情識」／韓曉華 著 — 初版 — 新北市：花木蘭文化出版社，2016〔民 105〕
目 2+292 面：19×26 公分
（中國學術思想研究輯刊 二四編；第 9 冊）
ISBN 978-986-404-723-9（精裝）
1. 明代哲學
030.8 　　　　　　　　　　　　　　　　105013481

ISBN-978-986-404-723-9

中國學術思想研究輯刊
二四編　第 九 冊　　　　　　　　ISBN：978-986-404-723-9

中、晚明「泰州學派」的思想發展研究：
從「百姓日用」到「參之以情識」

作　　者　韓曉華
主　　編　林慶彰
總 編 輯　杜潔祥
副總編輯　楊嘉樂
編　　輯　許郁翎、王筑　美術編輯　陳逸婷
出　　版　花木蘭文化出版社
社　　長　高小娟
聯絡地址　235 新北市中和區中安街七二號十三樓
　　　　　電話：02-2923-1455／傳眞：02-2923-1452
網　　址　http://www.huamulan.tw 信箱 hml810518@gmail.com
印　　刷　普羅文化出版廣告事業
封面設計　劉開工作室
初　　版　2016 年 9 月
全書字數　279140 字
定　　價　二四編 11 冊（精裝）新台幣 20,000 元　　　　版權所有·請勿翻印

中、晚明「泰州學派」的思想發展研究：
從「百姓日用」到「參之以情識」

韓曉華　著

作者簡介

　　韓曉華，香港人。香港教育學院畢業、香港公開大學教育碩士（2005）、香港中文大學哲學文學碩士（2010）、香港新亞研究所（哲學組）博士（2014）。曾任小學教師，現任香港人文學會講師、香港中文大學兼任講師。學術領域為宋明理學、當代新儒學及中西哲學比較研究。

　　著有〈論何心隱的「講學」思想〉、〈從《五十自述》論牟宗三先生的「歸宗儒學」〉、〈論牟宗三先生對王塘南「透性研幾」的詮釋〉、〈論牟宗三先生對「哲學語言」的理解：從牟譯《名理論》來看〉、〈論唐君毅先生對荀子「性惡善偽」的詮釋〉、〈唐君毅論「身心問題」——從比較塞爾（J.R.Searle）的解決方案看〉等多篇論文刊登於《國立臺灣大學哲學論評》、《鵝湖月刊》、《當代儒學研究》等學術期刊，及短篇小說集《念舊：給那些像消失了的》。

提　要

　　本文的研究目的在於清理「泰州學派」在儒學思想發展史上相應的義理之定位問題。本文論述「泰州學派」的思想發展可分成三個階段：

　　一，「泰州學派」思想確立。「道體流行的圓融境界」是指「良知」（天理、本體）的周流遍潤所充分呈現之圓融境界。「道體流行」即是指「良知」（天理、本體）的「流行」，此「道體流行」即是一圓融之境界。「泰州學派」的王心齋與王東崖的學說最能表現出這一特徵。

　　二，「泰州學派」思想轉調。「思想轉調」是指思想脈絡相同而側重點有別，「泰州學派」的後學之思想特徵仍然是「自然」與「樂學」，而側重點則從「本心實性」而說。「道體流行攝歸於本心實性」是指「良知」（天理、本體）的流行所呈現之圓融境界，所強調的是此一圓融境界即是本心之實性（即「性情」）的一面，並以一活活潑潑、天機發見、自然而然的赤子之心為名，以期能以此「本心實性」為據來達至「道體流行」之境界。「泰州學派」的顏山農與羅近溪的學說最能表現出這一特徵。

　　三，「泰州學派」思想俗化。「思想俗化」是指其中的思想特徵僅於用語話頭處的表面相近，而質實處已有截然不同的依據參照，依「泰州學派」的後學發展來說，其思想特徵僅是表面上仍然是「自然」與「樂學」，其理論依據的「本心實性」則純粹由自然的情性而說。「本心實性的解放」已並不是指相關於「良知」（天理、本體）的流行所呈現之圓融境界，而是直指此「本心實性」即為自然的情性之「本來面目」，此言「解放」即把「本心實性」乃由「良知本體」在超越層所作的根據完全鬆動，由道德範疇說的「本心實性」徹底轉變為自然主義的性情而已。「泰州學派」的何心隱與李卓吾的學說最能表現出言一「本心實性的解放致情識而肆」的特徵。

　　透過上述三個階段六個人物的個案研究，則可清理「泰州學派」在義理上之定位。首先，「泰州學派」的思想發展使得宋明儒學的「道德形上學」之型態有走向著重於道德實踐的趨勢，再從而只著重於自然生命為道德實踐之可能根據，扭轉了「道德形上學」的思想型態。其次，「泰州學派」的思想發展也鼓吹了清初注重才情與人欲的「達情遂欲」思潮。

目
次

第一章　緒　論

泰州之後，其人多能以赤手搏龍蛇，

傳至顏山農、何心隱一派，遂復非名教之所能羈絡。

——黃梨洲〔註1〕

第一節　問題意識的提出（包括研究動機）

　　王陽明（守仁，1472～1529）歿後，其良知學（包括「良知」與「致良知」思想）在各弟子的詮釋與實踐差異中產生了各種分化現象，〔註2〕黃梨洲（宗羲，1610～1695）在《明儒學案》中將「陽明後學」〔註3〕分爲八派，

〔註1〕黃宗羲著〈泰州學案一〉，沈芝盈點校《明儒學案》（下冊），北京：中華書局，2008 年版，頁 703。

〔註2〕關於「王學分化」現象，林月惠先生已從當代的詮釋架構、王門諸子與王陽明的互動關係和歷史圖像等作出仔細的梳理，參考林月惠著《良知學的轉折：聶雙江與羅念菴思想之研究》，台北：臺大出版中心，2005 年，第一、二章。另外，本文也會依林月惠先生的說法，以「良知學」作爲統攝王陽明整體思想的說法。林月惠先生曾言：「『良知學』實指陽明思想的兩大樞紐觀念，一是『良知』，一是『致良知』（致知），前者專指本體論，後者則指工夫論。二者相互函蘊。」（林月惠著《良知學的轉折：聶雙江與羅念菴思想之研究》，頁 3）

〔註3〕所謂「陽明後學」，吳震先生曾指出：「從廣義上說，凡是陽明以後的信奉陽明心學或在思想上受陽明心學之影響的學者都可以納入陽明後學的研究範圍，比如、明清時代乃至現、當代的一些學者都可以作爲其研究對象；從狹義上說，陽明門下及其再傳弟子（包括與陽明有明確師承關係）可以算作陽明後學的研究範圍，比如黃梨洲《明儒學案》中各『王門學案』便是主要的研究對象。」（吳震著〈陽明後學概論〉，載於《中國文哲研究通訊》第十二卷，第三期，2002 年，頁 105。）林月惠先生也指出「陽明後學」的研究範圍和對象：「即是指認同陽明思想，並對陽明思想加以闡釋的王門弟子。其範圍包括《明儒學案》所列舉的浙中王門、江右王門、南中王門、楚中王門、北方王門、粵閩王門，加上《止修學案》，《泰州學案》之諸子。」（林月惠著

研究這一「王學分化」的現象，正好讓我們從傳承與發展的角度看王陽明良知學的可能詮釋方向，也能對明末清初儒學思想的轉型提出一個合理的解釋。〔註4〕

在「王學分化」的背景中，「泰州學派」是一個具有特殊研究意義的群體。

壹、從《明儒學案》論「泰州學派」

一、從黃宗羲在《明儒學案》的編輯結構而論「泰州學派」

在《明儒學案》中，王陽明一脈佔有一個中心的位置，在六十二卷的學案中，王陽明一脈已佔了二十七卷，文字數量約全書的一半，清儒莫晉在〈明儒學案序〉直言《明儒學案》一書的要點：「要其微意，實以大宗屬姚江，而以崇仁為啓明，蕺山為後勁。」〔註5〕在《明儒學案》中又區分陽明後學為：浙中、江右、南中、楚中、北方、粤閩、止修、泰州八個學派，凡二十六卷，而〈泰州學案〉共五卷，分量不輕，〔註6〕然而，《明儒學案》

〈唐君毅、牟宗三的陽明後學研究〉，載於《杭州師範大學學報（社會科學版）》第1期，2010年1月，頁22）

本文認同吳震先生對「陽明後學」所取的狹義説法及林月惠先生的講法，即「陽明後學」之具體指涉對象乃是明末時期，認同王陽明思想並作出闡釋的王門弟子。

〔註4〕關於明末清初儒學思想之轉型，現代學者已提出了眾多的解釋，如梁啓超的「理學反動説」、錢穆的「宋學延續説」、余英時的「内在理路説」、鄭宗義的「儒學内部形上與形下的緊張關係説」等。詳見秦峰著《明清之際儒家的理氣論與内在一元傾向——黃宗羲哲學探微》（香港中文大學博士論文，2010年）及林舜聰著《明清之際儒家思想的變遷與發展》（台北：花木蘭文化出版社，2009年）。當然，對於明末清初儒學思想之轉型的解釋可以有多種多樣，更不可能只由於某種單一的「本質原因」就能對這一歷史現象或學術思潮作出某種武斷的解釋模式，然而，從哲學思想史的研究來説，卻可以解釋的效力作為考察某一歷史現象或學術思潮所可能導致的因素，提供某一個解釋的思考面向，至於能否達到預期的解釋效力，則有待檢驗或論證其中的合理性。

〔註5〕黃宗羲著，沈芝盈點校《明儒學案》上冊，頁12。

〔註6〕黃宗羲將廿八人編入五卷本的〈泰州學案〉内，其中顏鈞、何心隱、鄧豁渠、方與時、程學顏、錢同文、朱恕、韓貞、夏廷美等只具傳記而未有文獻資料的選錄，其餘十九人皆有傳記及文獻資料的選錄，相對於同樣具五卷本的〈浙中王門學案〉來説，黃宗羲將十九人編入〈浙中王門學案〉内，其中蔡我齋、朱白浦、董穀、陸原靜、顧箬溪、胡今山等只具有傳記而未有文獻資料的選錄，只有其餘十三人皆有傳記及文獻資料的選錄，如是來看，〈泰州學案〉的資料分量和人物數目不可謂不龐大。關於〈泰州學案〉所記載人物資料，可參本章〈附錄：《明儒學案》〈泰州學案〉所記載的人物資料〉。

對〈泰州學案〉的編輯處理卻是特殊的。首先,〈泰州學案〉不僅排列在陽明後學的最後,更在學案名稱上有別於其他,即並未標明「王門」字樣,這一種造法似乎暗示了「泰州學派」是陽明後學的「別傳」之訊息。〔註7〕其次,黃梨洲對〈泰州學案〉的編輯安排也是另有用心的,黃宗羲在《明儒學案》的編修中總是根據出生地域、師承關係和思想類型等三個標準而將各人物劃分歸類,但是,在〈泰州學案〉的編修上卻是表現出劃分標準的失衡,按出生地域看,五卷的〈泰州學案〉中僅有少數學者屬於泰州人士;〔註8〕依師承關係說,首三卷的〈泰州學案〉即按師門授受來編修,卷五的周海門(汝登,1547～1629)在《明儒學案》內雖記載說他是拜羅近溪(汝芳,1515～1588)為師,但已有現代學者運用詳細的考證指出周海門根本不是羅近溪的弟子,〔註9〕如是,整卷皆繫於周海門而成的〈泰州學案五〉理應刪除於〈泰州學案〉之外;從思想類型言,首三卷的〈泰州學案〉的人物思想儘管不盡相同,但從師承關係的影響下卻形成了相近的風格與思想基調,反之,在〈泰州學案四〉中所收的七人(耿定向(天臺,1524～1596)、耿定理(楚倥,1534～1577)、焦竑(弱侯,1541～1620)、潘士藻(雪松,1537～1600)、方學漸(本菴,1540～1615)、何祥(克齋,1540～1611)和祝世祿(無功,1540～1611))無論在師承關係或思想類型上也與前三卷極不類近,是以有學者認為〈泰州學案四〉所收錄的人物僅是黃梨洲勉強湊合而來的。〔註10〕如此看來,黃梨洲對於「泰州學派」的編修似乎製做了一個特殊的「大雜燴」樣式的群體。

〔註7〕吳震曾指出:「我們究竟應當如何解釋黃宗羲為何直稱『泰州學案』而不像其他『王門學案』一樣加上『王門』兩字?由於他本人沒有向我們交代他的具體理由,所以我們現在只能說,根據黃宗羲的做法,完全有理由認為泰州學派被他別除在了王門正傳之外,這是因為黃宗羲對學派的判斷標準裏面,有所謂『正傳』和『別傳』之分。」(吳震著《泰州學派研究》,北京:中國人民大學出版社,2009年,頁5～6。)

〔註8〕在《明儒學案》的〈泰州學案〉中,僅五人屬泰州人士:王心齋、王東崖、王一菴、朱恕和林春。

〔註9〕彭國翔著〈周海門的學派歸屬與《明儒學案》相關問題的檢討〉,收錄於彭國翔著《近世儒學史的辨正與鉤沉》,台北:允晨文化,2013年,頁251～302。

〔註10〕鄭宗義著〈性情與情性──論明末泰州學派的情欲觀〉,收於鄭宗義著《明清儒學轉型探析:從劉蕺山到戴東原(增訂版)》,香港中文大學出版社,2009年,頁285。

二、從《明儒學案》對「泰州學派」的評價論「泰州學派」

黃梨洲在〈泰州學案一〉直言：「陽明先生之學，有泰州、龍溪而風行天下，亦因泰州、龍溪而漸失其傳。泰州、龍溪時時不滿其師說，益啓瞿曇之秘而歸之師，蓋躋陽明而爲禪矣。然龍溪之後，力量無過於龍溪者，又得江右爲之救正，故不至十分決裂。泰州之後，其人多能以赤手搏龍蛇，傳至顏山農、何心隱一派，遂復非名教之所能羈絡。」〔註11〕依黃梨洲的說法，「泰州學派」既有讓陽明學風行之功，又有讓陽明學失傳之害，這似乎是一對互相衝突的說法。究竟「泰州學派」在何種意義之下有助良知學的風行，又在何種意義之下有害良知學的傳承呢？《明儒學案》中極爲推崇泰州學派開山之祖王心齋（艮，1483～1540），〈泰州學案一〉有言：「陽明而下，以辯才推龍溪，然有信有不信，惟先生（按：即王艮）於眉睫之間，省覺人最多。謂百姓日用即道。雖僮僕往來動作處，指其不假安排者以示之，聞者爽然。」〔註12〕既言王心齋能「省覺人最多」，這正是他能風行良知學的本事。在《明儒學案‧師說》「王龍溪畿」項，劉蕺山（宗周，1578～1645）有言：「王門有心齋、龍溪，學皆尊悟，世稱二王。心齋言悟雖超曠，不離師門宗旨。至龍溪，直把良知作佛性看，懸空期個悟，終成玩弄光景，雖謂之操戈入室可也。」〔註13〕換言之，從工夫指點和王陽明的心學傳承來看對待王心齋，其評價對比王龍溪還要高得多。然而，《明儒學案》對「泰州學派」（王心齋的後學）的評價卻有天淵之別，在《明儒學案‧師說》「羅念庵洪先」項，劉蕺山又言：「王門惟心齋氏盛傳其說，從不學不慮之旨，而標之『自然』，曰『樂學』，末流衍蔓，浸爲小人之無忌憚。」〔註14〕即是說，「泰州學派」的末流在《明儒學案》中實在是失卻王心齋學說之傳，故在《明儒學案》內的〈泰州學案〉並沒有名列作「王門」自有其理由，甚至同時代的王門後學胡直在《困學記》也曾言：「王心齋公之學，誠一時傑出，獨其徒傳失眞，往往放達自恣。」〔註15〕如此看來，《明儒學案》對於「泰州學派」的評價實在只是稱揚其始（王心齋），不滿於其末（王心齋的後學），「泰州學派」只是一群不能契悟王陽明良知學的異端群體而已。

〔註11〕黃宗羲著《明儒學案》（下冊），頁703。
〔註12〕黃宗羲著《明儒學案》（下冊），頁710。
〔註13〕劉宗周著〈師說〉，《明儒學案》（下冊），頁9。
〔註14〕劉宗周著〈師說〉，《明儒學案》（下冊），頁12。
〔註15〕黃宗羲著《明儒學案》（下冊），頁522。

貳、從良知學的發展、明清儒學的轉型及傳統儒家的思想論「泰州學派」

除了從黃梨洲的《明儒學案》來看外，從「良知學」的發展、明清儒學思想的轉型、儒家思想的傳統等三個方向來看，「泰州學派」也是一個具有特殊研究意義的群體。

一、從良知學的發展論「泰州學派」

首先，「泰州學派」在中、晚明良知學的發展的評價是否僅依《明儒學案》之言即可呢？若從王陽明提出良知學之「簡易性」或「普遍性」的特質來看，對於「泰州學派」的評價似乎仍是有值得討論的空間。黃梨洲曾指出：「自姚江指點出『良知人人現在，一反觀而自得』，便人人有個作聖之路。故無姚江，則古來之學脉絕矣。」〔註16〕此即點明，王陽明的良知學在於能夠爲儒學傳統的成聖之道（「人皆可以爲堯舜」〔註17〕、「塗之人可以爲禹」〔註18〕）提供一個既能契合道德入路又能聖賢凡愚皆能徹上徹下的教法，如此，則進一步證立了「人人皆可成聖」。這是王陽明良知學在社會化的一面。如果從「泰州學派」以良知學的社會化之方向來看，似乎又不能說「泰州學派」爲王學的異端，錢穆先生直言：「守仁的良知學，本來可說是一種社會大眾的哲學，但眞落到社會大眾手裏，自然和在士大夫階層中不同。單從這點講，我們卻該認泰州學派爲王學唯一眞傳。」〔註19〕換言之，「泰州學派」作爲「陽明後學」一脈，以「百姓日用是道」爲其學說的取向，其在「良知學」的傳承問題上，仍然是值得討論的。

另外，王陽明言「樂是心之本體」之命題是其他「陽明後學」所較爲忽略。王陽明提出「樂是心之本體」具有「承先啓後」的意義。所謂「承先」，即在王陽明以前的儒學傳統大抵視「樂」是作爲道德實踐的效驗來看，所謂「孔顏樂處」，即是從踐仁的過程中感受到「樂」的境界，顏回能夠「飯疏食，飲水，曲肱而枕之，樂亦在其中矣」（《論語》〈述而〉）正在於其踐仁之中具有不爲客觀環境所影響的哀樂標準；孟子說：「萬物皆備於我矣，反身而誠，

〔註16〕黃宗羲著《明儒學案》（下冊），頁178。
〔註17〕《孟子》，〈告子篇下〉。
〔註18〕《荀子》，〈性惡篇〉。
〔註19〕錢穆著《宋明理學概述》，《錢賓四先生全集(9)》，台北：經聯出版事業有限公司，1998年，頁303。

樂莫大焉。」（《孟子》〈盡心上〉）即從人的真誠地對自我作出道德的要求，視萬物爲自我所關懷感通的對象，這樣的要求在於對自身道德實踐之可能，如是，其中的「反身而誠」即已經是「樂」，蓋因在「反身而誠」之間已不爲客觀環境或「命限」等的要素所影響其哀樂標準。不過，儒學傳統的「樂」僅是收攝於道德實踐的效驗而說，即修德未至於「樂」，固然不可謂之學有所成；「樂」更不能視爲修德的手段或報酬，「樂」僅是人在成德以後必定具有的效驗而已。然而，王陽明的「樂是心之本體」則把「樂」收攝於「心之本體」而說，把「樂」提升至與「知」（即道德上的知是知非的「知」）、「誠」（即「反身而誠」的「誠」）、「至善」等能作爲揭示「心之本體」的特質。一般來說，「樂」僅是屬於情感意義，並不能作爲道德判斷的標準，然而，王陽明言「樂是心之本體」卻是把「樂」提升至「本體」的層次討論，即從良知之「好善惡惡」中表現出良知對義理的喜愛或道德的愛好（即「心悅義理」），此一「心悅義理」又會表現於行事的「不容已」中（良知的自然明覺處），如此，即見「心之本體」實具備有「真樂」的特質，是以王陽明指點出「樂是心之本體」作爲理解良知的切入點，並且，在王陽明「即體即用」思維模式之下，「心悅義理」之「樂」實是不同於「七情」的「真樂」，兼具有能轉化「七情」之「樂」。〔註 20〕所謂「啓後」，即在王陽明以後的儒學傳統把這一「樂是心

〔註20〕 相關於王陽明「樂是心之本體」的命題，尤其是「本體之樂」（「真樂」）的特質，仍然是值得一再討論的議題。即是說，縱使從道德本體的發用層面以「心安」來作爲「本體之樂」（「真樂」）的特徵，以「心悅義理」作爲「心之本體」相關於（道德之）情的特徵，則王陽明言「樂是心之本體」與「知是心之本體」、「定是心之本體」的關係是怎樣呢？何以王陽明獨高舉「知是心之本體」（「良知」）爲要呢？牟宗三先生曾指出王陽明言「樂是心之本體」實是從「知是心之本體」輾轉引伸，其言：「至於『定是心之本體』、『樂是心之本體』，乃至『真誠惻怛是心之本體』，皆是由『知是心之本體』展轉引申而來的種種說法，而一是皆實說。」（牟宗三著《從陸象山到劉蕺山》，《牟宗三先生全集》第八冊，台北：經聯出版社，2003 年，頁 182。）此處所言的「實說」即是「心之本體」從其當體自己所呈現的種種實性。如果僅從「呈現的實性」來說，則所謂「本體之樂」（「真樂」）所呈現的是可以是「心安」或「心悅義理」，而「心安」或「心悅義理」即不能算是「本體之樂」（「真樂」），那麼，「本體之樂」（「真樂」）究竟是一種怎樣的「情」呢？此義可以說是仍然需要作出探討的。本文僅粗略地指出：借牟宗三先生的說法，王陽明「樂是心之本體」之「本體之樂」的實義乃是「覺情」，即表明其爲道德主體醒覺而來的純粹感情。然而，「泰州學派」雖然接承王陽明「樂是心之本體」一語而言「樂學」，其「樂學」的要義卻是「道體流行于形形色色，眼前即是，自然有一種洒脫，

之本體」之義加以發揮，尤其是泰州學派，如：王心齋〈樂學歌〉的「樂學相即」義、王東崖（襞，1511～1587）「樂即道，樂即心」的圓融境界義、羅近溪「孝弟慈」之言與天下人同樂之工夫。

從王陽明良知學的「社會化」與「樂是心之本體」兩個要點來看，則「泰州學派」是否為陽明後學的「別傳」則仍是可有討論的空間。這正是本於王陽明「良知學」的角度來考察「泰州學派」的研究進路。

二、從明清儒學的轉型論「泰州學派」

其次，「泰州學派」在明清儒學思想的轉型中又處於甚麼位置呢？劉蕺山曾指出：「今天下爭言良知矣，及其弊也，猖狂者參之以情識，而一是皆良；超潔者蕩之以玄虛，而夷良於賊，亦用知者之過也。」〔註21〕其中「參之以情識」與「蕩之以玄虛」即是導致王學流弊的兩大問題，依黃梨洲詮釋，「參之以情識」指的是「泰州學派」；「蕩之以玄虛」指的是王龍溪。〔註22〕若從哲學思想史的角度來看，明末清初儒學思想的轉型歷程中（即：從「道德形上學」到「達情遂欲」），兩者實是暴露了良知學思想傳承中的空描形上圓融化境而缺失具體實踐工夫的問題，造成形上與形下世界的內聖層面有分崩析離的緊張，加上在外王層面有亡天下的緊張，遂促成了清初儒學思想轉型的必然局面。〔註23〕這是「泰州學派」在明清儒學思想的轉型中所處的第一個位置，即「泰州學派」乃有份於王學流弊的成因而致推導出明清儒學思想轉型。

然而，「泰州學派」在明清儒學思想的轉型中還處於第二個位置。在明末清初儒學思想的轉型歷程中，形上與形下世界的分崩析離現象固然是「泰州

　　因此，道體流行遂與輕鬆的樂趣打拼在一起，成了一點雖平常而實極高的境界」（牟宗三著《從陸象山到劉蕺山》，《牟宗三先生全集》第八冊，頁235）。換言之，「泰州學派」的「樂學」實是從著重於「自然」的境界來說，與王陽明所著重以「道德主體醒覺而來的純粹感情」仍然有別。不過，限於文章篇幅與主題的相干性，暫不擬對王陽明的「樂是心之本體」多作探討。

〔註21〕劉宗周著〈解二十五〉，吳光主編《劉宗周全集》第2冊，杭州：浙江古籍出版社，2007年，頁278。

〔註22〕黃宗羲著《明儒學案》（下冊），頁703。另外，本論文以「中晚明泰州學派的思想研究：從『百姓日用』到『參之以情識』」即本於劉蕺山的說法與黃梨洲的詮釋，以「參之以情識」的問題作為標誌「泰州學派」的思想發展，其中的關鍵在於「泰州學派」各階段人物對於「情識」滲入於「良知本體」的把握不住與不察。

〔註23〕鄭宗義著《明清儒學轉型探析：從劉蕺山到戴東原（增訂版）》，頁8～33。

學派」有分而造成的問題，可是，早已蘊釀於明代中葉的「內在一元論的傾向」〔註 24〕思想亦是一個重要的線索，鄭宗義先生曾就此線索而論說「泰州學派」的關係：「晚明王學的主要毛病在於缺卻實踐工夫而喜空描一形上圓融化境，由是埋下了形上與形下分崩離析的危機。這從東林以降學者的救正大多集中於努力把形上世界往下拉落；把超越隱藏內在之中可以明證。而其具體的歷史後果是從內在一元的傾向演為形上心靈的萎縮；從宋明儒的道德形

〔註24〕 所謂「內在一元論」即是指完全抹去（天道、理）的超越義，而以內在義作統攝，把形上世界往形下拉近，甚至徹底割裂形上世界。此「內在一元論」的說法最先由劉述先先生所提出，其言：「相對於朱子理氣二元不離不雜的思想，陽明的思想明顯地展示了一種強烈的『內在一元的傾向』，主張超越的『理』具現在內在的『氣』之中。我一貫堅持無論陽明、蕺山、梨洲都維持了對於超越天道的嚮向，故此把他們的思想說成『內在一元論』，是不免誤導的。此一詞嚴格說來，只能用於王廷相、顏習齋、戴東原，當然也可以用於梨洲同門陳確的思想。……我現在明白區分開『內在一元的傾向』與『內在一元論思想』的不同涵義，這樣應該可以避免以前用詞不夠精準所引起的不必要的誤解。」（劉述先先著《重訪黃宗羲──新版自序》，《黃宗羲心學的定位》，杭州：浙江古籍出版社，2006 年，頁 1）換言之，劉述先先生提出「內在一元論」乃是對於明末清初思想之轉型的一個解釋線索，劉述先先生更把此一線索的形成上溯至劉蕺山，指出劉蕺山的思想也具有「內在一元論的傾向」。然而，學者們對此「內在一元論」的形成或劉蕺山具有「內在一元論的傾向」的說法仍然有不同的意見，其中的關鍵在於對劉蕺山「理氣論」的詮釋，即劉蕺山明言「盈天地一氣」、「理為氣之理」等來說「理氣為一」，當中的「理」與「氣」的關係仍然可以作出不同的詮釋，如黃敏浩先生詮釋劉蕺山的「理氣論」為「不離不雜」，其言：「以理氣不離不雜來解釋宗周的理氣論，仍是有相當根據的，只是宗周可能較重理氣相即不離的一面，而不好言其不雜的一面，遂多就氣言理，言理不在氣外，而不喜歡任何方式下之理氣分言，認為這樣會產生支離的弊病。」（黃敏浩著《劉宗周及其慎獨哲學》，台北：學生書局，2001 年，頁 77）又如唐君毅先生詮釋劉蕺山的「理氣論」為「氣即理之流行、心之流行」，其說：「劉蕺山則於良知之心知中，指出有善善惡惡之『意根』，為之存主，以有天情元氣之自運于於穆，此為純意純情純氣；同時見至善之天則天理、或性體之淵然在中，以為此心知之主宰，而亦流行於此心知。此則乃為在本然之心體自身上，說其自具本然之發用之言；非就一般之心之發用不一般之情意氣，遂指為心體之所在者。」（唐君毅著《中國哲學原論（原教篇）》，台北：學生書局，2004 年全集校訂版，頁 502～503）依此，劉蕺山的「理氣論」並未有抹去「理」的超越義而以內在義取諦，而言劉蕺山的思想具有「內在一元論的傾向」，則此一「傾向」的意思實在需要再作一番的釐清。換言之，此「內在一元論的傾向」的說法是仍有待討論的。在此，本文的焦點乃「泰州學派」在此明末清初儒學思想之轉型中所具的定位，著眼點在於明末清初儒學思想之轉型，此一儒家思想的轉型之關鍵（或「本質原因」）是否即是「內在一元論」或「內在一元論的傾向」的說法，則不擬詳加討論。

上學逐步轉爲厭談形上本體注重形下氣質才情與人欲的達情遂欲思想。明清之際儒學內部的這一變遷，其實正標誌著一迴異於宋明儒學的新典範的出現；這新典範包括的人物，前有顏習齋、陳乾初，後有清代的戴東原。必須指出，上述達情遂欲思想發展的線索雖與泰州學派轉手的線索共同鼓動了明末崇尙情欲的風氣，但二者取徑卻南轅北轍，不宜混爲一談。」〔註25〕暫不論「內在一元論的傾向」是否確然已存在於劉蕺山的思想，並由其弟子陳乾初和黃宗羲所不約而同地繼承發展出「內在一元論」的問題。假如僅從救正「陽明後學」流弊來看，則從高景陽（攀龍，1562～1626）、顧涇陽（憲成，1550～1612）開始發展至陳乾初（確，1604～1677）、戴東原（震，1723～1777）的思想脈絡來看，〔註26〕明末清初儒學思想的轉至「達情遂欲」的型態。「泰州學派」在明清儒學思想的轉型中所承擔的第二個角色亦正在於此，即「泰州學派」末流的思想發展竟同樣達至「達情遂欲」的型態，成爲共同鼓動此明清儒學思想轉型爲「達情遂欲」的角色。即是說，「泰州學派」雖然步上「參之以情識」的問題，但似乎與由批判泰州、浙中等王門後學流弊而出發的思潮，同樣地得出崇尙情欲的結果。

簡言之，「泰州學派」思想發展的過程步向了「參之以情識」的問題。一方面，造成了形上與形下世界的內聖層面有分崩析離的緊張局面，加上在外王層面有亡天下的緊張，遂促成了清初儒學思想轉型的必然局面；另一方面，也發展至與由救弊於「陽明後學」的思想脈絡共同地導引出清初崇尙情欲的風氣。對「泰州學派」在明末清初儒學思想的轉型的演進過程中的定位之研究，實有助清理哲學思想史的意義。這是本於明末清初哲學思想史的角度來考察「泰州學派」的進路。

三、從傳統儒家的「內聖外王」思想論「泰州學派」

「泰州學派」在社會教化的積極推廣或社會性行動的傾向又有沒有儒學傳統的思想根據呢？即從儒家思想的傳統來看，「泰州學派」的社會性傾向應該如何定位呢？

〔註25〕 鄭宗義著〈性情與情性──論明末泰州學派的情欲觀〉，《明清儒學轉型探析：從劉蕺山到戴東原（增訂版）》，頁 282。

〔註26〕 所謂「從高攀龍、顧憲成發展至陳乾初、戴東原的思想脈絡」並不是指他們具有學術史上的師承關係，而是從救弊於「陽明後學」的思想爲主線的脈絡發展而言。

在儒家傳統的思想中，「內聖」與「外王」〔註27〕（即道德自我與社會實踐）一直是描述儒家思想核心型態的用語。所謂「內聖」指修身，以聖賢之道來修養自己，提高道德自我的素質；所謂「外王」，是指道統，以聖賢之道來參與治世、治國、平天下。「內聖」與「外王」是互為表裏的，也是構成儒家思想傳統的基本型態。然而，以宋明儒學的發展與先秦儒學比較來看，宋明儒學似乎普遍地偏重於「內聖」的工夫，而對於「外王」的關注較為缺乏，這樣的取向固然有理論上和實踐上的因素所導致。從理論上來說，先秦儒家對於「外王」層面的構想僅算是處於摸索階段，只以舜堯三代作為寄託其社會政治的取向，及至兩宋時期，雖有從整體性的論述「內聖」與「外王」乃為一貫，但仍然有從由「內聖」以至「外王」的先後關係的取態，如朱子曾言：「新民（即「外王」）必本於明德（即「內聖」），而明德（即「內聖」）所以為新民（即「外王」）。」〔註28〕這樣的取向固然是在於「內聖」本於「求之在我」，相對於「外王」僅能「求之有道，得之有命」來得更實在具體；也由於「內聖之學」的規模仍有很大的討論空間，即《大學》八條目中「心意知物」的實際內涵與「正誠致格」的先後次第仍存在詮釋上的爭議；從實踐上來看，宋代的理學家並未有斷然「外王」的事功，他們主要以「得君行道」來實踐從「內聖」而轉「外王」的方向，以王安石（1021～1086）的變法失敗來說，程明道（顥1032～1086）曾向宋神宗指出：「王安石博學多聞有之，守約則未也。」〔註29〕即表明王安石的變法實未能足於「內聖」而失敗；朱子（熹，1130～1200）亦嚴謹地面對宋孝宗的召見，求能得君之契合而踐行「外

〔註27〕「內聖外王」原出於《莊子・天下篇》：「是故內聖外王之道，闇而不明，鬱而不發，天下之人各為其欲焉以自為方。」原意僅在於表明對理想的「道術」之描述，然後世卻認為此描述更恰當於表明儒家思想的基本型態。牟宗三先生嘗言：「『內聖外王』一語雖出于《莊子・天下篇》，然以之表象儒家之心願實最為恰當。『外王』者，外而達于天下，則行王者之道也。王者之道，言非霸道，此一面足見家之政治思想。宋、明儒所講習者特重在『內聖』一面，『內聖』一面在先秦儒家本已彰顯而成定型，因而亦早已得其永恆之意義。」（牟宗三著《心體與性體》（第一冊），《牟宗三先生全集》第五冊，台北：經聯出版社，2003 年，頁 6）

〔註28〕朱熹著《朱子語類》卷六十，〈萬章問孔子在陳章〉，《朱子全書》第 16 冊，上海古籍出版社，2002 年版，頁 1999。至於言及此句中的「明德」即「內聖」；「新民」即「外王」，是參考余英時著《朱熹的歷史世界：宋代士大夫政治文化的研究（下冊）》，北京：三聯書店，2004 年版，頁 883。

〔註29〕程顥、程頤著《二程集》，北京：中華書局，2004 年版，頁 17。

王」之道，〔註30〕然而，「得君行道」的方式終究由於「得之有命」的問題，未能容易遇著「可行道」之君；及至明代，王陽明標舉的良知學則從「覺民行道」的方式來踐行「外王」之道。〔註31〕這是「外王」層面在宋明儒學顯得關注較少的可能因素。

　　從「得君行道」轉至「覺民行道」以實踐「外王」之取向來看，「泰州學派」以繼承王陽明的「覺民行道」之社會性傾向的形象是非常突出的。祝平次先生曾指出：「泰州學派的儒者，更將促成理想社會的實現視為自己生命的目標，而非強調內在良知的獨善圓滿。然而，欲將社會導向一個理想的境界，就牽涉到什麼是理想的社會、如何引領社會等問題，所以強烈而直接的淑世關懷，讓這三位泰州學者（按：即王艮、顏鈞、何心隱）的思想蘊含了較濃厚的社會意識。」〔註32〕依此一進路來說，「泰州學派」在社會教化的積極推廣或社會性行動的傾向實在具有儒學傳統思想的基本型態：「內聖外王」之根據。而這種社會性的傾向或淑世的關懷不單止在中、晚明時期的王學後學思想中顯得突出，更可成為當今新儒學發展「外王」學的反省性資源，岑溢成先生曾言：「當今談新儒學未來發展學者，每每強調傳統儒學『外王』學之不足。王心齋『安身論』的意義，泰州學派的表現方式，甚至泰州學派在學術上及政治上所受到的不公不平待遇，也許有特別的參考和反省的價值。」〔註33〕換言之，從一個儒家傳統思想的發展脈絡來看，「泰州學派」的社會性傾向至少可以從溯本追源或當代反省的角度而論述。

〔註30〕朱熹曾言：「熹六日登對，初讀第一奏，論致知格物之道，天頻溫粹，酬酢如響；次讀第二奏，論復讎之義；第三奏，論言路壅塞，佞幸鴟張，則不復聞聖語矣。」（朱熹著〈與魏元履書〉，《朱子全書》第21冊，頁1082～1083。）

〔註31〕相關於「覺民行道」的轉向，余英時先生曾指出：「宋代『得君行道』的終極目的是重建理想秩序，當時稱之為『三代之治』。朱熹論『道統』、『道學』與『道體』，無一不與『三代之治』緊密相連。從這一角度說，王陽明在明代理學史上的劃時代貢獻，便在於他用『覺民』取代了『得君』，示學者另一條『行道』的途徑，因而使『三代之治』再度成為一種令人嚮往的理想。」（余英時著《宋明理學與文化》，台北：允晨文化，2004年，頁315）

〔註32〕祝平次著〈社會人倫與道德自我——論明代泰州平民儒者思想的社會性〉，載於鍾彩鈞、楊晉龍編《明清文學與思想中之主體意識與社會（學術思想篇）》（台北：中央研究院出版，2004年），頁94。

〔註33〕岑溢成著〈王心齋安身論今詮〉，載於《鵝湖學誌》第十四期（1985年6月），頁80。

　　不過，「泰州學派」的社會教化或社會性行動的傾向雖然是繼承於王陽明「覺民行道」的實踐「外王」之取向，但是，儒家傳統思想中的「外王」取向仍然需要對「內聖」具有相應的體悟，此即儒家傳統思想的「內聖」與「外王」之表裏爲一的整體性思考。觀乎「泰州學派」的不同人物，他們在社會教化或社會行動上皆抱有積極的傾向，然而，他們對於「內聖」之學的思想架構卻是截然不同，如王心齋與何心隱（1517～1579）皆主張「爲帝者師」（或「聚英才以育之」），王心齋以修身爲本而何心隱卻以大精神大力量（即：意與氣）爲要，兩者對於「內聖」之學的思想規模實有極大的落差。換言之，從儒家傳統思想的型態（「內聖外王」）之詮釋發展來看，「泰州學派」自有其獨特的地位，尤其是「外王」的實踐取向，「內聖」與「外王」之間的一貫性關係等的發揮。依此而論，對「泰州學派」在「內聖外王」的詮釋發展之研究，實有助清理「內聖外王」思想詮釋發展史的意義。這是本於儒家傳統思想發展的角度來考察「泰州學派」的進路。

參、研究「泰州學派」的問題意識

　　從上述的討論來看，實可確定：「泰州學派」是一個具有特殊研究意義的群體。

　　依此，本論文的研究動機即在於清理「泰州學派」在明末清初的儒學思想發展史上相應的義理定位之問題，而此定位問題又具備有三個層次：良知學的傳承，明清儒學的轉型和儒家傳統思想的詮釋發展。

　　本論文的具體問題意識有二：

　　一、在指定的幾代「泰州學派」人物中，他們的思想宗旨與學思傳承是怎樣發展的呢？

　　二、從良知學的發展、明清儒學的轉型、儒家傳統思想的詮釋發展等三方個方向來看，探討指定的不同的階段「泰州學派」人物思想，從而在哲學思想史上能給出「泰州學派」怎樣的定位呢？

　　前者是探究「泰州學派」思想的哲學意涵問題。主要從「本體」與「工夫」的關係與框架作研究方向，這是考慮到「宋明儒學」的普遍哲學思考來說。牟宗三先生曾指出宋明儒心性之學的全部此「本體」與「工夫」兩問題。其言：「人對于哲學的態度不一，哲學的思考活動（釐清活動）亦可到處應用，故『道德底哲學』其系統亦多端，其所處理之問題亦可有多方面。但自宋、明儒觀之，就道德論道德，其中心問題首在討論道德實踐所以可能之先驗根

據（或超越的根據），此即心性問題是也。由此進而復討論實踐之下手問題，此即工夫入路問題是也。前者是道德實踐所以可能之客觀根據，後者是道德實踐所以可能之主觀根據，宋、明儒心性之學之全部即是此兩問題。以宋、明儒詞語說，前者是本體問題，後者是工夫問題。」〔註34〕而林月惠先生也指出：「宋明理學的哲學思考，乃本於對『聖人之學』的祈嚮，對『成德之教』的實踐，對『內聖外王』的關注。」〔註35〕是以從學宗於儒家思想的立場來看，「泰州學派」人物的思想仍然可以是落於「本體」與「工夫」，或「聖人之學」的架構來討論。此部分的工作，實是作為清理「泰州學派」在明末清初的儒學思想發展史上相應定位之問題作出奠基性的工作。

後者是探究「泰州學派」在哲學思想史上的義理定位之問題。主要是從哲學思想史的演進作考量，這樣的考量在於從「泰州學派」內部的傳承與從外部的明清儒學的轉型、儒學傳統思想的詮釋發展作分析，務求從哲學思想史的角度梳理出「泰州學派」合理的義理定位。從王陽明的良知學之發展來看，「泰州學派」所繼承的主要是從「道體流行的圓融境界」之一面，即其思想命題（如：「百姓日用是道」、「樂即道，樂即心」等）皆是以「良知」本體的周流遍潤之化境作為立論的基礎，及至後期的發展階段，則以「第一義工夫」之追求而從「本心實性」作為依歸，再轉而以此「本心實性」即「自然情性」，從而把「道體流行」的圓融境界滑落把至以「自然性情」為據，展示其「自然」與「樂」的特徵，思想特徵的外觀上相近，其內涵的主調卻已脫軌，此正是「泰州學派」在良知學傳承上的層層滑落情況，雖則後期的「泰州學派」仍表現出「平常、自然、洒脫、樂」的風格，內裏對於良知本體的把握卻已經失準了。從明清儒學思想的轉型來看，即從「道德形上學」到「達情遂欲」的轉型上，「泰州學派」同樣犯上「陽明後學」空談形上心體而缺少關注實踐工夫的問題，而且，對良知本體的圓融境界的把握滑落以為是「自然的性情」表現，遂助長了清初儒學思想轉而為「達情遂欲」的型態。從儒家傳統思想的「內聖外王」型態來看，「泰州學派」的社會教化或社會性行動的傾向雖然是繼承於王陽明「覺民行道」的實踐「外王」之取向，但其後期的發展中，對良知本體把握的失準，致令對「內聖之學」未有相應的理解，使其「內聖外王」的型態失卻儒家傳統之要義。

〔註34〕牟宗三著《心體與性體》（第一冊），《牟宗三先生全集》第五冊，頁10。
〔註35〕林月惠著《良知學的轉折：聶雙江與羅念菴思想之研究》，頁719。

依此兩大的問題意識，本文即以王心齋所強調的「百姓日用」至劉蕺山批評「泰州學派」爲「參之以情識」之思想發展進程作爲考量範疇。換言之，本文雖然是考察多位被列入爲「泰州學派」的人物，卻並不是鉅細無遺地展現他們思想中的各個面向，反而是從他們的學問思想之宗旨作個案研究的進路，以其學問思想宗旨的本體問題和工夫問題，展示出他們哲學思想的核心部分，並展示出「泰州學派」在不同的發展階段中所獨特的問題意識，依本文的析論，即以「道體流行的圓融境界」、「道體流行攝歸於本心實性」和「本心實性的解放致情識而肆」作爲「泰州學派」三個發展階段之特徵，從而把握整個「泰州學派」的思想發展，並以此論述「泰州學派」在哲學思想史上的獨特意義。〔註 36〕

第二節　「泰州學派」的界定問題

本論文的研究對象是「泰州學派」，然而，關於「泰州學派」的界定卻素來有不少的爭論。以下試從外延指涉及內容意義兩方面作出討論，以對「泰州學派」的概念作出基本的釐清，並嘗試爲「泰州學派」的思想發展區分成不同階段，以界定本文的研究範圍。

壹、從外延指涉論「泰州學派」

從外延指涉方面來看，即是以「泰州學派」所指稱的人物群體作爲界定「泰州學派」的要素。關於「泰州學派」的人物群體之討論，一個關鍵的問題是：在《明儒學案》中的五卷本〈泰州學案〉是否就等同於「泰州學派」呢？不少學者已從黃宗羲的學案排編方法及資料詮釋等問題來持否定的態度，〔註 37〕然而，縱使持同樣的否定態度，各人所列入爲「泰州學派」的人物也各有差異，那麼，究竟「泰州學派」應該包括哪些人物呢？

〔註 36〕 本文以「泰州學派」的思想發展爲「道體流行的圓融境界」、「道體流行攝歸於本心實性」和「本心實性的解放致情識而肆」的三個階段，是受鄭宗義老師著〈性情與情性——論明末泰州學派的情欲觀〉一文之啓發，特此註明。

〔註 37〕 如彭國翔（〈周海門的學派歸屬與《明儒學案》相關問題的檢討〉）、吳震（《泰州學派研究》，北京：中國人民大學出版社，2009 年）、鄭宗義（〈性情與情性——論明末泰州學派的情欲觀〉，鄭宗義著《明清儒學轉型探析：從劉蕺山到戴東原（增訂版）》）、陸冠州（《泰州學派化俗思想研究》，台灣：國立中山大學中國文學系研究所博士論文，2004 年）等。

　　從「泰州學派」的「泰州」意義來說，「泰州學派」之名乃來自於黃宗羲
的〈泰州學案〉。黃梨洲對於「陽明後學」的學派命名是以地區而分的，即從
該學派的主要人物之出生地區作命名，而〈泰州學案〉的「泰州」一名即以
「泰州學派」始創的主要人物王心齋、王東崖和王一菴（棟，1503～1581）
之出生地域在泰州而命名。然而，黃宗羲對於「陽明後學」的學派歸屬除了
從出生地域判別之外，還有從師承關係、思想類型等作出判別，換言之，雖
然在〈泰州學案〉中的許多人物也並不是出生於泰州，但從師承關係、思想
類型的判別來看，他們仍可以歸屬於「泰州學派」。依當代學者的考證與分析，
「泰州學派」的指涉人物大致可依〈泰洲學案〉首三卷作爲譜系，〔註38〕較
具爭議性的人物則是李卓吾（贄，1527～1602）。〔註39〕

〔註38〕鄭宗義先生指出：「如將卷四與卷五剔除以後，泰州的傳承應以前三卷自心齋
　　　　以降所形成的譜系爲準。而這亦正吻合卓吾當時所見所聞。」（鄭宗義著《明
　　　　清儒學轉型探析：從劉蕺山到戴東原（增訂版）》，頁285）至於從理論分析上
　　　　應該把〈泰州學案四〉與〈泰州學案五〉所錄人物剔除於「泰州學派」的理
　　　　由如下：
　　　　一、從思想類型的判準來看，〈泰州學案〉卷一至卷三在學風教化上皆極爲接
　　　　　　近，卷四與卷五的不同人物的思想學風卻差異極大。如耿天臺重視實踐
　　　　　　工夫，主張小學以外別無大學，更譏諷顏山農的隨人指點教法近於禪機。
　　　　二、從師承關係的判準來看，〈泰州學案四〉所收錄的人物主要連繫於耿天臺
　　　　　　而歸納於「泰州學派」，然而，耿天臺與「泰州學派」的「師承」關係僅
　　　　　　是「爲何心隱之友學」。〈泰州學案五〉所收錄的人物主要連繫於周汝登
　　　　　　而歸納於「泰州學派」，然而，彭國翔在〈周海門的學派歸屬與《明儒學
　　　　　　案》相關問題的檢討〉已力證周汝登並不是羅近溪的弟子。
　　　　綜言之，〈泰州學案〉卷四與卷五的人物被編修歸屬於「泰州學派」實在有被
　　　　黃宗羲勉強湊合的嫌疑，如是，「泰州學派」的核心人物則應該是〈泰州學案〉
　　　　的卷一至卷三所記錄的。
〔註39〕吳震先生則認爲趙貞吉（大洲，1508～1578）、耿定向（天臺，1524～1596）
　　　　和李贄（卓吾，1527～1602）三人作爲歸屬於「泰州學派」皆有問題。（吳震
　　　　著《泰州學派研究》，頁10～38）本文則認爲從《明儒學案》的資料來看，耿
　　　　定向僅是「何心隱之友學」，顯然在歸屬「泰州學派」上是有問題；至於趙貞
　　　　吉則是「其學得之徐波石」，在論證趙貞吉並非歸屬「泰州學派」，在處理
　　　　問題上則較爲複雜，雖然吳震先生從《趙文肅公文集》中找出趙貞吉並未稱
　　　　徐波石爲「師」（僅以「君」稱），又指出趙貞吉曾以「吾師」稱呼的僅爲「張
　　　　治」一人，然而，從耿定向、顏鈞、李贄等的證言來看，則僅以上述兩處爲
　　　　證而指出趙貞吉非歸屬於「泰州學派」似乎證據較爲單簿，是以吳震先生即
　　　　指出：「當然如果主張應把趙大洲從泰州學派中剔除出去，則需要做好兩項前
　　　　提工作：（1）必須對趙的思想有一通盤之了解；（2）同時也必須對心齋—徐
　　　　波石一系的思想傳承及其思想特徵有一前期之了解。」（吳震著《泰州學派研

　　首先，黃梨洲在《明儒學案》並沒有把李卓吾列入「泰州學派」，甚至在《明儒學案》內，何以後來的思想史研究皆把李贄歸屬於「泰州學派」呢？

　　吳震先生曾力主將李卓吾摒除於「泰州學派」之外，他從師承關係及自覺的認同意識兩方面重新審視「李卓吾乃泰州學派最具代表性人物之一」的說法。第一，從師承關係而論，李卓吾雖曾自言：「心齋之子東崖公，贄之師。」〔註40〕似乎明白地表示了其師承所在，但再從不同文獻的敘述來看（如許孚遠、顧炎武之說），卻又表明了李卓吾乃是「學無常師」，或至少學於數師。為何李卓吾會有這種學於數師的情況呢？這可以從李卓吾的「師友」觀而說，李卓吾曾說：「余謂『學無常師』、『夫子焉不學』，雖在今日不免為套語，其實亦是實語。吾雖不曾四拜受業一個人以為師，亦不曾以四拜傳授一人以為友，然比世人之時時四拜人，與時時受人四拜者，真不可同日而語也。」〔註41〕表明了其開放式的「師友」觀，李卓吾的「師友」觀念使其「學無常師」，而從師承關係來看，則李卓吾並不能歸入「泰州學派」。第二，從李贄的思想類型與自覺的認同意識來看，吳震先生根據李卓吾的不同文獻所顯示而提出：「卓吾對龍溪的稱讚已經到了無法復加的地步⋯⋯相比之下，卓吾對心齋及其後學的評價雖高，然而卻有所保留。這也從一個側面說明，就卓吾自身而言，他對泰州學派並不抱有自覺的認同意識。」〔註42〕這樣，無論從

究》，頁 15）依此，無論是把趙貞吉歸屬或摒除於「泰州學派」，實在需要一番的工夫，本文暫擬僅依於《明儒學案》的說法，把趙貞吉歸屬於「泰州學派」；至於李贄是否歸屬於「泰州學派」的問題，則是至為複雜及具爭議性。首先，黃宗羲在《明儒學案》並沒有把李卓吾列入「泰州學派」，甚至在《明儒學案》內，何以後來的思想史研究皆把李贄歸屬於「泰州學派」呢？其次，從《明儒學案》對於「泰州學派」末流的批評來看（「泰州之後，⋯⋯遂復非名教之所能羈絡」、「末流衍蔓，浸為小人之無忌憚」），其講法實是指向於李贄的批評（即黃宗羲曾以一「狂」字形容李贄），黃宗羲曾言李卓吾：「先生（按：焦竑）師事耿天臺、羅近溪，而又篤信卓吾之學，以為未必是是聖人，可肩一狂字，坐聖門第二席，故以佛學即為聖學，而明道闢佛之語，皆一一紐之。」（黃宗羲著《明儒學案》（下冊），頁 829）然而，何以黃宗羲把李贄摒除於《明儒學案》之內呢？換言之，以李贄作為「泰州學派」的指涉人物，則必須回答上述兩項問題。對於李贄的歸屬問題，則直接涉及本論文對於「泰州學派」的思想發展問題論述，是以下文將特別討論。

〔註40〕李贄著〈儲瓘〉，張建業主編《李贄全集注》（第三冊），《續焚書注》，北京：社會科學文獻出版社，2010 年），頁 276。
〔註41〕李贄著〈為黃安二上人三首。真師二首〉，《李贄全集注》（第一冊），頁 198。
〔註42〕吳震著《泰州學派研究》，頁 37。

師承關係或自覺的認同意識來看，也可以斷定李卓吾僅是「一位超出當時任何學派的學無常師而又特立獨行的思想家」。

然而，吳震先生將李卓吾摒棄於「泰州學派」之外的思考並非已無可非議，其中仍有幾點可作商榷之處。

第一、以師承關係作爲「學派」傳承的主要準則，是一項合理的條件，卻不必是唯一的條件。以吳震先生所著《泰州學派研究》對何心隱的論述爲例，何心隱固然有事師於顏山農（鈞，1504～1596），然而，究竟何心隱在顏鈞的身上學習了多少或傳承了甚麼呢？兩者的師承關係又怎樣呢？吳震先生指出：「以現有資料來看，心隱作爲山農之徒，大致只是一種名義上的師徒關係，兩人在思想上有何種深入交流以及繼承關係並不明確，這一點是有必要首先加以確認的。確認這一點的目的不在於推翻作爲泰州後學之一支的江西泰州學的傳承譜系：徐波石－顏山農－何心隱、羅近溪，而是旨在揭示在泰州後學內部，其思想上的傳承往往是比較寬鬆的，而不具有嚴密的學術史意味。」〔註43〕由此可見，雖有師承關係可循，然卻並不能算是「學派」傳承的唯一條件。

第二、所謂「自覺的認同意識」即從「私淑」的角度來看兩者的關係，如聶豹的私淑王門。然而，吳震先生從李卓吾的「師友」觀念使其「學無常師」及對「龍溪的稱讚已經到了無法復加的地步」來推論出一個「側面說明」：李贄對「泰州學派」並不抱有「自覺的認同意識」。這樣的推論是有問題的，首先，所謂「學無常師」並不等同於「無師」或完全沒有「師承關係」；其次，「對心齋及其後學的評價雖高，然而卻有所保留」也不代表沒有「自覺的認同意識」。李卓吾固然表現出對王龍溪的高度稱許，可是，他不單對「泰州學派」之輩表明稱讚，更與他們有著密切的聯繫與相類的行事作風。如果從這樣的角度來看，李卓吾是否真的沒有具備對「泰州學派」的「自覺的認同意識」呢？依此，又可否在學術史上把李贄歸併於泰州學派呢？

第三、將李卓吾歸併於「泰州學派」並不僅是一人一書的作爲，如許孚遠、胡適、岡田武彥、嵇文甫、季芳桐等人也在其著作中提及。那樣，他們是否都無視李卓吾的師承關係或自覺的認同意識，而囫圇吞棗地認定傳統的說法呢？在此，假定這樣的情況並不是一個純粹的選定標籤的活動結果，而

〔註43〕吳震著《泰州學派研究》，頁291。

－17－

是具有某種累積的理解結果，那樣，他們之間對「泰州學派」的認定就應該有一個「基本成素」〔註 44〕，此「基本成素」即是作爲指認歸入於「泰州學派」的基礎。這樣的思考綫索即本於各人在「泰州學派」的觀念而想，「泰州學派」的觀念則主要是從〈泰州學案〉而來，即從後世的選取而定，在具備某種編輯者認定的「基本元素」之下，便理應輯併於一起，此相關的「基本成素」可以說是：有師承關係的元素，有行事作風的仿效，有學術思想上比較寬鬆的傳承等。〔註 45〕如果僅從師承關係或自覺的認同意識而判斷李卓吾非屬於「泰州學派」，則實在仍有商榷的餘地。

　　第四、從明末清初的思想典範轉型（即從道德形上學到達情遂欲的典範轉型過程）來看，泰州學派的發展確是鼓動著明末清初崇尚情欲風氣的思想根源之一，即劉蕺山所謂「猖狂者參之以情識」的問題，而泰州學派的發展至李卓吾時，其學說的影響正好揭示出泰州學派在既提倡自然宗旨，又力主戒愼因提倡現成恣肆爲率性無忌憚的理論危機。鄭宗義先生即依此而主張把李卓吾仍歸納於泰州學派的理由：「從本文的觀點看，假若我們想全面了解泰州學派與明末清初崇尚情欲思潮的關係，那麼便絕對不能把卓吾擯出泰州門下。因爲泰州學說本身所隱藏的理論危機，正是傳至卓吾手中才充分暴露出

〔註44〕 此「基本成素」的提出乃是借用勞思光先生對於「哲學」定義之處理而來，勞思光先生指出：「我可以認爲，我之所稱某些書爲『哲學的』，只是依照語言的成例；但這個成例本身是一種累積的理解結果，而不是一個選定標籤的活動的結果。當人們將亞里斯多德或笛卡兒的某一篇論著稱爲哲學作品的時候，他們必是指涉論著內容的某些面相，而作出這個決定。……一個這樣的決定若並無此類**基本成素**作基礎，總是不可能的。所謂成例只在作這種決定後方能形成。」（勞思光著《思辯錄》，台北：東大圖書公司，1996 年，頁 6）借用勞思光先生的說法，「泰州學派」的外延指涉即可能在於某些共同特性的「基本成素」。

〔註45〕 將李贄編入「泰州學派」的編輯者之理由，有學者以爲是緣於「五四運動」之後，研究中國學術史者特意從傳統中國文化中的反傳統禮教，崇尚自由的人物發掘出來，用意揭示傳統中國思想中已具備自由、解放等進步思想，如胡適、嵇文甫等的相關言論。劉勇先生有言：「在『五四』之後，西方近代文化中的進步、自由等新思想大量湧入中國，以儒家思想爲主的舊傳統、舊信仰遭到強烈批判。與此同時，傳統中國文化中的邊緣人群、非正統或反正統的思想因素也被努力發掘出來。在這種情形下，李贄（1527～1602）迅速被補充到泰州學派的序列中，泰州派也被視爲中國反傳統、反禮教的先鋒，其思想及行爲更長期被看作具有自由、解放、平等、反抗傳統的進步精神而受到廣泛關注。」（劉勇著《晚明士人的講學活動與學派建構——以李材爲中心的研究》，香港中文大學博士論文，2008 年，頁 11）

來。」〔註46〕換言之，從本論文的研究主題：「泰州學派」思想發展的研究來看，李卓吾的思想影響正好揭示出「泰州學派」發展至晚明時期的問題。又，從一個較消極的說法來看，李卓吾即使並未與「泰州學派」有真正師承關係，然而，從其對「泰州學派」之輩的明示稱讚，更與他們有著密切的聯繫與相類的行事作風，「泰州學派」的義理思想亦可算是對李卓吾深具影響，而從其所表現出的思想特色實又可以窺探「泰州學派」至晚明末流時所暴露出來的義理問題。

其次，何以黃梨洲在《明儒學案》並沒有把李卓吾列入「泰州學派」呢？〔註47〕

簡單來說，從黃梨洲在《明儒學案》中對於李卓吾的幾處評論來看，則可以發現黃梨洲不把李卓吾列入「泰州學派」的理由，很有可能緣於「儒佛之辨」及李卓吾「鼓倡狂禪」、「以佛學即為聖學」之問題。

第一，從黃梨洲的「儒釋之辨」來看，其言：「夫儒、釋之辨，真在毫釐。……以義論之，此流行之體，儒者悟得，釋氏亦悟得。然悟此之後，復大有事，始究終得流行。今觀流行之中，何以不散漫無紀？何以萬殊而一本、主宰歷然？釋氏更不深造，則其流行者亦歸之野馬塵埃之聚散而已。故吾謂釋氏是學焉而未至者也。其所見未嘗有差。蓋離流行亦無所為主宰耳。」〔註48〕黃梨洲對於儒佛之辨主要從悟得「流行之體」背後的「氣化之變」與「流行之主宰」作區別，即釋氏只悟得「流行之體」乃是變化不測，即以「至變為體」；而儒者則悟得「流行之體」乃是「至變之中以得其

〔註46〕鄭宗義著〈性情與情性——論明末泰州學派的情欲觀〉，《明清儒學轉型探析：從劉蕺山到戴東原（增訂版）》，頁286。

〔註47〕本文需要指出的是：黃宗羲在《明儒學案》的結構安排並未有具體的說明，不過，在各個「學案」的編輯中還是主要從出生地域、師承關係及思想類型作為三個標準。然而，黃宗羲在編制〈泰州學案〉時卻並未有完全依從這三個標準，依此，則並不能容易推論出黃宗羲未有把李卓吾列入「泰州學派」的理由。然而，借彭國翔論述黃宗羲把周海門編修於〈泰州學案〉的可能理由來說，其言：「黃宗羲將海門作為近溪弟子歸入泰州學案，歸根結底可以說是出於禪的忌諱而有意為之，否則他不會為了盡可能維護浙中陽明學傳承的聲譽而違背自己學術思想史的客觀性原則。」（彭國翔著〈周海門的學派歸屬與《明儒學案》相關問題的檢討〉，《近世儒學史的辨正與鉤沉》，頁301）則可以試從儒釋之辨的角度來討論黃宗羲未有把李贄列入「泰州學派」的可能理由。

〔註48〕黃宗羲著《明儒學案》（下冊），頁762。

不變者」，〔註49〕然而，此中的毫釐之差卻有千里之謬。黃梨洲在《明儒學案》內對於「心學」的鑑別即每每從儒佛之辨作判準，如陳白沙（獻章，1428～1500），黃梨洲有言：「先生之學，以虛爲基本，以靜爲門戶，以四方上下，往古來今穿紐湊合爲匡郭，以日用、常行、分殊爲功用，以勿忘、勿助之間爲體認之則，以未嘗致力而應用不遺爲實得。……或者謂其近禪，蓋亦有二，聖學久湮，共趨事爲之末，有動察而無靜存，一及人生而靜以上，便鄰于外氏，此庸人之論。……先生之學，自博而約，由粗入細，其於禪學不同如此。」〔註50〕宋明儒家學者每每從遊於釋道而返歸於儒，在工夫入路上亦喜言及靜坐，陳白沙之學問「以虛爲基本，以靜爲門戶」即惹來「近禪」的批評，然從黃梨洲的儒佛之辨的判準來說，白沙之學是以主靜工夫以契悟本體，即仍然是從悟「流行之體」背後的主宰。依此，黃梨洲把儒者列入《明儒學案》的其中一項重要判準即在於儒佛之辨，單從李卓吾晚年的出家爲僧的行爲，似是從儒而復返於釋氏，黃梨洲即可以據此而不把李卓吾列入於《明儒學案》。

第二，從黃梨洲對於李卓吾的批評來看，其有言：「先生（按：耿天臺）因李卓吾鼓倡狂禪，學者靡然從風，故每每以實地爲主，苦口匡救。然又拖泥帶水，於佛學半信半不信，終無以壓服卓吾。」〔註51〕又言：「先生（按：焦竑）師事耿天臺、羅近溪，而又篤信卓吾之學，以爲未必是是聖人，可肩一狂字，坐聖門第二席，故以佛學即爲聖學，而明道闢佛之語，皆一一紬之。」〔註52〕依黃梨洲之見，李卓吾不單在於行爲上「近禪」，更在於思想「以佛學即聖學」，如是即不可能把屬於「釋氏」的李卓吾編入於《明儒學案》。

然而，究竟李卓吾是否「以佛學即聖學」呢？尤其是李卓吾曾自言晚年出家爲僧實並非皈依釋氏，其言：「夫卓吾子之落髮也有故，故雖落髮爲

〔註49〕黃宗羲有言：「儒者之道，從至變之中以得其不變者，而後心與理一。釋氏但見流行之體變化不測，故以知覺運動爲性，作用見性，其所謂不生不滅者，即吾之變化，而至變中之不變者，無所事之矣。……釋氏既以至變爲體，自不得不隨流鼓盪，其猖狂妄行，亦自然之理也，當其靜坐枯槁，一切降伏，原非爲存心養性也，不過欲求見此流行之體耳，見既眞見，儒者謂其所見非眞，口得形似，所以過之愈張其焰也。」（黃宗羲著《明儒學案》（上冊），頁30。）

〔註50〕黃宗羲著《明儒學案》（上冊），頁80～81。

〔註51〕黃宗羲著《明儒學案》（下冊），頁815。

〔註52〕黃宗羲著《明儒學案》（下冊），頁829。

僧，而實儒也。是以首纂儒書焉，首纂儒書而復以德行冠其首。然則善讀儒書而善言德行者，實莫過於卓吾子也。」〔註53〕則如果從儒佛之辨來把李卓吾摒除於「泰州學派」之外，似乎實有需要更具解釋力的理由。不過，黃梨洲並未有具體地說明沒有把李卓吾排除於「泰州學派」的理據，以儒佛之辨作為可能的依據亦是本於黃梨洲在《明儒學案》的判準作出推論的說明而已。

綜合而言，單從師承關係及自覺的認同意識兩方面而把李卓吾摒除於泰州學派，則仍要面對以上不同的疑問。假如從「學派傳承」或「學派確定」的思考來看，則「師承關係」可以說是「學派傳承」或「學派確定」的充分條件，而「自覺的認同意識」則可以說是其必要條件。假如從「自覺的認同意識」、思想類型與學風的歸屬等來看，則李卓吾仍然應該歸納於「泰州學派」。另外，從「泰州學派」的思想發展來看，李卓吾的思想影響正好揭示出「泰州學派」發展至晚明時期的問題，與本文的問題意識正好配合。如此，即使黃梨洲並未有把李卓吾列入「泰州學派」，本文仍有理由把李卓吾歸屬於「泰州學派」。如是，從外延指涉方面來看，「泰州學派」所指稱的人物群體，即是〈泰州學案〉卷一至卷三之人物，再加上李卓吾。〔註54〕

貳、從內容意義論「泰州學派」

從內容意義方面來看，即是以「泰州學派」所綜合的思想學風作為界定「泰州學派」的要素。關於「泰州學派」的思想學風的討論，依上述外延指涉的界定來說，則綜合〈泰州學案〉首三卷各人的學風即可，劉蕺山指出：「王門惟心齋氏盛傳其說，從不學不慮之旨，而標之『自然』，曰『樂學』，末流衍蔓，浸為小人之無忌憚。」〔註55〕牟宗三先生也指出：「平常、自然、洒脫、

〔註53〕李贄著〈初潭集·序〉，李贄著，張建業主編《李贄全集注》（北京：社會科學文獻出版社，2010年）第十二冊，頁1。
〔註54〕陸冠川先生對於「泰州學派」的外延指涉界定與本文相同，而陸冠川先生同意將李贄列入「泰州學派」的理由則在於他認為李贄的思想學風與價值抉擇與「泰州學派」相近，其言：「本文同意將李贄納入泰州學派的理由不僅是因為學術觀念彼此淵源極深，在實際行為上，他也像何心隱為理想而死，列於泰州學派可謂名實相符。換言之，有人雖名列泰州學派，其價值抉擇不見得與全派一致，彼此的歧見顯然影響雙方化俗上的理念。」（陸冠州著《泰州學派化俗思想研究》，頁19）
〔註55〕黃宗羲著《明儒學案（條訂本）》，〈師說〉「羅念庵洪先」，頁12。

樂，這種似平常而實是最高的境界便成了泰州派底特殊風格，亦即成了它的傳統宗旨。」〔註56〕換言之，從思想學風而論「泰州學派」，即是「自然」與「樂學」。然而，僅言「自然」與「樂學」而作爲對「泰州學派」的內容意義界定，似乎顯得過於寬泛。究竟「泰州學派」的傳承有沒有一些具體而相貫的問題思考，從而形成相關的「宗旨」呢？

　　從「泰州學派」的「學派」意義來說，「泰州學派」的說法乃是從《明儒學案》這部學術思想史而來，黃宗羲對於「學派」的歸屬編依自有其過人之獨特見解，〔註57〕其言：「大凡學有宗旨，是其過人之得力處，亦是學者之入門處。天下之義理無窮，苟非定一二字，如何約之，使其在我。故講學而無宗旨，即有嘉言，是無頭緒之亂絲也。」〔註58〕按此「學有宗旨」的說法，黃梨洲對「泰州學派」的門派編排，理應有其獨特的思考，尤其是把「泰州學派」置於「王門」之外，其對「泰州學派」的定位當以王陽明的良知學作爲判準，黃梨洲在〈泰州學案一〉卷首已對「泰州學派」作出兩點獨特的綜

〔註56〕牟宗三著《從陸象山到劉蕺山》，《牟宗三先生全集》第八冊，頁233。

〔註57〕黃宗羲編訂《明儒學案》的門派界定雖有其自信之見解，但現代學者也不無批評，如劉述先先生曾指出：「《明儒學案》根本不是一部由王學的觀點所寫的思想史。梨洲是根據蕺山思想的綱領來簡擇陽明以及王門各派，故充其量只是一廣義的王派，決非陽明之嫡派也。」（劉述先著《黃宗羲心學之定位》，台北：允晨文化，1986年，頁175）當然，黃宗羲在《明儒學案》的門派界定上並非不無瑕疵，在此僅欲表明黃宗羲在《明儒學案》的門派界定上確有其個人的思考而已。

　　另外，黃文樹先生曾以三項條件來衡定「泰州學派」可堪稱作一個典型的「學派」，其說：「(一) 始創者要有能建立新『典範』，亦即學派創始人是一位能『成一家之言』者。(二) 宗師之後要有弟子傳承其學說，亦即學派創始人身後門人繼續發揚該學派之思想精神者。(三) 學派之思想應能引起人們之廣泛注意，對當時社會及後世具有影響作用者。依此三條件言，泰州學派堪稱是一個典型的『學派』。」（黃文樹著〈泰州學派人物的特徵〉，《鵝湖學誌》第20期，台北：鵝湖出版社，1998年，頁125）黃文樹先生的條件乃是依從學術思想史的取向而說，與本文的研究取向略有不同，即本於儒學哲學思想史的取向來說，所謂「哲學思想史」的說法，簡略來說，即是對應於哲學理論（即哲學問題及答案的提出）本身的演變發展，並結合探討讓（哲學）思想如何受時代環境的影響及其如何反過來影響時代的走向。如此來說，本文對於「泰州學派」的界定（尤其是內容意義的方面），則更爲注重其哲學理論的演變發展，是以本文以〈泰州學案〉爲「泰州學派」之框架，並釐清其中的外延指涉、內容意義及思想發展的階段，以展示其間相干的「學派」哲學思想的發展。

〔註58〕黃宗羲著《明儒學案》（上冊），頁4。

述：一，「泰州、龍溪時時不滿其師說，益啓瞿曇之秘而歸之師，蓋躋陽明而爲禪矣」，所謂「益啓瞿曇之秘而歸之師」即可當作王心齋對於「致良知」以「悟本體即工夫」入路的隨人指點，此又即「於眉睫之間，省覺人最多」的說法。黃梨洲批評「泰州學派」爲「躋陽明而爲禪」，實據其師劉蕺山不滿王龍溪（畿，1498～1583）、羅近溪等對於「入悟」所作的指點，有離事用功的問題；〔註59〕二，「泰州之後，其人多能以赤手搏龍蛇，傳至顏山農、何心隱一派，遂復非名教之所能羈絡」，其中「能以赤手搏龍蛇」和「非名教之所能羈絡」則可從其對本心實性的自然流露之強調作理解，至何心隱更實將本心實性當作自然生命的呈現，不受拘限於禮教。〔註60〕黃梨洲批評「泰州學派」爲「非名教之所能羈絡」，同樣地依其師劉蕺山對「泰州學派」不滿之言：「訛以情識，則認賊作子，既不諱言人欲」〔註61〕，直指「泰州學派」依情識參入良知本體，以致誤以順從自然生命之情性作爲良知本體之呈現，遂表現得不爲禮教所拘束。換言之，從黃梨洲對「泰州學派」的批評來看，其中仍然可以發現其對「泰州學派」的宗旨之掌握，以下即對「泰州學派」的「宗旨」（「自然」與「樂學」）再作仔細的詮釋。

　　「泰州學派」的宗旨爲：「自然」與「樂學」。所謂「自然」乃依從良知本體的流行呈現之圓融境界而言，此「自然」之境界實是從良知本體的「即體

〔註59〕劉宗周曾言：「學陽明之學者，意不止於陽明也。讀龍溪、近溪之書，時時不滿其師說，而益啓瞿曇之秘，舉而歸之師，漸躋陽明而禪矣。」（劉宗周著〈答王金如三（朝式。戊寅十一月）〉，吳光主編《劉宗周全集》第3冊，頁345～346）黃宗羲對於「泰州學派」的批評似乎乃據於此話，而他把「近溪」修訂作「泰州」，其意明顯以爲「漸躋陽明而禪」同樣是整個「泰州學派」的問題。然而，再從劉蕺山對王龍溪的離事用功之批評來看，其說：「學者專取良知以爲捷徑，於古人用功處一切舍過。」（劉宗周著〈答履思三（壬申）〉，《劉宗周全集》第3冊，頁311）則其意也是在於「泰州學派」有離事言功之弊。

〔註60〕對於「能以赤手搏龍蛇」的理解，現代學者有多種的詮釋。牟宗三先生曾言：「顏山農等都有『赤手搏龍蛇』的本事，任何樊籬都不能約束之，所以成『狂』。」（牟宗三著《人文講習錄》，《牟宗三先生全集》第二十八冊，頁86）嵇文甫先生則說：「王學本包含一種自然違義，本不拘泥迹象。直往直來，任天而動，善惡雙泯，堯桀兩忘。……要看這種自然主義的充分發展，還有待於泰州學派。」（嵇文甫著《晚明思想史》，北京：東方出版社，1996年版，頁23）本文認爲：對「能以赤手搏龍蛇」的詮釋，可以從後一批語「非名教之所能羈絡」爲理解脈絡，即「能以赤手搏龍蛇」即是指從強調自然生命的精神強度，從而展示出不爲名教所能範圍而已。

〔註61〕劉宗周著〈重修紹興府儒學記〉，吳光主編《劉宗周全集》第四冊，頁159。

即用」義而來，由此即可言「泰州學派」的講學宗旨：「百姓日用即（是）道」。所謂「樂學」乃是依從於王陽明以「樂是心之本體」之說的發揮，從良知本體的「即體即用」義而言，此「樂」是良知本體的本然之「樂」；此「樂」又是從良知工夫之「學」而「樂」；此「樂」更是本體工夫圓融而致的境界之「樂」，由此即可言「泰州學派」講學的另一宗旨：「樂學」。及至「泰州之後」，所謂「能以赤手搏龍蛇」和「非名教之所能羈絡」即是對此兩大宗旨的把握不住，尤其是良知本體及「樂是心之本體」的「即體即用」義，致使「泰州學派」的後續者誤以為自然生命之情性作為良知本體之呈現，學派的宗旨遂失據而流為僅言自然生命之「自然」，物欲滿足的「快樂」及恬不知恥的「活潑」。〔註62〕

綜言之，從內容意義方面來看，「泰州學派」的思想學風之宗旨即：「自然」與「樂學」，而「泰州學派」的各個人物都特別著重於「師道」（講學）與社會性行動的傾向之學思風格即源於此兩大宗旨。

參、論「泰州學派」的發展階段

黃梨洲在《明儒學案》中明言：「王門惟心齋氏盛傳其說，從不學不慮之旨，而標之『自然』，曰『樂學』，末流衍蔓，浸為小人之無忌憚。」即是說，「泰州學派」思想的發展有著轉化，甚或越趨劣化的問題，那麼，究竟「泰州學派」的傳承可作怎樣的階段性區分呢？

從師承關係來說，〔註63〕則可分成師承五代的關係，即第一代為：王心齋；第二代為：王一菴、王東崖、林東城（春，1498～1541）、朱光信（恕，年代不詳）、徐波石（樾，1552～？）等；第三代為：韓樂吾（貞，1509～1585）、趙大洲（貞吉，1508～1576）、顏山農等；第四代為：鄧太湖（豁渠，1498～1578？）、何心隱、羅近溪；第五代則為：楊起元（復所，1547～1599）。師承圖表列如下：〔註64〕

〔註62〕 牟宗三先生也指出：「泰州講學，以『自然』、『快樂』、『活潑』為主。這三者本是由工夫提鍊而來，是一步再度和諧的最高境界。倘非如此，則與『情識』混雜，所謂『自然』，僅為自然生命之自然；所謂『快樂』，只是物欲滿足；所謂『活潑』，乃是恬不知恥。」（牟宗三著《人文講習錄》，《牟宗三先生全集》第二十八冊，頁86～87）

〔註63〕 此師承關係即按〈泰州學案〉首三卷而說。

〔註64〕 此師承圖表主要參考程玉瑛著《晚明被遺忘的思想家：羅汝芳（近溪）詩文事蹟編年》（台北：廣文書局，1995年，頁206）及黃文樹著〈泰州學派人物的特徵〉（頁140），本師承表僅據〈泰州學案〉首三卷而整理，實線代表直接師承為「泰州學派」；虛線代表間接受「泰州學派」影響者。

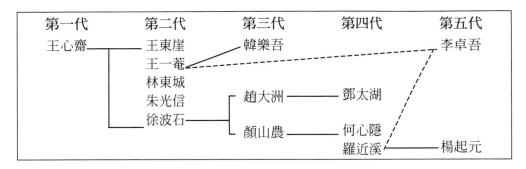

然而，僅按師承關係來說「泰州學派」的思想發展，則仍有未能特別的顯出其間的思想傳承之變化，尤其是第四代的何心隱與羅近溪，無論在思想風格與實踐工夫都顯得截然不同，是以僅從師承關係作爲區分「泰州學派」思想發展的各個階段，則並不恰當。

本文認爲從「泰州學派」的人物群體對良知學思想的把握之發展來看，〔註 65〕則可以從三個階段的發展而說，第一階段爲：道體流行的圓融境界（「泰州學派」思想的確立階段），以王心齋和王東崖爲代表；第二階段爲：道體流行攝歸於本心實性（「泰州學派」思想的轉調階段），以顏山農和羅近溪爲代表；第三階段爲：本心實性的解放致情識而肆（「泰州學派」思想的俗化階段），以何心隱和李卓吾爲代表。圖表列述如下：

第一階段	第二階段	第三階段
道體流行的圓融境界	道體流行攝歸本心實性	本心實性解放致情識而肆
王心齋和王東崖（王一菴、林東城、朱光信、徐波石）	顏山農和羅近溪（趙大洲、韓樂吾、楊起元）	何心隱和李卓吾（鄧太湖）

〔註 65〕關於從思想發展以整理並區分「泰州學派」爲不同的發展階段，林子秋先生曾同樣地作出三個階段的區分，其區分如下：「泰州學派的發展過程，就其主要代表人物的思想變化及其影響來看，大致可以分爲三個階段：第一階段是 16 世紀 20～30 年代，以王艮爲代表，是王艮時期；第二階段是 16 世紀 40 至 70 年代，以顏鈞、何心隱爲代表，是顏鈞、王襞、何心隱時期；第三階段是 16 世紀 80 年代至 17 世紀 30 年代，以李贄爲代表，加上湯顯祖、袁宏道、徐光啓一直延續到 17 世紀二、三十年代，可統稱爲李贄時期。」（林子秋等著《王艮與泰州學派》，成都：四川辭書出版社，2000 年，頁 33～34）然而，林子秋先生的區分明言並非純從師承關係爲準，在具體的操作上卻主要以王艮從泰州一脈（王東崖與王一菴）與江西一脈（徐波石）而分，從徐波石，顏山農，何心隱，羅近溪等作一脈相承，依此而作爲「泰州學派」的第二階段，而李卓吾則師承王一菴，又有得於羅近溪，綜集其後學即作爲「泰州學派」的第三階段。這樣的區分顯然並未有正視王東崖與顏山農的思想差異，也未能理解何心隱與羅近溪的思想落差，實際上仍然是從主要以師承關係爲「泰州學派」的思想發展作出階段性的區分。

　　對於以「道體流行的圓融境界」、「道體流行攝歸於本心實性」和「本心實性的解放致情識而肆」作爲「泰州學派」三個發展階段特徵之理據，主要是從「泰州學派」不同時期對於王陽明的良知學思想之把握而說，此亦即是從「泰州學派」的宗旨：「自然」與「樂學」之思想流衍作論。所謂「道體流行的圓融境界」是指依於良知的充分呈現（即「悟良知」），來表現出一似平常而實極高明的圓融境界，此良知渾化一切的境界，此正是王心齋等人所強調的「自然」、「樂學」、「百姓日即即道」等之要旨；所謂「道體流行攝歸本心實性」仍然是指良知的充分呈現（即「悟良知」），而同時強調此「圓融境界」可看作是本心自己之實性，此正是羅近溪等人所強調的「天機發見」、「赤子之心」等的要旨；所謂「本心實性的解放致情識而肆」是指本心自己之實性（良知本心的性情）當作爲自然主義的情性，忽視了良知的充分呈現（「悟良知」），此正是何心隱等人所強調的「大氣魄」、「大精神」、「童心」等的要旨。觀乎此三個階段的思想發展，雖然仍可以謂「自然」與「樂學」，然而，對於「自然」與「樂學」的內涵卻有不同的意義，其中的關鍵可以說是對於「良知本體」所具有的「性情合一」之義有不同的理解與詮釋所致。本文對於「泰州學派」各階段的個案考察即聚焦於此，從而清理「泰州學派」在明末清初的儒學思想發展史上相應的定位問題。

　　本文的旨趣在清理「泰州學派」在儒學思想發展史上相應的定位問題，而此定位問題又具備有三個層次：良知學的發展，明清儒學的轉型和儒家傳統思想的詮釋發展。故此，本文對於「泰州學派」思想發展的界定即以此三階段爲限，並選取各階段的代表人物（泰州學派」思想的確立階段：王心齋和王東崖；「泰州學派」思想的轉調階段：顏山農和羅近溪；「泰州學派」思想的俗化階段：何心隱和李卓吾），以個案式的研究探討「泰州學派」的思想發展，並依此發展性的研究爲「泰州學派」在儒學思想發展史上相應的定位。〔註66〕

〔註66〕其實，對於「泰州學派」人物群體指涉的一個較少爭議之選擇，可以是獨指王心齋及其後人而說，王心齋的家學是「陽明後學」中較爲顯著的一脈，袁承業曾說：「前明以來，以理學世其家者，未有如心齋一家之盛者。心齋生五子，皆能成其家學，不習舉業。若孫若曾孫，又能學繼其後，疊疊勿替，新新無已，可謂盛矣。」（袁承業編《明儒王東崖東隅東日天眞四先生殘稿》，頁1）依此，彭國翔先生指出：「就當今泰州學派的研究來說，與其囿於《明儒學案》所設定的框架，在泰州學派究道應當包括哪些人物還有待進一步討論的情況下，泛泛而論所謂『泰州學派』，不如首先考察心齋身後家學的傳承。因爲不論泰州學派如何界定，心齋身後其家學的流傳，都毫無疑問應當是泰

第三節　本文的研究方法與章節安排

壹、研究方法及文獻資料說明

　　本文主要採取原典的詮釋方案。即以原典的解讀為主，配合第二手的資料研究，並回歸到作者的原意。本文認同林月惠先生說法：「隨著前輩學者的耕耘，以及陽明後學研究文獻與原典的大量出現，『陽明後學』也可作為一個新的研究領域來探究，有其獨立性，不必成為陽明思想的附屬品，以哲學義理研究來說，陽明後學文獻與陽明思想的交相對比印証，可以加深兩者的義理深度。」〔註 67〕對於「陽明後學」（包括「泰州學派」）大量的研究文獻與原典的出現，正好是從原典的解讀來進一步從深度與廣度清理「陽明後學」的時機，依此來說，「泰州學派」思想之研究亦是一理應可作出較為有別於僅依於《明儒學案》而論述的研究。

　　在原典解讀的要求下，首要任務是原典的蒐集與整理。本文既擬定對「泰州學派」的研究範圍以王心齋、王東崖、顏山農、羅近溪、何心隱及李卓吾等六人為限，則也需要對此六人所遺下的原典文獻作出一番整理。在上述六人中，已全部由現代學者作出優秀而詳實的整理並結集，臚列如後：

王心齋　　1）袁承業編纂《王心齋先生遺集（五卷）》，上海：國粹學報館，1912 年。

　　　　　2）《重刻心齋王先生語錄二卷》，《四庫全書存目叢書・子部》第 10 冊，濟南：齊魯書社，1995 年。

　　　　　3）《王心齋全集》，日本嘉永元年（公元 1846 年）和刻本。（中國古籍全錄　http://guji.artx.cn。下載日期：4/3/2008。已作斷句分章版本。）

州一脈的主體部分。就此而言，研究心齋後人的思想與實踐這一海內外學界迄今尚未探究的課題，顯然構成泰州學派以及晚明儒學研究的一項重要而具實質性的內容。」（彭國翔著〈王心齋後人的思想與實踐——泰州學派研究被忽略的一脈〉，收錄於彭國翔著《近世儒學史的辨正與鈎沉》，頁 81）單就「泰州學派」的人物群體的指涉來看，以王心齋及其後人作為「泰州學派」的藍本，的確是一個較少爭議的選擇。然而，本文的問題意識卻並不止於把「泰州學派」作為獨立的研究，其中的一個要點是清理「泰州學派」在明末清初的儒學思想發展史上相應的定位問題，如是，則不能不考慮「泰州學派」的發展與明末清初的思想發展的關係，是以本文對於「泰州學派」的指涉採取從「泰州學派」的發展角度作研究的人物群體之選擇。

〔註67〕林月惠著〈唐君毅、牟宗三的陽明後學研究〉，頁 32。

	4）《王心齋全集》，台北：廣文書局，2012 年版。
王東崖	1）袁承業編纂《王東崖先生遺集（二卷）》，上海：國粹學報館，1912 年。
	2）《新鐫東厓王先生遺集二卷》，《四庫全書存目叢書・集部》第 146 冊，濟南：齊魯書社，1997 年。
顏山農	1）黃宣民整理《顏鈞集》，北京：中國社會科學，1996 年。
羅近溪	1）方祖猷、李慶龍、梁一群等整理《羅汝芳集（上、下冊）》，南京：鳳凰出版社，2007 年。
	2）曹胤儒編《盱壇直詮》，台北：廣文書局，1960 年。
何心隱	1）容肇祖整理《何心隱集》，北京：中華書局，1960 年。
	2）梁汝元撰《何心隱先生爨桐集四卷》，國家圖書館藏明天啓五年張宿何怙園刻本。
李卓吾	1）張建業主編《李贄全集注（共二十六冊）》，北京：社會科學文獻出版社，2010 年。

　　然而，唯袁承業編纂《明儒王心齋先生全集》的編印版本在年代上似乎已過於久遠，且與後來出版的《四庫全書存目叢書》中的《重刻心齋王先生語錄二卷》有著不少的差異，故在整理上會同時參考兩個不同的版本。〔註68〕

貳、論文架構之安排

　　本文的研究主要在於清理「泰州學派」在明末清初的儒學思想發展史上相應的定位問題，而此定位問題又具備有三個層次：良知學的傳承，明清儒學的轉型和儒家傳統思想的詮釋發展。換言之，即既著重個別「泰州學派」人物之思想系統結構，又注意到其中思想發展變化。本文章節之具體編排如

〔註68〕爲了資料的完備與研究的便利，本人已將袁承業編纂《明儒王心齋先生全集》的《明儒王心齋先生遺集（卷一）》中〈語錄〉與〈答問補遺〉作出編碼與重新斷句，共一百六十八節，詳見於本文〈附錄二〉。

下：

〈緒論〉是本研究的基礎論述。

〈緒論〉：本章是論述「晚明泰州學派思想研究」之問題意識。從研究對象「泰州學派」並不是一個嚴謹的「學派」群體，本文的論述即主要據師承關係和思想類型的歸屬而認定〈泰州學案〉首三卷的人物與李卓吾可謂「泰州學派」的主要人物。依此，本文的問題意識即在於清理「泰州學派」在儒學思想發展史上相應的定位問題，而此定位問題又具備有三個層次：良知學的發展，明清儒學的轉型和儒家傳統思想的詮釋發展等，並提出「泰州學派」的主要發展可區分成三個階段：道體流行的圓融境界（「泰州學派」思想的確立階段）、道體流行攝歸於本心實性（「泰州學派」思想的轉調階段）、本心實性的解放致情識而肆（「泰州學派」思想的俗化階段）。

〈第二章 「泰州學派」思想確立：道體流行的圓融境界〉、〈第三章 「泰州學派」思想轉調：道體流行攝歸於本心實性〉和〈第四章 「泰州學派」思想俗化：本心實性的解放致情識而肆〉是本研究的主體部分，即從個案式的研究探討「泰州學派」的思想發展。

〈第二章 「泰州學派」思想確立：道體流行的圓融境界〉：本章主要詮釋「泰州學派」思想確立的特徵，即是「道體流行的圓融境界」。「泰州學派」的王心齋與王東崖的學說最能表現出這一「道體流行的圓融境界」的特徵，本章即分別以王心齋的「安身」思想與王東崖的「樂學」思想為焦點，重構出他們的思想體系，並透現出他們所開啓的「泰州學派」之特殊學術風格：自然與樂學。

〈第三章 「泰州學派」思想轉調：道體流行攝歸於本心實性〉：本章主要詮釋「泰州學派」思想轉調的特徵，即是「道體流行攝歸於本心實性」。「泰州學派」的顏山農與羅近溪的學說最能表現出這一「道體流行攝歸於本心實性」的特徵，本章即分別以顏山農的「大成仁道」思想與羅近溪的「孝弟慈」思想為焦點，重構出他們的思想體系，並透現出他們所展示的依然是「泰州學派」之特殊學術風格：自然與樂學，只是其所側重的是以「本心實性」作為真切工夫為入路。

〈第四章 「泰州學派」思想俗化：本心實性的解放致情識而肆〉：本章主要詮釋「泰州學派」思想俗化的特徵，即是「本心實性的解放致情識而肆」。「泰州學派」的何心隱與李卓吾的學說最能表現出言一「本心實性的解放致

情識而肆」的特徵，本章即分別以何心隱的「原學原講」思想與李卓吾的「童心」思想爲焦點，重構出他們的思想體系，並透現出他們所展示的依然是「泰州學派」之特殊學術風格：自然與樂學，只是其理論的依據卻以「本心實性的解放」作爲入路，以爲「本心實性」即純粹之自然的情性。

〈第五章　結論〉是本研究的總結性論述。

〈第五章　結論〉：本章是綜合上文各章的個案研究，從良知學的發展，明清儒學的轉型和儒家傳統思想的詮釋發展等三個角度論析「泰州學派」的定位。由於「泰州學派」在學術風格上較爲依重於實踐的部分，普遍地對於「良知本體」不採取「形而上」或「超越意識」來把握，如王心齋的「安身」思想的實義是從「即本體以爲工夫」爲入路，其「安身」即爲「良知」的「天然自有」的「復初」狀態；「安身」又即是以其爲「良知」的「百姓日用」之「知」的覺悟義與「即事是道」的實踐義，所成就的「良知本體」周流遍潤所眞實之呈現。這種從具體而現實的角度來論述道德實踐的本體與工夫義，卻又爲良知的發展帶來不一樣的方向，可以「道德的實踐主義」來名之。此可以說是「泰州學派」在「良知學」發展中的定位。「泰州學派」的發展使得宋明儒學的「道德形上學」之型態有走向著重於道德實踐的趨勢，再從而只著重於自然生命爲道德實踐之可能根據，破壞了「道德形上學」的思想型態。這是「泰州學派」在明清儒學思想的轉型中所處的第一個位置。其次，「泰州學派」的發展更是鼓吹了清初注重才情與人欲的「達情遂欲」思潮，這是「泰州學派」在明清儒學思想的轉型中所處的第二個位置。從儒家傳統思想（「內聖外王」）的詮釋來看，「泰州學派」的社會教化與社會性行動可以說是其特別的「外王」事業，卻也不能誇大其意義。

附 錄 《明儒學案》〈泰州學案〉所記載的人物資料

	姓 名	字	號	籍 貫	關 係
1	顏鈞	山農		吉安人	從學於徐波石
2	何心隱	夫山		吉州永豐人	從學於顏山農
3	鄧豁渠		太湖	蜀之內江人	從學於趙大州
4	方與時	湛 ·		黃陂人	
5	程學顏	二蒲	後臺	孝感人	友學於何心隱
6	錢同文	懷蘇		福之興化人	友學於何心隱
7	管志道	登之	東溟	蘇之太倉人	受業於耿天臺
8	王艮	汝止	心齋	泰州豐場人	從學於王陽明
9	王襞	宗順	東崖	泰州豐場人	王心齋仲子
10	朱恕	光信		泰州草偃場人	（樵夫）聞學於王心齋
11	韓貞	以中	樂吾	興化人	（陶匠）卒業於王東崖
12	夏廷美			繁昌人	（田夫）從學於焦弱侯
13	徐樾	子直	波石	貴溪人	卒業於王心齋
14	王棟	隆吉	一菴	泰州豐場人	從事於王心齋
15	林春	子仁	東城	揚之泰州人	曾師於王心齋
16	趙貞吉	孟靜	大洲	蜀之內江人	其學得之徐波石
17	羅汝芳	惟德	近溪	江西南城人	從學於顏山農
18	楊起元	貞復	復所	廣東歸善人	從學於羅近溪
19	耿定向	在倫	天臺	楚之黃安人	為何心隱之友學
20	耿定理	子傭	楚倥	楚之黃安人	耿定向之弟
21	焦竑	弱侯	澹園	南京旗手人	師事耿天臺、羅近溪
22	潘士藻	去華	雪松	徽之婺源人	學於耿天臺、李卓吾
23	方學漸	達卿	本菴	桐城人	受學於張甑山、耿楚倥
24	何祥		克齋	四川內江人	於師歐陽南野、趙大洲
25	祝世祿	延之	無功	鄱陽人	受業於耿天臺
26	周汝登	繼元	海門	嵊縣人	得悟於羅近溪
27	陶望齡	周望	石簣	會稽人	學得於周海門
28	劉塙	靜主	冲倩	會稽人	受教於周海門而未稱弟子

第二章 「泰州學派」思想的確立：
道體流行的圓融境界

> 修身，立本也。立本，安身也。
>
> ——王心齋〔註1〕
>
> 無物故樂，有物則否矣。且樂即道也，樂即心也。
>
> ——王東崖〔註2〕

前 言

本文認爲：「泰州學派」思想確立的特徵，即是「道體流行的圓融境界」。所謂「道體流行的圓融境界」是指「良知」（天理、本體）的周流遍潤所充分呈現之圓融境界。「道體流行」即是指「良知」（天理、本體）的「流行」，而此一「道體流行」實是一圓融之境界。

「道體流行」的「道體」，即是指「良知」本體的周流遍潤的作用，王陽明曾言：「良知是造化的精靈。這些精靈生天生地，成鬼成帝，皆從此出，眞是與物無對。人若復得他完完全全，無少虧欠，自不覺手舞足蹈。」〔註3〕所謂「良知是造化的精靈」意即「良知」能從其「明覺感應」來說「萬物一體」，並指點出「良知」是本體宇宙論的創生原理與實現原理。〔註4〕依此，「良知」本體的周流遍潤的作用即具有「道體」之義。牟宗三先生曾指出此義：

〔註1〕王艮著〈語錄〉，王艮著、袁承業編《明儒王心齋先生遺集（卷一）》，上海：
國粹學報館：神州國光社，1912年，頁16上。

〔註2〕楊希淳著〈詩引〉，收錄於王襞著《明儒王東崖先生遺集（卷首）》，上海：國
粹學報館：神州國光社，1912年，頁3上～3下。

〔註3〕王陽明著，陳榮捷編《王陽明傳習錄詳註集評》，台北：台灣學生書局，1983
年，第二六一條，頁323。

〔註4〕林月惠著《陽明「內聖之學」研究》，台北：花木蘭文化出版社，2009年，頁
93～97。

就事言，良知明覺是吾實踐德行之根據；就物言，良知明覺是天地萬物之存有論的根據。故主觀地說，是由仁心之感通而爲一體，而客觀地說，則此一體之仁心頓時即是天地萬物之生化之理。仁心如此，良知明覺亦如此。蓋良知之眞誠惻怛即此眞誠惻怛之仁心也。〔註5〕

「道體流行」的「流行」，即是取於牟宗三先生所說的「流行之體」的「流行」義，牟宗三先生曾言：

此流行之體決然是指心體、知體、仁體之隨事著見而言，是體之具體而眞實地呈現、圓頓地呈現，亦如『天命於穆不已』之流行于天地生化之中，隨時著見，隨然是指體而言，所謂『流行』者是『隨事著見』之意。心體、知體、仁體之流行，亦復如是。此體雖是即活動即存有之體，然其本身實無所謂流行。流行者，隨事、隨時、隨處著見之謂也。事有變化流行，氣有變化流行，而體無變化流行，言流行者託事以現耳，與事俱往而曲成之耳，亦是遍在之意也。〔註6〕

牟宗三先生言「流行之體」理應從「於穆不已」之「天命流行之體」或良知周流遍潤而說「流行之體」，〔註7〕「流行之體」的「流行」義並非氣之變化

〔註5〕牟宗三著《從陸象山到劉蕺山》，《牟宗三先生全集》第八冊，台北：經聯出版社，2003年，頁198。

〔註6〕牟宗三著〈黃宗羲對于「天命流行之體」之誤解〉，《心體與性體》（第二冊），《牟宗三先生全集》第六冊，頁136～137。

〔註7〕牟宗三先生曾言黃梨洲並未能確解「流行之體」的義理，其言：「彼（按：黃梨洲）雖只言『流行之體』，未言『於穆不已』之『天命流行之體』，亦未言良知周流遍潤之『流行之體』，然此詞語之根源實自『於穆不已』之『天命流行之體』與良知周流遍潤之『流行之體』而來，無人能有異解也。」（牟宗三著〈黃宗羲對于「天命流行之體」之誤解〉，《心體與性體》第二冊，《牟宗三先生全集》第六冊，頁128）
此外，蔡家和先生曾論證黃宗羲對「流行之體」與「天命流行之體」的用法是有區分的，並以此釐清牟宗三先生對於黃宗羲乃誤解「天命流行之體」的判斷，其言：「但在黃宗羲而言，其『流行之體』的用法，有其特殊的用法，這是本其師劉蕺山而來。黃宗羲認爲，若說釋氏悟得流行之體，這只是氣機鼓蕩之流行之體，尚不是天命流行之體。故可見黃宗羲以『流行之體』與『天命流行之體』之用法劃分開，釋氏可以悟得流行之體，但不能悟得天命流行之體。這種劃分的好處在於能把佛氏吸收於儒學之下，此類似於朱子學將佛氏視爲氣論而談不到實理本身一樣。」（蔡家和著〈牟宗三〈黃宗羲對于天命流行之體之誤解〉一文之探討〉，載於《湖南科技學院學報》，第27卷第1期，2006年1月，頁1）本文的論旨與此文不同，並不是要探究牟宗三先生對於黃宗羲思想之論斷，本文的要旨在於從牟宗三先生所理解的「流行之體」（即：

流衍，而是「心體、知體、仁體之隨事著見而言，是體之具體而真實地呈現、圓頓地呈現」之「隨事、隨時、隨處著見之謂」。〔註8〕依此，所謂「流行之體」的「流行」義即是從「體之具體而真實地呈現、圓頓地呈現」的境界義來說。

「道體流行」即「良知」（天理、本體）的周流遍潤所真實地呈現、圓頓地呈現，則此「道體流行」實已是一圓融的境界，即真實地、圓頓地之呈現。對此「道體流行」之義，牟宗三先生即歸屬於「流行之體」的型態之一，並指出此義特別盛行於「泰州學派」中，其言：

> 宋儒說『天命流行之體』是直就『於穆不已』之天命之體本身說；王學說此『流行之體』是直就良知周流遍潤說，而羅近溪盛著此義，如所謂道體平常、『捧茶童子是道』、所謂『骨肉皮毛渾身透亮』、所謂『擡頭舉目，渾全只是知體著見，啓口容聲，纖悉盡是知體發揮』、如良知本體之周流遍潤而無所不在也。〔註9〕

> 想到道體，道體流行于形形色色，眼前即是，自然有一種洒脫，因此，道體流行遂與輕鬆的樂趣打拼在一起，成了一點雖平常而實

「於穆不已」之「天命流行之體」或良知周流遍潤而說「流行之體」）來探究「泰州學派」王艮的「安身」思想及王襞的「樂學」思想之可能詮釋理論依據，由此進一步指出：王艮的「安身」思想與王襞的「樂學」思想仍有圓融境界的理想與實踐規行的張力問題，卻能開顯出晚明「泰州學派」的獨特風格：樂學與自然，而「泰州學派」的後學對此「流行之體」的圓融境界之把握不住，即以爲從率性本真即能達此境界，才導致有「情識而肆」的問題。

〔註8〕牟宗三著〈黃宗羲對于「天命流行之體」之誤解〉，《心體與性體》第二冊，《牟宗三先生全集》第六冊，頁136～137。
另外，依牟宗三先生對「流行之體」的疏解，「於穆不已」之「天命流行之體」與良知周流遍潤而說「流行之體」亦有差別，僅在圓滿（圓教）的層面上能契合，其言：「象山與陽明既只是一心之朗現、一心之申展、一心之遍潤，故對於客觀地自『於穆不已』之體言道體生體者無甚興趣，對于自客觀面根據『於穆不已』之體而有本體宇宙論的展示者尤無多大興趣。此方面之功力學力皆差。雖其一心之遍潤，充其極，已申展至此境，此亦是一圓滿，但卻是純從主觀面申展之圓滿，客觀面究不甚能挺立，不免使人有虛歉之感。」（牟宗三著《心體與性體》第一冊，《牟宗三先生全集》第五冊，頁51）又說：「就成己言，是道德創造之原理，即引生德行之『純亦不已』。就成物言，是宇宙生化之原理，亦即道德形上學之存有論的原理，使物物皆如如地得其所而然其然，即良知明覺之同於天命實體而『於穆不已』也。在圓教下，道德創造與宇宙生化是一，一是皆在明覺感應中良現。」（牟宗三著《從陸象山到劉蕺山》，《牟宗三先生全集》第八冊，頁199）
〔註9〕牟宗三著〈黃宗羲對于「天命流行之體」之誤解〉，《心體與性體》（第二冊），《牟宗三先生全集》第六冊，頁128。

極高的境界。⋯⋯良知自在日用間流行，但若無眞切工夫以支持之，則此流行只是一種光景，此是光景之廣義；而若不能使良知眞實地具體地流行于日用之間，而只懸空地去描畫它如何如何，則良知本身亦成了光景，此光景之狹義。我們既須拆穿那流行底光景（即空描畫流行），亦須拆穿良知本身底光景（空描畫良知本身）。這裡便有眞實工夫可言。順泰州派家風作眞實工夫以拆穿良知本身之光景使之眞流行于日用之間，而言平常、自然、洒脫與樂者，乃是羅近溪，故羅近溪是泰州派中唯一特出者。〔註10〕

我們必須了解黃梨洲寫《明儒學案》時，『流行之體』的重要性是表現在〈泰州學案〉的〈羅近溪（羅汝芳）學案〉中。黃梨洲寫〈羅近溪學案〉時，描述羅近溪的那段文章非常精彩。但是這個境界從哪兒來的呢？是從泰州學派傳下來的。泰州派的創始人是王艮（王心齋），以及王艮的兒子王東崖（王襞）。所以要了解這個境界先表把〈泰州學案〉好好讀一讀，要把王艮，尤其他的兒子王東崖的語錄好好地了解。⋯⋯但是「流行之體」代表什麼東西呢？它原初所代表的就是照著泰州學派所説的境界，也就是從剛剛所説的『鳥啼花落，山峙川流，飢食渴飲，夏裘，至道無餘蘊矣。』處講，同時也是廣東理學家陳白沙所説的鳶飛魚躍，活潑潑地。」〔註11〕

依牟宗三先生之言，「流行之體」是代表著「道體之具體而眞實地呈現、圓頓地呈現」的境界（化境、神境），此一境界又特別在「泰州學派」一脈中的思想所能表現出來。如此，究竟「泰州學派」是如何表現出此一「道體流行的圓融境界」呢？

本文認爲：「泰州學派」的王心齋與王東崖的學説最能表現出這一「道體流行的圓融境界」，下文的討論即分別以王心齋的「安身」思想與王東崖的「樂學」思想爲焦點，重構出他們的思想體系，並透現出他們所開啓的「泰州學派」之特殊學術風格：自然與樂學，即從王心齋的「安身」思想中強調「良知天性」與以王東崖的「樂學」思想中著重「樂即道，樂即心」而構成的學術風格，依此，並論證出他們的思想實是以「道體流行的圓融境界」所成就。

〔註10〕牟宗三著《從陸象山到劉蕺山》，《牟宗三先生全集》第八冊，頁235～237。
〔註11〕牟宗三著〈「宋明儒學與佛老」學術研討會專題演講〉，《牟宗三先生晚年文集》，《牟宗三先生全集》第二十七冊，頁476～480。

第一節　王心齋的「安身」思想

引　言

　　王心齋是王陽明的入門弟子，也是「泰州學派」的開山人物。劉蕺山曾指出：「王門有心齋、龍溪，學皆尊悟，世稱二王。」〔註12〕《明史》有言：「王氏弟小遍天下，率都爵位有氣勢。艮以布衣抗其間，聲名反出諸弟子上。然艮本狂士，往往駕師說上之，持論益高遠，出入於二氏。」〔註13〕王心齋被譽為王陽明眾多弟子中最有影響力者之一。然而，究竟王心齋的學問宗旨是甚麼呢？他的思想宗旨與王陽明的「良知學」有何種程度的傳承呢？王心齋的思想宗旨為「安身」。唐君毅先生說：「在其他王門之學者，大皆先重此心之為身與生命生活之主宰，而重在于心之意念上求警惕、戒懼、歸寂，或見良知本體，究一念靈明，以為工夫。泰州之心齋，則直以安身標宗。安身自亦須以心安身。然言以心安身，則重在心之向在此身上事，而非重在心之向于自己。此即與其他直重在心上用工夫之學，有毫厘之差。」〔註14〕所謂「直以安身標宗」，即以「安身」為王心齋的學術思想之宗旨，這正是王心齋與其他王門後學所最為不同之處。〔註15〕

〔註12〕黃宗羲著〈師說〉，黃宗羲著，沈芝盈點校《明儒學案》（上冊），北京：中華書局，2008 年版，頁 9。

〔註13〕許嘉璐主編《二十四史全譯：明史》第九冊上，上海：漢語大詞典出版社，2004 年，頁 5785。

〔註14〕唐君毅著《中國哲學原論（原教篇）》，台北：學生書局，1990 年版，頁 384。以「安身」作為王心齋的思想宗旨，可從黃宗羲對於「淮南格物」的解說而論，其言：「所謂安身者，亦是安其心耳，非區區保此形骸之為安也。彼居危邦，入亂邦，身不安而心固不安也。不得已而殺身成仁，文王之羑里，夷、齊之餓，心安則身亦未不安也。乃先生又曰：『安其身而安其心者上也，不安其身而安其心者次之；不安其身又不安其心，斯其為下矣。』而以緝蠻為安身之法，無乃開一臨難苟免之隙乎？」（黃宗羲著《明儒學案》（下冊），頁 710～711）

〔註15〕以「安身」作為王心齋的思想宗旨，也可從黃宗羲對於「淮南格物」的解說而論，其言：「所謂安身者，亦是安其心耳，非區區保此形骸之為安也。彼居危邦，入亂邦，身不安而心固不安也。不得已而殺身成仁，文王之羑里，夷、齊之餓，心安則身亦未不安也。乃先生又曰：『安其身而安其心者上也，不安其身而安其心者次之；不安其身又不安其心，斯其為下矣。』而以緝蠻為安身之法，無乃開一臨難苟免之隙乎？」（黃宗羲著《明儒學案》（下冊），頁 710～711）雖然黃宗羲對於王心齋的「安身」宗旨並不滿意（即「開一臨難苟免之隙」之意），但其說卻無疑以「安身」作為王心齋的思想要旨。

　　然而，歷來對於王心齋的「安身」思想卻有極大差異的評價。黃梨洲曾言：「然所謂安身者，亦是安其心耳，非區區保此形骸之為安也。……乃先生又曰：『安其身而安其心者上也，不安其身而安其心者次之；不安其身又不安其心，斯其為下矣。』而以緝蠻為安身之法，無乃開一臨難苟免之隙乎？」〔註16〕近人勞思光先生更指出：「其（按：即王心齋的「安身」）所謂『身』只能專指特殊『形骸』或『形軀』——如黃氏所議。『身』字取此意義，則所謂『修身』、『安身』、『保身』諸語，皆下落至『利害層面』而喪失其德性層面之意義矣。」〔註17〕依此而論，似乎王心齋的「安身」思想是過份地重視「形骸身體」，而與傳統的儒家思想對治「氣化身體」的「性」、「情」從而達致「氣質變化」的說法有違，甚至將傳統的「修身」觀念下滑至「功利的層面」，這種「安身」想法實是有違於儒學思想。依此，則根本不可能說王心齋的「安身」思想是傳承王陽明的「良知學」，甚至乎要說王心齋的「安身」思想乃是儒學傳統之思想也大不可能。不過，劉蕺山卻又指出：「心齋言悟雖超曠，不離師門宗旨。」〔註18〕究竟王心齋的「安身」思想與王陽明的思想有多少契合處呢？近人岑溢成先生曾指出：「王心齋『安身論』所重，則在於由己與人所形成的人間世界，所以倫理的或社會的意味較濃。雖然如此，我們卻沒有理由否認，作為王心齋思想基礎的『人我一體』觀，是在王陽明『良知』學的『一體觀』的基礎發展出來的。由此看來，不能說王心齋的思想不屬於王學。」〔註19〕如是，則又可以說王心齋的「安身」思想是傳承王陽明的「良知學」，屬於儒學傳統之思想。

　　那麼，究竟王心齋的「安身」有何殊勝之處呢？「安身」作為王心齋的學問宗旨又如何體現於其整個思想體系呢？本節將會指出：王心齋的思想宗旨是「安身」，其要義在於「立本」。王心齋以「不用增一字釋本義」詮釋《大學》的「止至善」，提出「知本」實是有著道德實踐的方向或規範的開始點或下手處；從「以修身為本」及「本末一貫」來說，則「本」即是「身」之意思，「立本」逐成為道德實踐的要義，而「立本」的要緊處在於連繫於「修身」

〔註16〕黃宗羲著《明儒學案》（下冊），頁 710～711。
〔註17〕勞思光著《新編中國哲學史（第三卷上冊）》，桂林：廣西師範大學出版社，2005 年版，頁 370。
〔註18〕黃宗羲著《明儒學案》（上冊），頁 9。
〔註19〕岑溢成著〈王心齋安身論今詮〉，載於《鵝湖學誌》第十四期，1995 年，頁 77～78。

與「安身」，「修身」是一種具體的道德實踐的方法或下手處，而「安身」則是道德實踐的目標或理想狀態，從「安身」的達成才能致「安身以安家而家齊，安身以安國而國治，安身以安天下而天下平也」，即「安身」的實義是指「道體流行的圓融境界」。依此，「安身」即成爲王心齋的學問宗旨，並從而開展其「百姓日用」、「樂學」、「淮南格物」、「師道」和「講學」等思想。

壹、「安身」作爲王心齋的學問宗旨〔註20〕

一、辨「不安其身而安其心者次之」之說

王心齋的「安身」思想最被批評的是對於「身體形骸」的過度重視。黃梨洲言：

> 然所謂安身者，亦是安其心耳，非區區保此形骸之爲安也。彼居危邦入亂邦見機不作者，身不安而心固不安也，不得已而殺身以成仁。文王之羑里，夷、齊之餓，心安則身固不安也。乃先生又曰：『安其身而安其心者上也，不安其身而安其心者次之：不安其身又不安其心，斯其爲下矣。』而以緝蠻爲安身之法，無乃開一臨難苟免之隙乎？〔註21〕

黃梨洲的批評要點有二：一是王心齋的「安身」思想乃以爲「心」與「身」對舉，而並不知道「安身」實即亦是「安心」，此即「然所謂安身者，亦是安其心耳，非區區保此形骸之爲安也」之義；二是王心齋過份地重視「身體形骸」，從而並不明白「殺身成仁」的價值取向，有苟且之隙，此即「以緝蠻爲安身之法，無乃開一臨難苟免之隙乎？」之意。然而，究竟黃梨洲的批評是否恰當呢？

王心齋言「安身」是否即爲「保此形骸之爲安」呢？王心齋的「安身」中的「身」是否就是指「身體形骸」呢？王心齋「安身」的「身」至少具有兩層意思：儒家傳統身心合一的「身」與人的身體、肉體生命。〔註22〕依此，

〔註20〕 本文對於王艮的「安身」之說會詳加討論，理由在於：「泰州學派」後學之思想發展即本於此「身」之義理的發揮而形成不同階段的學說，如王襞的「復體之本眞」、顏鈞的「放心體仁」、何心隱的「意氣」與「育欲」說。

〔註21〕 黃宗羲著《明儒學案》（下冊），頁 710～711。

〔註22〕 任利文先生曾指出王心齋「安身」的「身」至少具有兩層意思：「第一層意思，『身』是儒家傳統身心合一意義上所說的『身』，其語意所指更類於『己』，如『反求諸身』、『修身』意義上的『身』；『身』的第二層意思，即指人的身體、肉體生命而言，『安身』就是對身體與肉體生命的安頓。」（任利文著〈王艮「安身」論的政治意蘊解讀——中晚明儒家之一種自我抉擇〉，載於《清華學報》新三十八卷第二期，2008 年 6 月，頁 263）

對於黃梨洲的批評即可以再提出問題：爲甚麼黃梨洲認爲王心齋言「安身」的「身」只言「身體形骸」或「肉體生命」，而不是說「身心合一」的「身」呢？另外，王心齋言「安身」是否即爲與「安心」爲對舉呢？黃梨洲引出王心齋的話爲佐證（即「安其身而安其心者上也，不安其身而安其心者次之；不安其身又不安其心，斯其爲下矣。」），然而，從文本的考察來看，王心齋僅得這段語錄爲「安身」與「安心」對舉之說，這一段語錄是否已代表著王心齋的「安身」思想具有「安身」與「安心」對舉其實亦存有問題的。下文即試論析此一語錄，王心齋言：

> 有疑先生安身之說者，問焉曰：「夷齊雖不安其身，然而安其心矣。」先生曰：「安其身而安其心者，上也；不安其身而安其心者，次之；不安其身又不安其心，斯其爲下矣。」〔註23〕

王心齋在此處言「安身」，乃在於「有疑先生安身之說者」的質疑，即「不安其身卻仍可安其心」，這即是從道德實踐時面對一個兩難局面所作出的價值取捨。而王心齋卻明言三種「安身」與「安心」的取捨排序：（一）「安其身而安其心者，上也」、（二）「不安其身而安其心者，次之」和（三）「不安其身又不安其心，斯其爲下矣」。依此排序，（一）「安其身而安其心」是最好的選擇；如果未能「安身」又「安心」之下，只好退而求其次的（二）「不安其身而安其心」；在最惡劣的情況下則只好（三）「不安其身又不安其心」。這段說話最爲人所詬病的乃是「不安其身而安其心」的取捨僅作爲次要的，換言之，所謂「不得已而殺身以成仁」或「捨身取義」之舉動，在王心齋的「安身」思想中只能算是迫不得已的次要選擇。何以王心齋會這樣說呢？這樣的說法對傳統儒學思想的「捨身取義」或「殺身成仁」的思想又有怎樣的回應呢？這一點後文將有所討論。在這裏要討論的是：王心齋是否以「安身」與「安心」作對舉呢？這可分從兩點說明。

首先，從文本的脈絡來看，王心齋只是回應「有疑者」的提問，「有疑者」把「安身論」的說法作爲道德實踐時遇到「安身」與「安心」不能同時兼顧的情境來作疑問，面對著這種極端的實踐問題，王心齋是順應著「有疑者」的區分：「安身」與「安心」來回應，並提出其理想的價值取捨層階，即：「不安其身而安其心」也只是迫不得已的做法。換言之，就算在這節語錄中，王心齋雖然提出「安身」與「安心」作爲對舉，並具體地提點出實踐的取捨，

〔註23〕王艮著〈語錄〉，《明儒王心齋先生遺集（卷一）》，頁10上。

但是，並未有指出「安身論」就是以「安身」與「安心」對舉爲基礎立說，甚至從（一）「安其身而安其心者，上也」來看，「安身」與「安心」的最佳情況是兩者兼備的。

其次，從邏輯關係來看，王心齋言「安身」與「安心」的價值取捨時，提出了三組關係：（一）「安其身而安其心」、（二）「不安其身而安其心」和（三）「不安其身又不安其心」。然而，爲何王心齋並沒有提出「安其身而不安其心」的關係呢？如果「安身」與「安心」兩者爲截然對舉的觀念，則邏輯上理應還有「安其身而不安其心」的可能關係。在語錄中，王心齋僅言「不安其身而安其心」而沒有說「安其身而不安其心」時，即「安心」與「安身」的關係未必是兩者爲截然不相關的觀念，兩者的關係可能是邏輯的充分條件關係：即有「安身」一定有「安心」；兩者的關係也可能是邏輯的必然條件關係：即沒有「安身」必然沒有「安心」。既然王心齋在這段〈語錄〉中並沒有明言「安其身而不安其心」而說「不安其身而安其心」，則「安身」與「安心」的關係可能是邏輯上的必然條件關係，意即沒有「安身」就沒有「安心」，相反地，有「安身」也未必有「安心」。依此而說，在考察王心齋言「安身」與「安心」的關係時，其「身」義就不能想當然地認爲與「心」是必然地爲相對的。

綜言之，王心齋的「安身」思想並未有刻意地以「安身」和「安心」的對舉。相對於「安心」而言，「安身」的「身」雖然仍可能是「身體形骸」，但至少這個「身」並不止於「身體形骸」的意義。這是王心齋「安身論」中「身」的第一層意義。

既然王心齋言「安身」中「身」並不止於「身體形骸」的意思，那麼，其言「安身」中「身」還有甚麼意思呢？在王心齋的〈語錄〉中，有不少地方明確地表達「身」是「身體形骸」的意思，不過，在〈語錄〉中同樣有不少的地方論述「身」是「身心合一」的意思。王心齋曾言：「治天下有本，身之謂也。本必端，端本，誠其心而已矣。」〔註24〕此處的「身」實即是一種「身心統合」狀態，「身」即是已能達「誠其心」並成爲「治天下之本」，即是說，王心齋言「安身論」的「身」起碼有兩層意思：「身體形骸」的「身」和「身心合一」的「身」。另外，從文獻的統計來說，王心齋對「身」的使用常以下列語詞表達：「安身」、「養身」、「保身」、「修身」、「尊身」、「愛身」，「殉

〔註24〕王艮著〈復初說〉，《明儒王心齋先生遺集（卷一）》，頁 11 下。

身」、「危其身」、「潔其身」等，其中又以「安身」與「保身」的使用爲最多。〔註25〕下文即討論王心齋所言「保身」及「安身」的想法。

二、從「保身」到「安身」

（一）析論〈明哲保身論〉

〈明哲保身論〉是研究王心齋「保身」觀念的主要文本，亦是王心齋最受人所非議的著作。〈明哲保身論〉篇首有言：

> 明哲者，良知也。明哲保身者，良知良能也。所謂不慮而知，
> 不學而能者也。人皆有之，聖人與我同也。〔註26〕

王心齋自言其「保身」的理論基礎是「良知」，而所謂「明哲保身」即從「良知良能」而說，以「良知」爲「明哲」。王心齋所理解的「良知」即道德本心的普遍存在性，〈天理良知說〉言：「良知者，不慮而知，不學而能者也。惟其不慮而知，不學而能，所以爲天然自有之理。」〔註27〕而「良知良能」即道德本心所發動的道德能力，從「良知良能」說「明哲保身」，便是以道德本心所發動的道德能力而說「保身」，當中道德能力的發動實即源於道德良知的實踐要求，以此可見，王心齋言「保身」即從道德實踐的要求而說。

在〈明哲保身論〉中，王心齋更從以「知保身」而言必「愛身」，由「愛

〔註25〕 以王艮著、袁承業編《明儒王心齋先生遺集（卷一）》「語錄」和《明儒王心齋先生遺集（二）》「詩文雜著」爲據作統計，「安身」出現約 29 次，「安其身」出現約 7 次，「身安」出現約 7 次；「保身」出現約 7 次（其中 6 次在〈明哲保身論〉），「尊身」出現約 6 次，「養身」出現約 1 次，「修身」出現約 16 次。以「安身」和「安其身」合計的「安身」觀念出現了約 36 次，此足見王艮常提到「安身」的重要性。

另外，「保身」雖主要見於〈明哲保身論〉，但有不少學者卻總有意無意地將「保身」與「安身」相提並論，如：方祖猷著〈評王艮的哲學思想〉（載於《浙江學刊》1981 年 2 月號）、張克偉著〈泰州王門學派一代宗師：王心齋哲學思想論粹〉（載於《吉林大學社會科學學報》1992 年，第 4 期）、黃卓越著〈王艮安身說/保身說中體現的仁智關係〉（載於《中國文化研究》2006 年，秋之卷）等，究竟王心齋言「保身」與「安身」是否作同一概念呢？這是值得商榷的，下文將分別討論以釐清兩者的分別在於：「保身」強調的是「保存」或「保護」的意思，「身」的實義乃「心（良知良能）」的載體，即道德實踐的先決條件；「安身」強調的是「身心統合」的理想狀態，既是道德實踐的目標或理想狀態，又是從「安身」的達成才能致「安身以安家而家齊，安身以安國而國治，安身以安天下而天下平也」的關鍵。

〔註26〕 王艮著〈明哲保身論〉，《明儒王心齋先生遺集（卷一）》，頁 12 下。

〔註27〕 王艮著〈天理良知說〉，《明儒王心齋先生遺集（卷一）》，頁 14 下。

身」而至「愛人」，從「能愛人，則人必愛我」而再達至得以「保身」，如是，
「齊家」、「治國」、「平天下」亦是這樣。其言：

> 知保身者，則必愛身如寶。能愛身，則不敢不愛人。能愛人，
> 則人必愛我。人愛我，則吾身保矣。……此仁也，萬物一體之道也。
> 以之齊家，則能愛一家矣。能愛一家，則一家者必愛我矣。一家者
> 愛我，則吾身保矣。吾身保，然後能保一家矣。以之治國，則能愛
> 一國矣。能愛一國，則一國者必愛我。一國者必愛我，則吾身保矣。
> 吾身保，然後能保一國矣。以之平天下，則能愛天下矣。能愛天下，
> 則天下凡有血氣者，莫不尊親。莫不尊親，則吾身保矣。吾身保，
> 然後能保天下矣。〔註28〕

首先，為何「愛身」而必「愛人」呢？更甚的是「愛人」又怎能達至「人必
愛我」呢？王心齋言「能愛身，則不敢不愛人」，乃是從「一體之仁」的想法
而說，此所謂「此仁也，萬物一體之道也」。王心齋的「一體之仁」可以分兩
個方面而說：一，「良知良能」的道德本心的普遍存在性，並以此發動的道德
實踐之能力，乃是「人皆有之，聖人與我同」，這種道德本心與實踐能力的普
遍性遂有感通他者的能力，此即「一體之仁」也；二，「保身」的「身」乃指
向落實的道德實踐之主體，王心齋的「保身」乃從道德實踐的要求而說，當
中必牽涉及「他者」，「保身」的「己身」便關連於「他身」。〔註29〕依此，王
心齋言「知保身」的「知」並非以認識義，實是從「良知」作為道德本心的
發動來說的「知」，既然從道德本心的發動而「知保身」，則道德實踐的要求
便關連於他人，便促成「能愛身，則不敢不愛人」的說法。〔註30〕

〔註28〕 王艮著〈明哲保身論〉，《明儒王心齋先生遺集（卷一）》，頁 13 上。

〔註29〕 岑溢成先生對「吾身保，然後能保天下」有詳細解釋，其言：「『己身』是落
　　　　實的主體，他人之身亦然。於是由人與我，由不同的落實的主體所形成的，
　　　　是一個『互為主體』的世界。在這個世界中，『己身』之安必然牽涉到『他身』
　　　　之安，因此，『他身』不安，『己身』亦不能安。」（岑溢成著〈王心齋安身論
　　　　今詮〉，頁 74）

〔註30〕 對於王艮言「吾身保」以至能「保一家」、「保一國」及「保天下」之說，韓
　　　　人崔在穆曾以「身」乃「良知之運作」來理解，其說：「保吾身，亦即良知（即
　　　　天自然有之理）之運作，只有在此良知之運作的前提下，才能使一身、一家、
　　　　一國、天下被保。正是基於這樣的良知才支撐起了身、家、國、天下這些現
　　　　實具體的世界（即有）。」（崔在穆著、錢明譯《東亞陽明學展開》，台北：台
　　　　灣大學出版中心，2011 年，頁 82）依此理解，王艮言「保身」實是從「良知
　　　　良能」的載體來理解「身」之重要性，此即「知保身」的「知」實以「良知」
　　　　的發動為義。

其次，為何從「愛人」能達至「平天下」的階段呢？王心齋言「吾身保，然後能保天下」，乃是從「本末一貫」的想法而說，此所謂「此仁也，所謂至誠不息也，一貫之道也」。王心齋的「本末一貫」源於「良知良能」的道德實踐之階段性與「萬物一體」的互為根據以存在性。唐君毅先生說：「然心齋亦言安身保身，所以保家保國保天下，則亦不可即謂心齋只為自安自保其身，而言愛人也。觀心齋言之本旨，唯在重此身之為本，以達于家國天下，而通此物之本末；遂知此身與家國天下，互為根據以存在。乃以此由本成末，為人之成其明德，自致其良知，以明明德于天下，使天下人皆得以自致其良知之道。」〔註31〕即是說，由「愛人」而至「平天下」實是從道德實踐「本末一貫」的階段性來說，雖然王心齋以「身」為「本」，「天下」為「末」，但兩者之間卻並不是優劣輕重之分，只是一個道德實踐過程的兩個階段而已。換言之，王心齋言「知保身」以至「保天下」實際上是從「良知良能」的道德實踐性來論述能由「愛人」而至「平天下」，即「身」乃是道德實踐上的主體、社會政治行動的主體。

再者，為何「能愛人」則「人必愛我」呢？其中的「必」具有何種意義呢？如果以一種實證的說法來看王心齋的〈明哲保身論〉，當中言「知保身者，則必愛身如寶」、「能愛人，則人必愛我」、「能愛一家，則一家者必愛我」、「能愛一國，則一國者必愛我」等，實在並沒有現實上的「必然性」，這也是批評者所言的「缺乏實踐上的必然可行性」。〔註32〕然而，問題是：究竟王心齋言「保身」的「本末一貫」性是否從「現實性」或「實證性」來論證其「必然性」呢？王心齋在〈勉仁方〉曾說：「愛人者恆愛人，信人者恆信之，此感應之道也。」〔註33〕此與〈明哲保身論〉的想法一脈相承，而這種說法皆繼承孟子所謂「愛人者，人恆愛之，敬人者，人恆敬之」（《孟子・離婁章句下》）而來， 孟子所論乃是君子異於尋常百姓的地方乃「以仁存心，以禮存心」，在仁禮存其心的狀態中，君子本於愛人敬人卻得來「橫逆」之時，則君子所

〔註31〕唐君毅著《中國哲學原論（原教篇）》，頁385。

〔註32〕朱書萱先生曾說：「心齋〈明哲保身論〉之宗旨，在闡述以己度人、成己成物之道，原意十分可貴，但是在論述保身思想的過程中，有幾點不妥之處⋯⋯由第一點觀之，心齋為了強調保身，落入了現實功利的說詞；第二，他所推論出的保身思想，缺乏實踐上的必然可行性。」（朱書萱著〈王心齋格物思想詠評〉，載於台灣國立新竹師範學院《語文學報》第五期（1998年12月），頁205）

〔註33〕王艮著〈勉仁方〉，《明儒王心齋先生遺集（卷一）》，頁13下。

作的當為反省以擴充自身的良心呈現而已。依此，在〈明哲保身論〉中所言的「必」也並不是「實然義」，其主要以道德本心的普遍存在性及其感應之道，並對人的道德理性之肯定，才言說在理論上說「能愛人，則人必愛我」、「能愛一家，則一家者必愛我」等有其「必然性」，這種「必然性」實際上的意思即是「應然」而已。如是，當言及王心齋在〈明哲保身論〉的「應然」與「實然」的混淆問題，或「缺乏實踐上的必然可行性」的問題，便應當考慮王心齋言「保身」乃是從道德實踐的要求而來。〔註34〕

最後，〈明哲保身論〉常常遭人所非議的是過於看重「己身」。〔註35〕然而，依〈明哲保身論〉來看，王心齋的「保身」並非止於「自保己身」之意。其言：

> 如保身而不知愛人，必至於適己自便，利己害人。……此自私之輩，不知本末一貫者也。若夫知愛人而不知愛身，必至於烹身割股，舍身殺身，則吾身不能保矣。吾身不能保，又何以保君父哉？此忘本逐末之徒，其本亂而末治者否矣。〔註36〕

雖然王心齋明言「若夫知愛人而不知愛身，必至於烹身割股，舍身殺身，則吾身不能保矣」，似乎對「身」之愛正在於保存「身體形骸」，免於「烹身割股」之害，然而，卻不能直指「保身」即為保存個人的「身體形骸」

〔註34〕任利文先生曾指出：「王艮對於出處、對於經世與行道的重新考量無疑有其特立獨行之處。這種特立獨行處既有源于王艮強烈的用世情懷的個性因素，同時，也未嘗不由陽明弟子中普遍具有的『修己』與『經世』之間的焦慮心態逼逐而出。而此種焦慮，正淵源中晚明皇權政治對於儒家政治活動空間的不斷擠壓。」（任利文著〈王艮「安身」論的政治意蘊解讀——中晚明儒家之一種自我抉擇〉，頁 284）此處言「中晚明皇權政治對於儒家政治活動空間的不斷擠壓」更直指出王心齋寫〈明哲保身論〉有其政治背景的因素，此即在〈年譜〉四十四歲下記：「冬十月作〈明哲保身論〉。時同志在宦途或以諫死，或遺逐遠方，先生以身且不保，何能為天地萬物主？因瑤湖北上，作此贈之。」（〈年譜〉，《明儒王心齋先生遺集（卷三）》，頁 4 上。）然而，〈明哲保身論〉通篇皆在「良知良能」的道德實踐之階段性與「萬物一體」的互為根據以存在性的前提下而作出「保身」的論述，所「保」之「身」固然包括「身體形骸」在內，但從道德實踐之要求及「萬物一體」的想法主導下，「保身」中的「身」更包括了道德實踐的主體及社會、政治上的行動主體，而非以政治因素的考量而提出「保身」的說法。依〈年譜〉之言，〈明哲保身論〉的目的其實義乃：如果連「身體形骸」也未能保得住，又如何可以實踐道德的要求呢？

〔註35〕朱書萱著〈王心齋格物思想詠評〉，頁 205。

〔註36〕王艮著〈明哲保身論〉，《明儒王心齋先生遺集（卷一）》，頁 13 上。

之現實功利之說，所謂「如保身而不知愛人，必至於適己自便，利己害人。……此自私之輩，不知本末一貫者也。」正是指出王心齋言「保身」乃是以「本末一貫」的思考而來，這種「本末一貫」的思考即如前文所言乃源於「良知良能」的道德實踐之階段性與「萬物一體」的互為根據之存在性，既然是以道德實踐的前提來說「以己度人、成己成物之道」，便不是從現實的功利而論。

（二）「保身」的意涵：道德實踐的先決條件與起始點

依〈明哲保身論〉，可以發現「保身」中的「身」之意義必然不止於「身體形骸」之意，至少還包道德實踐之主體意義、社會政治行動之主體意義。換言之，從道德實踐或社會政治的行動來看，王心齋言「身」所具有的意義是以「身」視為人的基本存在，而這種基本的存在與做為一種佔有時空的軀體不可分割，如是，當王心齋所討論的道德實踐之主體或社會政治行動之主體，其實義皆是從實踐的層面而說。此外，王心齋言「保身」中的「保」又可以怎樣理解呢？為何要「保」這個「身體形骸」、「道德實踐主體」、「社會政治行動主體」呢？「保身」中的「保」似乎是一種消極意義上的「保存」、「保護」之意，不過，這種「保」卻也有積極意義上的「立本」、「起始」之意。以下試分論述。

首先，從「保身」的「保存」、「保護」之意來說。為何王心齋要「保存」這個「身體形骸」呢？因為宋明儒家所強調的「心」在實踐意義上乃是由「身體形骸」所載，即「身」乃是「心」的載體。「身」作為盛載「心」的工具，沒有了「身」意味著失去了「心」。假如「心」即是宋明儒家一直所重視的道德本心（如張載的「大心」、程明道「識仁」、王陽明的「良知」等），沒有了「身」，則這些相關於「心」的討論在現實上便沒有實踐的可能。故此，王心齋言「保身」的「保」實際上是從「身體形骸」乃道德實踐的先決條件，而保存或保護這個「身體形骸」正是作為實踐道德本心的發動之基本要求。王心齋即曾言《大學》的「正心」工夫上表明這種想法，其言：

> 如何謂之正心？是誠意工夫猶未妥貼，必須掃蕩清寧，無意無必，不忘不助，是他真體存存，纔是正心，然則正心固不在誠意內，亦不識意外，若要誠意卻先須知得箇本在吾身，然後不做差了，又不是致知了，便是誠意，須物格知至而後好去誠，則誠意固不在致知內，亦不在致知外，故不曰所謂誠意在致其知者，所謂正心在誠

其意者，是誠意毋自欺之說，只是實實落落在我身上做工夫不可，

便謂毋自欺。〔註37〕

王心齋言《大學》的「正心」工夫，以爲「誠其意」的先決條件即在於「得個本在吾身」，更明言「只是實實落落在我身上做工夫」，從工夫修養的實踐來說，「正心」、「誠意」還需由「身」來作才爲可行，這樣的「身」既是具體落實的，更是具有道德實踐的行動意義在內。「身」雖然只是「身體形骸」，但卻是「心」在現實層面的接觸點，「正心」、「誠意」等道德實踐工夫還是需要從「身」上來作。王心齋言「保身」即從這個意義上說保存或保護「身體形骸」的重要性。如是，王心齋的「保身」思想實是以道德實踐的先決條件而說，沒有了「身」，則不可能再作任何道德實踐上的可能。這種想法也見於王心齋對於古人的評價，在商紂時的微子、箕子和比干三人，孔子同稱他們爲仁，王心齋卻認爲他們仍有優劣差異，其曾言：

微子之去，知幾保身，上也。箕子之爲奴，庶幾免死，故次之。

比干執死諫以自決，故又次之。孔子以其心皆無私，故同謂之仁，

而優劣則於記者次序見之矣。〔註38〕

王心齋認爲從《論語》所記載的先後次序爲證據可見對於他們評價的優劣之別，更認爲這種優劣之別的關鍵在於「保身」。即在商紂暴虐時，微子棄紂王而去；箕子進諫不從，披髮裝狂只被降爲奴；比干因剖心力諫致死，王心齋認爲三人可以同稱爲「仁」，但最能保存「身體形骸」者才算爲優，即是以道德實踐的要求來說，假如要有道德實踐，則必須先要有能作道德實踐的「身體」。這正是王心齋言「保身」之「保」乃道德實踐的先決條件之意義。

其次，從「保身」的「立本」、「起始」之意來說。王心齋言「保身」不單止於較消極的「保護」、「保存」之意，更有較爲積極的「立本」、「起始」之意。〔註39〕在〈明哲保身論〉中，王心齋以「本末一貫」的角度來言「身」與「天下」的關係，即「身」爲「本」，「天下」爲「末」，兩者之間乃是一個道德實踐過程的兩個階段。岑溢成先生直言這種「本末一貫」的思考正王心齋言「保身」至「保天下」的階段性想法，其說：「這篇文章（按：即〈明哲保身論〉）反復道來，都是『人我一體』的意思。保身就是保人，就是保家、保國、保天下；

〔註37〕 王艮著〈答問補遺〉，《明儒王心齋先生遺集（卷一）》，頁 17 上。

〔註38〕 王艮著〈語錄〉，《明儒王心齋先生遺集（卷一）》，頁 6 下。

〔註39〕 當然，這一較爲積極的面向的「保身」思想更能體現於王心齋的「安身」觀念內，下文將詳述。

保人、保家、保國、保天下，就是保身。以『人我一體』爲主要意義的『萬物一體』，倫理學的意味相對濃厚，而形上學的意味相對薄弱。在『萬物一體』的思想背景上，『安身』與『安人』只是一個過程的兩個階段。」〔註40〕這種以「身」爲「本」，「天下」爲「末」的思想每每見於王心齋的其他語錄，其言：

> 身也者，天地萬物之本也，天地萬物，末也。〔註41〕

> 知修身是天下國家之本，則以天地萬物依於己，不以己依於天地萬物。〔註42〕

> 大人者，正己而物正者也，故立吾身以爲天下國家之本，則位育有不襲時位者。〔註43〕

在「本末一貫」的想法下，「保身」固然是作爲道德實踐的先決條件，也是道德實踐工夫的起始點。王心齋言「身」爲「本」時並不止於「保存」、「保養」之意，所謂「知修身是天下或家之本」，即以「修身」的「身」作爲道德實踐工夫的起始點，「身」在「本末一貫」的思想中，是相對於天下國家之「末」有更根本處的位置，其中的理由即是「身」才是實踐從「愛人」到「平天下」的開始點。〈答問補遺〉有言：「修身，立本也。立本，安身也。」從這個觀點看，「保身」不單是消極的「保存」意義，更有積極的「立本」意義。如是，對於王艮的「保身」說法，即有一個轉折，「保身」是〈明哲保身論〉的主要觀念，但從「保身」中引申出來卻有道德實踐的先決條件和道德實踐的起始點的意涵，尤其是從「保身」的理由來看，「保身」涉及從「修身」、「立本」至「安身」的道德修養工夫過程，這種牽涉即把「保身」的消極意義轉化爲積極意義的實踐步驟，也顯示出王心齋的「保身」與「安身」是截然不同卻又息息相關的概念。

最後，需要指出，王心齋的「保身」說法所強調的主要是「保存」或「保護」這個「身體形骸」的意思，而從「保身」的「保」及「身」分析中，又可以展現「身」的「身體形骸」實乃「心（良知良能）」的載體，即道德實踐的先決條件；「保」不單是「保存」，更提出一種轉化成爲「立本」義。不過，「保身」觀念實在仍需從「安身」來理解，所謂「修身，立本也。立本，安身也」的說法，正好爲「保身」與「安身」作出關聯。或者，可以說，「保身」觀念實是王心齋「安身」思想的其中一個層面上的意義。

〔註40〕 岑溢成著〈王心齋安身論今詮〉，頁75。
〔註41〕 王艮著〈答問補遺〉，《明儒王心齋先生遺集（卷一）》，頁15下。
〔註42〕 王艮著〈語錄〉，《明儒王心齋先生遺集（卷一）》，頁2下。
〔註43〕 王艮著〈語錄〉，《明儒王心齋先生遺集（卷一）》，頁1下。

三、從《大學》詮釋「安身」之實義：修身立本

王心齋言「保身」雖有其積極性的意義，但是，正面地表達出其對「身」的重視仍然是「安身」。王心齋言「安身」是立基於對《大學》的重新詮釋，並以此再論述其以「安身」而說的「誠意」、「格物」、「經世致用」等之想法。

王心齋自言在詮釋《大學》的方法上有其殊異處，即以經典內的文句作互相印證與詮釋，其言：

> 惟《大學》乃孔門經理萬世的一部完書，喫緊處惟在止至善及格物致知四字本旨，二千年未有定論矣。某近理會卻不用增一字釋本義自足驗之，《中庸》、《論》、《孟》、《周易》洞然，吻合孔子精神命脈具此矣，諸賢就中會得，便知孔子大成學。〔註44〕

究竟王心齋這種「某近理會卻不用增一字釋本義自足驗之」的詮釋方案有何殊異之處呢？以「格物」的詮釋爲例，唐君毅先生曾就《大學》的義理角度而論：「朱子講格物，不直對物講，而冒過物字，而以物之『理』爲所對之故。陽明承朱子而亦以物爲事，並以事爲意之所在，故陽明講格物，亦不對物講，而以意念之不正，使歸於正，而使事得其正，即爲格物。故在陽明謂意在於事親，則事親即是物，而親乃非物。如此釋大學，亦將大學之物一字落空。物字在于二家，既皆落空，則物之本末之次序，與事之始終之先後之次序之重要，即爲二家所忽視。」〔註45〕唐君毅先生認爲朱熹與王陽明二人對於「格物」的「物」字皆未能從事、物二分的角度而說，從而使《大學》中物的本末與事之先後次序忽略。無可置疑，朱熹與王陽明在詮釋《大學》「格物」時，皆從自己的思想系統出發，兩人皆遵從《大學》言「格物致知」，不過，由於兩人在「知」上的不同理解，遂將「格」與「物」皆賦予特殊的意義，是以他們解《大學》「格物」義時雖有不合之處，但仍符合其自身的思想體系而賦予「格物」新義。然而，王心齋卻注意到《大學》的「物有本末，事有始終，知所先後，則近道矣」來詮釋「格物」說。王心齋這種「不用增一字釋本義」的方法，也見於其言《中庸》的「中」與《大學》的「止」，其言：「《中庸》「中」字，《大學》「止」字，本文自有明解，不消訓釋。」〔註46〕王心齋在這種詮釋方法上的洞見是看到《大學》的「喫緊處」在於兩點：「止至善」和

〔註44〕王艮著〈答問補遺〉，《明儒王心齋先生遺集（卷一）》，頁15上。
〔註45〕唐君毅著《中國哲學原論（導論篇）》，台北：台灣學生書局，1983年版，頁323～324。
〔註46〕王艮著〈語錄〉，《明儒王心齋先生遺集（卷一）》，頁1上。

「格物致知」，又以「止至善」尤其重要。王心齋就曾指出：「《大學》是經世完書，喫緊處只在止於至善；格物卻正是止至善。」〔註47〕即「格物」說實是指向「止至善」為詮釋，而王心齋即從「止至善」的詮釋發展出其獨特的思想：「安身」。

王心齋詮釋《大學》的「三綱領」來論說「安身」乃「止至善」的實義。其言：

> 明明德以立體，親民以達用，體用一致，陽明先師辨之悉矣。此堯舜之道也。更有甚不明，但謂至善為心之本體，卻與明德無別，恐非本旨。明德即言心之本體矣，三揭在字自喚省得分，明孔子精蘊立極，獨發安身之義正在此。堯舜執中之傳以至孔子，無非明明德親民之學，獨未知安身一義，乃未有止至善者，故孔子悟透此道理，卻於明明德親民中立起一箇極來，故又說箇於止至善，止至善者，安身也，安身者，立天下之大本也，本治而末治，正己而物正也，大人之學也，是故身也者，天地萬物之本也，天地萬物，末也。知身之為本，是明明德而親民也，身未安，本不立也。本亂而末治者，否矣。本末亂治，末愈亂也。〔註48〕

以《大學》的「三綱領」（明明德、親民、止至善）來說，王心齋完全認同王陽明詮釋「明德」與「親民」為「萬物一體」的體用兩面，然而，王心齋卻並不同意王陽明對於「止至善」的解說。王心齋指出王陽明的詮釋之問題在於「謂至善為心之本體，卻與明德無別，恐非本旨」，即是說，王心齋認為王陽明把「至善」詮釋作「心之本體」的說法，其中的意思便與「明德」相同，變成並未有對「止至善」與「明德」作出區別。當然，王心齋所謂「與明德無別」是本於他認為「止至善」實另有所指。〔註49〕王心齋從《大學》的語法及對「明德」的理解來說，其言：「明德即言心之本體矣，三揭在字自喚省得分，明孔子精蘊立極，獨發安身之義正在此。」所謂「三揭在字自喚省得

〔註47〕 同上註。

〔註48〕 王艮著〈答問補遺〉，《明儒王心齋先生遺集（卷一）》，頁15。

〔註49〕 岑溢成先生曾指出：「王心齋對於陽明的說法，顯然是有些誤解的。陽明所謂『至善為心之本體』是就『明明德到至精至一處便是』而說的，亦即《傳習錄》第四條鄭朝朔所說的『至善只是此心純乎天理之極便是』的意思，這所謂『本體』只指心或良知原來至善的狀態，與《傳習錄》第八條所謂『知是心之本體』之『本體』指體用之體不同。」（岑溢成著〈王心齋案身論今詮〉，頁68～69）

分」實從《大學》首句「大學之道，在明明德，在親民，在止至善」的「在」字而說，王心齋認爲從「在」字的意思即分別皆揭示「大學之道」的意義；至於所謂「孔子精蘊立極」即言孔子所能體現的「安身」有「立本」之意義，王心齋言「立本」即是從「修身」至「安身」的過程，「本」在王心齋詮釋《大學》或「安身」也有特殊意義。至此，「明德」、「親民」與「止至善」的關係，則爲「明德」、「親民」的工夫須落實於「安身」才有可能。此處最堪注意的是「知身之爲本，是明明德而親民也，身未安，本不立也」一句，即「安身」與「明明德」及「親民」的關係，從「明明德」及「親民」的體證能得悉「身之爲本」的意義。

王心齋又從「本末一貫」說法來論「身」與「天地萬物」的關係，提出了「安身」爲「立本」之說，究竟這個「安身者，立天下之大本」的「本」是甚麼意思呢？下文將有所討論。至於王心齋提出以「安身」詮釋「止至善」又有何依據呢？其言：

> 以經而知安身之知，安身之爲止至善也。《大學》簡說止至善，便只在止至善上發揮，知止，知安身也。定靜安慮得安身而止至善也，物有本末，故物格而后知本也。知本，知之至也；知至，知止也，自天子以至於庶人，至此謂知之至也，一節乃是釋格物致知之義，身與天下國家，一物也。惟一物而有本末之謂。格，絜度也，絜度於本末之間，而知本亂而末治者否矣，此格物也。格物，知本也。知本，知之至也。故曰：自天子以至庶人，壹是皆以修身爲本也。〔註50〕

「安身」作爲「止至善」義是王心齋從《大學》的文本義理歸納出來的。王心齋言「以經而知安身之知」，即從《大學》而發現「安身」的義理，所謂「知安身」的「知」正是「知止」的「知」，此是「良知」的道德本心發動義，以此即能循「至善」的道德實踐提出了方向與規範，是以言「安身之爲止至善也」。

王心齋又特別從《大學》的「知止」、「知之至」等的詮釋而提出「知本」的說法。所謂「知本」，王心齋認爲應從「格物致知」一節作解釋來看說。首先，王心齋以爲《大學》言「知止而后有定，定而后能靜，靜而后能安，安而後能慮，慮而後能得」的「知止」，即知道最終的「得」實爲「安身」或「至

〔註50〕王艮著〈答問補遺〉，《明儒王心齋先生遺集（卷一）》，頁 15 下～16 上。

善」之狀態，這樣的想法是以《大學》言「物有本末，事有終始，知所先後」爲理解的鑰匙，認爲「古之欲明明德於天下者，先治其國……國治而后天下平」一段所表達的道德實踐的理想過程重點乃是「知」「先後」、「本末」，「終始」，也即是「格物而后知至」的「知至」爲知道道德實踐的理想過程，「知至」的「至」與「知止」的「止」便同樣地表達爲道德實踐提出了方向與規範，但卻在道德實踐的過程有著不同的位置與意義，「知至」的「至」即爲開始或過程義；「知止」的「止」即爲目標或達到義。王心齋提出「知本」即是從「物有本末」來詮釋「物格而后知至……國治而后天下平」一段的「知至」，認爲「知至」還有更根本的「知本」，這樣，在爲道德實踐提出了方向與規範的想法下，「知止」、「知至」與「知本」便分別爲擔當道德實踐的方向或規範下的不同的意思。所謂「知本，知之至也；知至，知止也」，實是認爲道德實踐的方向或規範有著「知本」的開始點或下手處，「知至」的道德實踐過程，及「知止」的道德實踐的理想狀態。其次，王心齋說「格物」的「格」爲「絜度」，「格物」的「物」則爲「物有本末」，既然所格之「物」有「本末之分」，從「格」過程中便可以發現物的「本」，此即可言從「物格」而能「知本」。那麼，甚麼是「知本」的「本」呢？王心齋言「一物而有本末之謂」，從「身」與「天下國家」爲「一物」來說，所謂「物格而后知本」的「知本」乃以「自天子以至於庶人，壹是皆以修身爲本」一句來詮釋，而以「修身」爲「知本」的「本」。至此，王心齋以「知止」、「知至」與「知本」雖同爲道德實踐提出了方向與規範的意思，「知本」更是道德實踐的下手處，「知本」的「本」是「修身」，道德實踐的方下手處正是從「修身」起。〔註51〕然而，雖然「修身」是下手處或起始點，「止至善」是目標或理想狀態，但「安身」與「止至善」又是怎樣關聯起來呢？「安身」與「止至善」的關聯乃在於「修身」，「修身」雖不等同於「安身」，兩者卻是由「身」的意義相關聯著。至於「修身」又怎

〔註51〕「以修身爲本」作爲道德實踐的下手處的說法。倪劍青先生曾指出：「『修身』已經作爲『工夫論』的『大共名』而存在，所有的儒家修養工夫都可以被納入『修身』的範疇之中，直接導致了將修身理論原成各個節目局面的形成。」（倪劍青著〈身體：在心性與政治之間——從《大學》的「修身」觀念談起〉，載於祝平次、楊儒賓編《天體、身體與國體：迴向世界的漢學》，台北：國立臺灣大學出版社，2005 年，頁 205～206）另外，從朱熹和王陽明的說法來看，「修身」作爲《大學》工夫論的重要一環，卻是常被化約或從屬格物正心等工夫之下，而王艮提出「以修身爲本」的重要性正好重提「修身」的獨立性。

樣能達至「安身」呢？「安身」又如何是「止至善」呢？「修身」與「安身」
的關聯則在於「立本」。王心齋有言：

> 修身，立本也；立本，安身也。後文引詩釋止至善曰：緡蠻黃
> 鳥，止於丘隅，知所以安身也，孔子歎曰：於止知其所止，可以：
> 人而不如鳥乎？要在知安身也，易曰：君子安其身而後動。又曰：
> 利用安身。又曰：身安，而天下國家可保。孟子曰：守孰爲大？守
> 身爲大。失其身而能事其親者，吾未之聞，同一旨也。〔註52〕

> 修身，立本也。立本，安身也。安身以安家而家齊，安身以安
> 國而國治，安身以安天下而天下平也，故曰修己以安人，修己以安
> 百姓，修其身而天下平，不知安身便去幹天下國家事，是之謂失本
> 也，就此失腳將或烹身割股餓死結纓，且執以爲是矣，不知身不能
> 保又何以保天下國家哉。〔註53〕

「修身，立本也；立本，安身也」是上引兩段文字的重複處，也正是代表著
「修身」與「安身」關係的關鍵在於「立本」的文句。「修身，立本」與「立
本，安身」是一組整合的關係：修身即是「立本」；「立本」即是安身。「立本」
成爲「修身」與「安身」的關鍵。

首先，「立本」即以「修身」爲道德實踐的根本處或下手處，後能「修己
以安人，修己以安百姓，修其身而天下平」，從而達至「安身以安家而家齊，
安身以安國而國治，安身以安天下而天下平也」。「修身」與「安身」彼此關
聯而層次不同，「修身」是一種具體的道德實踐的方法或下手處，而「安身」
則是道德實踐的目標或理想狀態。王心齋言「安身」與「身安」爲同義，即
認爲從「修身」的「格物」、「反己」等工夫達至「正己而物正」後的道德實
踐的理想狀態，其言：「格物然後知反己，反己是格物的功夫。反之如何？正
己而已矣。反其仁治敬，正己也。其身正而天下歸之，此正己而物正也，然
後身安也。」〔註54〕即本於此意。

其次，王心齋言「立本」有另一層的意思，即從《大學》的「以修身爲
本」來詮釋「立本」，「立本」的意義乃連接於兩方面：「己身」與「他身」，
此即「修己以安人」之說。「以修身爲本」在《大學》內正是處於一個中心樞

〔註52〕 王艮著〈答問補遺〉，《明儒王心齋先生遺集（卷一）》，頁 16 上。
〔註53〕 同上註。
〔註54〕 王艮著〈答問補遺〉，《明儒王心齋先生遺集（卷一）》，頁 16 下。

紐的位置。〔註55〕「格物」、「致知」、「誠意」、「正心」四者對應於「修身」可謂其全部的內容，也可以說是由「修身」可統攝心、意、知、物的內容；而「齊家」、「治國」、「平天下」對於「修身」可謂其可能引伸的內容，也可以說「修身」僅爲齊家至平天下的必要條件而已。依格物到修身和修身到平天下分成兩個部分而說，「以修身爲本」中「身」實際上是面向著兩個不同層面的問題，即「己身」的道德心靈之實踐與「他身」的經世致用之行道，依王心齋的說法，前者即是「修己」；後者是「安人」。

王心齋言的「立本」即以「以修身爲本」在《大學》的特殊意義來建立，以「修身」而言「立本」便具有兩個層面的意義：一，對應於「己身」的「修己」，「修身」即爲道德實踐的下手處，亦即培養個人的道德心靈或素養爲要，所立的「本」便成爲「本份」或「本源」的意思。此即王心齋所言：「此却是中，却是性，戒愼恐懼此而已矣。是謂顧諟天之明命。立則見其參於前，在輿則見其倚於衡。常是此中，則善念動自知，惡念動自知，善念自充，惡念自去，如此愼獨，便可知立大本。立大本，然後內不失己，外不失人，更無滲漏，使人人皆如此用功，便是致中和，便是位天地、育萬物事業。」〔註56〕對於工夫修養的對治「惡念」和擴充「善念」，便以爲「不著意」爲尙，這種「不著意」正是其論對「己身」爲「立本」之「本源」意；二，對應於「他身」的「安人」，「修身」即爲道德實踐至經世致用的的開端，相對於齊家、治國、平天下等爲「末」之事，所立的「本」便成爲「基礎」或「根本」的意思。所謂「安身以安家而家齊，安身以安國而國治，安身以安天下而天下

〔註55〕岑溢成先生曾指出「以修身爲本」在《大學》是處於一個中心樞紐的位置，其言：「格物、致知、誠意、正心、修身、齊家、治國、平天下是一個條件系列。這個系列以修身爲中心，分成兩個部分。從格物到修身是一個部分，從修身到平天下是另一個部分。……修身在這兩個系列中，地位和性質不盡相同，『自天子以至庶人，壹是皆以修身爲本』便有兩方面的含義。第一方面是倫理學的，第二方面是政治學的。……從這方面看，省察存養一己天賦之明德，使之充量展現於人倫日用之際，由此建立道德人格，乃每一個眞正的『人』的『本份』或『本務』。這是『以修身爲本』的倫理學的意義。……從第二方面的含義來看，修身之爲本是相對於齊家、治國、平天下之爲末而言的。……依此，『以修身爲本』就是以修身爲齊家、治國、平天下之基礎或根本，這就是把政治的本質確定爲道德的，而政治的目的就是使天下所有人都知所以自修其身，建立自己的人格，使世界成爲一個道德人格的世界。」(岑溢成著《大學義理疏解》，台北：鵝湖出版社，1991年版，頁45～46。)

〔註56〕王艮著〈答問補遺〉，《明儒王心齋先生遺集（卷一）》，頁19上。

平也，故曰修己以安人」，能夠從「修己」出發進而達至「安人」、「安百姓」、「安天下」，實即以爲「修己」的「本」爲基礎或根本。這樣，從「以修身爲本」的論說上，王心齋言「立本」的「本」固然爲「身」，但這個「身」卻是對應於兩組不同的道德實踐的方向，即「己身」的道德人格或道德心靈的建立；即「他身」的道德人格世界的被建立。用儒家的話來說，「以修身爲本」即道德行動主體向內的道德心靈建立與道德行動主體向外的經世致用成就。道德心靈的建立或實踐固然是倫理學的問題，而道德行動主體向外的經世致用則不單止是倫理學範疇，更涉及社會學或政治學的領域。從宋明儒學的傳統來看，王心齋以「以修身爲本」爲「立本」，從而把道德實踐的心靈與道德實踐的行動兩個層面都拉緊關聯，便「立本」的意義得以更豐富，實在是有其獨特的識見。〔註57〕

綜言之，「安身」作爲王心齋的學問宗旨，其要義在於「立本」，此即以「修身，立本也；立本，安身也」作爲其「安身」思想之架構。王心齋以「不用增一字釋本義」詮釋《大學》的「止至善」，提出「知本」實是有著道德實踐的方向或規範的開始點或下手處；從「以修身爲本」及「本末一貫」來說，則「本」即是「身」之意思，「立本」逐成爲道德實踐的要義，而「立本」的要緊處在於連繫於「修身」與「安身」，「修身」是一種具體的道德實踐的方法或下手處，「保身」是確保能作具體的道德實踐的先決條件，而「安身」則是道德實踐的目標或理想狀態，從「安身」的達成才能致「安身以安家而家齊，安身以安國而國治，安身以安天下而天下平也」。依此，「安身」的追求是從「修己」與「安人」的兩端開展，亦是王心齋思想中的主要問題意識。「安身」作爲王心齋的學問宗旨，並從而開展其「百姓日用」、「樂學」、「淮南格物」和師道講學等分別處於「修己」與「安人」兩端的思想，把「身」的概念開展出別具一格的哲學意涵。

〔註57〕岑溢成先生曾指出：「《大學》的『身』本來有兩重不同的身分。格、致、誠、正所及的『身』，與推及家、國、天下的『身』意義並不相同。從朱子、王陽明、王龍溪到劉蕺山，雖然『身』的兩端都會觸及，但由於義理的基礎主要放在『格物』、『致知』之上，以至談到『身』，總是偏向於格、致、誠、正的一端。結果宋、明儒談《大學》，總是形上學的、個人道德、內心修養的意味重，對於『身』的另一端所關聯的社會、政治的行動，不知不覺會比較忽略。」（岑溢成著〈王心齋案身論今詮〉，頁68～69）

貳、「安身」思想的本體義與工夫義

一、「安身」思想的本體義

「安身」作為王心齋的學問宗旨，固然有其在《大學》詮釋與個人獨特思考的依據。然而，王心齋的「安身」思想又如何作為道德實踐的可能根據呢？此即王心齋的「安身」思想具有怎樣的本體意義之思考問題，下文即從三方面析論，即「安身」與良知、「安身」與百姓日用、「安身」與樂。

（一）「安身」與良知

「良知」作為王陽明心學思想的重要概念是「陽明後學」所共同接受的，然而，對「良知」的不同理解與證悟卻開展出「陽明後學」百花齋放般的不同思想體系。〔註 58〕究竟王心齋是如何理解「良知」呢？他對「良知」的理解又如何影響其「安身」思想的建立呢？王心齋對「良知」的理解主要在於「天然自有之理」（天理）與「百姓日用」。先說前者。

王心齋在〈天理良知說答甘泉書院諸友〉言及「良知」的「天然自有之理」，其言：

> 天理者，天然自有之理也。良知者，不慮而知，不學而能者也。惟其不慮而知，不學而能，所以為天然自有之理。惟其天然自有之理，所以不慮而知，不學而能也。故孔子曰：『知之為知之，不知為不知』，是良知也。入太廟每事問，是天理也。惟其知之為知之，不知為不知，所以入太廟每事問。惟其入太廟每事問，便是知之為知之，不知為不知。曰致曰體認，知天理也。否則曰用不知矣。〔註 59〕

〔註 58〕林月惠先生曾指出：「依念菴之意，入悟的途徑不同，所體驗的性體便呈現不同的面向；而對性體所側重面向的不同，則所構的思想理論自然有別；而思想理論的不同，也開顯不同的真理。換句話說，工夫的進路（悟）、對本體的體驗（見性）、理論的建構（立言）、真理的開顯（入道），是環環相扣的環節，彼此相互影響，各家思想的差異性與豐富性也由此彰顯出來。」（林月惠著《良知學的轉折：聶雙江與羅念菴思想之研究》，台北：台大出版中心，2005 年，頁 720～721）

〔註 59〕王艮著〈天理良知說答甘泉書院諸友〉，《明儒王心齋先生遺集（卷一）》，頁 14 下。在〈年譜〉四十五歲下有記曰：「作天理良知說。時甘泉湛公有揭『隨處體認天理』六字以教學者，意與陽明公稍稍不同，先生乃作是說文列後卷。」（《明儒王心齋先生遺集（卷三）》，頁 4 下）依此，王心齋撰〈天理良知說〉的意圖當為辨清湛、王二人對於「天理」的差異和融合處。

王心齋言「天理」乃「天然自有之理」所強調的是「天理」的自自然然，無絲毫造作安排之義，此義亦見於程明道、王陽明等的說法；〔註60〕而「良知」乃「不慮而知，不學而能」所強調的是「良知」的不用後天學習思慮而得之義，此義本於孟子的說法。〔註61〕王心齋言「天理良知」，即是以「不慮而知，不學而能」的「良知」是不用後天學習思慮而得與「天然自有」的「天理」是自存自然具有相同的性質，是以二者可以互見其義，作為互相界定的條件。然而，王心齋如此的界定實有著不同於王陽明言「良知只是一個天理自然明覺發見處」〔註62〕的意義，王陽明言「良知只是一個天理自然明覺發見處」是先言良知後說天理，即以「天理自然發見處」表述「良知」，所強調的是「天理自然發見處」中的「明覺」義，是以王陽明也言：「良知是天理之昭明靈覺處，故良知即是天理。」〔註63〕然而，王心齋所言的「天理良知」卻聚焦於「良知」所具的「天然自有」義來說，兩者對於「良知」與「天理」的關係之論述是具差異的。不過，王心齋從「天然自有」義來論述「良知」的要點是「人人具足」的普遍性與常存性，此義並不離於王陽明的「良知」義。〔註64〕

王心齋又以孔子的「知之為知之」作例子，說明「良知」與「天理」的普遍性與常存性，並指出兩者的關係在於「知」（致、體認）。從「知之為知之，不知為不知」說「良知」，即以「良知」自身能無所欺瞞的態度表明知與不知；以「太廟每事問」說「天理」，即以「天理」在於不知而能問的表現中見其天然自存。王心齋以此詮釋孔子之說實亦包含了「良知」與「天理」的普遍性與常存性。至於王心齋指出：「致良知」的「致」與「體認天理」的「體認」，即是「知天理」之「知」，則可見此「知天理」之「知」並非指認知或

〔註60〕 程顥曾言：「天地萬物之理，無獨必有對，皆自然而然，非有安排也。」（程顥著〈師訓〉，程顥、程頤著，王孝魚點校《二程集》，北京：中華書局，1981年，卷十一，頁121）王陽明亦言：「人心本是天然之理。」（陳榮捷著《王陽明傳習錄詳註集評》，第三三九條，頁383）

〔註61〕 孟子有言：「人之所不學而能者，良能也；所不慮而知者，其良知也。」（〈盡心章句上〉，楊伯峻譯注《孟子譯注》，香港：中華書局，1994年版，頁307）

〔註62〕 陳榮捷著《王陽明傳習錄詳註集評》，第一八九條，頁270。

〔註63〕 陳榮捷著《王陽明傳習錄詳註集評》，第一六九條，頁241。

〔註64〕 王陽明亦有以普遍性與常存性言「天理即良知」，其說：「天理在人心，亙古亙今，無有終始，天理即是良知。」（陳榮捷著《王陽明傳習錄詳註集評》，第二八四條，頁337）又言：「良知之在人心，亙萬古，塞宇宙，而無不同。」（陳榮捷著《王陽明傳習錄詳註集評》，第一七一條，頁244～245）

知覺本能而已，而是從「知之爲知之」與「太廟每事問」中作出的「致」或「體認」。由此可見，王心齋雖然強調「良知」與「天理」的普遍性與常存性，但是，他並未有抹殺「致」或「體認」等「工夫」的要求，〔註65〕依此，王心齋常提及「百姓日用」卻並未直言「百姓日用即是道」，其有言「百姓日用條理處即是聖人之條理處」的要旨在於「聖人知便不失，百姓不知便會失」的「知」，〔註66〕此「知」實是王心齋的「安身」思想的能作工夫的關鍵，下文將詳述。

在此，也不難看出王心齋所言「良知」之要處是從天理、天性（天然自有）與良知的關係爲關鍵，其曾言及：

天理者，天然自有之理也；纔欲安排如何便是人欲。〔註67〕

良知天性，往古來今，人人具足，人倫日用之間舉而措之耳。〔註68〕

天性之體，本自活潑，鳶飛魚躍，便是此體。〔註69〕

天理者，父子有親，君臣有義，夫婦有別，長幼有序，朋友有信是也。〔註70〕

〔註65〕潘玉愛先生曾指出王艮此「知」是一具宗教向度的認識論，其說：「他（按：即王心齋）更進一步將『良知』擺脫孟子的道德義涵性的框架，而舉孔子論『知之爲知之』說明他的眞理觀是存在者面對自身而不自欺，展現出本體的眞（相符、相應），即是對自身的一種對話或認識，即是良知，一種本體內的知。……天理則是表述相對於本體之外的知（太廟），一種內、外之知的綜合，即如蘇格拉底藉由自身與他人的對話（無限）之中對自身有所認識（有限）。對心齋而言，不僅僅是在知覺本能的層次，而知分爲兩層：一種是直觀的知，是由人內心所產生的，一種是無法直觀的知，需藉由入太廟以省察聖人的行誼，而產生更高一層的察識，兩種知交互印證，則有所體知，也才能確知天理是什麼。他這種認識論有一宗教向度，就如王心齋曾入太廟，因而立志爲學即是一種遙契孔子的精神，亦是一種人文理性信仰的表現。」（潘玉愛著《王心齋與中晚明儒學的轉折——兼論道德自我與社會人倫的衝突與和諧》，台北：輔仁大學博士論文，2005 年，頁 51）本文認爲單從王艮舉孔子「知之爲知之」與「太廟每事問」而論析其言「知」乃一種內、外之知的綜合，其論證較爲單薄，亦有過度詮釋之嫌，本文僅認爲王艮此處言「知天理」之「知」並非認知或知覺本能，其要義乃是具有一工夫意涵的「知」（致或體認），此義下文將再討論。
〔註66〕王艮著〈語錄〉，《明儒王心齋先生遺集（卷一）》，頁5上。
〔註67〕王艮著〈語錄〉，《明儒王心齋先生遺集（卷一）》，頁5上。
〔註68〕王艮著〈答朱思齋明府〉，《明儒王心齋先生遺集（卷二）》，頁4下。
〔註69〕王艮著〈語錄〉，《明儒王心齋先生遺集（卷一）》，頁10下。
〔註70〕王艮著〈王道論〉，《明儒王心齋先生遺集（卷二）》，頁16下。

王心齋所言的天理、天性（天然自有）與良知的關係可從兩方面來說：第一，從天理與人欲之對照而說「天性」乃自然而然之理則，相對於人為的「安排」，依此，則所謂「良知天性」實僅指自然而然之理則而已；第二，天理實是具體的呈現於人倫日用之間的，此天理的呈現於內即「本自活潑，鳶飛魚躍」，呈現於人倫即「父子有親，君臣有義，夫婦有別，長幼有序，朋友有信」，依此，則所謂「良知天性」實即指天理的具體呈現。換言之，王心齋從天理、天性（天然自有）與良知的關係來說，「天性」（天然自有）正是貫通於天理與良知之間，此「天性」（天然自有）又兼備於自然之天性與人文之倫序。

依此，王心齋言及天理、天性與良知的關係時，亦有指點出「身」與良知的關聯，此義即在於天性之于在「身」，以「身」為本才能「致良知以復其初」。王心齋在〈復初說〉即言及「良知」的「天然自有之理」，並指點出「身」與「良知」的關係，其言：

> 治天下有本，身之謂也。本必端，端本，誠其心而已矣。誠心，復其不善之動而已矣。不善之動，妄也。妄復，則無妄矣。無妄，則誠矣。誠則無事矣。故誠者，聖人之本。聖，誠而已矣。是學至聖人，只復其不善之動而已矣。知不善之動者，良知也；知不善之動而復之，乃所謂致良知以復其初也。〔註71〕

「治天下有本」至「聖，誠而已矣」是從周濂溪（敦頤，）《通書》的〈家人睽復無妄第三十二〉、〈誠上第一〉及〈誠下第二〉等三文統合而成，〔註72〕王心齋綜括此三文之意，固然在於本於認為治天下之首要在於端正其身，而欲端正其則在於背反虛妄以返復回真實的原初，即是誠體。〔註73〕於此，王心齋在此提出「復其初」即「致良知」，而「良知」即是「知不善之動者」，亦即是「復其初」工夫的依據。

然而，王心齋綜括此三文中的「本」與「身」卻又是另具有一番意義。前文曾論及「修身，立本也。立本，安身也」是王心齋「安身」思想之架構，依此一架構即可理解王心齋在此所特別引伸出來的「本」與「身」之含意。所謂「治天下有本，身之謂也」實即指「修身，立本」的道德實踐的方向或規範的開始點與下手處，此下手處實本於「良知天性」於之在「身」，如此，

〔註71〕 王艮著〈復初說〉，《明儒王心齋先生遺集（卷一）》，頁 11 下～12 上。

〔註72〕 周敦頤著，陳克明點校《周敦頤集》，北京：中華書局，1990 年，頁 13，頁 15，頁 38～39。

〔註73〕 此義亦符合周敦頤思想之要義，參唐君毅著《中國哲學原論（原教篇）》，頁 61。

「身」與「良知」即具有起始之關係；所謂「致良知以復其初」實即指「立本，安身」的道德實踐的目標或理想狀態，此理想狀態（「聖，誠而已」）乃是「良知」的周流遍潤之呈現，又因此理想的狀態即是從聖人的自身所達的境界言，此「誠者，聖人之本」即是指「良知」於「身」之充分呈現，如此，「身」與「良知」即具有統合之關係。由此可見，王心齋言「良知」雖屢屢強調其「天然自有」之義，然其說「良知」仍然著重於身心統合的狀態，更由此言其「復其初」的工夫思想，如此，王心齋言「安身」即是以其為「良知」的「天然自有」的「復初」。

（二）「安身」與「百姓日用」〔註74〕

王心齋對「良知」的理解除了是「天然自有之理」之外，還強調「百姓日用」作為指點「良知」之義。在〈年譜〉記載：

> 先生言『百姓日用是道』。初聞多不信。先生指僮僕之往來、視聽、持行、泛應動作處，不假安排，俱是順帝之則，至無而有，至近而神。惟其不悟，所以愈求愈遠，愈作愈難，謂之有志於學則可，謂之聞道則未也。賢智之過與仁智之見俱是妄，一時學者有省。〔註75〕

〔註74〕當代學人常言王艮說「百姓日用即道」，然此語卻是出於黃宗羲的《明儒學案》所言：「惟先生（按：王艮）於眉睫之間，省覺人最多。謂『百姓日用即道』，雖僮僕往來動作處，指其不假安排以示之，聞者爽然。」（黃宗羲著〈泰州學案一〉，頁 710）而「百姓日用即道」的說法更常遭到誤解，以為王艮將「百姓日用」完全等同於「道」（如蒙培元直言：「與王畿同時的王艮公開提出『百姓日用即道』的思想，把『聖人之道』從天空降到人間，把先天心體變成了物質存在。」，蒙培元著《理學的演變——從朱熹到王夫之戴震》，福州：福建人民出版社，1984 年，頁 358），實質上，《年譜》雖曾記錄王艮有言「百姓日用是道」，其言：「先生言『百姓日用是道』。初聞多不信。先生指僮僕之往來、視聽、持行、泛應動作處，不假安排，俱是順帝之則，至無而有，至近而伸。」（《明儒王心齋先生遺集（卷三）》，頁 4 下）但是，其說的「是」字並非作動繫詞使用，乃是描述詞使用，即從僮僕動作處的不假安排（百姓日用）與「道」的存在狀態的相應之描述。吳震先生明言：「的確，從言表述的習慣來看，『百姓日用是道』，完全有可能被解讀為『百姓日用』直接等同於『道』，然而，心齋的這一極端表述方式所蘊涵的真意卻並非如此。」（吳震著《泰州學派研究》，北京：人民大學出版社，2009 年，頁 91）本文認同吳震先生的說法，即：王艮言「百姓日用是道」的「是」僅屬於描述詞，然而，本文更認為：王艮言「百姓日用是道」的「是」實是一境界意義的描述，而達致此境界意義之描述的工夫，正是當代學人常忽略王艮特別著重的「實實落落在我身上做工夫」的實踐工夫，下文將再討論王艮言「安身」思想的工夫論。

〔註75〕〈年譜〉四十六歲，《明儒王心齋先生遺集（卷三）》，頁 4 下。

　　南野公嘗講致良知，先生戲之曰：「某近講良知致。」南野延先

生連榻數宵，以日用見在指點良知，自是甚相契。〔註76〕

王心齋以「日用」與「見在」指點「良知」是甚爲著名的，〔註77〕黃梨洲在

《明儒學案》有言：「惟先生（按：王艮）於眉睫之間，省覺人最多。謂『百

姓日用即道』，雖僮僕往來動作處，指其不假安排以示之，聞者爽然。」〔註78〕

然而，何以王心齋會以「百姓日用」來指點「良知」呢？王心齋以「百姓日

〔註76〕〈年譜〉五十一歲，《明儒王心齋先生遺集（卷三）》，頁5上。

〔註77〕關於「見在」與「日用」作爲王艮的「良知」之要義，有學者強調「見在」
亦有學者強調「日用」。張學智先生指出：「在王艮這裏，良知有體有用，其
體即性、道、中，其用是思、覺。良知本體的內容上是天理，在表現形式上
是自然，自在。良知是這二個方面的統一。……『百姓日用即道』是他對于
良知以上看法的一個自然結果。」（張學智著《明代哲學史》，北京：北京大
學出版社，2000年，頁241～242）此即是以「見在」來強調王艮的良知觀；
錢明先生則認爲：「而心齋走的則是陽明的後一條路，把現成良知等同于百
姓日用，『以日用見在指點良知』，『發揮百姓日用之學』，認爲良知的天賦本
性就在『即根即實』的百姓日用之中：『即根即實，即天命之性也。』……
而心齋的現成良知說關注的則是藏體于用、率性自然、反求諸身的過程，追
求的是『日用人倫』、『家常事』中的現成良知。」（錢明著《陽明學的形成
與發展》，南京：江蘇古籍出版社，2002年，頁179）此即是以「日用」來
強調王艮的良知觀。本文認同錢明先生之說，即僅以「見在」強調王艮的「良
知」說並未能突顯出王艮與王畿所言的「見在良知」義之分別，而且，王畿
曾言：「有謂良知不學而知，不須用致知；良知當下圓成無病，不須更用消
欲工夫。此凌躐之病也。」（王畿著〈滁陽會語〉，王畿著、吳震編校《王畿
集》，南京：鳳凰出版社，2007年，頁35）正是區別出其自身所言的「見在
良知」與「泰州學派」對於「良知」的理解是有所分別。（王畿以「有謂良
知不學而知」指謂「泰州學派」的良知觀，此義主要參考彭國翔先生的論述，
詳見彭國翔著《良知學的展開——王龍溪與中晚明的陽明學》，北京：生活・
讀書・新知三聯書店，2005年，頁324～326）是以本文的討論即強調「百
姓日用」爲王艮的「良知」之要義，而非從「見在良知」而說。至於王艮與
王畿所言的「見在良知」義之分別，則主要在於王畿言「見在良知」所著重
的是良知本體呈現的圓滿性與能動性兩方面，此即良知本體之發用，不僅是
「當下自然呈現」（即良知本體呈現的圓滿性），而且其實踐動力亦是「當下
具足」（即良知本體呈現的能動性），因良知本體當下自然呈現時，已涵蘊了
實踐上的必然性（自不容已）；而王艮論及「見在良知」則主要從良知本體
呈現的圓滿性一面談，少有從良知呈現的能動性一面講。（關於王畿言「見
在良知」之意涵，參考林月惠著〈王龍溪「見在良知」釋疑〉，林月惠著《詮
釋與工夫：宋明理學的超越蘄嚮與內在辯證》，台北：中研院文哲所，2008
年，頁181～216）

〔註78〕黃宗羲著《明儒學案》下冊，頁710。

用」來指點「良知」的要義在於「知」的覺悟義與「即事是道」的實踐義。
先說前者，王心齋有言：

> 聖人之道，無異於百姓日用。凡有異者，皆謂之異端。〔註79〕

> 百姓日用條理處即是聖人之條理處。聖人知便不失，百姓不知
> 便會失。〔註80〕

王心齋雖明言「聖人之道」即是「百姓日用」，但兩者的相即關係之要義卻是
「知」，此即「百姓日用而不知」、「聖人知便不失，百姓不知便會失」之意，
然而，除此「知」以外，兩者在具體的「往來動作」之行為上並未有獨立特
行之異處，此「往來動作」即「往來、視聽、持行、泛應動作處」的日常生
活而已，換言之，假如主張「聖人之道」是脫離或迥異於日常生活的，王心
齋認為此僅是「異端」而已。何以王心齋會認為「知」具有能由「百姓日用」
而轉至「聖人之道」的作用呢？王心齋所言的「知」又具有甚麼的特別意涵
呢？王心齋在「百姓日用而不知」（或「百姓不知」）中的「知」是別具覺悟
義之使用，〔註81〕〈語錄〉有言：

> 惟百姓日用而不知，故曰以先知覺後知，一知一覺，無餘蘊矣。
> 〔註82〕

> 惟百姓日用而不知，故曰以先知覺後知，是聖愚之分，知與不
> 知而已矣。〔註83〕

> 或問中。先生曰：「此童僕之往來者，中也。」曰：「然則百姓
> 之日用即中乎？」曰：「孔子云：『百姓日用而不知。』使非中，安
> 得謂之道？特無先覺者覺之，故不知耳。若智者見之謂之智，仁者
> 見之謂之仁，有所見便是妄，妄則不得謂之中矣。」〔註84〕

王心齋常提及聖人與愚夫愚婦之別在於「知」，在不知與知之間的區別，即是
在於「覺」，先「知」者以「覺」後來者之「知」，此所謂「一知一覺，無餘
蘊矣」之意。對於「百姓日用」是否即「中道」的問題，王心齋引用孔子言

〔註79〕 王艮著〈語錄〉，《明儒王心齋先生遺集（卷一）》，頁5上。
〔註80〕 王艮著〈語錄〉，《明儒王心齋先生遺集（卷一）》，頁5上。
〔註81〕 在《明儒王心齋先生遺集》內，王艮當然地有許多說及「知」的話語，此處
討論其言及「百姓日用」與「知」相關的說話。
〔註82〕 王艮著〈答徐子直〉，《明儒王心齋先生遺集（卷二）》，頁1上。
〔註83〕 王艮著〈與薛中離〉，《明儒王心齋先生遺集（卷二）》，頁13上。
〔註84〕 王艮著〈語錄〉，《明儒王心齋先生遺集（卷一）》，頁2上。

「百姓日用而不知」作解釋，指出「百姓日用」而不「知」實並非「中道」，此「知」也即在於「覺」，是言「先覺者覺之」，此「覺」實爲覺悟之意。在〈年譜〉四十六歲的記載中，王心齋更指出即使是「有志於學」，明白聖賢的道理，然而，「惟其不悟」亦只會「愈求愈遠，愈作愈難」，其中的關鍵處即在於「悟」，此「悟」亦即「覺」。依此，王心齋雖然明言「聖人之道，無異於百姓日用」，但對於兩者之間實清晰區別於「知」的覺悟義。至於此「知」的覺悟義則不難發現乃源於王陽明的良知學，王陽明有言：「良知是天理之昭明靈覺處，故良知即是天理。」〔註85〕此「良知」即從其自身的覺悟之義。〔註86〕此「知」的覺悟義，王心齋嘗言爲「察」，其言：「日用間毫釐不察，便入於功利而不自知，蓋功利陷溺人心久矣。」〔註87〕所謂「日用間毫釐不察」，即在於「往來、視聽、持行、泛應動作處」的日常生活中之未有所覺悟。

另外，何以王心齋認爲從「百姓日用」之間即可以「知」或「察」呢？此是王心齋「即事是道」所具的實踐義之意，其有言：

> 即事是學，即事是道。人有困於貧而凍餒其身者，則亦失其本，而非學也。〔註88〕

所謂「即事是道」即表明從「道」與「事」是相即不離的，此「事」即是百姓日用，從人倫日常中即可以發現「道」，而「學」（工夫）亦須於「事」而爲，這可算是宋明理學的「格物」傳統。〔註89〕然而，依王心齋的說法，此「即事是道」的要點在於道德實踐上的「立本」，如「人有困於貧而凍餒其身者」，即對於個人的「身」有所敗壞，此亦是「失其本」，與其「保身」思想一致，道德實踐之所可能必須要有具體的「身」（本），是以「即事是學」的「學」其要義是從實踐之可能爲要。以此對應於王心齋所言的「百姓日用」，則在於從「即事是道」乃爲道德實踐之可能而說。

〔註85〕陳榮捷著《王陽明傳習錄詳註集評》，第一六九條，頁241。

〔註86〕牟宗三先生以「逆覺體證」來說此「良知」的明覺之義，其言：「這逆覺之覺只是那良知明覺隨時呈露時之震動，通過此震動而反照其自己。故此逆覺之覺就是那良知明覺之自照。自己覺其自己，其根據即是此良知明覺之自身。」（牟宗三著《從陸象山到劉蕺山》，《牟宗三先生全集》第八冊，頁190）

〔註87〕王艮著〈語錄〉，《明儒王心齋先生遺集（卷一）》，頁10下。

〔註88〕王艮著〈語錄〉，《明儒王心齋先生遺集（卷一）》，頁6下。

〔註89〕此處言「格物」並不是獨指朱子的「格物致知」思想，而是指自朱子以「格物窮理」爲主的格物思想，至王陽明以「格物正心」爲要的格物想法，再到「陽明後學」的不同詮釋的格物思想，如聶雙江的「格物無工夫」等的「格物」傳統。

　　換言之，王心齋言「百姓日用」以指點「良知」，從正面來講，即以「知」的覺悟義來說「良知」實踐義的充分條件；從反面來講，則以「即事是道」的實踐義來說「良知」實踐義的必要條件。然而，究竟「安身」與「良知」的「百姓日用」義有何種關係呢？其中的關鍵在於「道」與「身」作為「本末一貫」的關係。

> 身與道原是一件，至尊者，此道；至尊者，此身。尊身不尊道，不謂之尊身，尊道不尊身，不謂之道，須道尊身尊纔是至善。〔註90〕

> 惟百姓日用而不知，故曰：「君子存之，庶民去之。」學也者，學以修此中也。戒慎恐懼，未嘗致纖毫之力，乃為修之道，故曰：「合著本體，是工夫，做得工夫是本體。」先知中的本體，然後好修的工夫。〔註91〕

王心齋言「安身」的要義在於道德實踐的目標或理想狀態，是以「身與道原是一件」即從道德實踐的角度來說，而「良知」的「百姓日用」義即由此而聯繫於「身」，從「修身，立本也。立本，安身也」的思想架構來看，既然「安身」乃在於道德實踐的定位，則「良知」的「百姓日用」義亦在於「安身」義中呈現出來，如此，王心齋言「安身」即是以其為「良知」的「百姓日用」之「知」的覺悟義與「即事是道」的實踐義。

（三）「安身」與「樂」

　　王心齋言「樂」在宋明理學家之中是著名的。劉蕺山曾言：

> 喫緊處在根心處做工夫。有此仁義禮智根於心，自然有生色之妙，所謂「樂則生矣」是也。根心之功，在孔子則曰「發憤忘食，樂以忘憂」，馴至「從心不踰」之地，在顏子則曰「博我以文，約我以禮」，馴至「欲從末繇」之地，斯得之矣。後儒王心齋著〈樂學歌〉，頗足發其蘊。〔註92〕

依劉蕺山之說，「孔顏樂處」的要義在於樂在吾心，即從根心處做工夫，反求自心乃可以得到眞樂，並以為王心齋的〈樂學歌〉乃能得此「眞樂」的深義。劉蕺山言及能得此「樂」之深義乃在於從「在根心處做工夫」而作，強調於

〔註90〕王艮著〈答問補遺〉，《明儒王心齋先生遺集（卷一）》，頁18上。
〔註91〕王艮著〈答問補遺〉，《明儒王心齋先生遺集（卷一）》，頁18下。
〔註92〕劉宗周著〈學言上〉，劉宗周著，吳光主編《劉宗周全集》第二冊，杭州：浙江古籍出版社，2007年，頁375。

層層工夫實踐的細微處，〔註93〕此與王心齋僅以「實實落落在我身上做工夫」的實踐工夫自有不同，可是，兩者對於「樂體」的描述卻是同出一徹的：鳶飛魚躍，此「鳶飛魚躍」乃源於程明道（顥，1032～1085）對於「誠敬」工夫所得的境界之體驗描述，其言：「鳶飛戾天，魚躍於淵，言其上下察也。此一段子思吃緊為人處，與『必有事焉而勿正心』之意同，活潑潑地。會得時活潑潑地。不會得時，只是弄精神。」〔註94〕與程明道從對道體的流行境界之體驗描述來比較，王心齋言「樂體」的說法則更著重於以「良知」、「萬物一體」等觀念作為交互之說明。

王心齋言「樂」有從「心體」之描述，也有從「萬物一體」之說法，其言：

天性之體，本自活潑，鳶飛魚躍，便是此體。〔註95〕

須見得自家一個真樂，直與天地萬物為一體，然後能宰萬物而主經綸。所謂樂則天，天則神。〔註96〕

故道也者，性也，天德良知也，不可須臾離也。率此良知，樂與人同，便是充拓得開，天地變化草木蕃。所謂易簡而天下之理得，而成位乎其中矣。〔註97〕

王心齋以「鳶飛魚躍」、「本自活潑」等作為「心之本體」的描述，其要義在於此「心之本體」的欣合和暢（「真樂」），通應於人倫與自然之間。而此一欣合和暢的狀態，直是「萬物一體」的境界，其功用是「能宰萬物而主經綸」，於此，「樂」即代表著通應於「天」而達至「神」。然而，究竟如何才可以「見得自家一個真樂」呢？王心齋提出了「良知」作為關鍵，即「道」、「性」與「天德良知」具是相即不離的，能得「良知」之覺即能擴而感通於「天地變化草木蕃」，從而得「成位乎其中」，達至欣合和暢的狀態，此即「率此良知，樂與人同」之意。〔註98〕

〔註93〕劉宗周在《人譜續編二》〈改過說一〉（劉宗周著《劉宗周全集》第二冊，頁17）即有對微過、隱過、顯過、大過、叢過之妄等作出「卻妄還真之路」的層層遞進的工夫論述。

〔註94〕程顥著《二程集》卷三，頁59。

〔註95〕王艮著〈語錄〉，《明儒王心齋先生遺集（卷一）》，頁10下。

〔註96〕王艮著〈語錄〉，《明儒王心齋先生遺集（卷一）》，頁10下。

〔註97〕王艮著〈答劉鹿泉〉，《明儒王心齋先生遺集（卷二）》，頁5下-頁6上。

〔註98〕王艮此言「須見得自家一個真樂，直與天地萬物為一體」即源於王陽明言「樂是心之本體」的說法，王陽明有言：「樂是心之本體。仁人之心，以天地萬物為一體，訢合和暢，原無間隔。」（王陽明著〈與黃勉之·二〉，《王陽明全集（上冊）》卷五，頁216。）

　　依王心齋言「復其初」的說法，「良知」乃是「天然自有」，而只要回復到此一原初的狀態，則可以感受到當中的「眞樂」，王心齋在〈樂學歌〉即有此言，其說：「人心本自樂，自將私欲縛。私欲一萌時，良知還自覺。一覺便消除，人心依舊樂。」〔註99〕所謂「人心本自樂」與「人心依舊樂」說明了「良知」的關鍵性，「心之本體」本然地是「樂」的狀態，只是容易受到私欲的束縛，然而，當「良知一覺」，即能回復至源於本體的「樂」。另外，在〈樂學歌〉此處有所謂「自樂」、「自將」與「自覺」，即無論是悅樂或憂苦，昏墮或靈明，也是「自成，自道，自暴，自棄」〔註100〕的，此即是強調人的自主自律與自定方向。

　　然而，王心齋言「樂」與其「安身」思想有何種關連呢？簡言之，王心齋言「安身」即「樂」。依王心齋言「安身」之意，「安身」即「止至善」，此「止至善」亦達至「心之本體」的周流遍潤所眞實地呈現，如此，王心齋即正面地把「安身」表明爲「本體之樂」。反面來說，王心齋亦言及「失其身」，則僅是「安於險」而非眞的悟得「本體之樂」，在〈語錄〉中有記錄如下：

　　　　門人歌「道在險夷隨地樂」。先生曰：「此先師當處險時言之，學者不知以意逆志，則安於險而失其身者有之矣。」〔註101〕

換言之，王心齋提出「身」的重要性在於其爲「心身統合」之體，能得「本體之樂」當亦本於其「身」，此即是「修身，立本，安身」架構乃呈至「本體之樂」的可能工夫；而「安身」亦即是其能悟至「良知本體」之樂。唐君毅先生曾指出王心齋能特別言及此「樂是心之本體」，即在其特重於「身」，其言：「陽明原有『樂爲心之本體』之言，其言良知之戒愼中，亦有洒脫之義。然王門學者，則未有明倡自覺此樂在本體，而依之以起工夫，而使人自樂其工夫，亦自樂其學。心齋則首倡此義，其所以能首倡此義，則與其不單言心，而即安身之事以言此心之學有關。」〔註102〕

　　綜言之，王心齋的「安身」思想當有其本體之義，此即「安身」能作爲道德實踐之根據在於：一，「安身」即以其爲「良知」的「天然自有」的「復初」狀態；二，「安身」即是以其爲「良知」的「百姓日用」之「知」的覺悟義與「即事是道」的實踐義，所成就的「良知本體」周流遍潤所眞實之呈現；三，「安身」即是其能覺悟至「良知」的本體之樂。

〔註99〕王艮著〈樂學歌〉，《明儒王心齋先生遺集（卷二）》，頁9下。
〔註100〕王艮著〈語錄〉，《明儒王心齋先生遺集（卷一）》，頁10上。
〔註101〕王艮著〈語錄〉，《明儒王心齋先生遺集（卷一）》，頁4下。
〔註102〕唐君毅著《中國哲學原論（原教篇）》，頁397。

二、「安身」思想的工夫義

「安身」作爲王心齋的學問宗旨，不單具備本體義，更涉及工夫義。王心齋強調「實實落落在我身上做工夫」的實踐工夫，究竟王心齋所言的實踐工夫是甚麼呢？王心齋的「安身」思想的工夫義可從淮南格物、孝道樂學、師道講學等三方面來說，其中的要點是「安身」思想以「修身爲本」作樞紐而連繫於「修己」與「安人」兩端，從而開展出一套獨特的道德實踐工夫說法。

（一）「淮南格物」

王心齋的「淮南格物」是相當著名的。劉蕺山曾言：「後儒格物之說，當以淮南爲正。曰：『格知身之爲本，而家國天下之爲末。』予請申之曰：格知誠意之爲本，而正修齊治平之爲末。」〔註103〕作爲「泰州學派」門人的王一菴有言：「先師之學，主於格物。故其言曰：格物是『止至善』工夫。『格』字不單訓『正』，『格』如格式，有比則、推廣之義，物之所取正者也。『物』，即物有本末之物，謂吾身與天下國家之人。『格物』云者，以身爲格，而格度天下國家之人，則所以處之之道，反諸吾身而自足矣。」〔註104〕雖然兩人對於王心齋的「淮南格物」皆有所再作引申論說，但都明確地對「淮南格物」表示認同。王心齋的「淮南格物」可以分爲形式義與內容義兩方面而論。

從形式來說，王心齋的「淮南格物」則分別對「格」與「物」作出有別於朱子與王陽明的詮釋。

首先，王心齋把「格物」的「格」詮釋爲「絜矩」或「絜度」，其言：「格，絜度也，絜度於本末之間，而知本亂而末治者否矣，此格物也。」〔註105〕所謂「絜度」，鄭玄曾注《大學》中「是以君子有絜矩之道也」一句而言：「絜，猶結也，挈也。矩，法也。君子有挈法之道，謂當執而行之，動作不失之。」〔註106〕依此，王心齋釋「格」爲「絜度」即並不止於以爲單純的比較衡量，更是著重於以「君子之道」作爲衡量以求得本末治亂的方矩之法，是以王心齋言「絜度於本末之間」。正因爲王心齋言「格」主於從「本末之間」即「身」與「天下國家」之「絜矩」，故其言「身」是「矩」以去「絜」於「天下國家」之「方」，以自「身」作爲來求得治亂方正之下手處，如此，王心齋釋「格」

〔註103〕劉宗周著〈學言下〉，《劉宗周全集》（第2冊），頁448。
〔註104〕王棟著〈會語正集〉，王棟著、袁承業編《王一菴先生遺集（卷一）》，頁3上。
〔註105〕王艮著〈答問補遺〉，《明儒王心齋先生遺集（卷一）》，頁15下。
〔註106〕鄭玄注，孔穎達疏《禮記正義（十三經注疏）》第四冊，北京：北京大學出版社，2000年，頁1868～1869。

為「絜矩」實從道德實踐的入路來說，其「格物」思想即著重於「物格」，王心齋有言：「格如格式之格，即後絜矩之謂，吾身是箇矩，天下國家是箇方，絜矩，則知方之不正，由矩之不正也。是以只去正矩，卻不在方上求，矩正則方正矣。方正則成格矣。故曰：物格。」〔註107〕

其次，王心齋把「格物」的「物」釋為「一物有本末之謂」的「物」。其言：「身與天下國家，一物也。惟一物而有本末之謂。」〔註108〕所謂「一物有本末之謂」，乃是王心齋依據《大學》中「物有本末，事有始終」詮釋此「物」實是本末一貫之「物」，然而，此本末一貫之「物」即是甚麼呢？南宋的黎立武曾言：「格物即物有本末之物，致知即知所先後之知。蓋通徹物之本末，事之終始而知用力之先後耳。夫物孰有出於身心家國天下之外者哉！天下之本在國，國之本在家，家之本在身，身之主在心，心之發為意；此物之本末也。」〔註109〕依此，王心齋釋「格物」的「物」為「有本末之物」實是根據《大學》的文本脈絡而非額外添增「物」的詮釋作解，此「有本末之物」即以「身」至「天下」乃是一道德實踐的程序（過程），此義正是王心齋自言「不用增一字釋本義自足」的詮釋，把「格物」義從《大學》的文本脈絡詮釋成為形式意義，即王心齋並未為〈大學〉的「格物」義提出具體的道德實踐的行動（即：對於怎樣「格」物，或「格」甚麼樣的「物」之問題），而認為從《大學》文本脈絡作詮釋「格物」僅算是提出一個道德實踐的程序。〔註110〕

〔註107〕王艮著〈答問補遺〉，《明儒王心齋先生遺集（卷一）》，頁 16 上。

〔註108〕王艮著〈答問補遺〉，《明儒王心齋先生遺集（卷一）》，頁 15 下。

〔註109〕黎立武著〈大學本旨〉，轉錄岑溢成著《大學義理疏解》，台北：鵝湖出版社，1991 年版，頁 140～141。

〔註110〕岑溢成先生曾指出王心齋「淮南格物」的核心義理為形式與內容兩方面，其言：「在形式方面，格物之物是物有本末之物；在內容方面，物有本末之物指身、家、國、天下為一物之物，而身為此物之本。然而，從劉宗周以至今儒，凡認為淮南格物說可取的，大多只取其『物即本末之物』的形式意義，而不取其『身乃物之本』的實質意義。」（岑溢成著《大學義理疏解》，頁 140）然而，何以後儒大多不取「淮南格物」的內容意義呢？岑溢成先生再引王心齋後人王震九的說法：「謂止至善為安身，創解也。」並指出：「凡創解都是不太容易說明的」此不容易說明的「創解」實是王心齋所言「身乃物之本」的「身」之要義是「身就是德性生命和現實生命的同一」。（岑溢成著《大學義理疏解》，頁 142）本文同意岑溢成先生區分王心齋「淮南格物」為形式義與內容義兩方面的說法，並以此作為理解「淮南格物」之基礎，藉以詮釋王心齋的「淮南格物」實是作為其「安身」思想的工夫意義。

　　從內容來看，王心齋是以「安身」來作爲「格物」的實義，即：王心齋把「格物」還原爲形式意義，但其仍從「物之本末」及「止至善」的想法中把「格物」之內容意義落實爲「安身」。

　　首先，從「物之本末」來說「知本」，「格物」之始當在「修身」。王心齋以「物之本末」詮釋「格物」的「物」，又以此聯繫於《大學》的「八條目」，逐有「身也者，天地萬物之本也，天地萬物，末也」的說法。依此，王心齋言「格」爲「格式之格」，即「絜矩」之意，所謂「吾身是個矩，天下國家是個方」乃指出格物實絜度身與家國天下之間以求其得方正。王心齋的「格物」便是從本末爲一體的思想出發，身爲本而天下爲末，二者實爲一體，由主體（身）的道德實踐，能通及天下皆能具道德意義的存在，「格物」的意義便在於「絜矩」，而「絜矩」的意義即在於「修身」。王心齋即言：

　　　　格如格式之格，即後絜矩之謂，吾身是個矩，天下國家是個方，絜矩，則知方之不正，由矩之不正也。是以只去正矩，卻不在方上求，矩正則方正矣。方正則成格矣。故曰：物格。吾身對上下前後左右是物，絜矩是格也。「其本亂而末治者否矣」一句，便見絜矩格字之義，修身，立本也。立本，安身也。〔註111〕

在「淮南格物」的內容意義中，王心齋引入了「身」的觀念，這「身」有從「本末一貫」的「身與天下國家，一物也」之角度言兩者的關係；又有從具體的生活而說「吾身對上下前後左右是物」的「身體形骸」；更從「修身爲本」的「立本」說法提出「物格知至，知本也；誠意正心修身，立本也；本末一貫，是故愛人治人禮人也，格物也。」〔註112〕前文已論析，王心齋言「修身」、「立本」實是最終過度至「安身」爲目的。

　　其次，從「止至善」來說「立本」，「格物」之終（即「物格」）當在「安身」。王心齋言「止至善」之義即「安身」，此義乃連繫於「格物致知」之義，「知止」即是「知安身」，如是，「格物」的終成（即「物格」）實是「知本」（即「知安身」）。王心齋即言：

　　　　以經而知安身之知，安身之爲止至善也。《大學》簡說止至善，便只在止至善上發揮，知止，知安身也。定靜安慮得安身而止至善也，物有本末，故物格而后知本也。知本，知之至也；知至，知止

〔註111〕王艮著〈答問補遺〉，《明儒王心齋先生遺集（卷一）》，頁16上。
〔註112〕王艮著〈答問補遺〉，《明儒王心齋先生遺集（卷一）》，頁16下。

也，自天子以至於庶人，至此謂知之至也，一節乃是釋格物致知之
義，身與天下國家，一物也。惟一物而有本末之謂。〔註113〕

王心齋言「淮南格物」說最終乃以「安身」為其內容意義。楊祖漢先生曾指
出：「心齋認為格物之物，即物有本末之物。……即格物知身為本，欲齊、治、
平，須從自身做起。從自身做起，便是安身。而致知之知，是知本之知，即
知身為本，這便是知之至。」〔註114〕所謂「從自身做起」即是指「淮南格
物」之要義在於「修身」而始，從「修身」至「立本」，然後最終是成就「安
身」。那麼，具體的「修身」方案是甚麼呢？王心齋言「格物」乃從「修身」
做起，其實踐的具體方案即在於依《大學》為入手處，所謂「物格知至，知
本也；誠意正心修身，立本也」，即言「物格知至」乃是得道德實踐的具體
方向或規範，而「誠意正心修身」才有其具體的踐行，此之謂「立本」。然
而，王心齋卻也認為《大學》言「格物、致知、誠意、正心、修身、齊家、
治國、平天下」等條目實際是一種形式的說法，其說：「先儒皆不曾細看，
夫所謂平天下在治其國，言國治了而天下之儀形在是矣。所謂治國在齊其家
者，家齊了而國之儀形在是矣。所謂齊家在修其身，修身在正其心者，皆然
也。」〔註115〕依此，「誠意正心修身」為「立本」的實際關鍵便不在於逐一
步驟或程序來實踐，王心齋逐指出「立本」的關鍵實在於「誠意」。其有云：
「《大學》工夫，惟在誠意，故誠意章前後，引詩道極詳備，文王緝熙敬止，
止仁，止敬，止孝，止慈，止信，以至沒世不忘止至善也。」〔註116〕究竟
「誠意」的工夫又是怎樣做呢？王心齋說：「所謂正心在誠其意者，是誠意
毋自欺之說，只是實實落落在我身上做工夫不可，便謂毋自欺，為致知與聖
經皆不先誠意就去正心，則正心又著空了，不先做致知就去誠意，則誠意又
做差了，既能誠意不去正心，則誠意又卻助了，卻不可以誠意為正心，以致
知為誠意，故須物格而後知至，知至而後有誠意工夫，意誠而後有正心工夫，
所謂正心不在誠意，誠意不在致知者，如此也。」〔註117〕換言之，王心齋
所言「立本」的工夫為「誠意正心修身」，而當中的關鍵為「誠意」，「誠意」
的做法乃是「實實落落在我身上做工夫」。王心齋對於「自謙」品德的出現

〔註113〕王艮著〈答問補遺〉，《明儒王心齋先生遺集（卷一）》，頁15下。
〔註114〕楊祖漢等著《中國哲學史》（下冊），台北：里仁書局，2005年版，頁568。
〔註115〕王艮著〈答問補遺〉，《明儒王心齋先生遺集（卷一）》，頁17上。
〔註116〕王艮著〈答問補遺〉，《明儒王心齋先生遺集（卷一）》，頁17下。
〔註117〕王艮著〈答問補遺〉，《明儒王心齋先生遺集（卷一）》，頁17上～17下。

同樣有這樣的說法，其曰：「程宗錫問：『「此之謂自謙」，訓作「自慊」，何如？」子曰：「此正承物格知至說來，既知吾身是箇本，只是毋自欺，眞眞實實在自己身上用工夫，如惡惡臭，如好好色，畧無纖毫假借，自是、自滿之心，是謂自謙，即《中庸》敦厚以崇禮也，謙者無不慊，慊者未必能謙也。」〔註118〕至此，所謂「實實落落在我身上做工夫」或「眞眞實實在自己身上用工夫」即是道德實踐的「毋自欺」，或又可說是「致良知以復其初」的做法。最後，既然「格物」實際是從「修身」做起，可說王心齋的「淮南格物」已把「格物」在宋明儒學的傳統的工具意義（如對「理」的追求）轉變成一種是簡單而具體的實踐工夫，此簡要的實踐工夫即是本於「物之本末」與「止於善」詮釋「格物」，以「實實落落在我身上做工夫」或「眞眞實實在自己身上用工夫」作爲「修身」法門以達至「安身」的境界。

綜言之，「淮南格物」作爲王心齋思想的著名命題，其要義乃有形式與內容兩方面：從形式上說，王心齋依於《大學》的文本脈絡，把「格物」的「格」詮釋爲「絜矩」或「絜度」，並將「格物」的「物」釋爲「一物有本末之謂」的「物」，把「格物」的形式意義還原爲道德實踐的程序；從內容來說，王心齋從「物之本末」及「止至善」的思想中把「格物」之內容意義落實爲「安身」，即以「實實落落在我身上做工夫」或「眞眞實實在自己身上用工夫」作爲「修身」法門以達至「安身」的境界。依此，王心齋的「淮南格物」學說實是「安身」思想的工夫意義而已。

（二）孝道與樂學

王心齋「安身」思想的工夫義於「淮南格物」之要義實爲「實實落落在我身上做工夫」或「眞眞實實在自己身上用工夫」，而這種道德實踐的作法更具體的呈現則在於王心齋言「孝道」與「樂學」的思想。

王心齋言孝弟有著名的〈孝箴〉與〈孝弟箴〉二文，〈孝弟箴〉寫於王心齋在三十五歲之時，〔註119〕尚未見王陽明之前，不作詳論；〈孝箴〉雖然寫作時期不明，然其內容卻與王心齋思想的成熟時期相若。〔註120〕〈孝箴〉：

〔註118〕 王艮著〈答問補遺〉，《明儒王心齋先生遺集（卷一）》，頁 17 下～18 上。
〔註119〕 〈年譜〉三十五歲下記：「適守菴公患痔痛劇，先生徬徨侍側，見血腫以口吮之，公瞿然曰：兒何至此？痔尋瘥，人以爲孝弟所致，遂作孝弟箴文列前卷。」（〈年譜〉，《明儒王心齋先生遺集（卷三）》，頁 2 上）
〔註120〕 吳震先生指出：「《孝箴》一文雖不知作於何年，但由其內容可知當是作於晚年，至少與其保身說、敬身說的形成時期相當。」（吳震著《泰州學派研究》，

父母生我，形氣俱全。形屬乎天，氣本乎地，中涵太極，號人之天。
此人之天，即天之天，此天不昧，萬理森然。動則俱動，靜則同焉。
天人感應，因體同然。天人一理，無大小焉。一有所昧，自暴棄焉。
惟念此天，無時不見，告我同志，勿爲勿遷。外全形氣，內保其天。
苟不得已，殺身成天。古有此輩，殷三仁焉。斷髮文身，泰伯之天；
采薇餓死，夷齊之天；不逃待烹，申生之天。啓手啓足，曾子之全。
敬身爲大，孔聖之言。孔曾斯道，吾輩當傳，一日克復，曾孔同源。

〔註121〕

從「父母生我，形氣俱全」說起，指出人的形氣屬乎天地，更是涵蘊「太極」，
即是「人之天」亦「天之天」，在「此天不昧」的情況下，實能「天人感應，
因體同然」；相反地，在「一有所昧」的況下，則「自暴棄焉」，是以王心齋
乃「告我同志」，指出「外全形氣，內保其天」作爲「孝」的重要性，在迫不
得已的情況才「殺身成天」，「保身」實即是「孝」，而「孝」正是「實實落落
在我身上做工夫」而達至「安身」的「修身」工夫。在〈孝箴〉中，王心齋
通篇並未有言一「孝」字，然而，從「古有此輩」至「曾孔同源」一段，則
至少可見王心齋是以「保身」爲〈孝箴〉中的「孝」之要義。然而，何以「保
身」爲「孝」之要義？

首先，王心齋在〈孝箴〉所言的「天」，實爲「良知本體」之義，從「此
天不昧」與「一有所昧」的區分來說，即「良知本體」之「覺」與否，然而，
既然「內保其天」是至爲重要，則「外全形氣」也是保全內在的「天」之要
義，是以在不得已的情況之下，才有「殺身成天」的舉動，此義與其言：「若
不先曉得箇安身，則止於孝，烹身割股有之矣；止於敬者，餓死結纓有之矣。」
〔註122〕其實是一脈相承的，意即能夠從「良知本體」之「覺」達至「安身」
的圓融境界，則「殺身成天」只是迫不得已而已，要處是「保身」才是道德
實踐（即是「孝」）的先決條件之意義。依此，「保身」即爲「孝」之要義。

北京：中國人民大學出版社，2009年，頁180）本文認同吳震先生的說法，
即從〈孝箴〉的具體內容言「孝」乃以「敬身爲大」，實與其「安身」思想的
學問宗旨相符；又以〈孝箴〉的用語有言「啓手啓足，曾子之全。敬身爲大，
孔聖之言」，也與〈明哲保身論〉的使用有若干符合處。是以從〈孝箴〉作爲
討論王心齋思想中的「安身」與「孝」之關係理當是較〈孝弟箴〉爲適切。
〔註121〕王艮著〈孝箴〉，《明儒王心齋先生遺集（卷二）》，頁9上～9下。
〔註122〕王艮著〈答問補遺〉，《明儒王心齋先生遺集（卷一）》，頁18上。

其次，所謂「啓手啓足，曾子之全」乃出於《論語》的〈泰伯〉篇所載：「曾子有疾，召門弟子曰：『啓予手！啓予足！』」〔註123〕依《大戴禮記》的解釋，曾子此舉乃是表達「父母全而生之，子全而歸之，可謂孝矣。不虧其體，不辱其身，可謂全矣。」〔註124〕換言之，王心齋所言「曾子之全」正是指曾子以其「全而生之」與「全而歸之」作爲對父母所行之「孝」義，相對於「殷三仁」（泰伯、夷齊、申生）更是能稱當爲「孝」。所謂「敬身爲大，孔聖之言」乃出於《禮記》的〈哀公問〉所載：「君子無不敬也，敬身爲大。身也者，親之枝也，敢不敬與？不能敬其身，是傷其親。傷其親，是傷其本。傷其本，枝從而亡。」〔註125〕此言「敬身」乃在於「身」是「本末（枝）」的關係而言，不「敬」則是傷其「本」，更從而亡其「末」（即是「身」）。質言之，王心齋之言「孔聖之言」是要指出孔子語「君子無不敬也」是對「身」的另類保存態度，引伸而言，行「孝」其實亦是「保身」的法門，即「孝」乃是「立本」之要，「立本」則自然能「保末（身）」。依於「曾子之全」與「孔聖之言」的詮釋，王心齋所論及的「保身」與「孝」之關係是雙向性的，即「保身」是盡「孝」義之要義；行「孝」亦是「保身」之得力法門，是以王心齋在〈孝箴〉之末有言「一日克復，曾孔同源」，即綜合「孝」與「保身」的互相關係。依此「孝道」之涵義來說，「孝」即是「實實落落在我身上做工夫」或「眞眞實實在自己身上用工夫」作爲「修身」（或「保身」）的法門以達至「安身」的境界，是以亦是具有「安身」思想的工夫意義。

除了「孝道」以外，王心齋所言的「樂學」亦是非常著名的，其中「樂」與「學」的關係更是王心齋的「安身」思想的具體實踐之論述，下文即以〈樂學歌〉所言的「樂」與「學」之關係作討論。〈樂學歌〉：

> 人心本自樂，自將私欲縛。私欲一萌時，良知還自覺。
>
> 一覺便消除，人心依舊樂。
>
> 樂是樂此學，學是學此樂。不樂不是學，不學不是樂。
>
> 樂便然後學，學便然後樂。樂是學，學是樂。
>
> 於乎！天下之樂，何如此學？天下之學，何如此樂？〔註126〕

〔註123〕楊伯峻譯注《論語譯注》，香港：中華書局，1994年，頁79。

〔註124〕見《大戴禮記》〈曾子大孝〉，轉錄於吳震著《泰州學派研究》，頁179。

〔註125〕見《禮記》〈哀公問〉，轉錄於吳震著《泰州學派研究》，頁154。另外，吳震先生曾在此引文後作按語：「這段話當是孔門後學的輾轉傳述而並不宜視作孔子語。」

〔註126〕王艮著〈樂學歌〉，《明儒王心齋先生遺集（卷二）》，頁9下～10上。

此〈樂學歌〉可分成三大段落，首段是從「人心本自樂」至「人心依舊樂」主要是王心齋言及「良知本體」之「樂」；次段是由「樂是樂此學」至「學是樂」則是王心齋論述「樂」與「學」所具多關係；末段即以「於乎」至「何如此樂」乃王心齋說到「良知本體」的自然流行之境界下所呈現的「樂學爲一」之言。從「樂」與「學」的關係來說，王心齋的說法主要是把王陽明的「樂」與「學」的思想統合而來，指出「樂是學，學是樂」的「樂學」思想。

從王陽明對「學而時習之，不亦說乎」的詮釋來看，其言：

> 學是學去人欲，存天理；……諸先覺考諸古訓，自下許多問辨思索存省克治工夫；然不過欲去此心之人欲，存吾心之天理耳。若曰效先覺之所爲，則只說得學中一件事，亦似專求諸外了。「時習」者，坐如屍，非專習坐也，坐時習此心也；……說是「理義之說我心」之「說」，人心本自說理義，如目本說色，耳本說聲，惟爲人欲所蔽所累，始有不說。〔註127〕

王陽明對於《論語》言「學而時習之，不亦說乎」的理解，乃是從「去人欲，存天理」之修己克治工夫的角度來說，其中的「說」（悅）實是貫通於孟子的「理義之說（悅）我心」之義，至於「學」實是指「學是學去人欲，存天理」；而「時習」即是指「坐時習此心」、「立時習此心」從而得以「存吾心之天理」。換言之，在王陽明所言的「學」與「樂」乃是「樂在其中」之關係，即：既非從屬也非效驗。而王心齋的〈樂學歌〉則將此義大爲發揮，高舉「樂」與「學」的三重關係，此即：一，「樂是樂此學，學是學此樂」的強調「良知」之「自覺」而能得「自樂」，此即王陽明言「學是學去人欲，存天理」而「人心本自說理義」之意，非「專求諸外」的「學」；二，「樂便然後學，學便然後樂」正好是從效驗的角度來說「學」與「樂」之關係，此即王陽明以前論「孔顏樂處」的傳統，然而，王心齋也並未有完全廢棄此傳統的作用意義；三，「樂是學，學是樂」則是從「樂」與「學」是互相滲透涵蘊之義而說兩者之關係，此即是王陽明所言的「樂在其中」之關係，亦是王心齋論及「樂」與「學」最爲圓滿的境界說法。

依此而言，王心齋〈樂學歌〉論及的「樂」與「學」之關係，實是從「良知本體」流行的圓融境界之表現作爲理解的關鍵，此即「樂在其中」的說法，

〔註127〕陳榮捷著《王陽明傳習錄詳註集評》，第一一一條，頁170。

而「學」並非「專求諸外」乃是「存吾心之天理」之「學」，王心齋曾言：「此樂多言無處尋，原來還在自家心。」〔註128〕而「樂」即在此「學」之中，此是「樂是學，學是樂」之意。

然而，王心齋雖然屢屢言及「簡易工夫」即能得著「樂」，〔註129〕其曾言：「天下之學，惟有聖人之學不費些子氣力，有無邊快樂。」〔註130〕可是，這種「簡易工夫」卻並非全然不用作工夫，其工夫的要義還是王心齋以道德實踐作為第一要義的說法，即使王心齋明言「樂」在「自家心」，卻還是需要「念念不忘」地作實踐的，其說：「聖師專以良知教，賢友當為切己箴。念念不忘為積善，時時省是惜分陰。意誠心正身修後，天地參同貫古今。」〔註131〕換言之，「學」還是「實實落落在我身上做工夫」或「真真實實在自己身上用工夫」作為「修身」的法門以達至「樂在其中」的「良知本體」流行的圓融境界。

綜言之，「孝道」與「樂學」是王心齋思想的重要命題。王心齋言「孝道」的要義在於「孝」既是達至「安身」的「修身」工夫，也是作為「保身」的法門，其實義乃是「實實落落在我身上做工夫」或「真真實實在自己身上用工夫」作為「修身」（或「保身」）的法門以達至「安身」的境界。王心齋的「樂學」主要是論述「樂」與「學」之關係，其言「學」乃是「存吾心之天理」之「學」，而「樂」即已在此「學」之中；然而，此「學」卻只是不費力氣而非不用力氣，還是需要「念念不忘為積善，時時省是惜分陰」的，其實義還是「實實落落在我身上做工夫」或「真真實實在自己身上用工夫」作為「修身」的法門以達至「樂在其中」的「良知本體」流行的圓融境界。依此，王心齋的「孝道」和「樂學」之說實是「安身」思想的工夫意義。

（三）從師道到講學

王心齋的「安身」思想是具有「修己」與「安人」兩端，然而，此兩端並非截然區分的，乃是從「修身為本」作為其「本末一貫」的樞紐。如此，

〔註128〕王艮著〈和王尋樂韻〉，《明儒王心齋先生遺集（卷二）》，頁 12 下～13 上。

〔註129〕王艮曾言：「來書云簡易功夫只是慎獨立大本，此是得頭腦處。又謂遇境動搖，閒思妄念不能除去，此學者通患。子中只在簡易慎獨上用功，當行而行，當止而止，此是集義。即此充實將去，則仰不愧俯不怍。」（王艮著〈答劉子中〉，《明儒王心齋先生遺集（卷二）》，頁 6 下）

〔註130〕王艮著〈語錄〉，《明儒王心齋先生遺集（卷一）》，頁 2 上。

〔註131〕王艮著〈和王尋樂韻〉，《明儒王心齋先生遺集（卷二）》，頁 13 上。

王心齋的「安身」思想的工夫意義便不止於在「修己」一面，還涉及「安人」一面，此「安人」方面的實踐工夫即是王心齋的「師道」與「講學」。

王心齋言「師道」曾提出「出則必爲帝師，處則必爲天下萬世師」之說，〔註132〕「爲帝者師」或「爲天下萬世師」似乎是一個對於「出處」皆爲極高的要求，然而，爲何王心齋要有這種「出則必爲帝師，處則必爲天下萬世師」的高要求呢？這可以從三方面而論。

首先，「師」是既是一種傳道授業的媒介，更是完成「成己成物」（「修己」與「安人」）的關鍵角色。王心齋重視道德實踐的的經世致用層面，以此作爲「安人」的可能途徑，即是以「師」來「修己」的完成與「安人」的開端。王心齋對「師」的重視，直言：「學不足以爲人師，皆苟道也。故必修身爲本，然後師道立而善人多。」〔註133〕即是說「修身爲本」的「安身」思想，再確立「師」然後達至「安人」的果效。即是說，「師」在王心齋的想法中，並不止於僅爲傳道授業的角色，更是完成「成己成物」的關鍵，從「學」而「師」，即從「修己」至「安人」的過程，在王心齋「本末一貫」的「安身」思想中，兩者其實是道德實踐的程序而已，是以「師」其實是王心齋的「安身」思想中獨具的工夫意義。〔註134〕

其次，「師」既然是王心齋「安身」思想完成的構成部分，而「師」仍可以區分爲「出則必爲帝師」和「處則必爲天下萬世師」兩種狀況。先說「出則必爲帝師」。所謂「出則必爲帝師」，即「出仕」也是以「師」爲本，而爲「師」的對象則當是「帝者」。王心齋認爲「出仕」乃「君子」的「仁」之表現，不過，能否眞正成爲「仕」則是不能強求的，其言：「君子之欲仕，仁也。

〔註132〕王艮言：「大丈夫存不忍人之心，而以天地萬物依於己，故出則必爲帝師，處則必爲天下萬世師。出不爲帝者師，失其本矣，處不爲天下萬世師，遺其末矣。止至善之道也。」（王艮著〈語錄〉，《明儒王心齋先生遺集（卷一）》，頁7上）

〔註133〕王艮著〈答問補遺〉，《明儒王心齋先生遺集（卷一）》，頁19下。

〔註134〕祝平次先生說：「『師』固然是理學傳統中的一個重要的議題，然而其重點終究還是在師所傳授的道。王艮卻極力地強調『師』的重要，以之爲一個士的重要人生的目標。故『正己而物正』這種表面上的德化的語言，其實還是要依靠『師』去完成的。」（祝平次著〈社會人倫與道德自我——論明代泰州平民儒者思想的社會性〉，載於鍾彩鈞、楊晉龍編《明清文學與思想中之主體意識與社會》，台北：中研究文哲所，2004年，頁100）即是說，「師」的角色在王心齋的「安身」思想中已並不止於傳「道」的媒介，更是其「安身」思想完成的其中一個重要環節。

可以仕，則仕，義也，居仁由義，大人之義畢矣。」〔註135〕所謂「可以仕，則仕，義也」，既是從正面肯定「出仕」的行動，也從反面說「出仕」的可能性並不是必然的。王心齋認為「出仕」未必是可能的話，便有所謂「處」的狀態，但「處」卻仍要作為「師」，此即「處則必為天下萬世師」。問題是：何以王心齋認為「出仕」則必要作為「帝者師」呢？其言：「學也者，所以學為師也，學為長也，學為君也。帝者尊信吾道，而吾道傳於帝，是為帝者師也。吾道傳於公卿大夫，是為公卿大夫師也。不待其尊信而衒玉以求售，則為人役，是在我者不能自為之主宰矣，其道何由而得行哉？道既不行，雖出，徒出也。」〔註136〕換言之，王心齋所謂的「出仕行道」實際上是身負道之重任的儒者得到君主（或重臣）的尊重與相信，再傳授其「道」而達至「安人」的境界，否則，只是以持道為尚，進行遊說無異於「求售」，得不到信任，即是不能自作主宰，即使是「出仕」也非為「行道」。依此，「帝者師」便是在君主制度之下，作為「道」之可行的必要條件，否則，「出仕」也只能是「道在其中」而非「行道」。

再者，以「處則必為天下萬世師」來說，「師」仍然有「本末之分」。「出仕行道」能作為「帝者師」其果效固然有根本的作用，但作為「仕」卻又有其際遇的因素，未能「出仕」仍要達至「安人行道」的果效，至此則應作為「萬世師」。王心齋有言：「大丈夫存不忍人之心，而以天地萬物依於己，故出則必為帝師，處則必為天下萬世師。出不為帝者師，失其本矣，處不為天下萬世師，遺其末矣。止至善之道也。」〔註137〕所謂「大丈夫存不忍人之心，而以天地萬物依於己」實是王心齋從「一體之仁」與「身與天下國家，一物也」的思想之集合而說，「存不忍人之心」即〈明哲保身論〉中的「一體之仁」，對人倫關係的感應，而「以天地萬物依於己」即從「身與天下國家」為一物來說「修己」與「安人」的兩種狀態同為道德實踐的程序而已。王心齋明言：「其身正而天下歸之，此正己而物正也，然後身安也。」〔註138〕此說正好印證出王心齋要求「出則必為帝師，處則必為天下萬世師」實是由其「安身」思想的「正己而物正」之道德實踐之程序，從「本末一貫」的角度看「師」，王心齋即以「出不為帝者師，失其本矣，處不為天下萬世師，遺其末矣」來

〔註135〕王艮著〈語錄〉，《明儒王心齋先生遺集（卷一）》，頁6下。
〔註136〕王艮著〈語錄〉，《明儒王心齋先生遺集（卷一）》，頁11下。
〔註137〕王艮著〈語錄〉，《明儒王心齋先生遺集（卷一）》，頁7上。
〔註138〕王艮著〈語錄〉，《明儒王心齋先生遺集（卷一）》，頁16下。

分述「帝者師」爲「本」；「萬世師」爲「末」；「帝者師」是作爲「行道」的「本」；「萬世師」是作爲「行道」的「末」。如此，當王心齋言「出則必爲帝師，處則必爲天下萬世師」似乎是門檻非常高的「師」之道，其實義乃是把「師」的傳道授業的媒體角色轉變爲道德實踐之程序中由內（聖）至外（王）（即「修己」與「安人」）之間的一個關鍵過渡，「師」即成爲王心齋「安身」思想中別具獨特的工夫意義。

　　然而，王心齋高言「師道」並以「帝者師」爲「本」，卻不是對爲「帝者師」所慕名，王心齋認爲即使是能夠作爲「帝者師」也應該是「量而後入」的，即衡量君主能否「行其道」，而衡量的標準理當爲：「若君相求之，百執事薦之，然後出焉。此中節之和，吾之道可望其行矣，吾之出可謂明矣。」〔註 139〕其實，從王心齋對於「出則必爲帝師，處則必爲天下萬世師」論述，可以發現作爲「帝者師」實只爲了「行道」，換言之，王心齋雖以「帝者師」爲儒者「出仕」的目標，卻仍然以「安人」（行道）爲目標而已。〔註 140〕王心齋對於「出仕行道」的要求極高，假如從明代的極端君主集權政制來看，「帝者師」近乎是不可能的，結果，王心齋即以追求「處則必爲天下萬世師」爲要，而其作爲「萬世師」的方式便是「講學」。由此而說，則不難理解王心齋乃至「泰州學派」特別重視「講學」的理由，即「講學」並不止於傳播道學，更重要是屬於個人道德實踐之工夫程序。〔註 141〕下文轉而討論王心齋對「講學」的想法。

〔註 139〕王艮〈答林子仁〉，王艮著《王心齋全集》，台北：廣文書局出版，2102 年版，頁 150。

〔註 140〕任文利先生也指出：「以『君臣』關係而論，作爲身任斯道之重的儒者只對『道』負有責任與義務。君主只有在完全尊、信儒家之『道』的前提下，儒者作爲臣下（實爲『帝師』）方與之有『道義』上的責任與義務。」（任利文著〈王艮「安身」論的政治意蘊解讀──中晚明儒家之一種自我抉擇〉，頁 271）

〔註 141〕王心齋對「師道」以至「講學」的重視，並自覺地與道德實踐作爲重要的程序，可以說是「陽明後學」中少見的，任文利先生也指出：「王陽明身後，其弟子『講學』之風行天下。然對於『講學』有自覺之省察，並將其與『經世』、『行道』直接聯繫在一起者則無過於王艮。」（任利文著〈王艮「安身」論的政治意蘊解讀──中晚明儒家之一種自我抉擇〉，頁 280）然而，任利文先生認爲王艮所言的「師道」（即「出則必爲帝師，處則必爲天下萬世師」）的考量之淵源乃在於中晚明皇權政治的問題，其言：「王艮對於出處、對於經世與行道的重新考量無疑有其特立獨行之處。這種特立獨行處既源于王艮強烈的用世情懷的個性因素，同時，也未嘗不由陽明弟子中普遍具有的『修己』與『經世』之間的焦慮心態逼逐而出。而此焦慮，正淵源於中晚明皇權政治對於儒家政治活動空間的不斷擠壓。」（任利文著〈王艮「安身」論的政治意蘊

　　王心齋對「講學」的重視，從其周遊各處孜孜不倦地講學十多年間，並由其弟子（如：王東崖（襞，1511～1587））及再傳弟子（如：顏山農（鈞，1504～1596））把講學活動的對象、性質、地點等皆發展至一個極致的階段。〔註142〕吳震先生曾指出：「他們（按：指泰州學派的門人）不是爲講學而講學，而是作爲一種切身的體道修踐工夫而從事講學。」〔註143〕這一判語正好揭示出王心齋對「講學」重視的理由，以下試引述王心齋的說法及其關記述作討論。

　　首先，「講學」是個人的「修己」以至「安人」的道德實踐的可能途徑。王心齋曾言：

　　　　有以伊傳稱先生者，先生曰：「伊傳之事我不能，伊傳之學我不由。」門人問曰：「何謂也？」曰：「伊傳得君，可謂奇遇，設其不遇，則終身獨善而已。孔子則不然也。」〔註144〕

所謂「伊傳」指的是伊尹與傳說，前者是商朝成湯之相；後者是商朝武丁之相。所謂「伊傳之事」是指兩者都能夠得到人君的重視而能爲「帝者師」；所謂「伊傳之學」是指兩人在失寵於人君後則選擇退隱山林而「終身獨善」。依王心齋的說法，「伊傳之學」是「我不由」，並且「孔子則不然」。何以王心齋會對「伊傳之學」如此棄絕呢？其理由是緣於王心齋對於「師道」的想法，即王心齋言「出則必爲帝師，處則必爲天下萬世師」其實義乃是把「師」的傳道授業的媒體角色轉變爲道德實踐之程序中由內（聖）至外（王）（即「修

〔註142〕 解讀——中晚明儒家之一種自我抉擇〉，頁284）本文認爲：中晚明皇權政治問題對於王艮的「師道」僅具有發生意義，而從王艮的「安身」思想的「本末一貫」的特徵來看，則更能從理論上呈現出其「師道」所特別具有的工夫意義。

〔註142〕 程玉瑛先生指出：「重視講學雖始自王陽明讚賞鄒守益設復初書院聚講王門弟子。但自王艮周行各地到處學勸人爲善後的二十年中（約在嘉靖三十年），泰州學派人物講學活動發展到極致。除寺院及書院的聚講乃常見外，王艮的弟子及再傳弟子更是無時無處，無不運用各種方式，對各種不同階層的人講學。如顏鈞在監獄中對囚犯講學，何心隱、陳履祥分別設立會館於湖北北部及寧國府講學，羅汝芳在人宗祠中講學，楊起元在衙門內對著胥吏、衙役講。書院講學也常打破以往庶民百姓不參加的慣例。」（程玉瑛著〈王艮（1483～1541）與泰州學派：良知的普及化〉，載於《歷史學報》第十七期，台北：國立台灣師範大學，1989年，頁185。

〔註143〕 吳震著《明代知識界講學活動系年：1522～1602》，上海：學林出版灶，2003年，頁29。

〔註144〕 王艮著〈語錄〉，《明儒王心齋先生遺集（卷一）》，頁2上。

己」與「安人」）之間的一個關鍵過渡，如此，「伊傅之學」的「終身獨善」其實並未能作出「處則必爲天下萬世師」的道德實踐，而且，王心齋更引用孔子作爲榜樣，指出「修身講學」正是「處則必爲天下萬世師」所應當作的道德實踐，其言：

> 孔子謂「二三子以我爲隱乎」，此「隱」字對「見」字，說孔
> 子在當時雖不仕，而無行不與二三子，是修身講學以見於世，未嘗
> 一日隱也。隱則如丈人沮溺之徒，絕人避世而與鳥獸同群者是已。
> 〔註145〕

王心齋認爲孔子未能「出仕」而與「二三子」同行的理由即在於「修身講學」，而「終身獨善」的「隱士」實只是「與鳥獸同群」而已。〔註146〕依此，「講學」即是「修身」的可能途徑，而「講學」的作用更是雙向的，一方面是對於師友間的指點提醒，其言：「此至簡至易之道，然必明師良友指點，功夫方得不錯。故曰：道義由師友有之。」〔註147〕另一方面是對於自身的「修己」有著更明覺的識見，其言：「是故學者之于師友，切磋琢磨，專在講明而已，故曰：學不講不明。」〔註148〕對應於王心齋以「修身爲本」兼及「修己」與「安人」的「師道」想法，在未能「出仕」的情況下，「講學」可謂同時能達至「修己」與「安人」的道德實踐，如此，「講學」正好在王心齋的「安身」思想具有工夫意義。

其次，「講學」才是能達至「人人共明共成之學」，即能圓滿地達成「修己」與「安人」同成的「安身」境界。王心齋的門人王一菴曾概括王心齋對「講學」思想的這一面特色，其言：

> 自古士農工商，業雖不同，然人人皆共此學，孔門猶然。考其
> 弟子三千，而身通六藝者，才七十二，其餘則皆無知鄙夫耳。至秦

〔註145〕 王艮著〈語錄〉，《明儒王心齋先生遺集（卷一）》，頁3上。
〔註146〕 「二三子以我爲隱乎」出於《論語》〈述而〉，依朱熹《四書集注》，此句的「隱」
　　　　 字乃是有所隱瞞之意，朱熹於注中言：「諸弟子以夫子之道高深不可幾及，故
　　　　 疑其有隱，而不知聖人作止語默無非教旨，故夫子以此言曉之。」（朱熹著《四
　　　　 書集注》，朱杰人編《朱子全書》第6冊，上海：古籍出版社，2002年，頁
　　　　 126）然而，王心齋此處則解作隱世之意，似有所誤解。然而，依於孔子曾對
　　　　 於隱世的不能之感歎：「鳥獸不可與同群，吾非斯人之徒與而誰與？天下有
　　　　 道，丘不與易也。」（《論語》〈微子〉）則王心齋言孔子不喜隱世仍算是有所
　　　　 根據的。
〔註147〕 王艮著〈與俞純夫〉，《明儒王心齋先生遺集（卷二）》，頁1上。
〔註148〕 王艮著〈與林子仁〉，《明儒王心齋先生遺集（卷二）》，頁14下。

滅學漢興，惟記誦古人遺經者，起爲經師，更相授受，于是指此學
獨爲經生文士之業，而千古聖人原與人人共明共成之學遂泯沒而不
傳矣。天生我先師，崛起海濱，慨然獨悟，直超孔子，直指人心，
然後愚夫俗子，不識一字之人，皆知自性自靈、自完自足，不假聞
見，不煩口耳，而二千年不傳之消息，一朝復明，先師之功可謂天
高而地厚矣。〔註149〕

王一菴之言「二千年不傳之消息，一朝復明，先師之功可謂天高而地厚」可
謂對於王心齋的最高稱譽，然而，撇開這一稱譽來看，王一菴指出「人人共
明共成之學」的「成聖之學」實是儒家傳統的要義，這一要義在孔子時期是
看重的，至漢儒則輾轉成爲經生之學，實在是「泯沒而不傳」。假如從「人人
共明共成之學」爲儒家傳統「二千年不傳之消息」來說，則王心齋以「直指
人心」的「自性自靈、自完自足」的「講學」就已經超越了「出則必爲帝師，
處則必爲天下萬世師」中作爲「天下萬世師」的意義，更直接成就爲無論是
「帝者師」或「萬世師」皆必須實踐的工夫，因爲無論是「帝者師」或「萬
世師」其所能作爲「安人」的工夫，也是以「講學」而爲可能。吳震先生指
出：「心齋所理解的講學，已經大大超出了『以文會友』這一先秦儒家所說的
講學涵義，而具有了某種普遍的意義，是貫穿于政治與學術之間的人的本質
活動，甚至與人的生命貫穿始終。」〔註150〕即是說，王心齋的重視「講學」
並不止於其「不喜文字，多重口傳心授」〔註151〕，更重要的是「講學」是其
「安身」思想（即以「修己」與「安人」兩端）之所以能達成的重要工夫，
此正是「講學」作爲王心齋「安身」思想的工夫意義。

〔註149〕王棟著〈會語正集〉，王棟著、袁承業編《王一菴先生遺集（卷一）》，上海：
國粹學報館：神州國光社，1912 年，頁 15 下。
〔註150〕吳震著《泰州學派研究》，北京：中國人民大學出版社，2009 年，頁 171。
〔註151〕程玉瑛先生曾說：「王艮講學不喜文字，多重口傳心授。這個特色泰州學派的
學者頗多描述，如趙大洲便說王艮『獨不喜著述，或酬應之作皆令門人、兒
子把筆，口授占之，能道其意所欲言而止。』」（程玉瑛著〈王艮（1483～1541）
與泰州學派：良知的普及化〉，頁 84。）本文認爲固然有個人的因素（如文
化背景，性情傾向）而不喜文字著述，然而，從王艮「安身」思想來說，「講
學」自有其理論上的理由（即道德實踐上的程序）。依此，即是王艮所重視「講
學」之意義其實亦可包括文字著述在內，所以，即使王艮不喜歡著述，還是
會令門人或兒子替其筆錄。

參、王心齋「安身」思想所表現的「道體流行之圓融境界」

本文認爲：王心齋的學問宗旨是「安身」思想，而此「安身」思想的要旨在於「立本」，此即以「修身，立本也；立本，安身也」作爲其「安身」思想之架構。王心齋以「不用增一字釋本義」詮釋《大學》的「止至善」，提出「知本」實是有著道德實踐的方向或規範的開始點或下手處；從「以修身爲本」及「本末一貫」來說，則「本」即是「身」之意思，「立本」逐成爲道德實踐的要義，而「立本」的要緊處在於連繫於「修身」與「安身」，「修身」是一種具體的道德實踐的方法或下手處，「保身」是確保能作具體的道德實踐的先決條件，而「安身」則是道德實踐的目標或理想狀態，從「安身」的達成才能致「安身以安家而家齊，安身以安國而國治，安身以安天下而天下平也」。依此，「安身」的追求是從「修己」與「安人」的兩端而開展，亦是王心齋思想中的主要問題意識。

以「安身」思想的本體意義來說，即「安身」能作爲道德實踐之根據在於：一，「安身」即以其爲「良知」的「天然自有」的「復初」狀態；二，「安身」即是以其爲「良知」的「百姓日用」之「知」的覺悟義與「即事是道」的實踐義，所成就的「良知本體」周流遍潤所眞實之呈現；三，「安身」即是其能覺悟至「良知」的本體之樂。從「安身」思想的工夫意義而言，即「安身」能作爲道德實踐之程序（實踐的規條）在於：一，「安身」乃是「淮南格物」的實義（內容意義），即以「實實落落在我身上做工夫」或「眞眞實實在自己身上用工夫」作爲「修身」法門以達至「安身」的境界，此即「淮南格物」作爲「安身」思想的工夫義；二，「孝」即是「實實落落在我身上做工夫」或「眞眞實實在自己身上用工夫」作爲「修身」（或「保身」）的法門以達至「安身」的境界；至於「樂學」，「學」也是「實實落落在我身上做工夫」或「眞眞實實在自己身上用工夫」作爲「修身」的法門以達至「樂在其中」的「良知本體」流行的圓融境界，「孝道」與「樂學」二者的要點同是「實實落落在我身上做工夫」或「眞眞實實在自己身上用工夫」作爲「修身」，此即二者同爲「安身」思想的工夫義；三，從「學」而「師」，即從「修己」至「安人」的過程，「師道」的實義乃是作爲道德實踐的重要程序；而「講學」則是「師道」乃至「安身」思想（即以「修己」與「安人」兩端）之所以能達成的重要工夫。

　　依上文分析而說，本文認爲：王心齋的「安身」思想之形態乃是「道體流行的圓融境界」。所謂「道體流行」即「良知」（天理、本體）的周流遍潤所眞實地呈現、圓頓地呈現，則此「道體流行」實已是一圓融的境界，即眞實地、圓頓地之呈現。從王心齋的「安身」思想來看，其說的要義實是順良知的充分呈現，即心意知物一皆是良；順良知與天地萬物爲一體之明覺感應，即可體驗到一形上與形下渾化爲一、超越與內在打成一片的圓融之境界。如是，王心齋常言及「百姓日用是道」或「愚夫愚婦與知與能」即本於此而立論，王心齋的「安身」思想實是圓融地貫通於本體義與工夫義，此正是王心齋的學問思想的核心旨趣。

　　最後，王心齋的「安身」思想雖然已具有本體意義，即道德實踐上的理論根據，並以此把「良知本體」之流行境界詮釋爲具體的圓融呈現，然而，王心齋對於「良知本體」的把握卻不是從「理氣論」或「心性論」等來作出思辨，甚至在「陽明後學」中的演得甚爲激烈的「以知覺爲良知」之辯或「本體與工夫」之辨，也並未有積極的參與，尤其是與其被合稱爲「二王」的王龍溪作比較之下，則更形成強烈的思辨與實踐的對比（或被說是「形而上」與「形而下」的取向不同）〔註152〕，惹來「既不複雜，也不深奧」的思想評價。〔註153〕不過，依上文的分析來看，王心齋的「安身」思想實在是採取一種圓融的思想整合，從道德實踐之程序的層面（實踐的規條）來看，則王心齋的「安身」思想亦自有其深刻之處，在「安身」思想的貫穿之下，「格物」、

〔註152〕錢明先生有言：「龍溪的良知現成說關注的是由體到用、有無之間、當下既成的關係，……追求的是潛在性與現實性、先天性與既成性、虛無性與具足性統一的現成良知。而心齋的現成良知說關注的則是藏體于用、率性自然、反求諸身的過程，追求的是『日用人倫』、『家常事』中的現成良知。如果說前者的觀察屬于『形而上』的範圍，那麼後者的觀察則屬于『形而下』的範圍。」（錢明著《陽明學的形成與發展》，頁179～180）

另外，任利文先生曾言：「王艮缺乏超越意識是有歷史的偶然的，如其出身卑微，沒有受過正規的儒學教育。」（任利文著《心學的形上學問題探本》，鄭州：中州古籍出版社，2005年，頁170）本文認爲王艮對於「良知本體」不採取「形而上」或「超越意識」並不一定與其出身或學識有所相關，反之，王艮的「安身」思想可能與其學術性格所致。

〔註153〕左東嶺先生說：「泰州學派在理論上的建樹應該說是很有限的，它易簡的學術風格、隨機指點的教學方式，都決定了它不可能在理論上作出更多的探討，如果說它有理論，也只是提出了一套人格理論而已，既不複雜，也不深奧。」（左東嶺著《王學與中晚明士人心態》，北京：人民文學出版社，2000年，頁377）

「孝」、「樂與學」、「師道」與「講學」等更不止於工具意義，而別具有道德
實踐之具體的程序意義。然而，值得一提的是王心齋雖然每每強調「即本體
爲工夫」一路的思考，其有言：「學也者，學以修此中也。戒愼恐懼，未嘗致
纖毫之力，乃爲修之道，故曰：『合著本體，是工夫，做得工夫是本體。』先
知中的本體，然後好修的工夫。」〔註 154〕卻並不代表著消卻具體的實踐工夫，
其有言：「日用間毫釐不察便入於功利而不自知，蓋功利陷溺人心久矣。須見
得自家一箇直樂，直與天地萬物爲一體。」〔註 155〕對應於此，王心齋仍然以
「眞眞實實在自己身上用工夫」作爲「修身」的工夫法門。

第二節　王東崖的「樂學」思想

引　言

　　王東崖是王心齋的次子，也是繼王心齋之後領導「泰州學派」的主要人
物。王東崖在「泰州學派」的重要性顯然在於其繼王心齋之後於淮南主持講
學與教事，成爲「泰州學派」的第二號人物。黃梨洲指出：「心齋開講淮南，
先生又相之。心齋没，遂繼父講席，往來各郡，主其教事。歸則扁舟於村落
之間，歌聲振乎林木，恍然有舞雩氣象。」〔註 156〕所謂「心齋没，遂繼父講
席，往來各郡，主其教事」正好顯出王東崖是繼王心齋之後作爲「泰州學派」
的領軍人物。焦澹園也曾言：「陽明公以理學主盟區宇，而泰州王心齋嗣起，
其徒幾中分魯國，故海內言學者，皆本兩王。公心齋子東崖先生推衍其說，
學士雲附景從，至今不絕。蓋以學世其家，有以開天下而風異世，可謂盛矣。」
〔註 157〕依焦澹園的話，王東崖在「泰州學派」的地位至少有兩處是殊異的，
其一是能把王心齋的學說作出「推衍」；其二是家學傳承之自覺。
　　然而，王東崖作爲繼王心齋之後的第二號人物，他的思想宗旨是甚麼呢？
黃梨洲說：「先生之學，以『不犯手爲妙。鳥啼花落，山峙川流，飢食渴飲，
夏葛冬裘，至道無餘蘊矣。充拓得開，則天地變化，草木蕃，充拓不去，則
天地閉，賢人隱。今人纔提學字，便起幾層意思，將議論講說之間，規矩弁

〔註 154〕王艮著〈答問補遺〉，《明儒王心齋先生遺集（卷一）》，頁 18 下。
〔註 155〕王艮著〈語錄〉，《明儒王心齋先生遺集（卷一）》，頁 10 下。
〔註 156〕黃宗羲著〈泰州學案一〉，《明儒學案》（下冊），頁 718～719。
〔註 157〕焦竑著〈墓志銘〉，收錄於王襞著、袁承業編《明儒王東崖先生遺集（卷首）》，
　　　　　上海：國粹學報館：神州國光社，1912 年，頁 8 上。

嚴之際，工焉而心日勞，勤焉而動日拙，忍欲希名而誇好善，持念藏機而謂改過，心神震動，血氣靡寧，不知原無一物，原自見成。但不礙其流行之體，真樂自見，學者所以全其樂也，不樂則非學矣。』此雖本於心齋樂學之歌，而龍溪之授受，亦不可誣也。」〔註158〕依黃梨洲的說法，王東崖的思想宗旨可以說是「樂學」，即「樂」與「學」全是同一的思想，王東崖曾言：「樂即道也，樂即心也。」〔註159〕而黃梨洲更謂王東崖此「樂學」思想又是依循於王心齋與王龍溪二人的思想所結合而來。

不過，究竟王東崖所言的「樂學」具有怎樣的義理特色呢？王東崖的「樂學」思想又如何結合，或是否真的融合王心齋與王龍溪的思想而來呢？另外，牟宗三先生曾論述王東崖所言的「樂學」，其說：「當然王東崖說道理亦並不錯，譬如說樂是『無所倚而自樂』，這『無所倚』亦如莊子之言『無待』為逍遙，這當然不容易，不但不容易而且是極高的神境。此義，以往凡言此境界者大都能知之，故現在人若見了這種境界底描畫，決不可以西方的自然主義、快樂主義，來聯想，因為這雖然說平常、自然、灑脫、樂，卻不是感性的，而乃是超越與內在之打成一片的。至道不離『鳥啼花落，山峙川流，饑食渴飲，夏葛冬裘』，然而並不是說穿衣吃飯之生理的感受就是道。此絕不可誤解。」〔註160〕換言之，牟宗三先生認為王東崖所言的「樂學」實是具有境界意義的說法，此境界義即是「超越與內在之打成一片」。從「道體流行的圓融境界」來說，王東崖此「樂學」思想所具有的「超越與內在之打成一片」之境界，無疑是符合當中的義理，下文即據此以論述王東崖的「樂學」思想，並以「樂學」作為王東崖的思想宗旨。

那麼，究竟王東崖的「樂學」有何殊勝之處呢？「樂學」作為王東崖的學問宗旨又如何體現於其整個思想體系呢？此外，王東崖曾被評為「恪守家學」〔註161〕，然而，何以在王東崖學說中鮮有提及王心齋常言的「安身」或「保身」之學說呢？本節將會指出：王東崖的「樂學」思想本於王心齋的「大

〔註158〕黃宗羲著〈泰州學案一〉，《明儒學案》（下冊），頁719。

〔註159〕楊希淳著〈詩引〉，收錄於王襞著《明儒王東崖先生遺集（卷首）》，頁3下。

〔註160〕牟宗三著《從陸象山到劉蕺山》，《牟宗三先生全集》（第八冊），頁236。

〔註161〕耿定向（天台，1524～1596）曾言：「顧家學之淵源兮，其克嗣者為誰？惟君之挺持兮，寔五常之白眉。」（耿定向著〈祭文〉，收錄於《明儒王東崖先生遺集（卷首）》，頁9上。）吳震先生所著的《泰州學派研究》直以「王襞：恪守家學傳統」為題論述王襞的學術思想。

成之學」而強調「良知本體」以「心之妙用」來說「率性修道」，並以此說「樂即道」建構其「樂學」思想，是以「樂學」之實義是指「道體流行的圓融境界」。依此，「樂學」即成爲王東崖的學問宗旨，並從而開展其「良知之自然流行」、「心之妙用」、「不犯手爲妙」、「講學」和「鄉約」等思想。

壹、「樂學」作爲王東崖的學問宗旨

雖然王東崖最爲所注意的是其「樂道」思想，可是黃梨洲對此卻有微言：

> 蓋自夫子川上一嘆，已將天理流行之體，一日迸出。曾點見之
> 而爲暮春，康節見之而爲元會運世。故言學不至於樂，不可謂之樂。
> 至明而爲白沙之藤蓑，心齋父子之提唱，是皆有味乎其言之。然而
> 此處最難理會，稍差便入狂蕩一路。所以朱子言曾點不可學，明道
> 說康節豪傑之士，根本不貼地，白沙亦有說夢之戒。細詳先生之學，
> 未免猶在光景作活計也。〔註162〕

依黃梨洲之見，王東崖的「樂學」其實亦算是源於儒學傳統的，不過，黃梨洲一再提醒「心齋父子之提唱，是皆有味乎其言之。然而此處最難理會，稍差便入狂蕩一路」，理由在於王心齋父子並沒有像朱子、程明道、陳白沙等提出告誡，容易造成「在光景作活」的問題。然而，王東崖的「樂學」是否即如黃梨洲所言容易造成「在光景作活」的問題呢？又王東崖所論的「樂學」思想究竟與王心齋所言的「樂學」有差異嗎？簡單來說，王東崖的「樂學」是從王心齋的「大成學」與「樂學」所融會而成的學說，於王東崖的「樂學」思想中已傳承了王心齋的「至尊者道，至尊者身，然後與道合一」的思考，所強調的乃是「心之妙用」與「率性修道」，而表述上則能窺見王龍溪「見在良知」的影響，於此一意義下，則可言王東崖的「樂學」思想乃是融合王心齋與王龍的思想而來。下文即此討論「樂學」作爲王東崖的學問宗旨之意涵。

一、從「大成之學」而說「心之妙用」

王東崖的「樂學」思想乃是依循於王心齋的「大成之學」所發揮，從王東崖縷述王心齋學思歷程可找到線索，其言：

> 愚竊以先君之學有三變焉。其始也，不由師承天挺獨復會有悟
> 處，直以聖人自任，律身極峻。其中也，見陽明翁而學猶純粹，覺

〔註162〕黃宗羲著《明儒學案》（下冊），頁719。

往持循之過力也，契良知之傳，工夫易簡，不犯做手，而樂夫天然
率性之妙，當處受用，通古今於一息，著樂學歌。其晚也，明大聖
人出處之義，本良知一體之懷，妙運世之則。……皆大學格物修身
立本之言，不襲時位而握主宰化育之柄，出然也，處然也，是之謂
大成之聖，著大成學歌。鄙生狂瞽之述，不知有毫忽之似否，懇祈
垂示一語，以詔天下後世，則先君尤重乎之，含笑鼓舞，不勝感仰，
親切之至。〔註163〕

從王東崖敘述王心齋的「學有三變」，而王心齋乃有「含笑鼓舞」之示意，此
可謂王東崖對王心齋思想的把握可算是已得到其眞粹。其中，王心齋的「學
有三變」中的最後一變「著大成學歌」，所著重的是「聖人出處之義」，以「良
知本體」爲據，對應世之「妙用」。王東崖以爲此學正是王心齋所特別著重，
並自覺此義實應「詔天下後世」。以此來看，王東崖對王心齋「大成之學」的
掌握與著意，實在不難推想出其自身的「樂學」思想有著「大成之學」影響
的痕跡。以下即嘗試從王心齋「大成之學」思想的論旨及王東崖以「心之妙
用」作爲「大成之學」的詮釋應用作討論。

首先，王心齋在晚年病危時（1539 年）曾著〈大成學歌寄羅念菴〉綜述
其學問要旨，其中有言：

我將大成學印証，隨言隨悟隨時躋。只此心中便是聖，說此與
人便是師。至易至簡快樂，至尊至貴至清奇。隨大隨小隨我，隨時
隨處隨人師。掌握乾坤大主宰，包羅天地眞良知。自古英雄誰能此，
開闢以來惟仲尼。……我說道心中和，原來個個都中和。我說道心
中正，個個人自中正。常將中正覺斯人，便是當時大成聖。〔註164〕

王心齋言「大成之學」的主旨有二：一是以「良知」乃是「圓滿具足」，此即
「掌握乾坤大主宰，包羅天地眞良知」之意；二是從「師道」的「修己」與
「安人」兩個面向來說「成聖」，「修己」只是「至易至簡快樂」的「只此心
中」；「安人」則在於「隨大隨小隨我，隨時隨處隨人師」，能達至「將中正覺
新人」，則能兩端皆得完成，直爲「大成聖」。然而，何以王心齋此〈大成學
歌〉並未有直接提及其著名「安身」或「身」論的思想呢？其實，王心齋曾

〔註163〕王襞著〈上昭陽太師李石翁書〉，《明儒王東崖先生遺集（卷一）》，頁 4 下～5
上。

〔註164〕王艮著〈大成學歌寄羅念菴〉，《明儒王心齋先生遺集（卷二）》，頁 10 上。

在一書信中談及「大成之學」，當中即已論及「身」在「大成之學」的意涵，
其言：

> 殊不知我心久欲授吾子直大成之學更切切也，但此學將絕二千
> 年，不得吾子直面會、口傳、心授，未可以筆舌諄諄也。幸得舊冬
> 一會，子直聞我至尊者道，至尊者身，然後與道合一，隨時即欲解
> 官善道，于此可見吾子直果能信道之篤，乃天下古今有志之士，非
> 凡近所能及也。〔註165〕

王心齋認為「大成之學」的傳授方式並不能以筆授，乃是需要「面會、口傳、
心授」，就在於直接會面授傳後，王心齋即詮釋其「大成之學」乃是「至尊者
道，至尊者身，然後與道合一」，「身」在王心齋的思想是特別具有意義的，
即：「身體形骸」的「身」和「身心合一」的「身」（即「良知」充盈於體，「身」
作為「良知」的載體），在其「安身」思想中，「修身為本」更是達至「修己」
與「安人」的關鍵處，即是「與道合一」的境界，換言之，王心齋言「大成
之學」實已是包含著其「身」的論述在內。依此，王心齋的「大成之學」所
側重的即是此「與道合一」的境界，而此「與道合一」的境界之能為「大成
聖」，要處在於「隨大隨小隨我，隨時隨處隨人師」，能達至「將中正覺新人」
的「師道」。在王東崖來看，王心齋的「大成之學」實是一大的發明，而「大
成聖」之能夠「隨大隨小隨我，隨時隨處隨人師」，能達至「將中正覺新人」
的「師道」果效，要義在於「本良知一體之懷，妙運世之則」，此即王東崖常
言的「心之妙用」。

以「心之妙用」作為王心齋「大成之學」的詮釋應用是王東崖常言的話
頭語。所謂「心之妙用」即是「良知本體」的「隨感而應」之作用，王東崖
曾以聖人之心來詮釋此「心之妙用」，其言：

> 故聖人之心，常虛常靜，常無事，隨感而應，而應自神也。是
> 以常常休休也，坦乎其蕩蕩也。縱橫而展舒自由，脫洒而優游自在
> 也。直下便是，豈待旁求，一徹便了，何容擬議。〔註166〕

換言之，王東崖認為王心齋「大成之學」中「本良知一體之懷，妙運世之則」
之義理即為「心之妙用」，而此「心之妙用」是王心齋「大成之學」的核心要
義。王東崖更把此「心之妙用」以更具體的例子作解釋，其言：「竊以舜之事

〔註165〕王艮著〈再與徐子直〉，《明儒王心齋先生遺集（卷二）》，頁9上。
〔註166〕王襞著〈上敬菴許□司馬書〉，《明儒王東崖先生遺集（卷一）》，頁6上。

親，孔之曲當，一皆出於自心之妙用耳，與饑來吃飯倦來眠，同一妙用也，人無二心，故無二妙用，得此豈容一毫人力與於其間，其以不及舜孔之妙用者，特心不空而存見以障之耳，故以有滯之心，烏足以窺聖人圓神之妙？」〔註167〕「大成之學」在王東崖的詮釋應用爲「心之妙用」，此「心之妙用」更推衍至「饑來吃飯倦來眠」等自然而然的生理狀態皆能作爲「聖人圓神之妙」的境地。至此，王東崖言「心之妙用」其實已推衍至自然而然的「聖人圓神之妙」，其中所言的「妙用」之狀態實與王東崖常被引用的「鳥啼花落，山峙川流，飢食渴飲，夏葛冬裘，至道無餘蘊矣」〔註168〕說法無異，如此，「妙用」之狀態乃是以「不礙其流行之體」之實，從而能夠具有「眞樂自見，學者所以全其樂也，不樂則非學矣」之果效。〔註169〕依此，王東崖所言的「樂學」實是從王心齋「大成之學」所推衍出來，而「心之妙用」即成爲此一詮釋應用之關鍵。

二、從「率性修道」而言「樂學」

王東崖的「樂學」思想也可以正面地從其「率性修道」的說法推論出來。「率性修道」是「求以率夫天命之性而歸之眞焉而已」〔註170〕的簡說，所謂「率性」即是從「天命之性」的自然流行；所謂「修道」僅是以「絲毫不設於造作」爲工夫作「教」。王東崖曾言：

> 吾人至靈之性乃天之明命，於穆不已之體也，故曰天命之謂性。是性也，剛健中正，純粹至精者也。率由是性而自然流行之妙萬感萬感，適當夫中節之神，故曰率性之謂道。……若百姓則不自知其日用之本眞而獲持之，一動於欲，一滯於情，遂移其眞而滋其蔽，而有不勝之患矣。聖人者憫之，而啓之修道焉，去其蔽，復其眞，學利困勉之不一，其功亦惟求以率夫天命之性而歸之眞焉而已矣，此修道之所以爲教也，故曰修道之謂教。〔註171〕

> 良知即乾之體，剛健中正，純粹至精，本無聲臭，攙搭些子不上，更萬古無有或變者也。不容人分毫作見加意其間，自有本分天

〔註167〕王襞著〈上敬菴許□司馬書〉，《明儒王東崖先生遺集（卷一）》，頁5下。
〔註168〕王襞著〈語錄遺略〉，《明儒王東崖先生遺集（卷一）》，頁2上。
〔註169〕黃宗羲著〈泰州學案一〉，《明儒學案》（下冊），頁719。此「不礙其流行之體，眞樂自見，學者所以全其樂也，不樂則非學矣。」之說未見於《明儒王東崖先生遺集》，特此註明。
〔註170〕王襞著〈率性修道說〉，《明儒王東崖先生遺集（卷一）》，頁4上。
〔註171〕王襞著〈率性修道說〉，《明儒王東崖先生遺集（卷一）》，頁4上。

然之用，神觸神應，原無壅滯，與鳶飛魚躍同一活潑潑地。蓋天命
之性，原自具足故也。此中庸之旨，至易至簡，雖夫愚婦，可以與
知與能，而天地聖人有不能盡者，所謂先天無爲之學也。才有纖毫
作見與些子力于其間，便非天道，便有窒礙處，故愈平常愈本色，
省力處便是得力處也。日用間有多少快活在！〔註172〕

王東崖依於《中庸》「天命之謂性，率性之謂道，修道之謂教」的形式爲其「率
性修道」說法作出詮釋的根據。他指出「天命之性」即「性之靈明」，以「於
穆不已之體」言「天之明命」及「至靈之性」，即據於《中庸》以超越的道體
作爲落於個體之性的思想，〔註173〕此「天命之性」亦是「良知本體」，此即所
謂「天命之謂性」；而「率性」即是以此「性」的自行自然而然於日用之間流
行，感應皆合理，「道」即在於存於此等處之間，此一自然流行與自然感應原
是「至易至簡」，愚夫愚婦亦能發見與踐行的，此即所謂「率性之謂道」。何
以百姓日用而不自知呢？王東崖提出百姓日用不自知是「動於欲」或「滯於
情」，聖人之教在於以不同的方式（即「利學困勉」）也在求能啓悟百姓能歸
於此「日用之本眞」，此即所謂「修道之謂教」，然而王東崖言「修道」並非
「有纖毫作見與些子力」，反之，其是以「不著意」作爲「去其蔽」、「復其眞」
的工夫，如此，王東崖即言其「修道」的工夫實是「愈平常愈本色，省力處
便是得力處」。

　　依於「率性修道」，王東崖所言的「樂」至少有二：一是「率性之樂」，
此即「良知本體」之自然流行即已是透現出「樂」，王東崖有言：「良知即乾
之體，剛健中正，純粹至精，……自有本分天然之用，神觸神應，原無壅滯，
與鳶飛魚躍同一活潑潑地。」〔註174〕二是「修道之樂」，此即證（覺）悟「良
知本體」之工夫的簡易與直下即是，乃是優遊快活的「樂」，王東崖有言：「良
知本性，天之靈而粹精之體也。誰其弗具，誰其弗神？而聖名者號也。得證
則日用頭頭無非妙動，而纖力不與，快樂難名。」〔註175〕至此，從王東崖對
「率性修道」的詮釋來說，則其言「樂學」正是源於「率性之樂」與「修道
之樂」，而二者之實義上則同是爲一，蓋王東崖言本體之「樂」（「率性之樂」）
與工夫之「學」（「修道之樂」）乃是相即不離之圓融關係。另外，不難發現，

〔註172〕王襞著〈寄廬山胡侍御書〉，《明儒王東崖先生遺集（卷一）》，頁10下。
〔註173〕參楊祖漢著《中庸義理疏解》，台北：鵝湖出版社，1984年，頁98～103。
〔註174〕王襞著〈寄廬山胡侍御書〉，《明儒王東崖先生遺集（卷一）》，頁10下。
〔註175〕王襞著〈語錄遺略〉，《明儒王東崖先生遺集（卷一）》，頁2下。

王東崖的「率性修道」說法與王龍溪的「見在良知」觀極爲接近，尤其是某些用語，如「原自具足」、「先天之學」、「直下便是」、「本自見成」等，王東崖又曾侍學於王龍溪一段時間，以此來說，王東崖的「率性修道」說實是具有王龍溪「見在良知」觀的影響，尤其相對於王心齋較少言及「良知本體」的「具足」、「見成」、「直下」等的解說，〔註176〕而此影響又可以解說是王東崖「樂學」是眞的融合王心齋與王龍的思想而來，即從王心齋的「大成之學」而言「心之妙用」，又以王龍溪的「見在良知」而說「率性修道」，王東崖則是融合兩者的說法而提出「樂學」的思想。

綜言之，「樂學」作爲王東崖的學問宗旨，其要義在於「心之妙用」與「率性修道」，依於王心齋的「大成學」強調「良知本體」以「心之妙用」而說「眞樂自見」；據於「率性修道」著重「原自具足」「直下便是」、「本自見成」而言「率性之樂」與「修道之樂」，從而把「樂學」成爲其思想體系的核心要旨，開展出一個「樂」（本體）與「學」（工夫）環環緊扣的思想體系，而此「樂學」之實義是指「道體流行的圓融境界」。

貳、「樂學」的本體義與工夫義

一、「樂學」思想的本體義

「樂學」作爲王東崖的學問宗旨，自有其在王心齋的「人成之學」、王龍溪的「見在良知」的詮釋應用及其個人獨特思考爲依據。然而，王東崖的「樂學」思想又如何作爲道德實踐的可能根據呢？此即王東崖的「樂學」思想具有怎樣的本體意義之思考問題，下文即從兩方面析論，即「樂學」與良知、「心之妙用」與「灑脫而自在」。

〔註176〕王心齋也有用「具足」來形容「良知天性」，其說：「良知天性，往古來今，人人具足，人倫日用之間舉而措之耳。」（王艮著〈答朱思齋明府〉，《明儒王心齋先生遺集（卷二）》，頁4下。）然而，相對地說，王東崖的詮釋「良知本體」則明顯較多使用「具足」、「見成」、「直下」等字眼描述。

另外，吳震先生也指出：「我們還可以發現他的敘述方式比心齋顯得更爲清晰而有條理，多少有點龍溪哲學語言的影子。如果我們打開《龍溪集》來進行一下檢索，這一點也是不難到確認的。譬如，『本自見成』、『原自具足』、『本無一物』、『隨處發見』、『直下便是』、『先天之學』等，這些話頭簡直就是龍溪哲學的標誌性語言。由此可以說，至少在良知問題上，東崖與龍溪的親近性是非常明顯的。」（吳震著《泰州學派研究》，頁203）僅以「良知本體」的敘述來說，本文認同吳震先生說「他（按：即王襞）的敘述方式比心齋顯得更爲清晰而有條理，多少有點龍溪哲學語言的影子」說法。

（一）「樂學」與良知（自然流行之義）

王東崖對於「良知」的詮釋主要是從「自然流行」來說，所謂「自然」是指「良知本體」的非從外在而本然具足的「本然」狀態；所謂「流行」是指「良知本體」乃從其日用流行而發見。其說「良知」有言：

> 性之靈明曰良知，良知自能應感，自能約心思而酬酢萬變。知之爲知之，不知爲不知，一毫不勞勉強扭捏，而用智者自多事也。〔註177〕

> 良知之靈，本然之體也。純粹至精，雜纖毫意見不得。〔註178〕

王東崖說「良知」乃「自然流行」其義實源於王心齋以「天然自有之理」說「良知」。王心齋在〈天理良知說答甘泉書院諸友〉言「良知」之要義是從天理、天性（天然自有）與良知的關係來說，「天性」（天然自有）正是貫通於天理與良知之間，此「天性」（天然自有）又兼備於自然之天性與人文之倫序，其中引用「知之爲知之，不知爲不知」在於說明「良知」自身能無所欺瞞的態度表明知與不知。對此而言，王東崖所言的「良知」則有所不同，並沒有強調「天理」之言，直以爲「天命之性」即「性之靈明」，此「天命之性」亦是「良知本體」，其要義僅在言此「良知本體」的「本然」與「自感自約」，所謂「本然」在王東崖的想法中即是「良知本體」乃「原自具足」與「直下便是」的意思；所謂「自感自約」即是「良知本體」自能「順明覺自然之應」與「隨感而應」的意思，王東崖引「知之爲知之，不知爲不知」即表明「良知」自身能從自感而作出自我制約；前者可以說是王東崖對於「良知本體」的「天然自有」的思想；後者則是其對於「良知本體」的「發見」與「流行」的思考。先說前者。

王東崖言「良知」之「本然」是表明「良知本體」即已是「天命之性」，其中的「本然自有」、「性本具足」是「良知本體」與「天命之性」的圓融表達。王東崖曾言：

> 寧知性本具足，率性而眾善出焉，天命之也。率天命之性，即是道。故聖者知天之學也，志此曰志道；學此曰學道。〔註179〕

〔註177〕王襞著〈語錄遺略〉，《明儒王東崖先生遺集（卷一）》，頁3下。

〔註178〕王襞著〈語錄遺略〉，《明儒王東崖先生遺集（卷一）》，頁1下。

〔註179〕王襞著〈語錄遺略〉，《明儒王東崖先生遺集（卷一）》，頁2下。

　　　　　天命之體，夫豈難知，人之視聽言動，天然感應不容私議，是
　　　　則乾易坤簡，此而非天將何委哉？特人不能即此無聲無臭之真，深
　　　　造而自得，何也？昧其本然自有之性，牽纏於後儒支離之習。〔註180〕

王東崖明言「性本具足」及「本然自有之性」等來形容「良知本體」，然而，
王東崖並未有論證「良知本體」何以是「性本具足」及「本然自有之性」，只
是一而再地從「率天命之性，即是道」的「即」字，或「天然感應不容私議」
的「感應」用語等來指點出「良知本體」之「具足」或「自成」義。王東崖
這樣的做法自是其著重於「非分別說」作言說其「樂學」思想之「道體流行
之圓融境界」之方式，此點下文將再作討論。此外，王東崖亦以「自然」來
形容「天命之性」落於個體之狀態，此即「率由是性而自然流行之妙萬感萬
感，適當夫中節之神，故曰率性之謂道」〔註181〕，換言之，王東崖除了以「本
然」來說「良知本體」，也有以「自然」來形容「道」，其說：

　　　　　吾人之學，必造端天婦之與知與能，易知易從者而學焉，及其
　　　　至也。察乎天地而不可強而入也。希天也者，希天之自然也，自然
　　　　之謂道，天尊地卑，自然也，而乾坤定位矣。夫尊道尊身云者，謂
　　　　以道而覺乎人，欲人之敬學也，隨緣機宜不得已之心也。〔註182〕

王東崖言的「自然」顯然並非言外在的自然界，從「寧乎天地而不可強而入」、
「天尊地卑」與「乾坤定位」等說法來看，則王東崖說所「率性之謂道」乃
是貫通人倫社群，自然生物，乃至一切存有，更謂「以道而覺乎人，欲人之
敬學」僅能是「隨緣機宜」而已，此則可見，王東崖所說的「良知本體」是
具有「天然自有」之義，此義更兼具於自然之天性與人文之倫序，與王心齋
的「天理良知」說之義理內容一致，僅在表述上採取不同的方式。

　　（二）「心之妙用」與「灑脫而自在」

　　王東崖說「良知」除了從「本然」的「性本具足」與「直下便是」，更從
「良知本體」的「發見」與「流行」而說其「順明覺自然之應」與「隨感而
應」。

　　　　　良知在人隨處發見，不可須臾離者。只為世誘在前，起情動念，
　　　　自幼便染污了，應接之間，不免牽引迷溺之患，所嗜所欲沾貼心目

〔註180〕王襞著〈語錄遺略〉，《明儒王東崖先生遺集（卷一）》，頁3上。
〔註181〕王襞著〈率性修道說〉，《明儒王東崖先生遺集（卷一）》，頁4上。
〔註182〕王襞著〈上道州周合川書〉，《明儒王東崖先生遺集（卷一）》，頁6上。

間。伊川先生所謂開眼便錯，攪攪擾擾，全做不得，豈不爲天下之

大蠹乎？非良知之病也〔註183〕

王東崖指出「良知」是「隨處發見」的，與百姓日用日是「不可須臾離」的，而個體並未能「順明覺自然之應」的理由在於「自幼便染污了」的問題，而並非是「良知本體」自身的不昧。然而，究竟「良知本體」的「發見」與「流行」所具有何種的意義呢？王東崖則以「妙」作爲「心的作用」之形容，此即「心之妙用」。此「妙」字，在王東崖「樂學」思想中具有兩層意義，一是從「良知」從本體至發用流行的形容，即「心之妙用」或「無非妙動」之義；一是從工夫達至「不犯手」的境界，即「不犯手爲妙」之義。而王東崖提出此「妙」字作爲形容「良知本體」的「發見」與「流行」，由此更指出此「妙」乃是「快樂難名」的，其言：

良知本性，天之靈而粹精之體也。誰其弗具，誰其弗神？而

聖名者號也。得證則日用頭頭無非妙動，而纖力不與，快樂難名。

〔註184〕

王東崖提出聖者即是「得證」於「良知本體」的個體，由此「得證」而作出的道德實踐實是「頭頭無非妙動」，亦由此「得證」能夠「快樂」，此即上文說的「率性之樂」。此「率性之樂」在具體的表現上更是一種「灑脫而自在」的狀態，王東崖有言：「聖人之心，常虛常靜，常無事，隨感而應，而應自神也。……縱橫而展舒自由，脫酒而優游自在也。」〔註185〕換言之，王東崖的「樂學」思想作爲道德實踐的依據，在於此「率性之樂」即是由「良知本體」的自然流行而見，當中的關鍵在於「良知本體」的發用乃是從「心之妙用」所達致，而達至此「妙」即呈現出「灑脫而自在」的狀態。王東崖雖著重於「樂學」思想的發揮，而其理論還是以「良知」爲依歸，其言：「良知二字實開關啓鑰之至訣，入聖之要津，愚夫愚婦易知易從者。」〔註186〕

然而，分別「本然」的「性本具足」與「直下便是」，及「發見」的「順明覺自然之應」與「隨感而應」的區分來說明王東崖的「良知」觀還是不全面的，理由在於王東崖言「良知本體」常常是從一個「非分別說」的角度來

〔註183〕王襞著〈語錄遺略〉，《明儒王東崖先生遺集（卷一）》，頁1下。

〔註184〕王襞著〈語錄遺略〉，《明儒王東崖先生遺集（卷一）》，頁2下。

〔註185〕王襞著〈上敬菴許□司馬書〉，《明儒王東崖先生遺集（卷一）》，頁6上。

〔註186〕王襞著〈上耿都憲翁書〉，《明儒王東崖先生遺集（卷一）》，頁12上。

說其為「超越與內在之打成一片」的境界。〔註187〕對此，王東崖即常以意境的方式用作表達，其說：

> 心也者，吾人之極，三才之根，造萬有者也。瑩徹虛明其體也，通變神應其用也。空中樓閣，八窗洞開，梧桐月照，楊柳風來，萬紫千紅，魚躍鳶飛，庭草也，驢鳴也，雞雛也，穀種也，呈輸何限，獻納無窮，何一非天機之動蕩？何一非義理之充融？……擴之而無涯，溥之而莫測，是不可以智識窺而意象得也。〔註188〕

> 駕青鸞而赴瑤臺，陰陽合德之象也。鸞，吉祥之物也。臺，如意之境也，離塵界而別有春也，此仙之所以妙乎用也，味而玩之可以入道矣。〔註189〕

王東崖常提及的「鳥啼花落，山峙川流，饑食渴飲，夏葛冬裘」與上引文的「空中樓閣，八窗洞開，梧桐月照，楊柳風來，萬紫千紅，魚躍鳶飛」、「駕青鸞而赴瑤臺」皆是從「非分別說」的方式以意象的呈現或展示出的「超越與內在之打成一片」的境界，王東崖直接說出「良知本體」呈現的境界是「不可以智識窺而意象得」與「味而玩之可以入道」。從王東崖以「非分別說」的方式展示其「道體流行之圓融境界」來說，其所形容的「縱橫而展舒自由，脫洒而優游自在也」，或「日用間有多少快活在」，也即是其「樂學」思想圓

〔註187〕「分別說」與「非分別說」的區分，是牟宗三先生從《般若經》的思想詮釋而來，然而，依牟宗三先生的使用及說法，此「分別說」與「非分別說」的區分甚至適用於整體人類的思考歷程，其曾言：「分別說與非分別說，這個問題，西方哲學並未考慮過，它是從佛教啟發出來的。……分別說與非分別說是佛教的詞語，或稱差別說與非差別說，若用現代西方的說法，則是分解地說與非分解地說。提到這個問題，我覺得人類的思考歷程，大體都可以概括在分別說與非分別說之下。」（牟宗三著《中國哲學十九講》，《牟宗三先生全集》第二十九冊，頁331～332）所謂「非分別說」的意思，牟宗三先生曾說：「用非分別的方式把道理、意境呈現出來，即表示這些道理、意境，不是用概念或分析可以講的；用概念或分析講，只是一個線索，一個引路。照道理或意境本身如實地（as such）看，它就是一種呈現，一種展示；而莊子在某一層面所表現的正是如此。」（牟宗三著《中國哲學十九講》，《牟宗三先生全集》第二十九冊，頁347）依此義來說，王東崖說言的「良知本體」的「自然流行」常以意象的呈現方式表達，實即以「非分別說」的方式表達。另外，王襞對於以此「非分別說」作為「教」的表達亦是自覺的，其言：「此學宗旨，非言語所能及了達，分析愈詳□真腴愈失。」（王襞著〈答王毅齋書〉，《明儒王東崖先生遺集（卷一）》，頁8上）

〔註188〕王襞〈題鶴州卷〉，《明儒王東崖先生遺集（卷一）》，頁16上。

〔註189〕王襞〈題西王母赴瑤臺圖〉，《明儒王東崖先生遺集（卷一）》，頁15上。

融地表達。以此來看，王東崖的「樂學」思想作爲道德實踐的依據，其要義當然地是本於「良知本體」的「本然」及「發見」，更重要的是自身以「樂」的意境來體味「良知本體」的發用，當能合乎於道德實踐之依歸。

綜言之，王東崖的「樂學」思想當有其本體之義，此即「樂學」能作爲道德實踐之根據在於：一，「樂學」即以其爲「良知」的「本然」狀態，具有「性本具足」與「直下便是」的特點；二，「樂學」即以其爲「良知」的「發見」境界，能達至「心之妙用」與「灑脫而自在」的狀態；三，從「非分別說」看王東崖的「樂學」，則此「樂」的意境來體味「良知本體」的發用，當能合乎於道德實踐之依歸。此三者即「樂學」思想的本體義。

二、「樂學」思想的工夫義

在王東崖的「樂學」思想中至爲關鍵的觀念當爲：「樂」與「學」。分解地說，「樂」當屬本體層的討論；「學」應爲工夫層的入路，然而，在王東崖的圓融思想中，「樂」與「學」實不能如此簡單區分，所謂「樂者樂此學，學者學此樂」正表明兩者關係的圓融性，是以下文討論「樂學」思想的工夫義雖以「學」爲重，亦會論及「樂」的部分。

（一）不犯手爲妙

王東崖「樂學」思想所言及的工夫義，其形式上是依於王心齋的「淮南格物」而說，其曾言：「聖學只在正己做工夫，工夫只在致中和而已矣。舍本而末上致力如之何？其能位育而止至善也哉，中庸大學一旨也。若離國家天下而學，則知便王致，意便不誠，心便不正，總不能修身以立本也。故其功歸於格物，一正莫不正者也，是致中和而天地萬物育者也。何等喫緊，何等簡約，不須許多辨論也。」〔註190〕王東崖言的「正己」工夫即是「格物」，而其言的「格物」亦同於王心齋以「實實落落在我身上做工夫」或「眞眞實實在自己身上用工夫」作爲「修身」法門，把「格物」從宋明儒學的傳統的工具意義轉變成一種是簡單而具體的實踐工夫。究竟王東崖「樂學」思想中簡單而具體的實踐工夫是甚麼呢？此即「不犯手爲妙」。

黃梨洲曾以「不犯手爲妙」來說王東崖的「樂學」思想，究竟甚麼是「不犯手」呢？「不犯手爲妙」的「妙」又具有何種意義呢？所謂「不犯手」即是「纖力不與」或「無爲」的工夫；所謂「妙」即是所作工夫能達至「良知

〔註190〕王襞著〈語錄遺略〉，《明儒王東崖先生遺集（卷一）》，頁1下。

本心」所當作的「發用」之境界，此「妙」即是作爲能「順明覺自然之應」
與「隨感而應」的工夫境界。即是說，「不犯手爲妙」乃是以「不犯手」作爲
工夫，而「妙」即此工夫所達至的境界。王東崖所言的「不犯手」工夫可從
兩方面而說，一是「不著意」；一是「無意」。關於「不著意」，王東崖曾言：

> 良知之靈，本然之體也。純粹至精，雜纖毫意見不得。若立意
> 要在天地間出頭，作件好事，亦是爲此心之障。王安石豈不是要做
> 好事，只立意堅持，愈執愈壞了，卒難收拾；況不好事，成敗立見，
> 此成天下之務之機，豈不愼哉。〔註191〕

所謂「不著意」即是「良知」的「隨感而應」是容不下「纖毫意見」的。〔註
192〕「不著意」不僅是利己爲惡的「私意」，即使是立意爲善的「好意」，也都
是「心之障」。依王東崖的想法，「良知本體」的流行發用，乃能自感自約，
能夠讓「良知本體」不受外物經驗的干擾，直接呈現，即能「順明覺自然而
應」，假如混雜「意見」（包括私意或好意），則已經是「雜」。從「好意」來
說，只會更加堅持做成愈來愈壞的情況，王東崖即以王安石的例子說明「好
心做了壞事」，而從「私意」來看，就更顯出「成敗立見」。然而，以「不著
意」爲「不犯手」的工夫，則容易犯上「自我推翻」的問題，即著重於「不
著意」即是爲「著意」，對應於此，王東崖的「不犯手爲妙」的工夫還有「無
意」一層。關於「無意」，王東崖曾言：

> 不打點，不計算，不安排，不布置，此老實敦朴淳厚之心，保
> 之以裕吾身，以裕吾家，以裕吾交接應酬。人貪富惡貧，而我忘乎
> 富貧；人愛生惡死，而我忘乎生死；人寶金玉，而我寶惟賢，出一
> 言務足以感人興善之心，發一語足以長人慕德之念。庶幾其爲人傑
> 也哉。〔註193〕

所謂「不打點，不計算，不安排，不布置」即是以「不著意」爲內容的「不
犯手」，這樣的「不著意」工夫在於保持著「老實敦朴淳厚之心」，並能成就

〔註191〕王襞著〈語錄遺略〉，《明儒王東崖先生遺集（卷一）》，頁1下。
〔註192〕關於「不著意」作爲工夫教法的問題，是「陽明後學」其中一項爭議的焦點，
爭論的形式乃是透過對於楊簡（慈湖，1141～1226）「不起意」思想的詮釋與
評價而來。參游騰達著〈慈湖學說在明代中葉的迴響——以陽明後學評騭「不
起意」說爲焦點〉（收錄於《國文學報》年第43期，2008年6月，頁75～107），
然而，在《明儒王東崖先生遺集》內卻未見王襞對楊簡「不起意」的詮釋與
評價，是以暫不以王東崖言「不著意」與陽明後學相關討論作比較。
〔註193〕王襞著〈勉諸生〉，《明儒王東崖先生遺集（卷一）》，頁18下。

「裕吾身」，「裕吾家」及「裕吾交接應酬」，如此，即從日用之間以「不著意」（或「自慊」）作爲「不犯手」的工夫，王東崖即言：「教言所謂靈明一點，正指良知一脈之傳也，實致其良知於日用間，以求自慊。何樂如此，此左右極切語，更何言哉。」〔註194〕然而，王東崖更進一步提出以「無意」爲內容的「不犯手」，所謂「無意」即是王東崖所說的「忘乎」，此「忘乎」乃是從自覺地以「不著意」爲工夫，進深至無需要自覺地已能成爲「自動自覺」或自然而然地呈現出來的「純心」〔註195〕狀態。此種「自然而然」地呈現出來「純心」狀態，也是王東崖嘗言的「心空而不存見」而達至「饑來吃飯，倦來眠」的自然狀態，其說：「其以不及舜孔之妙用者，特心不空而存見以障之耳，故以有滯之心，烏足以窺聖人圓神之妙？」〔註196〕即是說，王東崖嘗言的「純心」、「空心」或「心常虛常靜常無事」即是此「無意」的「不犯手」工夫。

　　質言之，王東崖的「樂學」思想所具有「不犯手爲妙」的工夫，從「不著意」的工夫爲開始，進而至「無意」才能達成眞正「不犯手」的境地，而此「不犯手」的境地能爲「妙」，乃由此境地已具「饑來吃飯倦來眠」等自然而然的生理狀態，與「「鳥啼花落，山峙川流，飢食渴飲，夏葛冬裘」無異，亦即能作爲「聖人圓神之妙」而「眞樂自見」，是以「不犯手爲妙」實是王東崖「樂學」思想的工夫義。

　　（二）「樂」與「學」之關係

　　對於「學」，王東崖常言的乃是「不待於外」而「率性自知」之「學」。其說：

> 從古以來只有一個學字不明，必待於外而循習焉，則勞且苦矣。寧知性本具足，率性而眾善出焉。〔註197〕

> 學者自學而已，吾性分之外無容學者也。萬物皆於我，而仁義禮智果有外乎？率性而自知自能，天下之能事畢矣。〔註198〕

〔註194〕王襞著〈答秋曹漳州陳文溪書〉，《明儒王東崖先生遺集（卷一）》，頁11上～11下。

〔註195〕「純心」亦是王東崖盛言爲要的，其曾言：「昔周元公論治曰純心要矣，用賢急焉，我公既純心，以臨邦郡之民，又復用賢以益治化之盛，是我公與元公之學，本同條貫者也。」（王襞著〈復雨田潘州尊書〉，《明儒王東崖先生遺集（卷一）》，頁9下）

〔註196〕王襞著〈上敬菴許□司馬書〉，《明儒王東崖先生遺集（卷一）》，頁5下。

〔註197〕王襞著〈語錄遺略〉，《明儒王東崖先生遺集（卷一）》，頁2下。

〔註198〕王襞著〈語錄遺略〉，《明儒王東崖先生遺集（卷一）》，頁3上。

纔提起個學字，却是便要起幾層意思，不知原無一物，原自見成，順明覺自然之應而已。自朝至暮，動作施為，何者非道？更要如何，便是與蛇畫足。〔註199〕

王東崖言「學」主要是從「良知本體」的「原自見成」與「知本具足」之特徵而指出「性分之外無容學者」，強調從「自知自能」與「自見」而「學」，然而，此中的「自知自能」與「自見」之「學」究竟是一種怎樣的「學」或工夫呢？王東崖嘗言「莫非學也，而皆所以求此樂也」，則「樂」與「學」的關係又是如何呢？依楊道南的記述，王東崖對於「樂」與「學」的關係實有一番詳盡而仔細的論述，下引文嘗試把是次九次對話及楊道南的敘述作分段記述，以期能更清晰展示王東崖的想法，其說：

（一）東崖子之始至而論學焉，有問學何以乎？曰：「樂。」

（二）再問之，則曰：「樂者，心之本體也。有不樂焉，非心之初也。吾求以復其初而已矣。」

（三）「然則，必如何而後樂乎？」曰：「本體未嘗不樂，今日必如何而後能？是欲有加于本體之外也。」

（四）「然則，遂無事于學乎？」曰：「何為甚然也？莫非學也，而皆所以求此樂也。『樂者無此學，學者學此樂』。吾先子蓋言之矣。」

（五）「如是，則樂亦有辨乎？」曰：「有。有所倚而後樂者，樂以人者也，一失其所倚則慊然若不足也；無所倚而自樂者，樂以天者也，舒慘欣戚，榮悴得喪，無適而不可也。」

（六）「既無所倚，則樂者果何物乎？道乎？心乎？」曰：「無物故樂，有物則否矣。且樂即道也，樂即心也。而曰『所樂者道，所樂者心』，是床上之床也。」

（七）「學止于是而已乎？」曰：「昔孔子稱顏回，但曰『不改其樂』，而其自名也，亦曰『樂在其中』，其所以喟然而與點者，亦以此也。二程夫子之聞學于茂叔也，于此蓋終身焉，而豈復有所加也？」

（八）曰：「孔顏之樂未易識也。吾欲始之以慺而終之以樂，可乎？」曰：「孔顏之樂，愚夫愚婦之所同然也，何以曰『未易識也』？

〔註199〕王襞著〈語錄遺略〉，《明儒王東崖先生遺集（卷一）》，頁3下。

且樂者心之本體也，懮者心之障也，欲識其樂而先之以懮，是欲全其體而故障之也。」

（九）「然則何以曰『懮道』？何以曰『君子有終身之懮』乎？」曰：「所謂『懮』者，非如世之膠膠然、役役然以外物爲戚戚者也，所『懮』者道也，其懮道者，懮其不得乎樂也。舜自耕稼陶漁以至爲帝，無往不樂，而吾獨否焉，是故君子終身懮之也。是其懮也，乃所以爲樂，其樂也，則自無庸于懮慮耳。」

（十）凡東崖子之論學，隨機指示，言人人殊，而其大都不出乎此。以故上智者聞而樂焉，曰『明珠在懷，而吾何必索之途也？』蓋淺機者聞而樂焉，曰『吾亦有是珠，而獨何爲其自昧也？』蓋自東崖子至，而吾留都諸同志皆如大寐之得醒，其駸駸血往之志，若決百川而赴之海。謂之載道而南，不其信乎！既成諸君屬余有言，余惟自東崖子之至，余蓋未嘗一日不樂，而亦不自知其所以樂也。〔註200〕

第（一）至（四）段可以說是簡述了從王陽明言「樂是心之本體」與王心齋說「樂是學，學是樂」的思想，要義在於「莫非學也，而皆所以求此樂也」〔註201〕，此蓋由「樂是心之本體」，而「學」即是「復其初」的工夫，此「復其初」的工夫並非離於「心之本體」來說，實即「本體工夫」。如是，「樂」與「學」乃是互爲涵蘊，此義亦即王心齋在〈樂學歌〉論及的「樂是學，學是樂」之意，其言「學」並非「專求諸外」乃是「存吾心之天理」之「學」，王心齋更有言：「此樂多言無處尋，原來還在自家心。」〔註202〕而「樂」即在此「學」之中。

第（五）至（六）段則是王東崖談到「有所倚而後樂」與「無所倚而自樂」的區分。既然「莫非學也，而皆所以求此樂也」，則對於需要從「樂」而

〔註200〕楊希淳著〈詩引〉，收錄於王襞著《明儒王東崖先生遺集（卷首）》，頁3上～3下。

〔註201〕關於「莫非學也，而皆所以求此樂也」，吳震先生詮釋爲「樂莫非學」，並指出：「主張『樂莫非學』，意謂『樂』不是排斥爲學的工夫。」（吳震著《泰州學派研究》，頁208）然而，本文認爲：王襞此說乃依循於王艮〈樂學歌〉的意思，並非消極地指出「學」不排斥「樂」，兩者實是互爲涵蘊的觀念，其義乃是作爲本體工夫的看待。

〔註202〕王艮著〈和王尋樂韻〉，《明儒王心齋先生遺集（卷二）》，頁12下～13上。

辨認出是否即在爲「學」（本體工夫），王東崖乃有「有所倚之樂」與「無所倚之樂」的區分，所謂「有所倚而後樂」，即是此「樂」乃是倚靠於外物而成，追求於外在感官的快樂，若是失去了所能倚靠的外在物或條件，則將慊然不足，並不能算是眞樂，此可稱謂「樂以人者」；所謂「無所倚而自樂」，即是此「樂」是依於自我的掌握所呈現的，所謂「舒慘欣戚，榮悴得喪」各樣不同的狀態之下，仍能感到「樂」，此可稱謂「樂以天者」。王東崖更解釋「樂以天者」並非以爲「樂道」或「樂心」，此以爲「樂」依於「道」或「心」，其實也是「有所倚而後樂」，「樂」已經是「道」或「心」，如果說「所樂者道」或「所樂者心」，王東崖則認爲這是「床上加床」的錯解說法，即是在「樂以天者」之上另外再加上一種東西。

　　第（七）至（九）段是王東崖以「孔顏之樂」的解說此「樂學」在工夫。王東崖先從孔子稱顏回能「不改其樂」或「樂在其中」，或二程聞學於周敦頤，皆以此「樂學」之「本體工夫」爲終身所學。此即表明「樂以天者」或「無所倚而自樂」實是踐行之不易的終身之學。從「樂即道也，樂即心也」來說，王東崖的「樂學」工夫乃是從百姓日用間所能致的，蓋因「良知在人隨處發見，不可須臾離者」，問題是「百姓則不自知其日用之本眞而獲持之」，從日用間能作「樂學」的本體工夫似乎是簡易的，但能夠「不改其樂」或「樂在其中」卻又並不是容易達至的境地，這正是「樂學」工夫之不容易處。王東崖又從「憂道」指出「始之以憂而終之以樂」在方法上或取態上的不可取之問題，所謂「始之以憂而終之以樂」即是以憂心忡忡的謹愼態度作爲日用間之工夫，以期能達至「樂在其中」的「得證則日用頭頭無非妙動，而纖力不與，快樂難名」的境界，王東崖則以爲「孔顏之樂，愚夫愚婦之所同然也」，聖賢與百姓同樣是追求「復其初」而已，所謂「始之以憂」僅是王東崖以爲的「不著意」爲「著意」的方法，實應該進而以「無意」的工夫爲可取。對於《論語》有「君子有終身之憂」之說，王東崖則指出「君子之憂」並非以外物之所累而憂，此即「有所倚而後樂」的問題所在；「君子之憂」實是「憂其不得乎樂」，「憂」未能如聖賢中的「無往不樂」或「樂在其中」，如是，此「憂」僅是爲了「樂」未能呈現，此「憂」並非眞正的「憂」，與「樂」也並非相對。然而，王東崖也指出「其樂也，則自無庸於憂慮」，即「君子之憂」其實亦是消極意義的，在於「樂是心之本體」的呈現之下，自然能無所「憂」，如是，能以「不改其樂」或「樂在其中」爲方向或取態則更爲重要。

第（十）段則爲楊道南對於王東崖「樂學」思想的讚賞與評論，其言：「凡東崖子之論學，隨機指示，言人人殊，而其大都不出乎此。」即是說，「樂學」思想實是能夠作爲王東崖的學問宗旨，其講學的方法上乃是「隨機指示」，以指點或富啓發意義的語言來醒悟人能夠「深造而自得」，依此，其謂「學」實是「以道而覺乎人，欲人之敬學也」。楊道南又認爲王東崖的「樂學」實是令人有所得著的，即對「上智者」或「淺機者」皆可「得醒」，以楊道南自身的體驗來說，更嘗言：「余惟自東崖子之至，余蓋未嘗一日不樂，而亦不自知其所以樂也。」這可謂對於王東崖的「樂學」思想最高評價。

簡言之，王東崖所言的「學」乃是「性分之外無容學者」之說，「學」必須是「深造而自得」的；然而，究竟所「學」應該如何呢？王東崖提出「莫非學也，而皆所以求此樂也」的標準，所謂「樂」並非「有所倚而後樂」而是「無所倚而自樂」的「樂以天者」爲要，如是，即能「樂在其中」，展示出「樂即道也，樂即心也」之義。「樂」與「學」二者實爲互相涵蘊，是以「樂學」即具有本體工夫之義。

（三）講學與宗會

「講學」是王心齋「安身」思想（即以「修己」與「安人」兩端）之所以能達成的重要工夫，「講學」才是能達至「人人共明共成之學」，即能圓滿地達成「修己」與「安人」同成的「安身」境界，是以王心齋所言的「講學」已從工具意義而成爲道德實踐的重要程序。相對於王東崖來說，「講學」同樣是連接於「修己」（內聖）與「安人」（外王）的完成之關鍵，其有言：

> 大成家法，睿聖道破，而儒宗矩範，已示的途。仲尼所以卓出前世繼作之聖，而世爲天下師者，當其時，未嘗一日不與人接，不暇有安暖之席，固以是爲易天下之道也。〔註203〕

> 昔見陽明翁與學者書曰：「講學一事，雖犯時諱，老婆心切，遂能緘口結舌乎？仁者愛物之誠，又自有不容已者。要在默而識之，不言而信耳。」非今日之謂歟！教言所謂靈明一點，正指良知一脈之傳也，實致其良知於日用間，以求自慊。何樂如此，此左右極切語，更何言哉。第此旨時時向人提掇，最易令人醒悟，特欠與人痛

〔註203〕王襞著〈復涇上同志吳竹山王樂菴二兄書〉，《明儒王心齋先生遺集（卷二）》，頁 13 下。

加發揮，終至淹晦，使天下有志之士切希聖之懷而無其徑，遂網迷
途。〔註204〕

即是說，王東崖對於「講學」的重視也是源於其認為「講學」的作用，一方
面是以孔子為榜樣「未嘗一日不與人接，不暇有安暖之席」，並以為在「修己」
的發揮之下，自有其「不容已」的「講學」之踐行，即使是「犯時諱」，還是
不能「緘口結舌」；另一方面是以「講學」實是「為易天下之道」。尤有甚者，
王東崖認為「良知於日用間」，「講學」也並不是單向地以「師」者作為動聽
言說地向百姓講述道學，「講學」的要義更是以「令人醒悟」為重，「講學」
的方式變成互動化與權宜化，此即楊道南言王東崖的「講學」乃是「隨機指
示，言人人殊」。

然而，在王東崖現存的文獻中並沒有太多相關於「講學」性質的言說，
不過，從王東崖四處勤於講學及對「宗會」之建立，可見其對「講學」重視
的程度與王心齋乃一脈相承，甚至作出更具體的組織性質。先說王東崖的講
學遊歷，焦弱侯曾如此敘述：

> 心齋殁，先生望日隆，四方聘以主教者杳至。羅近溪守宛則迎
> 之，蔡春臺守蘇則迎之，李文定迎之興化，宋中丞迎之吉安，李計
> 部迎之眞州，董邵丞迎之建寧，餘殆難悉數。師則隨村落小大，扁
> 舟往來，歌聲與林樾相涖發，聞者以為舞雩詠歸之風復出，至是風
> 教彬彬盈宇內矣。〔註205〕

從王東崖四處作出講學的遊歷，及至回鄉仍奔走於村落之間，此則見王東崖
對「講學」的重視，此種重視的程度正在於王東崖繼承其父王心齋以為「講
學」才是才是能達至「人人共明共成之學」，即能圓滿地達成「修己」與「安
人」同成的「安身」境界之重要道德實踐工夫。以「樂學」的本體工夫來說，
「講學」既源於「仁者愛物之誠，又自有不容已者」的實踐作為，則此自是
「無所倚而自樂」的狀況，如此，「講學」即具備了「樂學」思想的工夫義。

除了講學之外，王東崖更是開啟組織「宗會」之風，此即組織家族為一
「宗會」，王東崖更於嘉靖二十年（1542年）先把王心齋的「精舍書院」改為
宗祠，更於嘉靖三十一年（1553）正式成立「宗會」。然而，究竟王東崖以甚

〔註204〕王襞著〈答秋曹漳州陳文溪書〉，《明儒王東崖先生遺集（卷一）》，頁11上～
11下。
〔註205〕焦竑著〈墓志銘〉，《明儒王東崖先生遺集（卷首）》，頁8上～8下。

麼的理由而成立「宗會」呢？本文認為：從「樂學」思想的實踐上說，「宗會」的成立是較有組織地實行講學或教化，即是把「講學」的工夫義進至有組織性或實驗性。〔註206〕至於王東崖組織「宗會」的具體態度，其言：

> 襞等不肖切觀天下之人，散生四海，山分水限，萬里遙隔，若不相關係者。而古之人，則以天下為一家，舉莫不欲安全而教養之，俾各得所以遂其萬物一體之仁，此何也？蓋人生皆本天地一元之氣造化者，故同根之念，自出於天理之至情，況一家之親，散為群族，雖門分戶裂，蓋亦同根於祖宗一脈而枝分者，故血氣流貫痛癢相屬，而君子有聯宗之睦焉。……建家廟以明祀享，置義田以賙窮乏，立義學以廣教育。俾吾族為慈孝忠厚之族，而吾鄉為仁善和義之鄉。
> 〔註207〕

依上文所見，王東崖組織「宗會」的目的乃是從其「天理之至情」而欲有「聯宗之睦」的想法。假如「講學」已是源於「仁者愛物之誠，又自有不容已者」的實踐作為，則「宗會」即是此「不容已者」的組織化與試驗化的實踐行動。至此，則「宗會」亦是具備了「樂學」思想的工夫義。

參、王東崖「樂學」思想所表現的「道體流行之圓融境界」

本文認為：王東崖的學問宗旨是「樂學」思想，其要義在於「心之妙用」與「率性修道」，依於王心齋的「大成學」強調「良知本體」以「心之妙用」而說「真樂自見」；據於「率性修道」著重「原自具足」「直下便是」、「本自

〔註206〕對於王東崖的組織「宗會」的理由，宣朝慶先生認為王東崖乃緣於「義門」（仁義之門族），其說：「義門是古人曾經夢寐以求的家族理想。……泰州學脈所從事的家族組織創新，意欲塑造『慈孝忠厚之族』，促成『仁善和義之鄉』，即以社會下層群眾能夠進入『義門』為鵠的。……在眾多的實踐活動中，以王襞和何心隱的家族建設最具有代表性。」（宣朝慶著《泰州學派的精神世界與鄉村建設》，北京：中華書局，2010年，頁169）另外，粘峻鳴先生則認為王東崖乃據其「淑世」的態度，其曾言：「王襞推行鄉會之舉是有受到批評的聲浪，但是為了能達到鄉里的團結與安和王襞依然積極的投入改善鄉里的工作。……這種忘貧樂道以感人為善、發人慕、德教化人傑的使命感正是王襞用以淑世的一貫態度。」（粘峻鳴著《王東崖思想研究》，靜宜大學碩士論文，2008年，頁100）對於王東崖的組織「宗會」是「義門」的追求或淑世態度的使然，暫不擬詳加討論，本文乃從理論上由「樂學」思想的工夫意義作為王東崖組織「宗會」的依據，其中的要義在於「宗會」乃「講學」作為道德實踐的重要程序之延伸，具有組織性與試驗性的行動。

〔註207〕王襞著〈告合族祖宗文〉，《明儒王東崖先生遺集（卷一）》，頁18下～19上。

見成」而言「率性之樂」與「修道之樂」，從而把「樂學」成爲其思想體系的核心要旨，開展出一個「樂」（本體）與「學」（工夫）環環緊扣的思想體系，而此「樂學」之實義是指「道體流行的圓融境界」。

以「樂學」思想的本體意義來說，即「樂學」能作爲道德實踐之根據在於：一，「樂學」即以其爲「良知」的「本然」狀態，具有「性本具足」與「直下便是」的特點；二，「樂學」即以其爲「良知」的「發見」境界，能達至「心之妙用」與「灑脫而自在」的狀態；三，從「非分別說」看王東崖的「樂學」，則此「樂」的意境來體味「良知本體」的發用，當能合乎於道德實踐之依歸。從「樂學」思想的工夫意義而言，即「樂學」能作爲道德實踐之程序（實踐的規條）在於：一，從「不著意」的工夫爲開始，進而至「無意」才能達成真正「不犯手」的境地，而此「不犯手」的境地能爲「妙」，乃由此境地已具「饑來吃飯倦來眠」等自然而然的生理狀態，與「「鳥啼花落，山峙川流，飢食渴飲，夏葛冬裘」無異，亦即能作爲「聖人圓神之妙」而「真樂自見」；二，王東崖提出「莫非學也，而皆所以求此樂也」的標準，所謂「樂」並非「有所倚而後樂」而是「無所倚而自樂」的「樂以天者」爲要，如是，即能「樂在其中」，展示出「樂即道也，樂即心也」之義。「樂」與「學」二者實爲互相涵蘊，是以「樂學」即具有本體工夫之義；三，以「樂學」的本體工夫來說，「講學」既源於「仁者愛物之誠，又自有不容已者」的實踐作爲，則此自是「無所倚而自樂」的狀況，如此，「講學」即具備了「樂學」思想的工夫義，而「宗會」亦是此「不容已者」的組織化與試驗化的實踐行動。

本文一再指出：王東崖的「樂學」思想之形態乃是「道體流行的圓融境界」。所謂「道體流行」即「良知」（天理、本體）的周流遍潤所真實地呈現、圓頓地呈現，則此「道體流行」實已是一圓融的境界，即真實地、圓頓地之呈現。從王東崖的「樂學」思想來看，其學說的要義實是順良知的充分呈現，即心意知物一皆是良；順良知與天地萬物爲一體之明覺感應，即可體驗到一形上與形下渾化爲一、超越與內在打成一片的圓融之境界。如此，王東崖即常言及「孔顏之樂，愚夫愚婦之所同然也」即是本於此而立說，「樂學」思想實是圓融地貫通於本體義與工夫義，亦是王東崖的學問思想的核心宗旨。

最後，與王心齋的「安身」思想同理，即對於「良知本體」的把握卻不是從「理氣論」或「心性論」等來作出思辨，而是採取一種圓融的思想整合，從道德實踐之程序的層面（實踐的規條）來看，把「良知本體」定位於「原

自具足」與「直下便是」，而「良知本體」的發見則以「心之妙用」來說，其「樂學」的深刻之處，即在「樂學」思想的貫穿之下，「格物」即為「不犯手為妙」、「學」即為「樂在其中」的本體工夫、「講學」與「宗會」等更不止於工具意義，而別具有道德實踐之具體的程序意義。然而，更值得一提的是，王東崖的「樂學」思想雖然每每強調「即本體為工夫」一路的思考，卻並不代表消卻具體的實踐工夫，其所謂「不犯手為妙」的「不著意」與「無意」等工夫仍然是具有對治於感性層的意念工夫。

第三章 「泰州學派」思想的轉調：
道體流行攝歸於本心實性

夫赤子之心，天造具足其仁神者也。

——顏山農〔註1〕

若泛然只講個德字，而不本之孝弟慈，則恐于民身不切，

而所以感之，所以從之，亦皆漫言而無當矣。

——羅近溪〔註2〕

前　言

　　本文認爲：「泰州學派」思想轉調的特徵，即是「道體流行攝歸於本心實性」。所謂「思想轉調」是指其中的思想脈絡相同而側重點有別，依「泰州學派」的後學發展來說，其思想特徵仍然是「自然」與「樂學」，只是其側重要點已非「圓融境界」的表現，而是從具體的實踐工夫來說。所謂「道體流行攝歸於本心實性」是指「良知」（天理、本體）的流行所呈現之圓融境界，其中更是強調此一圓融境界即是本心之實性（即「性情」）的一面，並以一活活潑潑、天機發見、自然而然的赤子之心爲名，以期能以此「本心實性」爲據來達至「道體流行」之境界。

　　「道體流行」即是指「良知」（天理、本體）的「流行」，而此一「道體流行」實是一圓融之境界。然而，於「泰州學派」的後學來說，其問題意識

〔註1〕　顏鈞著〈耕樵問答・失題〉，顏鈞著，黃宣民點校《顏鈞集》，北京：中國社
　　　　會科學出版社，1996年，頁56。
〔註2〕　羅汝芳著《近溪子集》，羅汝芳著，方祖猷等編《羅汝芳集》（上冊），南京：
　　　　鳳凰出版社，2007年，頁152。

是：此「道體流行」的達致究其實是本於何等工夫而成？假如把「泰州學派」的義理發展置於「陽明後學」的共同問題意識來看，〔註3〕則他們的問題意識也同樣是：追求「第一義工夫」，〔註4〕用問題的方式來說明的話，即是：如何才能夠「悟本體」（致良知）？這是從工夫論的角度來詮釋「致良知」之可能問題。然而，從「泰州學派」的第一代人物的學問宗旨來看，如王心齋的「安身」思想，其對於「如何才能夠『悟本體』？」的問題，其工夫則僅在於以「實實落落在我身上做工夫」或「真真實實在自己身上用工夫」作為「修身」法門以達至「安身」的境界，理由在於此「實實落落在我身上做工夫」或「真真實實在自己身上用工夫」的工夫已能夠讓「良知本體」的如如呈現，蓋因「良知天性，往古來今，人人具足，人倫日用之間舉而措之耳。」〔註5〕，所作的「致良知」的工夫僅是「所謂致良知以復其初也」便可以。〔註6〕然而，在「泰州學派」的後學發展的問題意識來說，此等「復其初」或「真真實實在自己身上用工夫」的講法中，還有沒有更為真切的工夫以支持其學說呢？

〔註3〕說把「泰州學派」置於「陽明後學」的群體內，概念上似乎有重言的問題，蓋因「泰州學派」基本上仍然算是「陽明後學」的一員，此義可依廣義的「陽明後學」之界定而論，所謂廣義的「陽明後學」乃由吳震先生所提出，其言：「從廣義上說，凡是陽明以後的信奉陽明心學或在思想上受陽明心學之影響的學者都可以納入陽明後學的研究範圍，比如、明清時代乃至現、當代的一些學者都可以作為其研究對象；從狹義上說，陽明門下及其再傳弟子（包括與陽明有明確師承關係）可以算作陽明後學的研究範圍，比如黃梨洲《明儒學案》中各『王門學案』便是主要的研究對象。」（吳震著〈陽明後學概論〉，載於《中國文哲研究通訊》第十二卷，第三期，2002年，頁105）然而，本文仍然說「把『泰州學派』的義理發展置於『陽明後學』的共同問題意識來看」的主要目的是要說明「泰州學派」思想發展的關鍵其實與「陽明後學」的發展息息相關，即由為何「致良知」的提問，轉為如何「悟本體」的工夫論探究的問題意識是相同的。

〔註4〕「第一義工夫」作為「陽明後學」的工夫論之共同意識乃林月惠先生所提出，其言：「在陽明後學卻共同意識到在先天『心體』（良知本體）上用功的重要時，如何『致良知』的提問，轉為如何『悟本體』的問題，成為工夫論探究的焦點。實則，此『悟本體』的工夫，其全副精神是在『在本體上做工夫』，更確切地說，即悟本體與保任本體。此工夫相對於在後天『意念』上作為善去惡的工夫，龍溪、雙江均稱之為『先天之學』，彭書名之為『究竟工夫』，筆者以『第一義工夫』來指涉。」見林月惠：《良知學的轉折：聶雙江與羅念菴思想之研究》（台北：臺大出版中心，2005年），頁666～667。

〔註5〕王艮著〈答朱思齋明府〉，王艮著、袁承業編《明儒王心齋先生遺集（卷二）》，上海：國粹學報館：神州國光社，1912年，頁4下。

〔註6〕王艮著〈復初說〉，《明儒王心齋先生遺集（卷一）》，頁11下～12上。

此等眞實的工夫又如何在「良知本體」找到根據呢？換言之，「泰州學派」後學的思想發展正在於其不能於「道體流行」之中找著眞切工夫之依據，借牟宗三先生對「光景」的說法，「泰州學派」後學的思想發展之要義即在於「破光景」，其言：

> 然既是一光景，而此光景又粘附著良知說，則就良知教說，良知本身亦最足以使吾人對此良知本身起一種光景。良知自須在日用間流行，但若無眞切工夫以支持之，則此流行只是一種光景，此是光景之廣義；而若不能使良知眞實地具體地流行于日用之間，而只懸空地去描畫它如何如何，則良知本身亦成了光景，此是光景之狹義。我們既須拆穿那流行底光景（即空描畫流行），亦須拆穿良知本身底光景（空描畫良知本身）。這裡便有眞實工夫可言。順泰州派家風作眞實工夫以拆穿良知本身之光景之眞流行于日用之間，而言平常、自然、酒脫與樂者，乃是羅近溪，故羅近溪是泰州派中唯一特出者。〔註7〕

牟宗三先生特別看重羅近溪，直言「羅近溪是泰州派中唯一特出者」，更認為羅近溪在「陽明後學」的群體中與王龍溪同樣能對王陽明「良知學」作「調適而上遂者」，是「眞正屬于王學者」。〔註8〕依於牟宗三先生之言，羅近溪所著力「拆穿」的乃是「光景之狹義」（「良知之光景」），即「作眞實工夫以拆穿良知本身之光景之眞流行于日用之間」；然而，對於「光景之廣義」（「流行之光景」），即「良知自須在日用間流行，但若無眞切工夫以支持之，則此流行只是一種光景」的「拆穿」，牟宗三先生似未多言。〔註9〕本文認為：在「泰州學派」中「破光景」的意義並不止於羅近溪的學說，還有顏山農的思想也

〔註7〕 牟宗三著《從陸象山到劉蕺山》，《牟宗三先生全集》第八冊，台北：經聯出版社，2003 年，頁 237。

〔註8〕 牟宗三著《從陸象山到劉蕺山》，《牟宗三先生全集》第八冊，頁 245。

〔註9〕 李沛思先生曾指出：「牟先生在心學發展的角度，以廣義、狹義區分光景十分清楚，然而細察近溪對於破光景的描述中，其實少有論及廣義之光景，依牟先生之論，廣義的光景其實是指泰州學派良知現成的流弊，針對此流弊近溪其實在討論格物工夫之處就已意識到，以聖人之規矩為本心給出客觀根據，讓尚未達到聖人境界的學者們，在學聖的途中不能只『徑信本心』，因此筆者認為此廣義之光景，近溪是以格物工夫來防堵之，而不在破光景工夫中所著意。」（李沛思著《從工夫論看羅近溪思想之特色》，台灣中央大學碩士論文，2005 年，頁 121）

應該包括在內，其中的要旨在於以其「是故仁，人心也，是心之體」作爲「耕心」之要義，即用眞切的工夫來「拆穿」所謂「光景之廣義」（「流行之光景」）。〔註10〕

　　依此，本文即認：「泰州學派」的思想轉調乃是「道體流行攝歸於本心實性」，以「本心實性」作爲眞切工夫的入路，從而詮釋「道體流行」境界之可能及如如呈現。下文的討論即分別以顏山農的「大成仁道」思想與羅近溪的「孝弟慈」思想爲焦點，重構出他們的思想體系，並透現出他們所展示的依然是「泰州學派」之特殊學術風格：自然與樂學，只是其所側重的是以「本心實性」作爲眞切工夫爲入路，即從顏山農的「大成仁道」思想中強調「人心妙萬物」的「仁」與「神莫」，又與以羅近溪的「孝弟慈」思想中著重「仁者人也，親親之爲大」的實踐義，從而構成了「泰州學派」的獨特學術風格，依此，並論證出他們的思想實是以「道體流行攝歸於本心實性」所成就，此即是「泰州學派」思想的轉調。

第一節　顏山農的「大成仁道」思想

引　言

　　顏山農是「泰州學派」傳承中的關鍵人物。〔註11〕黃梨洲曾言：「泰州之

〔註10〕關於牟宗三先生的「光景」說及論羅汝芳思想之主旨乃「破光景」，魏美媛先生曾指出：「不管是狹義或廣義，都無眞切的工夫以支持者，所謂懸空描畫者，皆爲『劣義光景』。但關聯著近溪作爲圓融化境之代表，說近溪之特殊精神在破光景，此光景即不僅就空描畫的『劣義光景』而說，而是筆者以下所要說明的『勝義光景』，即傳統儒者證體時，明覺智光所及的證體狀態，此是在眞切工夫過程中，『逆覺體證』所證及的。」（魏美媛著〈牟宗三論近溪學的客觀地位〉，載於《鵝湖月刊》第四零六期，2009年4月，頁43）本文認同魏美媛先生的說法，即以爲牟宗三先生以「破光景」作爲羅汝芳學問宗旨實是從儒學內部自身充其極的展示。然而，本文的要旨在於從「泰州學派」的思想脈絡之下，展示顏鈞與羅汝芳的思想要旨皆在於以眞切工夫作爲「道體流行」的支持（即工夫之入路），是以不對牟宗三先生所論的「光景」多作詳細討論。

〔註11〕以顏鈞爲泰州學派的「關鍵人物」可以抱持不同的理由而說，然亦見顏鈞當爲泰州學派的「關鍵人物」。
　　　　如：馬曉英先生說：「在王艮（字心齋）以後的泰州學人中，以顏鈞、何心隱爲首的一派產生了很大影響。顏鈞上承心齋之脈，下啓（何）心隱、（羅）近溪之學，是貫通泰州學術發展的重要邏輯環節。」（馬曉英著《出位之思：

後，其人多能以赤手搏龍蛇，傳至顏山農、何心隱一派，遂復非名教之所能羈絡矣。」〔註12〕從黃梨洲的評論來看，「泰州學派」的傳承至顏山農似乎已經走向歧出之途，究竟顏山農的思想對於泰州學派的傳承上有何種歧出呢？黃梨洲有何種理據而作出這樣的評論呢？依《明儒學案》對顏山農思想的描述來看，有言：「其學以人心妙萬物而不測者也。性如明珠，原無塵染，有何睹聞？著何戒懼？平時只是率性所行，純任自然，便謂之道。及時有放逸，然後戒慎恐懼以修之。凡儒先見聞，道理格式，皆足以障道，此大旨也。」〔註13〕即是說，顏山農的思想特徵在於「是率性所行，純任自然」，在修養工夫上僅在於「時有放逸，然後戒慎恐懼以修之」，對於「先儒見聞」也只認為是阻障於「道」，如此一來，顏山農「純任自然」的思想遂有偏離儒學傳統的傾向，而認先儒的見聞為「障道」更是悖逆儒學傳統。依此，這等思想的傾向實在足以稱顏山農為「歧出」的，甚至在《明史》有言：「鈞詭怪猖狂，其學歸釋

明儒顏鈞的民間化思想與實踐》，銀川：寧夏人民出版社，2007 年，頁 2）此處所言的顏鈞為泰州學派「關鍵人物」之意義在於：從泰州學派以「王心齋──徐樾──顏山農──羅近溪──何心隱」傳承脈絡中來理解顏鈞確然有上承與下啟的重要地位。

又如：吳震先生說：「自山農以後，泰州學在江西獲得了新的發展，其中山農及其傳人何心隱、羅近溪在泰州學中佔有重要地位。」（吳震著《泰州學派研究》，北京：中國人民大學出版社，2009 年，頁 41。）此處所言顏鈞為泰州學派「關鍵人物」之意義在於：從啟動泰州學派在江西的發展（地區）來理解顏鈞確然有重要的地位。

再如：鍾彩鈞先生說：「山農是典型的民間學者，其知識基礎不厚，雖師承王陽明王心齋，於儒於道都只能稱為旁門。然而其獨特的人格與教育的熱忱卻足以鼓動一世，而成為泰州學派的重要人物。……山農的心學自創一格，如赤子之心、體仁而不制欲等概念，雖不深刻，卻已超出了宋明理學的傳統，而有新時代的氣息。」（鍾彩鈞著〈泰州學者顏山農的思想與講學──儒學的民間化與宗教化〉，載於《中國哲學》（第十九輯），長沙：嶽麓書社出版，1998年 9 月，頁 41～42。）此處所言顏鈞為泰州學派「關鍵人物」之意義在於：從顏鈞個人的獨特人格與思想特色來理解顏鈞在泰州派確然有重要的地位。然而，依於本文的討論範疇，本文認為：顏鈞作為「泰州學派」的「關鍵人物」的理據在於其「大成仁道」的學問宗旨把「本心實性」的高舉，成為達至「道體流行」境界義之下手處，以此真切工夫作為「破光景」（「流行之光景」）的要義，讓「泰州學派」的思想發展呈現出不同的面貌，上承王艮等的「道體流行」之義；下啟何心隱等的「本心實性之解放」之說。此即本文以為顏鈞作為「泰州學派」的「關鍵人物」的理據。下文將作詳細論析。

〔註12〕黃宗羲著，沈芝盈點校《明儒學案》（下冊），北京：中華書局，2008 年，頁703。

〔註13〕同上註。

氏，故汝芳之學亦近釋。」〔註14〕此足見顏山農在歷史上早已被列為「歧出」於儒學。然而，以近年出版的《顏鈞集》來查考，黃梨洲這樣的描述卻根本未有著落之處，有學者更質疑在黃梨洲編撰《明儒學案》之時，實未能親閱顏山農的重要著作，僅從前人之舊本來作出整理或再詮釋。〔註15〕而在江右王門的鄧潛穀（元錫，1529～1593）所撰寫的〈陳一泉先生墓誌銘〉中有一段記錄顏山農的話：

> 顏鈞先生者，泰州王先生弟子也，其學以人心妙萬物不測也，為即性即命，欲以心運世，而頗訾古儒先為見聞，理道格式實障道，以自詡為恣睢。〔註16〕

明顯地，黃梨洲對於顏山農思想的描述與鄧潛穀的說法是源出一徹，不過，黃梨洲的說法卻是對相關具貶義性質的用語作出了修訂，如「頗訾古儒先為見聞」、「以自詡為恣睢」，皆被刪除；而增加了「平時只是率性所行，純任自然，便謂之道」一句，何以黃梨洲會作出如此的修訂呢？依劉勇先生的推論：「所增添之語很可能是黃宗羲將顏鈞置於泰州學派的重要學理依據之一，在泰州學派王艮－徐樾－顏鈞－羅汝芳－楊起元的傳承譜系中，其共同的思想基調之一即是主張『良知自然』，黃氏補充之語可能是出於加強原本已顯鬆散雜亂的泰州學派之內在凝聚力，凸顯其學術宗旨的一貫性的考慮。」〔註17〕不論劉勇先生的推論是否屬實，黃梨洲對於顏山農思想的描述至少存在兩個問題：一是黃梨洲對顏山農思想之描述的根據是存在著疑問；二是黃梨洲對顏山農思想之描述的準確也是存在著問題。如此來說，單單依據《明儒學案》

〔註14〕許嘉璐主編《二十四史全譯：明史》第九冊上，上海：漢語大詞典出版社，2004年，頁5786。

〔註15〕陳來先生指出：「從『其學』到『此大旨也』一是綜論顏鈞思想的基本旨意，但這一段表述，證之於《顏山農先生遺集》，不見其依據所在。黃宗羲所說，頗合於王心齋之說，而不見於顏鈞文字，何以如此，不得而知。」（陳來著〈明代的民間儒學與民間宗教——顏山農思想的特色〉，收錄於陳來著《中國近世思想史研究（修訂版）》，北京：三聯書店，2010年，頁472。）王汎森先生也言：「顏鈞的文集在他生前及死後皆未曾刊行，故黃宗羲顯然並未讀過顏鈞的重要遺稿。」（王汎森著〈明代心學家的社會角色——以顏鈞的〈急救心火〉為例〉，收錄於王汎森著《晚清初思想十論》，上海：復旦大學出版社，2004年，頁2。）

〔註16〕鄧潛穀著《潛學編》，（《四庫全書存目叢書》集部第130冊，台南：莊嚴文化公司，1997年）卷八，頁546。

〔註17〕劉勇著〈黃宗羲對泰州學派歷史形象的重構——以《明儒學案》〈顏鈞傳〉的文本檢討為例〉，載於《漢學研究》第26卷第1期，2008年3月，頁172。

的敘述來評定顏山農的思想為泰州學派之歧出實在是不足夠的，尤其是對於顏山農思的學問宗旨的理解更是不充分的。究竟顏山農的學問宗旨是甚麼呢？其學問宗旨又有否歧出於「泰州學派」的思想呢？

顏山農在〈履歷〉曾表明其學問的宗趣，其言：

> 樵當此際會，有緣先立徐師波石之門，隨任住京畿三年，叨獲造就三教活機，繼入淘東師祖王心齋壇上，規受三月，樂學大成正造，快遂自心，仁神閫奧，直任夫子至德要道，以仁天下人心。〔註18〕

顏山農對於王陽明與王心齋是敬重有加的，分別稱為「道祖」與「師祖」，能夠受教於王心齋成為王陽明門下更是一種榮幸與認同，〔註19〕顏山農更不諱言受到王心齋的嫡系「心印」，即以「矩範《大學》、《中庸》」〔註20〕然而，顏山農所受得「心印」所能成就的學問要旨是甚麼呢？從上述引文可見，顏山農的學問要旨即由「樂學大成正造」而「以仁天下人心」作為「至德要道」，此可稱謂「大成仁道」，即合取其「樂學大成」中的「大成」及「直任夫子至德要道，以仁天下人心」中的「仁道」之意。

那麼，究竟顏山農的「大成仁道」有何殊勝之處呢？「大成仁道」作為顏山農的學問宗旨又如何體現於其整個思想體系呢？本節將會指出：顏山農的思想宗旨是「大成仁道」。從顏山農的學思歷程來說「大成仁道」的要義，即在於「樂學大成正造」並「以仁天下人心」作為「至德要道」；從思想的架構來說，顏山農的「大成仁道」本於王心齋的「大成之學」而強調「人心妙萬物」及「妙運世之則」，小有取於《大學》與《中庸》之詮釋而言「孔門心傳」為「人為天地心，心帝造化仁」，顏山農的「大成仁道」即以「仁心」為要，從「妙運世之則」成就「仁化天下」，是以顏山農的「大成仁道」之實義

〔註18〕顏鈞著〈履歷〉，《顏鈞集》，頁35。

〔註19〕顏鈞在〈自傳〉及〈履歷〉中均言及受王艮的親自教導，然而，從顏鈞自言檢討年輕時辦「萃和會」失敗的原委為「未有師傅」，至「遍證青原人豪，大半未然」或「嘗師劉師泉，無所得」來看，其屢屢提及王艮的心傳或親授，則可當作是顏鈞個人獨特的體驗得到認同，並能肆身於王學之流的榮耀感。

〔註20〕顏鈞曾說：「鐸歷歷呈印，心師申申振鐸曰：『孔子學止從心所欲不逾矩也。矩範《大學》、《中庸》作心印，時運六龍變化為覆載持憍以遯世。子既有志有為，急直鑽研此個心印，為時運遯世之造，會通夫子大成之道，善自生長收藏，不次宜家風鄉邦及國而天下也，亦視掌復如子之初笈萃和會三月矣。』如此從兩師，往回竟四年，樂遂中和位育之御極。」顏鈞著〈自傳〉，《顏鈞集》，頁25。

是指「道體流行攝歸於本心實性」。依此，「大成仁道」即成為顏山農的學問宗旨，並從而開展其「赤子之心」、「仁化天下」、「性情神莫」、「從心所欲不逾矩」（「體仁而非制欲」）、「七日閉關」、「安身運世」等思想。

壹、「大成仁道」作為顏山農的學問宗旨

一、從「耕心樵仁」到「大成仁道」

顏山農的「大成仁道」有其學思歷程上的發展與完成，下文試從顏山農的學思程歷來衡定其學問宗旨的問題意識，而顏山農的學思歷程可用「耕心樵仁」〔註 21〕一語作敘述，所謂「耕心」即顏鈞之「了悟心體」的經歷；所謂「樵仁」即顏鈞之「仁化天下」的事工。

顏山農的「耕心」所得的「了悟心體」可分為二次的重大事件：一是受顏鐘溪（鑰，1498～1572）手抄〈示弟立志說〉四句而得到心學的啟蒙；二是在徐波石的師授三年及王心齋的三月親炙而得的「樂學大成正造」，尤其是前者，更直接影響到顏山農在學術性格上偏向宗教的意味。

顏山農在〈自傳〉有言：「匹夫名鐸，生質淳龐，十二歲始有知識，十三至十七歲，隨父任常熟教，習時藝，窮年不通一竅。」〔註 22〕對於顏山農的這些描述，有學者認為可作為理解顏山農成為「平民儒者」的其中因素，〔註 23〕即是說，顏山農雖被說成「心性冥昧」或「生質淳龐」卻並不代表其在知識層面上的貧乏或智性上的癡愚，反而可理解成顏山農在性格上率直尚義，此亦可與羅近溪對顏山農性格「輕財尚義，視人猶己」的形容所吻合。〔註 24〕及至顏山農在廿四歲那年，其兄顏鑰手抄了王陽明〈示弟立志說〉的四句歸示給他，顏山農逐得到心學的啟蒙。顏山農在〈履歷〉自言：

〔註 21〕顏鈞自述其學思：「千古正印，以衍傳於吳農漢，破荒信，徹良知，洞豁樂學，始以耕心樵仁為專業；承流孔孟，轍環南國，繼以安身運世為事功。」（顏鈞著〈急救心火榜文〉，《顏鈞集》，頁 2。）所謂「耕心樵仁為專業」即為顏山農自述其學思歷程。

〔註 22〕顏鈞著〈自傳〉，《顏鈞集》，頁 23。

〔註 23〕潘玉愛先生說：「他不喜歡科舉的教本，自謂：『窮年不通一竅』，或許他於為官一途的不興味，亦是他成為平民儒者的一因。」（潘玉愛著〈顏山農的心性問題〉，載於《哲學與文化》，第卅一卷第八期，2004 年 8 月，頁 62）

〔註 24〕羅汝芳曾言：「其輕財尚義，視人猶己，罄衣裝以給生徒之費，忍饑寒以周骨肉之貧，求之古人，亦難多得。」（羅汝芳著〈揭詞〉，載於《顏鈞集》，頁 44。）

> 二十四歲，際兄鑰，廩員在學，宗主以孝行取入白鹿洞聽講，
> 道祖陽明大倡良知之學，隨抄示弟立志說四句，曰：『精神心思，凝
> 聚融結，如貓捕鼠，如雞孵卵』。農見觸心，即晚如旨，垂頭澄思，
> 閉關默坐，竟至七日七夜，衷心喜悅，忘食忘寢，如此專致，不忍
> 放散其胸次，結聚洞快也。〔註25〕

何以顏山農對於〈示弟立志說〉的四句會有如此巨大的心靈觸動呢？首先，
我們不難理解顏鐘溪抄示〈示弟立志說〉給顏山農具有勉勵的意思，此舉應
該只是兄長眼見幼弟的率性而要鼓勵他當該立定志向；然而，顏山農對於這
四句的理解卻不止於此，甚至「閉關默坐，竟至七日七夜，衷心喜悅」，究竟
王陽明在這四句中是想表述甚麼意思呢？而顏山農又是如何理解這四句話的
呢？王陽明在〈示弟立志說〉中主要是以為「立志」乃是能達「存天理去人
欲」的工夫，其言「如貓捕鼠，如雞孵卵，精神心思，凝聚融結」實是說明
「無時無處而不以立志為事」的功效之形容。〔註26〕然而，依顏山農自言的
理解，「如貓捕鼠，如雞孵卵，精神心思，凝聚融結」並非此「立志」工夫之
果效的形容，乃是靜坐工夫的實義，即從「精神心思，凝聚融結」一語而作
出「自囚神思」的「靜坐」方法。顏山農自謂：

> 二十四歲，又際陽明傳引良知心學，傳自仲兄鐘溪，筆示四
> 句曰：『精神心思，凝聚融結，如貓捕鼠，如雞孵卵。』耕樵觸目
> 激心，即如四語默坐澄心，自為七日閉關，自囚神思之無適，竟
> 獲天機先啟，孔昭煥發，巧力有決沛江河之勢，形氣遂左右逢源
> 之□。〔註27〕

〔註25〕顏鈞著〈履歷〉，《顏鈞集》，頁33。

〔註26〕王陽明說：「是以君子之學，無時無處而不以立志為事。正目而視之，無他見
也；傾耳而聽之，無他聞也。如貓捕鼠，如雞孵卵，精神心思，凝聚融結，
而不復知有其他，然後此志常立，神氣精明，義理昭著。……故責志之功，
其於去人欲，有如烈火之燎毛，太陽一出，而魍魎潛消也。」（王陽明著〈示
弟立志說〉，王陽明著，吳光、錢明、董平等編校《王陽明全集（上冊）》（上
海：上海古籍出版社，2011年版，頁260）王陽明在此指出「立志」的重要
性，更提出「責志」的概念，即從「志」處對於私欲萌動時作出責難。如是，
在「事上磨鍊」上乃從「立志」與「責志」之間而行，此即王陽明在〈示弟
立志說〉言「蓋無一息而非立志責志之時，無一事而非立志責志之地」之意。
如此來說，王陽明在〈示弟立志說〉提出「立志」乃是緊扣道德的修養工夫
而說，並非僅指要求作意志專注的工夫。

〔註27〕顏鈞著〈引發九條之旨〉，《顏鈞集》，頁37。

顏山農的「天機先啓」所得的神祕體驗是否達致王陽明「良知學」的「心悟」，從顏山農所作的「自囚神思」及對〈示弟立志說〉的「立志」之理解來看，則很難說他所得的「天機先啓」已經是「心悟」。不過，我們可以說，顏山農「天機先啓」的神祕體驗總算是他作爲定向於儒學思想的特殊經歷或契機，〔註28〕而且，顏山農「天機先啓」的經歷卻是形成了他日後獨特工夫修養及宗教趨向的重要成分，如其強調的工夫（武功）持修的「七日閉關法」。

　　自從「七日閉關」得到「天機先啓」的神祕體驗後，顏山農更再行隱居山谷達九個月，顏山農自言在此段時期曾痛下苦工於《大學》、《中庸》等經典，達至「了然於心」的地步，具有「眞樂」的境界。其言：「隨翻《學》《庸》經史，昭昭視掌，直有茵致而至之，分緣慶快。嗣是日新又新，有眞樂□心，沒奈何之幾，直達九閱月也。」〔註29〕及後，留在家中孝待母親，在母親感到「膈開懷懷」並「慈樂足」後，逐協助顏山農在鄉間成立了「萃和會」，讓顏山農講授作人之道，並能達至一時家鄉和樂風化的現象，顏山農講學後的五日十日已見到成效，甚至在三個月間已能讓老幼都悟透心靈的明覺，可惜，顏山農母親於此時突然發病過身，顏山農爲行三年孝而停止此「萃和會」。然而，此一講學與組織的經驗逐成爲日後顏山農對於講學重視的基本方向。顏山農自言：

　　　　惜哉，匹夫力學年淺，未有師傳，固知此段人和三月，即尼父
　　相魯，三月大治，可即風化天下之大本也。〔註30〕

「七日閉關」和「萃和會」的經歷至少爲顏山農日後的爲學與道德實踐定下了方向。然而，依顏山農的自言「力學年淺，未有師傳」，雖然「萃和會」已

〔註28〕馬曉英先生認爲顏山農的「天機先啓」是「悟入心學之始」，她說：「雖然顏鈞誤會了王陽明的意思，但這畢竟是他第一次與陽明思想發生接觸，這一心學啓蒙和自發的靜坐體驗對他以後生活和思想發生了重大影響。……此番靜修，也可以說是他悟入心學之始。」（馬曉英著《出位之思：明儒顏鈞的民間化思想與實踐》，頁 47。）然而，此處所言「心學」的意義卻是有待釐清的，雖然顏山農是從王陽明〈示弟立志說〉的啓發而得以立志定向於儒家思想，但是究其實於是時所得的「天機先啓」是否即屬王陽明的「心學」思想則仍然成疑問的。不過，在《顏鈞集》的記錄得悉，顏山農於此「七日閉關」後乃潛心研讀《大學》、《中庸》等古籍，其思想算是定向於儒學則無疑。

〔註29〕顏鈞著〈明美八卦引〉，《顏鈞集》，頁 12。

〔註30〕顏鈞著〈明美八卦引〉，《顏鈞集》，頁 12。

有一定的成績，但在其母親過世後卻未能繼續，〔註31〕需要到訪各處尋找「師傅」，此後逐開啓了他另一段「耕心」的歷程，即在徐波石的師授三年及王心齋的三月親炙而得「樂學大成正造」。

顏山農曾自述：「遍證青原人豪，大半未然，將疑天地生生之幾別有神設也，而夫子與回止一日克復，天下歸仁。」〔註32〕在顏山農尋師訪道的歷程中，他並未能容易的融入「陽明後學」的群體之中，而對於他在「七日閉關」中所得的神秘體驗更是未有得到認同。然而，直至遇上泰州學派的徐波石，他才認爲拜到良師，後更從而得到王心齋親授的「心印」，得以「樂學大成正造」並「以仁天下人心」作爲「至德要道」。此即促成其「大成仁道」的基本思想方向。顏鈞也自言：「心齋夫子自得教人曰：人心本自樂，自知中正學……山農受傳，而造有獲，自成仁道。」〔註33〕

顏山農自卒業於徐波石和王心齋之後，即以「中天下而立，立己立人，達己達人，易天下同仁」〔註34〕爲己任，進行其一生周流的講學，此即其「樵仁」歷程的開始。其自言：

> 卒業淘東，王師心齋，授禪尼父立本大成之道。又二年而歸盧，正快許身有爲，不幸心師賓天。心喪既畢，權度自謀出世操證，不敢諉泄，乃鳴救心火于豫章，邀會同志聚南都，上疏宰相八老，以開泰牖，約湛、鄒諸賢追仁，流南北東西，啓迪智愚，皇皇如饑渴，疊疊恣翊揚天下，信與大半鼓躍。〔註35〕

〔註31〕 吳震先生指出：「令人注目的是，山農之母在其中扮演的角色頗爲特殊，儼然有點『教母』的味道，當然也可能是山農誇大其詞。不過，時當25歲的山農似乎還沒有擔起統領『萃和會』的資格和威望，這應是事實。」（吳震著《泰州學派研究》，頁279）此處所言的「資格」，依顏山農的自述來看，正是其「力學年淺，未有師傅」。另外，假如僅從這一方向來理解顏山農的訪尋「師傅」的話，則其尋師的意圖未必是純粹的「求道」（證悟心體）或「學藝」（工夫論學習），很可能是從陽明後學或士人大大等有識之士中尋找與他那「七日閉關」及「萃和會」之體驗相符合的理論依據，或得著某種「師傅」的身份而已。從這一假設來看，他自述「遍證青原人豪，大半未然」，或黃宗羲所述「嘗師劉師泉，無所得」，則可理解爲他們（陽明後學）所主張的良知學與顏山農的學思所得的體驗未能相配而致。

〔註32〕 顏鈞著〈自傳〉，《顏鈞集》，頁24～25。

〔註33〕 顏鈞著〈錄陽明心齋二師傳道要語〉，《顏鈞集》，頁42。顏鈞如何把王艮的「樂學」或「大成之學」作出「造有獲，自成仁道」的改造，下文將再討論。

〔註34〕 顏鈞著〈論三教〉，《顏鈞集》，頁16。

〔註35〕 顏鈞著〈明羑八卦引〉，《顏鈞集》，頁12。

顏山農周流天下，曾於名都通邑與士大夫講學，在《顏鈞集》內即有多篇相關的佈告、記錄與學規等，如：〈急救心火榜文〉（三十七歲）、〈楊城同志會約〉（四十二歲）、〈新城會罷過金溪縣宿流山遊記〉（四十四歲）、〈告天下同志書〉（五十歲）等，而顏山農更自詡其講學以「仁化天下」乃是繼承於孔孟學說之傳統，其言：「千古正印，以衍傳於吳農漢，破荒信，徹良知，洞豁樂學，始以耕心樵仁為專業；承流孔孟，轍環南國，繼以安身運世為事功。」〔註36〕所謂「承流孔孟，轍環南國」即是以孔孟之學為依歸，而其周流天下作講學，目的正是效法孔孟的「仁化天下」。然而，顏山農並不止於以講學為其「仁化天下」的行動，更從事社區運動、政事參與，〔註37〕依顏山農自言：「夫孔孟之學，亦仁而已矣。是故其學根心生色，睟面盎背，以盡孝弟慈讓之行，以為臣弟友之人，以齊家教國風天下，皆歸於仁已矣。」〔註38〕顏山農不單止遵從孔孟之仁學作為講學的要旨，更以此仁學為其社會實踐的要義，務以達至「歸於仁」的境況，此正是顏山農所作的「樵仁」之實踐。

綜言之，從顏山農的學思歷程來看，所謂「大成」，可以從兩方面來看，一是個人的學問宗旨，此即顏山農從學於徐波石與王心齋所得「樂學大成正造」，學問思想的大成初造；另一則是從道德實踐的兩端（「修己」與「安人」

〔註36〕顏鈞著〈急救心火榜文〉，《顏鈞集》，頁 2。

〔註37〕王汎森先生指出：「顏鈞一生到處講學，常有『三月為程』一語，我們有理由推測，他到處講學的一個宗旨，就是要將他家鄉的經歷推行各地。不過，他的工作並不是要形成社會力量以抗衡政府或挑戰政府的意識形態，相反的，是為了更有效地維持秩序與傳統的倫理價值。」（王汎森著〈明代心學家的社會角度——以顏鈞的『急救心火』為例〉，收於王汎森著《晚明清初思想十論》，上海：復旦大學出版社，2004 年，頁 6）依此來看，顏鈞的到處講學其實亦包括社區組織的推動，其講學的組織規律亦見此論述，如〈道壇志規〉有言：「五曰：孝弟謙和，修斬義利，此為道壇之德。六曰：持載覆幬，善養不倦，此為道壇之教。」（顏鈞著〈道壇志規〉，《顏鈞集》，頁）把道壇的講學聚集成一有組織的社會力量。另外，顏鈞在五十四歲與六十五歲之時亦曾受邀參與征剿海盜作軍事參謀，黃宣民在〈顏鈞年譜〉五十四歲條指出：「門人程學顏握應天推官，總督胡宗憲托程學顏禮聘頻鈞赴軍門，參與『征剿海盜』。」（黃宣民編訂〈顏鈞年譜〉，《顏鈞集》，頁 140）在六十四歲條，顏鈞從獄中被釋放後七日，「即被總兵俞大猷禮聘為軍師，接往軍前充參謀之用。」（黃宣民編訂〈顏鈞年譜〉，《顏鈞集》，頁 147）無論顏鈞對於軍務政事的參與之目的如何，顏鈞以一介布衣儒者，既有講壇的組織推動，又有軍務政事的參與，則可見其「仁化天下」的行動力。

〔註38〕顏鈞著〈明堯舜孔孟之道並系以跋〉，《顏鈞集》，頁 19。

〔註39〕）來看，此即其「許身有為」欲「仁化天下」之實踐行動，「大成」即是此道德實踐以「道體流行」之境界為要義。所謂「仁道」，也可以從兩方面來說，一是個人層面的道德實踐之根據而言，即以「仁」作為王心齋思想與孔門心傳的「心印」，並以之踐行為「仁學」；另一則是「仁化天下」或「歸於仁」社會實踐來說，顏山農所作的正是「仁道」。依此，顏山農的「大成」、「仁道」其實是從其「耕心樵仁」的學思歷程而自造自成的，兩者是互相涵蘊的概念，而「大成仁道」可以說是顏山農在其學思歷程中所得的學問要旨。下文即從思想的架構來討論顏山農的「大成仁道」如何有取於王心齋的思想及其自造自成之義。

二、從「大成之學」到「大成仁道」

顏山農自言其學之大成乃是出於王心齋，然而，究竟顏山農所持的「大成仁道」如何脫胎於王心齋的思想呢？扼要言之，顏山農的「大成仁道」確是有取於王心齋「大成之學」的「只此心中便是聖」，能「常將中正覺斯人，便是當時大成聖」的思想；然而，顏山農更自行從《大學》、《中庸》詮釋「孔門心傳」為「人為天地心，心帝造化仁」，依此，顏山農的「大成仁道」即以「仁心」為要，欲「妙運世之則」成就「仁化天下」。

（一）「大成之學」之要旨

顏山農自言「卒業淘東，王師心齋，授禪尼父立本大成之道」〔註40〕，其學問自有傳承於王心齋「大成之學」的地方，究竟顏山農的學問思想如何從王心齋的「大成之學」而來呢？下文先略說王心齋〈大成學歌寄羅念菴〉的要旨及問題，再論述顏山農所傳承之要點。〈大成學歌寄羅念菴〉中有言：

> 我將大成學印証，隨言隨悟隨時躋。只此心中便是聖，說此與人便是師。至易至簡快樂，至尊至貴至清奇。隨大隨小隨我，隨時隨處隨人師。掌握乾坤大主宰，包羅天地真良知。自古英雄誰能此，

〔註39〕 王心齋言「大成之學」的主旨之一是從「師道」的「修己」與「安人」兩個面向來說「成聖」。詳可參本文第二章〈「泰州學派」思想的確立：道體流行的圓融境界〉的相關討論。

〔註40〕 顏鈞著〈明美八卦引〉，《顏鈞集》，頁12。要注意的是此處所言「授禪尼父立本大成之道」，未必是指王艮的「大成之學」，顏鈞亦曾指出王艮所授「心印」時乃著其「急直鑽研此個心印，為時運遯世之造，會通夫子大成之道」，其所授的「大成之道」可能是孔孟的「心印」而已。

開闢以來惟仲尼。……我說道心中和，原來個個都中和。我說道心
中正，個個人自中正。常將中正覺斯人，便是當時大成聖。〔註41〕
王心齋所言的「大成之學」的主旨有二：一是以「良知」乃是「圓滿具足」，
此即「掌握乾坤大主宰，包羅天地眞良知」之意；二是從「師道」的「修己」
與「安人」兩個面向來說「成聖」，「修己」只是「至易至簡快樂」的「只此
心中」；「安人」則在於「隨大隨小隨我，隨時隨處隨人師」，能達至「將中正
覺新人」，則能兩端皆得完成，直爲「大成聖」。即是說，王心齋的「大成之
學」所側重的是「與道合一」的境界，而此「與道合一」的境界之所以能爲
「大成聖」，要處在於「隨大隨小隨我，隨時隨處隨人師」，能達至「將中正
覺新人」的「師道」。

依王東崖的理解，王心齋的「大成之學」實是一大發明，而「大成聖」
之能夠「隨大隨小隨我，隨時隨處隨人師」，能達至「將中正覺新人」的「師
道」果效，要義在於「本良知一體之懷，妙運世之則」〔註42〕，此即王東崖
常言的「心之妙用」，所謂「心之妙用」即是「良知本體」的「隨感而應」之
作用。王東崖曾以聖人之心來詮釋此「心之妙用」，其言：「聖人之心，常虛
常靜，常無事，隨感而應，而應自神也。是以常常休休也，坦乎其蕩蕩也。
縱橫而展舒自由，脫洒而優游自在也。」〔註43〕然而，這種「常虛常靜，常
無事，隨感而應，而應自神」的「心之妙用」究竟有沒有具體的工夫可作呢？
王東崖即以「不著意」與「無意」的「不犯手爲妙」作具體的實踐工夫。至
於顏山農，則從《大學》、《中庸》詮釋「孔門心傳」爲「人爲天地心，心帝
造化仁」，以「仁心」爲要對「大成之學」作出「而造有獲，自成仁道」。

王東崖詮釋王心齋「大成之學」的要點爲「本良知一體之懷，妙運世之
則」，其中「妙運世之則」即是從「心之妙用」來說，而顏山農詮釋王心齋「大
成之學」的要義雖然同樣地以「心」與「妙」作爲關鍵概念，其詮釋「大成
之學」要旨卻是「人心妙萬物不測」，其具體的實踐工夫則是「七日閉關法」、
「體仁而非制欲」（「從心所欲不逾矩」）。何以顏山農所詮釋的「大成之學」

〔註41〕 王艮著〈大成學歌寄羅念菴〉，《明儒王心齋先生遺集（卷二）》，頁10上。
〔註42〕 王襞曾指出王艮晚年言「大成之學」的學問要旨，其言：「其晚也，明大聖人
　　　　出處之義，本良知一體之懷，妙運世之則。」（王襞著〈上昭陽太師李石翁書〉，
　　　　《明儒王東崖先生遺集（卷一）》，上海：國粹學報館：神州國光社，1912年，
　　　　頁4下）
〔註43〕 王襞著〈上敬菴許□司馬書〉，《明儒王東崖先生遺集（卷一）》，頁6上。

與王東崖的截然不同呢？這即涉及顏山農個人的獨特學術性格，循此來看則更能發現「大成仁道」思想之要旨。下文即以顏山農從「人心妙萬物」詮釋「本良知一體之懷，妙運世之則」的理論結構。

（二）「本良知一體之懷，妙運世之則」與「人心妙萬物不測」

依顏山農的自述，其所得於王心齋的學問「心印」即在於以《大學》和《中庸》作矩範，其引王心齋的言說：「孔子學止從心所欲不逾矩也。矩範《大學》、《中庸》作心印，時運六龍變化爲覆載持疇以遯世。」〔註44〕以《大學》和《中庸》作矩範的「心印」，顏山農的理解則從「大」、「學」、「中」、「庸」等四字的組合而說以心性至天地萬物爲一貫之道，其言：

> 大中學庸，學大庸中，中學大庸，庸中學大，互發交乘乎心性，
> 吻合造化乎時育。是故中也者帝乎！其大主積萬善。從中孚，夫子
> 所謂天下之大本。是大本也。家乎萬有，爲大畜，孟子所謂萬物皆
> 備于我。我中既無朕兆，致和亦無聲臭。中和御運，天道性命，從
> 心爲學，入道成德。三年大成，宜家教國風天下如視掌，豈不易簡！
> 豈難致哉！是故學之自造以成己也，必先聚精凝神，遂性致命，崇
> 德達道。教在立達以成人也，即精麗神，怡性融命，□德至道行也。
> 〔註45〕

顏山農把《大學》和《中庸》拆成「大」、「學」、「中」、「庸」等四字並組合成不同的說法，其用意在於表明《大學》、《中庸》所代表的思想是可以互相發明的，此即心性與時育之互相發明。所謂「中也者帝乎」，即是以「中」爲「心」，以「帝」作爲「天」之解釋，顏山農曾言：「身之中，涵以心、意、知、格，爲時日運用之妙。是妙運也，皆心之自能在中也。」〔註46〕如是，則顏山農實以「心」作爲通貫於「天道性命」的要處，實是能作「爲學」的入路，而以「帝」字代替「天」以說「心」（中）的作用，正強調「心」的主體能動性，顏山農甚至以「心帝」稱之。所謂「從中孚」即以「心」（「在中之心」）作爲「天下之大本」，作爲「學」（成己）與「教」（成人）下手處。「成己」的「學」是從「聚精凝神」爲首要，是以顏山農提出了具體的「七日閉關法」的工夫修練法門，能夠「遂性致命，崇德達道」即顏山農所言的「制

〔註44〕顏鈞著〈自傳〉，《顏鈞集》，頁 25。
〔註45〕顏鈞著〈耕樵問答‧晰大學中庸〉，《顏鈞集》，頁 49。
〔註46〕顏鈞著〈論大學中庸〉，《顏鈞集》，頁 17。

欲而非體仁」（「從心所欲不逾矩」）。「成人」的「教」則是以「即精麗神，怡性融命」爲要旨，以「性情」與「神莫」的互麗爲將性命融入天地萬物，達至位育的境況，即顏山農所作的「安身運世」。

依此，王東崖詮釋王心齋「大成之學」的要點爲「本良知一體之懷，妙運世之則」，其中「妙運世之則」即是從「心之妙用」來說；而顏山農對於王心齋「大成之學」的詮釋則可以說是「人心妙萬物不測」〔註47〕，即是以「人心」作爲「本良知一體之懷」及「妙萬物不測」作爲「妙運世之則」的詮釋，至於「人心」與「妙萬物」，顏山農又有其獨特的見解，其以「仁」作爲「人心」的詮釋，又以「神莫」作爲「妙」的註解，進而把其學問宗旨定位爲「大成仁道」。

顏山農以「仁」作爲其言「人心」的詮釋，其言：「夫堯舜之道，師天下以仁而已。是故仁，人心也。是心之體，肫肫焉，靈靈焉，靈照密察，隱微莫遁，肫生萬物，無時或息，皆至誠爲貞幹也。」〔註48〕即是以「仁」作爲「人心」最爲重要的部分，而作爲「心之本體」的「仁」，其特點在於「肫」（「肫肫焉」）與「靈」（靈靈焉））。以「肫」言「仁」，顏山農認爲可以「肫生萬物，無時或息，皆至誠爲貞幹」，何以「肫之仁」有此特質呢？以「肫」訓「仁」可見於《中庸》第三十二章〈唯天下至誠〉，其說：「肫肫其仁，淵淵其淵，浩浩其天。」楊祖漢先生指出：「仁、淵、天，都是本體，都是根源。仁是德行之根本，而他的生命，全然是仁的呈現，肫肫是誠厚懇切貌，他的肫肫，便是仁。……即聖人的生命，整個是仁心善性，及天地之化育的具體呈現，你見到聖人，便如同見天地之生化般。」〔註49〕換言之，顏山農以「肫」說「仁」，即是說從「至誠」的「眞實無妄」的狀態來說，並以此而言對天地萬物的「生化」，是以其言「肫生萬物，無時或息，皆至誠爲貞幹」乃是從道德的，存有論的層面來衡定，至其所說的「肫生萬物」的「生」即下文所言的「神莫」爲「妙」的形式；以「靈」言「仁」，顏山農認爲可以「靈照密察，隱微莫遁」，何以「靈之仁」有此特質呢？顏山農言「靈」或「靈明」乃是指「仁」之作用或知覺的表現，顏山農曾說：「是己潛神，是神秉靈。靈運視聽，

〔註47〕 「人心妙萬物」是鄧潛穀對於顏山農學問宗旨的說法，參鄧潛穀著《潛學編》，頁546。

〔註48〕 顏鈞著〈明堯舜孔孟之道並系以跋〉，《顏鈞集》，頁19。

〔註49〕 楊祖漢著《中庸義理疏解》，台北：鵝湖出版社，1990年版，頁248。

指日明聰。靈顯言動，自能信恭。靈用事親，徵乎孝矣；靈在從兄，徵乎弟矣；靈乎日用，事變不敢自流欺罔，徵乎誠矣。」〔註50〕從「靈」的發用來看，則此「靈」則可以說是「仁」之「知性」作用，是以能夠體察於隱微之間。

　　顏山農又以「神莫」作爲其言「妙」的詮釋，其說：「若神莫也，善供心運以爲妙爲測也。群習遠乎道，百姓日用而不自知也，今合其從其供心帝之運。……是故性情也，乃成象成形者也。神莫爲默運也，若妙若測乎象形之中，皆無方體無聲臭也。」〔註51〕從「人心」而成就「萬物」的說法中，顏山農即以「神莫」爲「妙」來形容當中的要義，所謂「神莫」即是「精神莫能」之簡稱〔註52〕，顏山農又言「心之精神是爲聖，聖不可知之謂神，不知其然而然之謂莫，即是夫子五十知天命以後翊運精神成片之心印。蠭農亦從心以爲性情，而默會神莫，如是心印，轔轔然，井井然。」〔註53〕依此，「神莫」一語即表示從「人心」所能生化天地萬物的能力（功能），然從「聖不可知」與「不知其然而然」的描述，則「神莫」實是算是神妙莫測，只能夠從「默會」而見的。依此，顏山農以「神莫」作爲詮釋「妙」一義，其實還只是表示出「本心」（人心、仁）生化成就天地萬物的神妙莫測而已，與王東崖從「心之妙用」來詮釋其中的奧妙之處，差別似乎不大，然而，由於顏山農強調「神莫」爲「妙」，爲「聖不可知」，爲「不知其然而然」而只能「默會」，遂使其思想的帶著神秘色彩，甚至在其「大成仁道」的工夫上以「七日閉關」爲首要的作爲「默會」而已。

　　至此，顏山農對於王心齋「大成之學」（「本良知一體之懷，妙運世之則」）的詮釋，即在於以「人心妙萬物不測」的「仁」（「人心」）與「神莫」（「妙」）

〔註50〕顏鈞著〈揚城同志會約〉，《顏鈞集》，頁30。

〔註51〕顏鈞著〈辨性情神莫互麗之義〉，《顏鈞集》，頁13。

〔註52〕黃宣民先生說：「顏鈞所說的神莫是『精神與莫能』的合成詞。」（黃宣民著〈顏鈞及其“大成仁道”〉，載於《中國哲學》（第十六輯），長沙：嶽麓書社出版，1993年9月，頁367。）任文利先生則說：「至於『神莫』，黃宣民先生以顏鈞有『精神莫能』語，以『神莫』爲此語之簡稱。這樣講未嘗不可，顏鈞也未嘗不這樣講，但『神莫』一語非要說其來歷，則出於『神妙莫測』之成語。」（任文利著《心學的形上學探本》，鄭州：中州古籍出版社，2005年，頁176）本文認爲：顏鈞言「神莫」的要義在於講「本心」（人心、仁）泛應曲當、隨感隨應的眞機，於此則不必要說「神莫」的出處，反而是從顏鈞「大成仁道」思想中所論及的「精神」與「莫能」來衡定其中的涵義，似爲更適合。

〔註53〕顏鈞著〈辨性情神莫互麗之義〉，《顏鈞集》，頁13～14。

來表示。此外，顏山農亦以「仁神正學」來指稱其學問，其有言：「己丑八月二十三日自紀：直言仁神正學，以決今天下之洰擬。」〔註54〕此中的「仁」、「神」即是上述「人心妙萬物」的「仁」（「人心」）與「神莫」（「妙」），以此來說，顏山農以「仁心」為要對「大成之學」作出「而造有獲，自成仁道」。換言之，顏山農的學問宗旨可以說從王心齋的「大成之學」（「本良知一體之懷，妙運世之則」）詮釋為「大成仁道」（「人心妙萬物不測」）所成。

綜言之，從顏山農的學思歷程來看，「大成仁道」作為顏山農的學問宗旨的要義，在於其從學於徐波石與王心齋所得「樂學大成正造」，並以「許身有為」欲「仁化天下」之實踐行動。從顏山農詮釋王心齋的「大成之學」來看，「大成仁道」作為顏山農的學問宗旨的要義，在於從《大學》、《中庸》詮釋「孔門心傳」為「人為天地心，心帝造化仁」，以「人心」（仁）作為「本良知一體之懷」的詮釋；以「妙」（神莫）作為「妙運世之則」的詮釋，「仁」（「人心」）即成為其詮釋「大成之學」的關鍵概念，即以「大成聖」的「修己」始於「仁」；其「安人」則終於「仁道」，如是，顏山農的學問宗旨即定位為「大成仁道」。〔註55〕

貳、「大成仁道」的本體義與工夫義

一、「大成仁道」的本體義

「大成仁道」作為顏山農的學問宗旨，自有其在王心齋的「大成之學」及其個人獨特學思歷程為依據。然而，顏山農的「大成仁道」思想又如何作為道德實踐的可能根據呢？此即顏山農的「大成仁道」思想具有怎樣的本體

〔註54〕顏鈞著〈論大學中庸大易〉，《顏鈞集》，頁19。
〔註55〕任文利先生曾以「從心所欲不逾矩」作為顏山農思想的宗旨，其言：「『從心所欲不逾矩』本為孔子語，拿來把作山農宗旨頗感為難，無奈中國哲學的語言有其貧乏性，翻來覆去就是這麼幾個範疇、幾個命題。山農屢屢講『從心所欲不逾矩』，故把來作山農宗旨亦不妨。」（任文利著《心學的形上學探本》，頁188）然而，黃宗羲曾指出：「大凡學有宗旨，是其過人之得力處，亦是學者之入門處。」（黃宗羲著《明儒學案》（上冊），頁4）即是說，從思想詮釋來說，對於人物思想的特殊之處的論述（即學問宗旨），實是有助於了解該人物思想的下手處，依此，對人物思想的學問宗旨之把握當在於從該人物思想的系統架構來說，未必即是以該人物常說的話頭（或概念）來作象徵而已。依本文的分析來看，「從心所欲不逾矩」固然是顏鈞思想中的一個方向性指標，即是其思想系統中的一個理想境界，然而，從達至此境界的可能根據（本體意義）及實踐程序（工夫意義）來看，則更能發現顏鈞思想的獨特意義，此即其「大成仁道」之旨，如是，本文即以「大成仁道」作為顏鈞的學問宗旨，而不取「從心所欲不逾矩」之說。

意義之思考問題，下文試從兩方面析論，即：「良知」與赤子之心、心之性情與神莫。

（一）「良知」與赤子之心

顏山農對於「良知」的詮釋主要從「赤子之心」來說，所謂「赤子之心」是指「良知本體」非從外在而本然具足的「天然」狀態，此「天然」即從「仁神」而論。然而，顏山農直接言及「良知」的說法不多，每每從「赤子之心」作爲直接論述「本心」的狀態（詮釋）。下文先簡略引述顏山農直接言及「良知」的要旨，再從顏山農言「赤子之心」作爲「本心」的詮釋以論其「大成仁道」的本體意義。

顏山農對王陽明及王心齋是敬重有加的，每每以他們爲師授傳而自述，然而，顏山農對於王陽明「良知」的直接論述卻不多，在〈錄陽明心齋二師傳道要語〉表明撮要王陽明思想的文章中，顏山農更是隻字未提及「良知」，[註56] 即使在其他場合提及「良知」也並未詳加討論，與當時的學術討論風氣顯得格格不入。[註57] 顏山農言及王陽明的「良知」之說話：

> 千古正印，以衍傳於吳農漢，破荒信，徹良知，洞豁樂學，始以耕心樵仁爲專業；承流孔孟，轍環南國，繼以安身運世爲事功。[註58]

> 幸遇陽明破荒呼覺良知，以開道眼；崛起心齋，窮探大成，中興師道。時際耕撚及門授禪，棄身操印，不惑不亂，遂行齊家孝弟仁讓，遊揚四方，頗採信與。[註59]

[註56] 顏鈞言：「陽明夫子，引人入門，下手曰：各各凝聚自己精神心思，如貓捕鼠，如雞覆卵，如此七日，不作聲臭于言動之間，即爲默識知及之功要，開心遂樂之先務也」（顏鈞著〈錄陽明心齋二師傳道要語〉，《顏鈞集》，頁42）勉強地說，所謂「默識知及之功要」中的「知」可以指稱爲「良知」，然而，顏鈞言此「知」即只著重其指稱「本心」（心之良知良能），而說此「默識」此「知」具有「開心遂樂」的效果，實在未有論及「良知明覺」的特殊意義。

[註57] 在「陽明後學」中，對「良知本體」的討論實是極具多元化，如王畿提到八種的「良知異見」，又如由聶豹等引發的「良知與知覺之辨」、「現成良知之辨」、「無善無惡之辨」等（詳參彭國翔著〈中晚陽明學的本體與工夫之辨〉，收於彭國翔著《良知學的展開：王龍溪與中晚明的陽明學》，北京：生活·讀書·新知三聯書店，2005年，頁320～436），皆引發了一連串對「良知本體」的激烈論辯，然而，觀乎顏鈞現存的文獻來看，他似乎並未有（或未能）積極參與其中。

[註58] 顏鈞著〈急救心火榜文〉，《顏鈞集》，頁2。

[註59] 顏鈞著〈耕樵問答·聖儒傳一辨〉，《顏鈞集》，頁49。

　　　　叨天降陽明，引啓良知，直指本心，洞開大成之止，授傳耕樵，

肆力竭才，于七日閉關默識，洞透乎己心〔人〕性，若決沛江河，

幾不可遏。〔註60〕

依顏山農言及王陽明「良知」的說法，其言說的脈絡主要是以儒學思想的傳
承爲依，表明王陽明言「良知」的重要性是「洞豁樂學」、「以開道眼」、「直
指本心，洞開大成之止」，並由自己所得授傳，而以「默識」並「運世」，顏
山農此等說的用心明顯地是要證明自己的思想乃是儒學傳統中的傳承。然
而，究竟顏山農說王陽明的「良知」說及的是「良知」的哪一個面向的義理
呢？從「洞豁樂學」、「直指本心，洞開大成之止」來說，顏山農乃是強調「良
知」觀的「明覺」義，此即王陽明言「良知只是一個天理自然明覺發見處」
〔註61〕的「明覺」之意義，然而，王陽明言「良知只是一個天理自然明覺發
見處」是先言良知後說天理，即以「天理自然發見處」表述「良知」，所強調
的是「天理自然發見處」中的「明覺」義，是以王陽明也言：「良知是天理之
昭明靈覺處，故良知即是天理。」〔註62〕不過，顏山農並沒有提及「天理」
之義（即「良知明覺」的客觀性一面）〔註63〕，其說僅以此「良知」已是「天
造具足」，其言：

　　　　是日用也，隨時運發，天性活潑，應感爲仁道也。惜乎人生斯

世，未有父兄養之以此，未有師友教之以此，所以一生貿貿周周，

日用此生此仁，而怕不知此即己心之良知良能，此即「從心所欲不

逾矩」之大學中庸也。〔註64〕

顏山農在析論「日用不知」的問題時，指出「本心」（良知）的呈現爲「隨時
運發，天性活潑」，更能夠以「應感」而即爲「仁道」，既然「本心」（良知）
的呈現是如此的簡易，何以會有「日用不知」呢？此「不知」僅在於「未有

〔註60〕顏鈞著〈邱隅爐鑄專造性命〉，《顏鈞集》，頁36。

〔註61〕陳榮捷著《王陽明傳習錄詳註集評》，台北：台灣學生書局，1983年，第一八
　　　　九條，頁270。

〔註62〕陳榮捷著《王陽明傳習錄詳註集評》，第一六九條，頁241。

〔註63〕此義主要參考牟宗三先生的說法，其言：「就事言，良知明覺是吾實踐德行之
　　　　根據；就物言，良知明覺是天地萬物之存有論的根據。故主觀地說，是由仁
　　　　心之感通而爲一體，而客觀地說，則此一體之仁心頓時即是天地萬物之生化
　　　　之理。仁心如此，良知明覺亦如此。蓋良知之眞誠惻怛即此眞誠惻怛之仁心
　　　　也。」（牟宗三著《從陸象山到劉蕺山》，《牟宗三先生全集》第八冊，頁198）

〔註64〕顏鈞著〈日用不知辨〉，《顏鈞集》，頁14。

父兄養之」、「未有師友教之」而已，甚至在日用之間，此「本心」（良知）已在發用之中，此即「日用此生此仁，而怕不知此即己心之良知良能」。換言之，顏山農所說的「心之良知良能」實已是「天造具足」，能「隨時發用」，只是未能在從「養之」、「教之」中得以「保任而守住」而已，至於「保任而守住」的工夫即在於「大成仁道」的工夫：「七日閉關」、「制欲而非體仁」等，下文將再討論。〔註65〕

顏山農形容「本心」（良知）的「天造具足」爲「赤子之心」，其言：

> 孟子有曰：「夫大人者，只不失其赤子之心而已也。」夫赤子之心，天造具足其仁神者也。夫胎生三月之後，未有善養其天然者，所以夫子受生以至十五歲，即便通曉其不慮之知、不學之能，遂然究竟自養自操自信，只在此處做人，以保全其仁能者也。所以加時習之學、日用之仁、三十而立、四十不惑、五十知天命、六十而耳順、七十乃止至乎從心所欲不逾矩也，乃自獲全其胎生三月不慮不學之知，能爲自樂。〔註66〕

以「赤子之心」或「赤心」來說「本心」（「良知」）並不是顏山農所獨有的見解，顏山農即引述孟子之言來作爲詮釋「本心」作「赤子之心」的論據，然而，顏山農所言的「赤子之心」的意義卻是認眞的從具體而現實的層面作論，〔註67〕此「赤子之心」的特徵是「胎生三月」的「天然」、原始、不涉及任何

〔註65〕以「保任而守住」是牟宗三先生對「陽明後學」工夫論特徵的判語，其言：「大抵自陽明悟得良知並提出致良知後，其後用功皆落在如何能保任而守住這良知，即以此『保任而守住』以爲致，故工夫皆落在此起碼之最初步。」（牟宗三著《從陸象山到劉蕺山》，《牟宗三先生全集》第8冊，頁255）依此，顏山農所述的「致良知」之工夫取向仍然是屬於「陽明後學」的大方向。
〔註66〕顏鈞著〈耕樵問答・失題〉，《顏鈞集》，頁55～56。
〔註67〕鍾彩鈞先生曾指出：「從陽明學派的發展來看，山農提出赤子之心，也是同樣的一種思考方式。但赤子之心指嬰兒初生三月前的心，則比其他陽明後學的說法更現實而具體。山農爲了恢復赤子之心，而採用閉關的方法，也是相當現實具體的。何以謂更現實與具體呢？我們常說，有生以來各種習染，使我們失去了赤子之心。但我們常只是比喻或概略地說，並不眞就初生三月的嬰兒而言。但山農卻是認眞地說，認眞地回復。」（鍾彩鈞著〈泰州學者顏山農的思想與講學──儒學的民間化與宗教化〉，頁30）本文同意鍾彩鈞先生的說法，更從顏山農與羅汝芳對待「赤子之心」的詮釋展示出顏山農言「赤子之心」的具體而現實，作爲顏山農得意門生的羅汝芳同時高舉「赤子之心」說，即從「赤子之心」而言「本心」（良知）的「天造具足」，然而，兩者在論及「保任而守住」這「赤子之心」的工夫上卻見其中的分別，顏山農以爲「赤

人爲的狀態，顏山農以孔子的生命歷程作爲例子正面地說明「赤子之心」爲「不慮不學之知能」，指出孔子的「時習之學」與「日用之仁」，要旨即在於以「保全其仁能者」，從而能夠「三十而立，四十不惑，五十知天命，六十而耳順，七十乃止至乎從心所欲不逾矩」，達到日用間而自知，能「直透神妙莫測之變適」，其能「自養自操自信」即在於此「赤子之心」作工夫；顏山農亦曾自己的經歷作反面地說明，其言：「然自身而言，即胎生三月不識不知之肫仁，竟被父母溺愛，不明引發其知識、喜子、情欲；及長大也，久被父母師友俗尚記讀見聞，恰似捆綁在囚獄炕上，今朝倏然脫落出監，舞蹈輕爽。」〔註68〕即是說，顏山農所言以「赤子之心」作爲「本心」（良知）的詮釋，固然以爲「本心」（良知）非見聞（或知覺）之義，更甚的是顏山農以爲此「赤子之心」並不是作爲比喻或概略的說法，而是直接以爲初生三月的嬰孩真的才具有此「本心」（良知），其「保任而守住」的工夫即在於回復此「本心」（良知）的「本然」狀態。依此來看，顏山農的「赤子之心」作爲道德實踐的可能根據，固然是以「本心」（良知）的「天造具足」來說，然而，其缺少以「天理」作爲「本心」（良知）的客觀論述，又直接以「胎生三月」的「本然」狀態（即「赤子之心」）來詮釋「本心」（良知），實已把「良知明覺」重於「知」（悟）的一面傾向於要求「情」（悟）的一面。此即是顏山農「大成仁道」的本體義。而從顏山農對於「（本）心」的分析，則更容易發現其「大成仁道」所展示的本體義乃是偏向於「情」的一面。

（二）心之性情與神莫

顏山農言「心」的「性情」與「神莫」是從其對《大學》、《中庸》和《易》的特殊分析所得的。顏山農經常論述其自身的學問乃是從《大學》與《中庸》的讚研而發展其中的「心印」所得成就，其有言：「耄鰥山農一生，神心造，獲融適乎《大學》《中庸》，敢繼乎杏壇邱隅，直欲聚斐有爲，緒歷學庸，成

子之心」是從「體仁」、「閉關」等作「悟」的方法，而羅汝芳則認爲「赤子之心」可從「孝弟慈」等道德實踐中已能呈現，其有言：「所云：大人者，不失其赤子之心者也。夫孩提之愛親是孝，孩提之敬兄是弟，未有學養子而嫁，是慈保赤子，又孩提愛敬之所自生者也。此個孝弟慈，原人人不慮而自知，人人不學而自能，亦天下萬世人人不約而同者也。」（羅汝芳著，方祖猷等編《羅汝芳集》（上冊），南京：鳳凰出版社，2007年，頁108）比較來說，顏山農說「赤子之心」作爲「本心」（良知）實是從更樸素的想法來說「赤子之心」，故說其爲具體而現實的層面論「赤子之心」。

〔註68〕顏鈞著〈履歷〉，《顏鈞集》，頁33。

功必期七日、三月、朞年，三載大成。夫子大中大易之神道設教，以爐鑄仁道，行麗家國天下，醉飽太和，不欺誑也，豈惟默運明哲哉！」〔註69〕然而，究竟顏山農從《大學》、《中庸》中所領會的「心印」是甚麼呢？顏山農言此「心印」即是「從心以爲性情」與「默會神莫」，顏山農嘗言：「心之精神是爲聖，聖不可知之謂神，不知其然而然之謂莫，即是夫子五十知天命以後翊運精神之心印。」〔註70〕究竟顏山農以此「心印」所開展的「大成仁道」具有何種的本體義理呢？即是說，其所言「心之性情」與「心之神莫」如何成爲道德實踐的依據呢？

先說顏山農從《大學》、《中庸》所提取的「大中哲學」爲「心印」〔註71〕，此「心印」即是顏山農以「大」、「學」、「中」、「庸」等四字的組合而說以心性至天地萬物爲一貫之道，顏山農對此四字作出了別出心裁的詮釋，即以此四字互相詮釋以解構《大學》與《中庸》的理義，〔註72〕其言：

> 今夫《大學》以修身爲家國天下之本。身之中，涵以心、意、知、格，爲時日運用之妙。是妙運也，皆心之自能在中也。……今

〔註69〕 顏鈞著〈失題〉，《顏鈞集》，頁 11。

〔註70〕 顏鈞著〈辨性情神莫互麗之義〉，《顏鈞集》，頁 13～14。

〔註71〕 以「大中學」（或「大中哲學」）命名顏鈞所提取《大學》、《中庸》的思想義理作爲其思想學說，乃由黃宣民先生爲始，參黃宣民著〈前言〉（《顏鈞集》，頁 3）及〈明代平民儒者顏鈞的大中哲學〉（載於《哲學研究》，1995 年第 1 期，頁 49～58）。

〔註72〕 顏鈞以「大」、「學」、「中」、「庸」所構成的「大中哲學」，其得意門生程學顏曾詳述顏鈞「大中哲學」的獨特見解，其言：「信使人人身有之，則皆大自我大，中自我中，學自我學，庸自我庸，縱棋曲直，無往不達，又焉得而指爲怪誕？夫身有之者，豈易擬哉！擬爲見解，擬爲格套，擬爲新奇，皆非也，擬其有自新神焉耳。故曰心之精神是爲聖。又是仲尼晚造直捷口訣，含章大中學庸爲憲徵，脱化化工，任我昭晰。是故：自我廣遠外者，名爲大；自我凝聚員神者，名爲學；自我主宰無何者，名爲中；自我妙應無迹者，名爲庸。合而存，存一神也。」（程學顏著〈衍述大學中庸之義〉，《顏鈞集》，頁 76）顏鈞以「大」、「學」、「中」、「庸」四字所構成的「大中哲學」在當時學人已認爲怪誕，然而，程學顏卻指出其中關鍵處：心之精神，從心之精神說則「自我」才能「大」、「學」、「中」、「庸」的境界。黃宣民先生也指出：「顏鈞的詮釋，突出強調了『自我』，亦即強調了認識的主體，進而強調『心之神工莫測』，亦即強調了人的主體精神及其能動作用。」（黃宣民著〈顏鈞及其「大成仁道」〉，頁 369）
當然，從經典的詮釋來看，顏鈞的「傳心口訣」實在是「過度詮釋」；然而，又僅從「傳心口訣」來說「大」、「學」、「中」、「庸」四字所構成的「大中哲學」作爲顏鈞傳授個人對《大學》、《中庸》的獨特見解或思想系統，則可以說其充滿了創造性或獨特性的教學策略。

> 夫《中庸》以慎獨，致中和，位育之至。獨之中運以天命性道，教
> 爲戒慎恐懼，而莫乎顯見隱微，無聲臭也。皆心之神工莫測，測乎
> 大也無外際，究其中也無內隙。……夫是中也，主乎大之生。夫是
> 大也，家乎中之仁。是故爲學以翕麗乎萬善之妙，晰庸而適達乎中
> 正之道。……故晰剖《大學》《中庸》之緒功，合晰仁道翊運矢毅，
> 表彰杏壇邱隅之獨致。〔註73〕

本文不擬討論顏山農的「大中哲學」在經典詮釋的問題，僅言其從《大學》、
《中庸》所提取的「心印」之要義：「心之自能在中」與「心之神工莫測」，
即是說，顏山農在詮釋《大學》、《中庸》所提取的「大中哲學」的要點即在
於「心」（或「心之精神」），究竟顏山農所說的「心」有何特別之處呢？其從
《大學》、《中庸》所提取的要義：「心之自能在中」與「心之神工莫測」，又
當如何理解呢？此「心」之特性又與其「大成仁道」有何種關係呢？

顏山農言「心」的重要特徵在於「心之性情」與「心之神莫」，先說「心
之性情」，顏山農有言：

> 若性情也，本從心帝以生。其成也，人皆秉具，是生之成，自
> 爲時出時宜者也。……性也，則生生無幾，任神以妙其時宜。至若
> 情也，周流曲折，莫自善測其和睟。是故性情也，乃成象成形者也。
> 〔註74〕

顏山農言「性情」乃是「人所秉具」，並且能作出持續不斷的化育過程。所謂
「性」即是心體所生生不已之表現，具有合乎時宜的神妙之能，即「任神以
妙其時宜」，此處所說的「性」即具有道德實踐的判斷與能力，然而，顏山農
所說的「性」並非純以道德面向，還包括自然的欲望要求，其曾指出：「心所
欲也，性也，繼曰矩也，命也。」〔註75〕是以「性」作爲從「心」的「本然」
狀態來看，即包括了道德理性與自然欲望兩個面向。所謂「情」則是從此「性」
的發用而「周流曲折」，更能達至「自善測其和睟」的狀態，如此，「情」實
是已是被上提至超越的道德情感，依於「情」乃是「性」的發用，則「情」
與「性」在道德實踐爲不可分的，是以「性情」乃是具體地能成爲道德實踐
的狀態，此即「成象成形」之義。

〔註73〕顏鈞著〈論大學中庸〉，《顏鈞集》，頁17。
〔註74〕顏鈞著〈辨性情神莫互麗之義〉，《顏鈞集》，頁13。
〔註75〕顏鈞著〈論長生保命〉，《顏鈞集》，頁15。

再說「心之神莫」及其與「心之性情」的關係，顏山農指出：

> 若神莫也，善供心運以爲妙爲測也。群習遠乎道，百姓日用而
> 不自知也，今合其從其供心帝之運（原注：句）。……神莫爲默運也，
> 若妙若測乎形象之中，皆無方體無聲臭也。如此互冥運，皆心帝自
> 時明哲萬善以爲神妙，莫測乎性情者也。故曰：性情也，神莫也，
> 一而一，二而一者也。如此申晰，是爲『從心所欲不逾矩』之學。
> 又曰：心之精神是爲聖，聖不可知之謂神，不知其然而然之謂莫，
> 即是夫子五十知天命以後翊運精神成片之心印。臺農亦從心以爲性
> 情，而默會神莫，如是心印，轔轔然，井井然。〔註76〕

所謂「神莫」即是「精神莫能」之簡稱，而所謂「精神莫能」，即是指「心」
所具備的特質與能力，以「心之精神」來看，即是指「心」或「肫仁」的特
質；從「心之莫能」來說，即是指「神妙」的能力。顏山農曾言：「夫是心也，
自帝秉御，淵天性，神莫精仁，以爲人道，時適乎靈聰之明，爲知格誠正之
修，允端天下大本者也。」〔註77〕即以「神莫精仁」既作爲「心」之「秉御」，
也是作爲「知格誠正」的可能入手處。那麼，究竟「神莫精仁」或「精神莫
能」是甚麼呢？依顏山農的話：「秉具自靈之精也，睿哲嚴麗無遺混；御其默
運萬妙之神也，潛昭隱見無方體；擅其妙運曲成之莫也，測妙時神無聲臭。」
〔註78〕此即「精神」或「精仁」乃是心所具有的「仁」或「肫仁」的特質，
而「莫能」即是心所具的「妙運曲成」的能力。簡言之，「神莫」一語即表示
從「人心」（仁）所能生化天地萬物的神妙能力（功能）。至於「性情」與「神
莫」的關係，即在於成己成物的道德實踐之下，兩者是一致的，其說「心帝
自時明哲萬善以爲神妙，莫測乎性情者」，即「性情」的「成象成形」皆由「神
莫」的「神莫精仁」所證成，從而達至「從心所欲不逾矩」的境界。

至此，顏山農所說的「心之性情」與「心之神莫」作爲「本心」的論述，
究竟如何證成其「大成仁道」在道德實踐上的依據呢？從「心之性情」的「性」
即具道德與自然兩個面向，而「情」即「性」之發用即同樣備具道德情感與
自然情感兩個面向；從「心之神莫」的「神莫精仁」即「人心」（仁）所能生
化天地萬物的神妙能力（功能）；「性情」與「神莫」兩者的兼備正是道德實

〔註76〕顏鈞著〈辨性情神莫互麗之義〉，《顏鈞集》，頁 13。
〔註77〕顏鈞著〈辨精神莫能之義〉，《顏鈞集》，頁 13。
〔註78〕同上註。

踐的可能根據，此即是顏山農「大成仁道」的本體意義。然而，從「心之性情」的「性」雖具有道德實踐的向度，而其所秉具卻是「聖不可知」；從「心之神莫」的「神」雖兼具「神妙」與「精神」（精仁）的能力，而其所運行卻是「不知其然而然」的描述，只能夠從「默會」而見的。如此，顏山農的「大成仁道」的本體意義實即只在於「本心實性」之上而已。

綜言之，顏山農的「大成仁道」當有其本體意義，此即「大成仁道」能作為道德實踐之根據在於：一，「大成仁道」即以其為「良知」的「天然」狀態，顏山農每每以「赤子之心」來指稱此「天然」的狀態，所謂「赤子之心」固然是以「本心」（良知）的「天造具足」來說，然而，其缺少以「天理」作為「本心」（良知）的客觀論述，又直接以「胎生三月」的「本然」狀態（即「赤子之心」）來詮釋「本心」（良知），實已把「良知明覺」重於「知」（悟）的一面傾向於要求「情」（悟）的一面；二，以「性情」與「神莫」指稱「心」所具備的特質和能力，從「心之性情」的「性」即具道德與自然兩個面向，而「情」即「性」之發用即同樣備具道德情感與自然情感兩個面向；從「心之神莫」的「神莫精仁」即「人心」（仁）所能生化天地萬物的神妙能力（功能）；「性情」與「神莫」兩者的兼備正是道德實踐的可能根據，此即是顏山農「大成仁道」的本體意義。此二者即「大成仁道」思想的本體義。

二、「大成仁道」的工夫義

「大成仁道」作為顏山農的學問宗旨，不單具備本體義，更涉及工夫義。顏山農的「大成仁道」強調「心之良知良能」實已是「天造具足」，只是未能在從「養之」、「教之」中得以「保任而守住」，要能「保任而守住」的工夫即在於：「七日閉關法」、「體仁而非制欲」等，而「大成仁道」亦繼承王心齋「大成之學」在「修己」與「安人」乃能作「大成聖」之要義，是以顏山農即以其社會事業（「安身運世」）作為「大成仁道」的工夫義。依此，顏山農「大成仁道」思想的工夫義可從七日閉關法、體仁而非制欲、安身運世等三方面來說。

（一）七日閉關法

「七日閉關法」是顏山農自己所體驗並所改造當時流行「靜坐」之修行法門。「七日閉關法」的具體步驟可分成四個階段，顏山農在〈引發九條之旨・七日閉關開心孔昭〉有仔細的記述，下文即試分階段而論述，其言：

（一）凡有志者，欲求此設武功，或二日夜，或三日夜，必須擇掃樓居一所。攤鋪聯榻，然後督置願坐幾人，各就榻上正坐，無縱偏倚、任我指點：收拾各人身子，以絹縛兩目，晝夜不開；綿塞兩耳，不縱外聽；緊閉唇齒，不出一言；擎拳雙手，不動一指；趺跏兩足，不縱伸縮；直聳肩背，不肆惰慢；重頭若尋，回光內照。如此各各自加嚴束，此之謂閉關。

（二）夫然後又從引發各各內照之功，將鼻中吸收滿口陽氣，津液漱嚥，咽舌直送，下灌丹田，自運旋滾幾轉，即又吸嚥津液，如樣吞灌，百千輪轉不停，二日三日，不自已已。如此自竭辛力作為，雖有汗流如洗，不許吩咐展拭，或骨節疼痛，不許欠伸喘息。各各如此，忍捱咽吞，不能堪用，方許告知，解此纏縛，倒身鼾睡，任意自醒，或至沈睡竟日夜尤好。

（三）醒後不許開口言笑，任意長臥七日，聽我時到各人耳邊密語安置，曰各人此時此段精神，正叫清明在躬，形爽氣順，皆爾連日苦辛中得來，即是道體黜聰，脫胎換骨景象。須自輾轉一意，內顧深用，滋味精神，默識天性，造次不違不亂，必盡七日之靜臥，無思無慮，如不識、如不知，如三月之運用，不忍輕自散渙。如此安括周保，七日後方許起身，梳洗衣冠，禮拜天地、皇上、父母、孔孟、師尊之生育傳教，直猶再造此生。

（四）嗣後，左右師座，聽受三月，口傳默授，神聰仁知，發明《大學》、《中庸》，渾融心性闔辟，此之謂正心誠意，知格轔轔乎修齊身家，曲成不遺也。故曰：三月成功，翕通心性之孔昭；七日臥味，透活精神常麗躬。三月轉教，全活滿腔之運。即《大學》之切磋琢磨，洞獲瑟僩赫者也。《中庸》之率修慎獨，馴入中和位育也。合發以來朋，成風動四方，正謂知行居止邱隅之于天下如反掌，後開八款以沖日用程級，以宏七日成功，永又坐致，可曰上知易能、下愚不可移易哉！何疑此功三年不可變易天下之無道也！（原注：其後八條闕佚）

〔註79〕

〔註79〕顏鈞著〈引發九條之旨・七日閉關開心孔昭〉，《顏鈞集》，頁38。

第（一）階段是「閉關」的準備階段。顏山農所說的「閉關」並非單純地以閉門獨處靜坐之意，而是從封禁身體的活動能力，用意在於關閉身體對外在的感觀反應，如此一來，所有外在於「心」的東西都被一一拒絕，如此狀態約「或二日夜，或三日夜」，這樣「閉關」的目的在於從「外在」而強行回復至胎生三月的身體狀態，即是顏山農屢屢強調的「赤子之心」的身體載體之狀態。〔註80〕

　　第（二）至（三）階段是「閉關」的核心階段。在第（一）階段所作的「閉關」行為只屬於外在的感觀反應之封禁，著重的是身體的封禁；而在第（二）至（三）階段則注重於「內在」，從身體的內在部分（呼吸、饑渴、疲累、痛楚）到精神的內容部分的導引與調息（耳語安置、輾轉一意、七日之靜臥），經如此的過程後方能達至「無思無慮，如不識、如不知，如三月之運用」，即「赤子之心」的狀態。這樣的「閉關」的目的在於從「內在」而調節回復至胎生三月的精神狀態。

　　在第（二）至（三）階段的「閉關」中有三點可以稍加討論：一，「七日閉關法」對身體內部的調息是身體的修煉嗎？顏山農在「七日閉關法」中提到內照的呼吸法、吞唾液的忍捱等，表面上是對肉體身體的鍛鍊，實質上是從身體的內部開始作出調息，再從精神上以引導作出調節達到「道體黜聰，脫胎換骨」的狀態，直從身體的外在、內部、精神等層面回復至「赤子之心」。二，「七日閉關法」中的顏山農的「耳邊密語」具有何種意義呢？從顏山農屢屢提示到其「七日閉關法」實是相關於《周易》的「七日來復，利有攸往」並印證孔子「一日克復，天下歸仁」之說，又從顏山農自身的經歷，即「及歸，見母兄，論倫理道義」〔註81〕來說，顏山農在「七日閉關法」中

〔註80〕 有學者認爲顏山農的「七日閉關法」的準備階段與道教的內丹修煉、現在的氣功修行或修「禪七」的方法程序是相通的。陳來先生曾說：「這裏對《七日閉關法》中的『縛目』、『塞耳』、『打坐』作了更詳細的指點，從其論述來看，與我們今天所了解的、流行的氣功修習方法是一致的，與修『禪七』的方法程序亦相通，惟『長臥七日』法似稍特殊。」（陳來著〈明代的民間儒學與民間宗教——顏鈞思想的特色〉，頁465。）吳震先生也說：「修習這一『武功』的準備階段，類似于道教內丹修煉的『築基』階段。」（吳震著《泰州學派研究》，頁276）本文認爲：顏山農的「七日閉關法」只是吸收了道、佛教的修行法而已，他的「七日閉關法」乃是緊扣「大成仁道」思想所著重的「赤子之心」，其準備階段的「閉關」是封禁「本心」於外在而準備進入或回歸「赤子之心」的狀態。

〔註81〕 羅汝芳著〈揭詞〉，《顏鈞集》，頁44。

的「耳邊密語」理論上應當是道德倫理範疇的口訣提示，如此，顏山農實是在修行者於身體的外在與內在均處於難捱困逼的狀態中予以其相關儒學思想的、道德倫理的口訣提示，務求從精神上引導修行者「道體黜聰，脫胎換骨」的狀態。三，「長臥七日」或「七日之靜臥」有何特殊呢？陳來先生曾指出顏山農的「七日閉關法」稍爲特殊的即在於「長臥七日」，顏山農自言此「七日之靜臥」即在於「不忍輕自散渙」和「安括周保」那已達至的「無思無慮，如不識、如不知，如三月之運用」的「赤子之心」之狀態。如此要求，即表示顏山農的「七日閉關法」固然著重「了悟心體」，然而，從「長臥七日」及後來的「聽受三月」來看，則顏山農的「七日閉關法」也注意到「悟後之修」。如是，則更能發現顏山農的「七日閉關法」當是歸屬於儒學思想中較爲激烈的修行方式而已。〔註82〕

　　第（四）階段則是「閉關」後的持續修行階段。經歷過「七日閉關」後，即使已經「安括周保」或「再造此生」，仍然需要在顏山農的身旁「聽受三月」，此「聽受三月」實是從顏山農「口傳默授」其從《大學》、《中庸》所得「心印」的「大中哲學」或「仁神正學」。如此經歷「七日」的「了悟心體」（即「七日臥味，透活精神常麗躬」），「三月」的「悟後之修」（「三月成功，翕通心性之孔昭」），後即能達至「渾融心性」與「曲成不遺」（「三月轉教，全活滿腔之運」）的境界。

　　本文在此不厭其煩地詳錄顏山農「七日閉關法」的具體步驟，理由在於顏山農不單從此「七日閉關法」中得到「了悟心體」的經驗，更曾多次宣揚此「七日閉關法」即是「七日來復」之方法並可印證孔子所言的「一日克復，天下歸仁」，其中的要義並不是從事身體的修煉，要點在於以儒學思想（道德倫理的範疇）的方向讓修行者「回復」至「赤子之心」的狀態。另外，顏山農作爲「了悟心體」的「七日閉關法」並不止於個人的「修己」工夫，更涉及作爲「大成聖」的「安人」工夫，尤其是「傳道」的方案，即從「三月轉教，全活滿腔之運」的一人得道，乃至告誡弟子以此「七日閉關法」能夠改變世道，此即「何疑此功三年不可變易天下之無道也」之意。

〔註82〕 鍾彩鈞先生曾言：「儒家不是出世的宗教，其修養工夫是溫和的，……而民間學者山農却自己摸索出閉關的方法，這方法無疑受到道教修煉的啓示，然其目的並不在道教，而是以宗教家死而後生的激烈辦法，使自己的心體呈現出來。」（鍾彩鈞著〈泰州學者顏山農的思想與講學——儒學的民間化與宗教化〉，頁 24～25）

綜言之，「七日閉關法」作爲「大成仁道」之道德實踐之程序（實踐的規條），其要義從身體的外在、內部至精神的層面，以封禁、調息與引導的方法，讓修行者回復至「赤子之心」的狀態，此道德實踐之程序雖然表面上僅屬於個人的身體或精神上的修煉，然而，從經歷「七日」的「了悟心體」（即「七日臥味，透活精神常麗躬」），「三月」的「悟後之修」（「三月成功，翕通心性之孔昭」），後即能達至「渾融心性」與「曲成不遺」（「三月轉教，全活滿腔之運」）的程序來看，其要義乃是從儒學思想作爲調息、引導以令「心體」的呈現，顏山農更欲借此修行方式爲具體而眞切的工夫，側重於對「本心實性」的狀態而作，實是具有拆穿「流行之光景」的作用。〔註83〕

（二）制欲而非體仁（「從心所欲不逾矩」）

顏山農的「大成仁道」強調「心之良知良能」實已是「天造具足」，只是未能在從「養之」、「教之」中得以「保任而守住」，要能「保任而守住」的工夫並達至「從心所欲不逾矩」，顏山農並不以消極的「制欲」來作，反而提出「制欲而非體仁」的工夫面向，更自言此工夫方向是直承於孟子「放心」之說。顏山農所言「制欲而非體仁」的工夫是相當著名的，尤其是開啓了其得

〔註83〕陳來先生曾指出：「在顏山農的敘述中，特別著重于心之用，而不是心之體，……明儒楊時喬曾將當時的神秘體驗的路徑大體歸爲『血氣凝聚』『虛靈生慧』『洞徹本眞』。轟雙江曾描述爲『歸寂以通感，執體以應用』。從山農的敘述來看，他所得更多是在智慧的開發，而不是心體的境界，他強調的是『天機先見、靈聰渙發』、『神智頓覺』、『孔昭顯明』；強調的是神智的不盡的根源可頓時獲得開發，滾滾而來，用之于風俗，便能宜家宜國；用之于讀書，便能登聖人之奧……因而顏山農更強調由神秘經驗入手的『執體以應用』，而不是停止于『歸寂以通感』的心理境界的滿足。」（陳來著〈明代的民間儒學與民間宗教——顏山農思想的特色〉，頁462）究竟顏山農在「七日閉關法」中的「了悟心體」的目的是否即是「執體以應用」呢？本文認爲：問題的關鍵在於「用」的意義，假如顏山農的「七日閉關法」以「執體以應用」爲修行的目的，則顏山農的「七日閉關法」無疑只是智慧的開發而已；然而，顏山農在「七日閉關法」的操作程序上所強調的是以儒學思想作爲調息、引導以令「心體」的呈現，如是，則不能僅以爲顏山農乃是「執體以應用」，至於顏山農在個人的神秘體驗上表現上有「執體以應用」的傾向，則可以從工夫論及工夫的效驗之別作出釐清，「七日閉關法」即無疑是顏山農「大成仁道」所具有的工夫意義。

另外，相關於「七日閉關法」的理論問題，本文認爲至爲重要的是：顏山農所高舉的「七日閉關法」法門是否眞的能讓「心體」呈現呢？甚至顏山農所描述的神秘體驗是否即「良知明覺」呢？此類問題大致涉及「神秘體驗」與顏山農「七日閉關法」的宗教傾向，本文由於主題的相關與篇幅問題，暫不擬詳加討論。

意門生羅近溪之學問。賀貽孫曾詳細地記錄了羅近溪（汝芳，1515～1588）
與顏山農相遇而談「制欲而非體仁」的問題，其說如下：

> 始羅為諸生，慕道極篤，以習靜嬰病，遇先生在豫章，往謁之。
>
> 先生一見即斥曰：「子死矣，子有一物，據子心，為大病，除之
> 益甚。幸遇吾，尚可活也。」
>
> 羅公曰：「弟子習澄湛數年，每日取明鏡止水，相對無二，今于
> 死生得失不復動念矣。」
>
> 先生復斥曰：「是乃子之所以大病也。子所為者，乃制欲，非體
> 仁也。欲之病在肢體，制欲之病乃在心矣。心病不治，死矣。子不
> 聞放心之說乎？人有沈疴者，心怔怔焉，求秦越人決脈。既診，曰：
> 『放心，爾無事矣。』其人素信越人之神也，聞言不待針砭而病霍
> 然已。有負官帑千金者，入獄，遽甚。其子忽自商持千金歸，示父
> 曰：『千金在，可放心矣。』父信其子之有千金，雖荷校負銵鐺，不
> 覺其身之輕也。人心有所繫則不得放，有所繫而解之又不得放。夫何
> 故？見不足以破之也。蛇師不畏蛇，信咒術足辟蛇也。幻師不畏水火，
> 信幻術足以辟水火也。子惟不敢自信其心，則心不放矣。不能自見其
> 心，則不敢自信，而心不放矣。孔子曰：『朝聞道，夕死可矣。』放
> 心之謂也。孟子曰：『學問之道無他，求其放心而已矣。』但放心則
> 蕭然若無事人矣。觀子之心，其有不自信者耶！其有不得放者耶！子
> 如放心，則火燃而泉達矣。體仁之妙，即在放心。初未嘗有病子者，
> 又安得以死子者耶？」羅公躍然，如脫韁鎖，病遂愈。〔註84〕

顏山農提出「制欲而非體仁」說法的要點有二：一，針對於羅近溪言「習靜」
制欲而致「不動心」之問題；二，「放心」而能「體仁」的問題。從上列兩點
也引伸出顏山農言「欲」的合理性問題，下文試分別討論。

首先，顏山農在其「樂學大成正造」又於「心喪既畢，權度自謀出世操
證」後，旋即以「鳴救心火于豫章」，提出著名的〈急救心火榜文〉，指點出
「六急六救」之說，〔註85〕羅近溪即由此榜文而往見顏山農。在羅近溪的言

〔註84〕賀貽孫著〈顏山農先生傳〉，《顏鈞集》，頁83。
〔註85〕顏鈞在〈急救心火榜文〉提出的「六急六救」之說：「一急救人心陷溺，生
　　　　平不知存心養性，如百工技藝，如火益熱，競自相尚。二急救人身奔馳，老
　　　　死不知葆真完神，而千層嗜欲，若火始然，盡力恣好。三急救人有親長也，

說中表明，其「習靜」而制欲的工夫已達至「死生得失不復動念」，羅近溪的「習靜」乃是依於薛敬軒（瑄，1389～1465）的靜坐工夫而作，以「每日取明鏡止水，相對無二」即「以勝私欲而復於禮」爲宗旨，羅近溪更自言其「習靜」的工夫已達到「死生得失不復動念」的勝境，不過，即使羅近溪已能克過「死生得失」，卻仍然有「心火」之病。〔註86〕依顏山農的說法，羅近溪的「習靜」僅是「制欲」，即使其自以爲已達至「死生得失不復動念」，其中的「欲」卻還是存在，並未能徹底地消滅殆盡的。顏山農初見羅近溪所言的「子有一物，據子心」即是說「欲」的問題，「欲之病」可分成「在肢體」與「在心」兩個層面，「欲之病在肢體」可依於封禁、調息與引導作出治理，顏山農的「七日閉關法」即爲治理於「欲」而作出回復至「赤子之心」的狀態；「制欲之病在心」則需要從「心」的觀念作出釐清來對治，顏山農即提出「放心」釐清「制欲」之問題。

其次，顏山農提出以「放心」以釐清「制欲」的問題，並指出「放心」即爲「體仁」的工夫。所謂「放心」，顏山農列舉了幾個事例作出說明，其一是以「心無所繫」的心理作用（即「人有沈疴者」與「負官帑千金者」二例）；其二是以「自見其心」的自信心作用（即「蛇師不畏蛇」及「幻師不畏水火」二例）。顏山農更直言羅近溪的「心火」乃是「自見其心」的問題，如是，顏山農乃建議羅近溪以順本心之作用而行，即能自然發動至如「火之始燃，泉之始達」。顏山農以「放心」說作爲「體仁」的工夫有兩點需要稍作討論：一，顏山農的「放心」工夫雖源自孟子的「求放心」之說，然而，依於顏山農對

而火爐妻子，薄若秋雲。四急救人有君臣也，而烈焰刑法，緩民欲惡。五急救人有朋友也，而黨同伐異，滅息信義。六急救世有游民也，而詭行荒業，鎖鑠形質。」（顏鈞著〈急救心火榜文〉，《顏鈞集》，頁3）觀乎顏鈞所言的「六急六救」，其大意乃在於「人人心火」是來自於不同層面的問題，從「存心養性」、「葆眞完神」等方法才可以「急救」，王汎森先生曾以胡直（胡廬山，1517～1585）患「火症」之說及明代人使用「心火」一詞的意義而指出顏山農所說「心火」即是心理問題，其說：「在顏鈞的種種文字，『心火』一語一再出現。有時候他又說成是『名利心火』，足見他主要是指因爲汲汲追求『名利』而煩惱不得解脫所引起的心理問題。」（王汎森著〈明代心學家的社會角度──以顏鈞的『急救心火』爲例〉，收於王汎森著《晚明清初思想十論》，上海：復旦大學出版社，2004年，頁10。）

〔註86〕此處雖未有明言羅汝芳所患的「心火」爲何，不過，從羅汝芳的科舉挫敗經歷，而顏鈞又在羅汝芳「盡受其學」後言及「此後子病當自愈，舉業當自工，科第當自致」等來看，則羅汝芳的「心火」當爲科舉壓力所造成的心理問題。

於「放」與「心」的特別詮釋，其言「放心」實與孟子的「求放心」之說有極大差別，孟子有言：「學問之道無他，求其放心而已矣。」（《孟子·告子上》）即是說爲學的最根本處（或是全部）是反求其已迷失的本心，〔註87〕而顏山農的「放心」之「心無所繫」或「自見其心」皆與孟子「求放心」之義有別；二，顏山農所言的「放心」其實是對於「心」要具有敞開心靈，任其自然的信心與態度，何以顏山農對「心」會如此的信賴呢？此即涉及顏山農對於「心」的理解，在〈急救心火榜文〉其有言：

> 竊謂天地之所貴者，人也；人之所貴者，心也。人爲天地之心，心爲人身之主，默朕淵浩，獨擅神聰，變適無疆，統率性融，生德充盈，潤浥形躬，親麗人物，應酬日用，自不慮而知，不學而能者也。故曰：是心也，人皆有之。賢者能勿喪耳，聖人能自貴，眾人則皆不能惜重，瓦裂自敗，而行拂亂耳目口體之運，不認本體爲作用，道故不明不行矣。〔註88〕

顏山農對「心」的高舉與重視在於其主宰性（「心爲人身之主」）、融貫性（「統率性融」）、發用流行性（「生德充盈，潤浥形躬，親麗人物，應酬日用」）等；從「心之性情」與「心之神莫」來說，則「心之性情」的「性」即具道德與自然兩個面向，而「情」即「性」之發用即同樣備具道德情感與自然情感兩個面向；從「心之神莫」的「神莫精仁」即「人心」（仁）所能生化天地萬物的神妙能力（功能）。既然「心」已全備充足（「天造具足」），其喪失僅緣於眾人不「惜重」，顏山農的「放心」（「心無所繫」的心理作用和「自見其心」的自信心作用）即在於以敞開心靈，任其自然的信心與態度，作爲體證「心」的「肫仁」之工夫，從而對於「心」有「自貴」與「勿喪」的「保任而守住」。

再者，顏山農既然說「制欲而非體仁」是否即是任由「欲」的肆意放縱呢？顏山農雖然常言及「從心所欲不逾矩」，並以此作爲其學問理論上的重要指標，然而，「從心所欲」卻並不是其思想理論上的全部方向，至少還有「不逾矩」的衡量。顏山農說：「故曰：性也，有命焉。命即性之生生成象，有定分也。性爲命之自天秉賦，無方體也，是爲無方體也，是爲有定分也……詎知心所欲也，性也；繼曰矩也，命也，能從能不逾也，即長也

〔註87〕 參曾昭旭、王邦雄、楊祖漢著《孟子義理疏解》，台北：鵝湖出版社，1989年版，頁130～132。

〔註88〕 顏鈞著〈急救心火榜文〉，《顏鈞集》，頁1。

呆也。」〔註89〕以「心之性情」來看，「性」道德與自然兩個面向，兩者也是「欲」，只是「心之性情」在「成象成形」的情況下便有「定分」（即「命」）的限制，如此，假如能夠依於「心之性情」在「成象成形」的「定分」而止，即能達到「不逾矩」，即是說「欲」能具有其合理性的存在，甚至在「從心所欲不逾矩」的境界中，能得到「開心遂樂」的究極境地，即「樂學大成正造，快遂自心，仁神閫奧，直任夫子至德要道，以仁天下人心……從心孕樂，率性鼓躍」。〔註90〕依此，顏山農的「大成仁道」即已表現出「泰州學派」思想的兩大特徵：自然與樂。〔註91〕

綜言之，顏山農的「制欲而非體仁」中的「制欲」問題，可區分成「在肢體」與「在心」兩個層面的「欲之病」，「欲之病在肢體」可依於封禁、調息與引導作出治理；「制欲之病在心」則需要從「心」的觀念作出釐清來對治。顏山農對「心」的高舉與重視在於其主宰性、融貫性、發用流行性，而其說的「放心」（「心無所繫」的心理作用和「自見其心」的自信心作用）即在以敞開心靈，任其自然的信心與態度，作為體證「心」的「肫仁」之工夫。依顏山農的「大成仁道」思想，要能達到此「從心所欲不逾矩」實是需要從「赤子之心」或「肫仁」的狀態，如是，「放心」而「體仁」即為能至「赤子之心」或「肫仁」的可能工夫，此即是「大成仁道」的工夫意義。

〔註89〕 顏鈞著〈論長生保命〉，《顏鈞集》，頁 15。

〔註90〕 顏鈞著〈履歷〉，《顏鈞集》，頁 35。

〔註91〕 顏鈞常言其學是繼承於王艮「樂學」，顏鈞所強調的「樂學」乃是以「樂」的境界為要，而達至「樂」即以「心」為重，從《中庸》《大學》所得的「心印」而作「七日閉關法」、「制欲而非體仁」等工夫，即能得到精神上的「樂」。顏鈞述及王艮「樂學」時說：「人心本自樂，自知中正學。知學日庸中，精神鼓飛躍。飛躍成化裁，人心同學樂。樂是樂此學，學是學此樂。」（顏鈞著〈錄陽明心齋二師傳道要語〉，《顏鈞集》，頁 42）或「知是昭心之靈，樂是根心之生。」（顏鈞著〈急救心火榜文〉，《顏鈞集》，頁 1）然而，王艮在〈樂學歌〉論及的「樂」與「學」之關係，實是從「良知本體」流行的圓融境界之表現作為理解的關鍵，此即「樂在其中」的說法，而「學」並非「專求諸外」乃是「存吾心之天理」之「學」，「樂」即在此「學」之中，此是「樂是學，學是樂」之意，「學」還是「實實落落在我身上做工夫」或「真真實實在自己身上用工夫」作為「修身」的法門以達至「樂在其中」的「良知本體」流行的圓融境界。換言之，顏鈞繼承於王艮的「樂學」主要是在重視「樂」的精神境界。

（三）「安身運世」的社會事業

顏山農的「大成仁道」思想也有著重於「安人」而成爲「大成聖」的一面，其有言：「千古正印，以衍傳于吳農漢，破荒信，徹良知，洞豁樂學，始以耕心樵仁爲專業；承流孔孟，轍環南國，繼以安身運世爲事功。」〔註92〕簡言之，顏山農的「安身運世」即是王心齋「安身」思想的「修己」與「安人」，如是，顏山農的社會事業是其本於「大成仁道」所作的工夫，其要義即以「本末一貫」來持繼地「養之」、「教之」（「保任而守住」）其心體的呈現（「赤子之心」）。然而，究竟顏山農以怎樣的形式作出「安身運世」的社會事業呢？王汎森先生曾以社區改善運動者、打破士庶分別的講學活動者和心理咨詢商或治療者等三種社會角色來區分顏山農的社會事業，〔註93〕下文即以此三種社會角色作爲討論顏山農的社會事業之面向。

首先，從社區改善運動者來說。顏山農在其「七日閉關」得到「天機先啓」的神秘體驗後，得母親的協助在鄉間成立了「萃和會」，讓顏山農講授作人之道，並能達至一時家鄉和樂風化的現象，顏山農講學後的五日十日已見到成效，甚至在三個月間已能讓老幼都悟透心靈的明覺，雖然後來由於其母親的過世而令「萃和會」組織停止，但是，「萃和會」的經驗可以說是顏山農在往後的「安身運世」中屢屢傳揚，甚至連王心齋也囑託顏山農的說：「子既有志有爲，急宜鑽研此個心印，爲時運遯世之造，會通夫子大成之道，善自生長長收藏，不次宜家風鄉及國而天下也，亦視掌復如子之初筮萃和會三月矣。」〔註94〕然而，顏山農的社區改善運動者的社會事業並不止於在「社區」上，其社區改善運動自有其組織性與實踐的可行性（從其講學組織可見），而顏山農在整個社會的理想建設（改善）上也有其想法，此即其〈急救溺世方〉所論，其言：

> 只要一仁天下之巨臣，能知有種閒儲之銀，散藏四方，三項去處，非官非人民非礦金所堪敵，具目密啓帝旁，六耳忌莫泄揚，直透帝心悅信，必仗帝德吸採，採委啞口數人，行取三月五月，積得億萬萬銀，聚塞帝庭，聽國需用。……三年免徵，大蘇民困樂有餘。隨領洗牢，恩赦一切，原惡重獄，均與其生。……又從而廣搜有位

〔註92〕顏鈞著〈急救心火榜文〉，《顏鈞集》，頁2。
〔註93〕王汎森著〈明代心學家的社會角度——以顏鈞的『急救心火』爲例〉，《晚明清初思想十論》，頁3。
〔註94〕顏鈞著〈自傳〉，《顏鈞集》，頁25。

　　　無位、學德智仁堪稱賢能者，取聘來京，均授孔氏心造，躬佩孝弟
　　　慈讓，大學大道，衍教四方，丕易人心，暮年歸仁而有成，數月悦
　　　服而尊親。〔註95〕

顏山農的以「巨臣」作為拯救「天下大溺」的方案，與王心齋說「出則必
為帝師，處則必為天下萬世師」具有相同的思考方向，即「出仕行道」實
際上是身負道之重任的儒者得到君主（或重臣）的尊重與相信，再傳授其
「道」而達至「安人」的境界。然而，顏山農的想法則更偏向於現實層面，
以為「天下大溺」的主要問題是經濟上的貧乏而已，「巨臣」若能夠發掘非
官非民非礦產的財富，既能取悅君主又能解決社會的經濟問題，如是，即
可以從事社會整頓及儒學教育的政策，從而達「天下有（仁）道」的境況。
顏山農的〈急救溺世方〉無疑偏向於理想化或浪漫化，然而，與王心齋所
言的「帝者師」為儒者「出仕」的目標一樣，卻仍然以「安人」（行道）為
目標而已。又從王心齋「處則必為天下萬世師」想法的比較之下，則顏山
農所實踐的方式也同樣是「講學」，而且，在「講學」的組織上更突顯出社
區上的改善部分。

　　其次，從打破士庶分別的講學活動者來說。顏山農對「講學」活動重視
也秉承王心齋的想法，即以「講學」是個人的「修己」以至「安人」的道德
實踐的可能途徑，又是能達至「人人共明共成之學」，即能圓滿地達成「修
己」與「安人」同成的「安身」境界。然而，顏山農更是從「會約」與「榜
文」的方式組織及宣揚「講學」活動。從〈告天下同志書〉中有言：「凡於
明德親民，居安逢源之功，知及仁守，直養無害，聰明完固，運用同揆，然
後五七為朋，八九類群，將所學而東西南北，述通未聞之人，俾皆感吾輩忠
信之誠，自入於化導之中。由是聖學明而信從易，師道立而善人多，恥格之
民，、伊周之相，將丕成輩出於天下矣。」〔註96〕顏山農的講學目的是將所
學能廣傳，並鼓勵修行者能以群體為單位，散布到四方進行講學，而且，顏
山農的「榜文」公告更是呼籲不同階級的人同來，完全是打破了士庶之別的
講學活動，其有言：「任意去來其間，則又在諸君也。若夫相近相知之侶，
尤乞諸君見報之餘，多加譽祿，遍賜邀集。其貧而有志不能遂者，須有力諸
君區處周恤，乃見與人為善。其致政以上諸大夫固不可以徒行，然而粮補之

────────────────

〔註95〕顏鈞著〈耕樵問答・急救溺世方〉，《顏鈞集》，頁53。
〔註96〕顏鈞著〈告天下同志書〉，《顏鈞集》，頁4。

給，不資費于官民，更覺簡便可久，諸大夫以爲何如？」〔註97〕雖然此段主
調是捐獻的呼籲，然其中的說法則可見顏山農的講學活動的對象乃是不分官
民貧富的，尤有甚者，顏山農在被捕於獄中仍然以「囚友」爲對象進行講學。
〔註98〕

　　另外，顏山農在〈道壇志規〉又有「六道六洗」的說法，其言：「多士諦
鑒，農敬敷述：其一曰：自立宇宙，不襲今古，此可以登道壇之人。二曰：
青天白日，人皆見仰，此可以音道壇之心。三曰：肩任聖神，萬死不回，此
可以同道壇之志。四曰：默識天性，以靈于視聽言動；鼓運精神，而成乎睟
盎禮樂，此爲道壇之學。五曰：孝弟謙和，修斬義利，此爲道壇之德。六曰：
持載覆幬，善養不倦，此爲道壇之教。……一洗農心厭倦，講晢不明，引道
不循……二洗願學多士，世情俗俗懷，毋人言動隱顯……三洗遠近會友，先
須聚講三月……四洗新來多類，須嚴入門相與之誠……五洗心閨迹媚，言話
行波……六洗及門多士恩義深重者，一旦改行易志，有敗同類，並至操戈詐
號，眾聲罪之；導而改悛，未可遽終絕也。」〔註99〕顏山農訂立的「六道六
洗」之說，一方面從鼓動門人的自立與獨創的精神，並且形成一股志同道合
的社會風氣；另一方面，又對於講壇上的不同人各有要求和規定，然而，這
些規定卻又並不一定以尊師爲尚，反而強調重道與平等的精神。依此，顏山
農作爲打破士庶分別的講學活動者，其意義並不止於講學對象的不拘一格，
更重要的是他以「志同道合」及平等精神來組織講學的體團，以「師道立而
善人多」宏願作爲其講學得以「安人」（行道）更具果效的目標。

　　最後，從心理咨詢商或治療者來說。顏山農以「制欲而非體仁」之說
解決羅近溪的「心火」問題是其作爲心理咨詢商或治療者的標誌事件。然
而，從顏山農爲羅近溪治療「心火」的敘述中，所謂「心理咨詢商或治療
者」，其實即是以概念的釐清而達至把心理問題解決，與現代的「哲學輔導」
（Philosophical Counseling）的操作是極爲相近的。然而，顏山農所作的「哲
學輔導」卻還涉及「七日閉關」的一個特殊步驟，依〈著回何敢死事〉記

〔註97〕顏鈞著〈告天下同志書〉，《顏鈞集》，頁 6。
〔註98〕顏鈞曾言其獄中的經歷，說：「刑棒如漿爛，監餓七日，死三次。繼遭瘟痢，
　　　　共將百日，叨不死。……伸縮似輕爽，左右囚友，俱就護救，漸漸調養，竟
　　　　獲安恬。囚友盡驚異，鐸牖其知識，眾聽忻忻，親愛且多。」（顏鈞著〈自傳〉，
　　　　《顏鈞集》，頁 28）
〔註99〕顏鈞著〈道壇志規〉，《顏鈞集》，頁 31～32。

載：「遇耕樵衍講同仁急救心火，芳聽受二十日夜，言下悟領旨味，鼓躍精神，歸學三月，果獲豁然醒，如幾不可過者。」〔註100〕依此，顏山農的心理咨詢商或治療者之角色即已偏向於「傳教」的意味，即以心理咨詢商或治療為名，質實上卻是從儒學思想作為調息、引導以令「心體」的呈現。當然，假如從「講學」即是個人的「修己」以至「安人」的道德實踐的可能途徑，又是能達至「人人共明共成之學」境界，則「講學」的對象或數量其實並不是要點，即使是心理咨詢商或治療，其實亦不過是個人的「講學」而已。〔註101〕

綜言之，顏山農的社會事業（「安身運世」）是其本於「大成仁道」所作的工夫，其要義即以「本末一貫」來持繼地「養之」、「教之」（「保任而守住」）其心體的呈現。從社區改善運動者及打破士庶分別的講學活動者來說，顏山農對社會的理想改善自有其浪漫一面，究其實他又從社區的改善著手組織以「志同道合」、重道與平等的講學團體；從心理咨詢商或治療者來說，顏山農以觀念釐清的「哲學輔導」及用儒家思想主導的「七日閉關法」的混合作為治療方案，這一套治療辦法無疑是以「安人」的「講學」作為道德實踐的秩序，即使是宗教成分濃厚，其所作的「傳道」實是儒學思想之道。顏山農的社會事業其實是傳承於王心齋的「修己」與「安人」思想，只是，顏山農所作的比王心齋的更為多元化，不過，究其實還是以「安身運世」作為其「大成仁道」的完成，如是，顏山農的社會事業其實亦不過是其「大成仁道」的工夫意義。

〔註100〕顏鈞著〈著回何敢死事〉，《顏鈞集》，頁 43。雖然在現存的文獻中並沒有記錄羅汝芳曾接受顏鈞的「七日閉關法」，然而，從「聽受二十日夜」來說，則不難想像羅汝芳也曾接受過「七日閉關法」的修持，尤其是羅汝芳的「聽受二十日夜」、「歸學三月」與「七日閉關法」的「七日」之「了悟心體」、「三月」之「悟後之修」在時間上亦異常吻合。

〔註101〕王汎森先生指出：「從顏鈞治愈羅汝芳的個案看來，顏氏所發展出來的一套治療心火的辦法，宗教成分相當濃厚，有很強的『個人宗教』（individual religion）的色彩，這也使得顏氏在佛道相角力時得以把人們從佛、道那裡扳過來。」（王汎森著〈明代心學家的社會角度——以顏鈞的『急救心火』為例〉，《晚明清初思想十論》，頁 27）本文認為：顏鈞治療羅汝芳的「心火」的辦法，主要以觀念釐清的「哲學輔導」及用儒家思想主導的「七日閉關法」，從顏鈞的「大成仁道」來看，則這一套治療辦法無疑是以「安人」的「講學」作為道德實踐的秩序，即使是宗教成分濃厚，其所作的「傳道」實是儒學思想之道。

參、顏山農「大成仁道」思想中的「道體流行攝歸於本心實性」

本文認為：顏山農的學問宗旨是「大成仁道」思想。從顏山農的學思歷程來看，「大成仁道」作為顏山農的學問宗旨之要義，在於其「樂學大成正造」，並以「許身有為」欲「仁化天下」之實踐行動。從顏山農詮釋王心齋的「大成之學」來看，「大成仁道」作為顏山農的學問宗旨之要義，在於其從《大學》、《中庸》詮釋的「心印」，並以「人心」（仁）作為「本良知一體之懷」（王心齋「大成之學」）的詮釋；以「妙」（神莫）作為「妙運世之則」（王心齋「大成之學」）的詮釋，「仁」（「人心」）即成為其詮釋「大成之學」的關鍵概念，以「大成聖」的「修己」始於「仁」；其「安人」則終於「仁道」，如是，「大成仁道」即成為顏山農的學問宗旨。

以「大成仁道」思想的本體意義來說，即「大成仁道」能作為道德實踐之根據在於：一，「大成仁道」即以其為「良知」的「天然」狀態，顏山農每每以「赤子之心」來指稱此「天然」的狀態，所謂「赤子之心」即是以「本心」（良知）的「天造具足」來說；二，以「性情」與「神莫」指稱「心」所具備的特質和能力，從「心之性情」的「性」即具道德與自然兩個面向，而「情」即「性」之發用即同樣備具道德情感與自然情感兩個面向；從「心之神莫」的「神莫精仁」即「人心」（仁）所能生化天地萬物的神妙能力（功能）；「性情」與「神莫」兩者的兼備正是道德實踐的可能根據，此即是顏山農「大成仁道」的本體意義。從「大成仁道」思想的工夫意義而言，即「大成仁道」能作為道德實踐之程序（實踐的規條）在於：一，「七日閉關法」作為「大成仁道」的道德實踐之程序（實踐的規條），其要義從身體的外在、內部至精神的層面，以封禁、調息與引導的方法，讓修行者回復至「赤子之心」的狀態，此道德實踐之程序雖然表面上僅屬於個人的身體或精神上的修煉，然而，從經歷「七日」的「了悟心體」，「三月」的「悟後之修」，後即能達至「渾融心性」與「曲成不遺」的程序來看，實是從儒學思想作為調息、引導以令「心體」的呈現，顏山農更欲借此修行方式作為具體而真切的工夫；二，制欲而非體仁」中的「制欲」問題，可區分成「在肢體」與「在心」兩個層面的「欲之病」，「欲之病在肢體」可依於封禁、調息與引導作出治理；「制欲之病在心」則需要從「心」的觀念作出釐清來對治。顏山農對「心」的高舉與重視在於其主宰性、融貫性、發用流行性，而其說的「放心」（「心無所繫」的心理作用和「自見其心」的自信心作用）即在以敞開心靈，任其自然的信心與態度，

作爲體證「心」的「肫仁」之工夫；三，顏山農的社會事業（「安身運世」）是其本於「大成仁道」所作的工夫，其要義即以「本末一貫」來持繼地「養之」、「教之」（「保任而守住」）其心體的呈現。從社區改善運動者及打破士庶分別的講學活動者來說，顏山農對社會的理想改善自有其浪漫一面，究其實他又從社區的改善著手組織以「志同道合」、重道與平等的講學團體；從心理咨詢商或治療者來說，顏山農以觀念釐清的「哲學輔導」及用儒家思想主導的「七日閉關法」的混合作爲治療方案，這一套治療辦法無疑是以「安人」的「講學」作爲道德實踐的秩序，即使是宗教成分濃厚，其所作的「傳道」實是儒學思想之道。

依上文的分析而說，本文認爲：顏山農的「大成仁道」思想之形態實是「道體流行攝歸本心實性」。所謂「道體流行」即「良知」（天理、本體）的周流遍潤所眞實地呈現、圓頓地呈現；所謂「本心實性」即以「性情」的一面說「本心」，並以一活活潑潑、天機發見、自然而然的赤子之心爲名；所謂「道體流行攝歸本心實性」即是以此「本心實性」爲依據來達至「道體流行」之境界。從顏山農的「大成仁道」思想來看，其要義在於以「人心」（仁）作爲關鍵概念，以「大成聖」的「修己」始於「仁」；其「安人」則終於「仁道」。如是，要達至「道體流行」的入路即是從「人心」（仁）作爲爲下手處，其中的「七日閉關法」、「制欲而非體仁」等工夫便是對於「人心」（仁）之復返，顏山農常言的「從心所欲不逾矩」、「赤心之心」等即是本於此而說，「大成仁道」思想實是以「人心」（仁）作爲眞切工夫的入路，從而詮釋「道體流行」境界之可能及如如呈現，亦是顏山農的學問思想的核心宗旨。借用牟宗三先生的「破光景」義，顏山農可謂以「人心」（仁）作出種種眞切的工夫以「拆穿」所謂「光景之廣義」（「流行之光景」）。

最後，值得一提的是顏山農的學問風格上所具備的「宗教」特質問題。余英時先生直認爲以顏山農爲例可作爲研究明末清初的儒學宗教化現象之線索，其言：

> 如果我們認識到他（按：顏山農）所體現的是一種眞實的宗教生命，他的悟道和證道都是通過宗教的經驗，而他所承擔的主要也是一種救世的使命，那麼他在泰州學派史上劃時代的地位便十分清楚地顯現出來了。……他已超過了儒家民間講學的階段，走上了化儒學爲宗教的道路。也許由於他的背景畢竟是王陽明和王心齋的儒

學傳統，雖然他也暢談三教，卻認爲孔子的聖學發展到最高階段即
是以『神道設教』，佛教、仙教終不及『尼父之傳』是『坦平之直道』。
〔註102〕

依余英時先生的說法，顏山農的在「泰洲學派」所具有的劃時代地位，主要
在於他的化儒學爲宗教之工作，而顏山農這種宗教化的趨向，則主要來自於
他個人的悟道與證道皆是通過其宗教的經驗而致。然而，相關於顏山農的化
儒學爲宗教的工作，並不單止於其悟道與證道的經驗，更牽涉到顏山農對社
會事業上的組織及工作問題，彭國翔先生曾指出：

即使以西方傳統意義上的"religion"作爲宗教這一概念的主
要參照，隨著陽明學的展開，中晚明儒學的宗教化仍然具有類似的
方向和形態。……顏鈞稱陽明爲『道祖』，試圖建立『教統』；稱孔
子爲『聖神』，將儒學的理性傳統神格化；還實行類似道教修煉的七
日閉關靜坐法。這顯然都是其將儒學宗教化的具體內容。〔註103〕

從各種具體的行動來看，顏山農的學問風格確實具有「化儒學爲宗教」的傾
向。然而，本文認爲：只能說顏山農確實有此「化儒學爲宗教」的傾向，也
不能直言其已經是「化儒學爲宗教」。理由在於：一，假如從學問的通俗化來
看，即「儒家民間講學」之階段，顏山農「大成仁道」思想的工夫義中的「七
日閉關法」、「制欲而非體仁」及「安身運世」等，與宗教上的「悟道」、「修
道」及「傳道」的無疑有相近之處，然而，顏山農「大成仁道」思想中的此
等工夫之核心卻是其「大成仁道」的本體義，即以「赤子之心」詮釋「良知
明覺」，用「性情」與「神莫」指稱「本心」的特質與能力，其中的關鍵處還
是儒家思想的義理，是以本文僅同意余英時先生言顏山農「走上了化儒學爲
宗教的道路」，即其思想具備了「宗教化」的傾向而已；二，顏山農雖有言「神
道設教」卻並非「神化其道以立教」的意思，〔註104〕其要義僅是指以「神妙」
的性命之「道」作爲設立教化之用，顏山農有言：「夫子大中大易之神道設教，

〔註102〕余英時著〈士商互動與儒學轉向〉，收錄於余英時著《儒學倫理與商人精神》，
《余英時文集》（第3卷），桂林：廣西師範大學出版社，2004年，頁194～
201。

〔註103〕彭國翔著〈王畿的良知信仰論與晚明儒學的宗教化〉，收錄於彭國翔著《儒家
傳統：宗教與人文主義之間》，北京：北京大學出版社，2007年，頁118。

〔註104〕任文利先生說：「『神道設教』怎麼解？就是神化其道以立教。……以顏鈞看，
孔子亦從事於此，所謂『專業神仁』，即專門以神化仁道爲業。」（任文利著
《心學的形上學問題探本》，頁177～178）

以爲爐鑄仁道，行麗家國天下，醉飽太和，不欺誑也，豈惟默運明哲哉！」〔註
105〕顏山農言及「神道設教」多從孔子的講學行動而說，言「神道」其實義是
「仁道」，「設教」實即是「講學」，如是，則顏山農雖有言「神道設教」卻不
是「神化其道以立教」之義。

　　儒學的宗教化是明末清初的一個特別現象。王汎森先生直接指出：「泛覽
明末清初的文獻時，我們可以察覺到當時出現一種儒家宗教化的現象，我並
不是說他們眞的完成何種宗教體系，但至少在技節上，他們出現了摹仿佛道
或天主教的現象。」〔註 106〕然而，此一儒學宗教化的現象是錯綜複雜的，既
具有傳統儒學內部思想的傾向，〔註 107〕也涉及儒學思想對佛教、道教思想的
回應，〔註 108〕更牽連到儒學思想俗化與轉向的問題，而顏山農的「大成仁道」
思想則可謂處於這個獨特現象中的其中一個較爲顯著的產物。

第二節　羅近溪的「孝弟慈」思想

引　言

　　羅近溪是「泰州學派」中佔有重要地位的人物。〔註 109〕黃梨洲指出：「論

〔註105〕顏鈞著〈失題〉，《顏鈞集》，頁 11。
〔註106〕王汎森著〈明末清初儒學的宗教化——以許三禮的告天之學爲例〉，王汎森著
　　　　《晚明清初思想十論》，頁 52。
〔註107〕彭國翔先生曾指出：「在陽明學者的推動下，中晚明儒學宗教化的一個方向與
　　　　特點，恰恰表現爲謀求建立一種『自我與超越實在之間的直接關係』。只不過
　　　　對基督教和伊斯蘭教來說，超越實在是外在於主體的上帝、安拉。而對於中
　　　　晚明以王龍溪爲代表的陽明學者而言，超越實在則是內在的良知心體。這個
　　　　意義上儒學的宗教化，可以說是儒家主體性進路的『爲己之學』的極致。」
　　　　（彭國翔著〈王畿的良知信仰論與晚明儒學的宗教化〉，彭國翔著《儒家傳統：
　　　　宗教與人文主義之間》，頁 117）
〔註108〕鄭宗義先生指出：「明末儒學與佛、道的交涉，出現了兩股截然不同的趨向。
　　　　一是嚴辨三教疆界，從儒學的立場力拒佛、道思想的滲入。……另一是出入
　　　　佛、道的儒者，在悟會三教共法的前提下，開啓了三教合一的論說風潮。」
　　　　（鄭宗義著〈明末王學的三教合一論及其現代回響〉，收於吳根友編《多元範
　　　　式下的明清思想研究》，北京：生活・讀書・新知三聯書店，2011 年，頁 181
　　　　～182）
〔註109〕以羅汝芳爲「泰州學派」中的重要人物來說，牟宗三先生直接指出：「羅近溪
　　　　是泰州派中唯一特出者。」（牟宗三著《從陸象山到劉蕺山》，《牟宗三先生全
　　　　集》第八冊，頁 237）而吳震先生更從整個「泰州學派」思想發展之考察中
　　　　指出只有王艮與羅汝芳在理論上有突出的建樹，其言：「無論從思想深度還是

者謂龍溪筆勝舌，近溪舌勝筆。顧盼呿欠，微談刻論，所觸若春行雷動，雖素不識學之人，俄頃之間，能令其心地開明，道在現前。一洗理學膚淺套括之氣，當下便有受用，顧未有如先生著也。」〔註110〕所謂「一洗理學膚淺套括之氣，當下便有受用」實是從「陽明後學」的普遍學風來說，尤其是以王龍溪的學風作比較，劉蕺山言王龍溪之學：「心齋言悟雖超曠，不離師門宗旨。至龍溪，直把良知作佛性看，懸空期個悟，終成玩弄光景，雖謂之操戈入室可也。」〔註111〕從「懸空期個悟，終成玩弄光景」來看，則羅近溪能夠在「顧盼呿欠，微談劇論」之間，把「素不識學之人」得到「心地開明，道在現前」的醒悟，確是能夠把良知學說的風範呈現。然而，雖則黃梨洲對於羅近溪的學說滿有欣賞，但是亦有對於羅近溪的不滿意之處，其言：

> 先生之學，以赤子之心、不學不慮爲的，以天地萬物同體、徹形骸、忘物我爲大。此理生生不息，不須把持，不須接續，當下渾淪順適。工夫難得湊泊，即以不屑湊泊爲工夫；胸次茫無畔岸，便不依畔岸爲胸次，解纜放船，順風張棹，無之非是。學人不省，妄以澄然湛然爲心之本體，沉滯胸隔，留戀景光，是爲鬼窟活計，非天明也。……然所謂渾淪順適者，正是佛法一切現成，所謂鬼窟活計者，亦是寂子速道莫入陰界之呵。不落義理，不落想像，先生眞得祖師禪之精者。……若徒見氣機之鼓盪，而玩弄不已，猶在陰陽邊事，先生未免有一間之未達也。……若以先生近禪，并棄其說，則是俗儒之見，去聖亦遠矣。許敬菴言先生「大而無統，博而未純」，已深中其病也。〔註112〕

黃梨洲對於羅近溪的學說的欣賞處與不欣賞處可謂集中於「不須把持，不須接續，當下渾淪順適」上，以爲羅近溪的學說正在於能以「當下渾淪順適」的義理作「無工夫之姿態而呈現」；然亦於羅近溪此一「無工夫之姿態而呈現」

從思想影響而言，近溪都遠遠超過了顏、何兩人，因此近溪應成爲考察泰州後學之思想的一個重點。甚至可以這樣說，在整個泰州學派當中，除了個別人物有一些重要精彩的思想以外（如一菴的誠意慎獨理論、山農的放心體仁之觀點），唯有心齋和近溪在理論上有突出的建樹，並且對于我們了解泰州學派的思想特質具有典型意義，值得我們加以集中探討。」（吳震著《泰州學派研究》，頁 41）

〔註110〕黃宗羲著，《明儒學案》（下冊）頁 762。
〔註111〕劉宗周著〈師說〉，《明儒學案》（下冊），頁 9。
〔註112〕黃宗羲著，《明儒學案》（下冊）頁 762。

實接近禪宗思想，未能就「流行之體」之後復見「天命流行之體」，實是「有一間之未達」，更由於其「無工夫之姿態而呈現」而顯得「大而無統，博而未純」。

然而，牟宗三先生對於黃梨洲評論羅近溪的思想爲「有一間之未達」及「大而無統，博而未純」則表示「不見得中肯」，其中之一的理由是黃梨洲對於羅近溪思想的特殊風格（即「破光景」）把握不住，〔註113〕其言：

> 近溪決不就每一概念之分解以立新説，他的一切話頭與講説皆是就「道體之順適平常與渾然一體而現」而説，並無新説可立。然此順適與渾淪，就吾人之體現（所謂受用）説，實非容易，光是一「致良知」亦並不足以盡其蘊。（從立綱維説，足以概括，然從眞實體現上説，實不足以盡其蘊。）此「當下渾淪順適」，「工夫難得湊泊，即以不屑湊泊爲工夫」。此「不屑湊泊」之工夫必須通過光景之破除，以無工夫之姿態而呈現，並非眞不需要工夫也。此是一絕大之工夫、弔詭之工夫。此不是義理分解中之立新説，而是無説可立，甚至亦無工夫可立，而唯是求一當下呈現也。……光景者影子之謂也。認此影子爲良知則大誤也。人人皆欲悟良知，然何以終不得受用呢？正因工夫勁道在僵持中，未得全體放下故也。展轉于支撐對治底虛妄架構之中永無了期，如何能得渾淪順適眼前即是耶？是故羅近溪底工夫即在此處用，其一切講説亦在點明此義。以此爲工夫底中心，則一切分解的講説，如正心誠意致知格物之層層關係底解説，皆只是立綱維，立實踐底軌轍，而眞正地作起來，卻無分解的軌轍可言，而卻是須進一步達至那無工夫的工夫，亦即弔詭的工夫。此若説是軌轍，則乃是引詭的軌轍，而非分解的軌轍也。……羅近溪之特殊風格當從拆穿光景説，不當從其歸宗于仁，言生化與一體説也。〔註114〕

依此，牟宗三先生即以「破光景」作爲羅近溪思想的特殊風格或特點，其要義在於：一，羅近溪的「破光景」實是從非分解説的角度來作的眞實體現之

〔註113〕牟宗三先生對於黃宗羲的評論表示「不見得中肯」的另一理由應當是黃宗羲以「流行之體」言儒釋之辨並以此説羅汝芳「有一間之未達」的問題，其「不見得中肯」之處即在於黃梨洲並未能確解「流行之體」的義理。（牟宗三著〈黃宗羲對于「天命流行之體」之誤解〉，《心體與性體》第二冊，《牟宗三先生全集》第六冊，頁126～146）

〔註114〕牟宗三著《從陸象山到劉蕺山》，《牟宗三先生全集》第八冊，頁239～244。

工夫，所謂「非分解」即是不從概念或分析的方式展現思想，〔註115〕牟宗三先生言羅近溪的「破光景」工夫的勝義是以「非分解」的方式展現，即是「無工夫姿態而呈現」，此「無工夫姿態的呈現」與「分解」方式（即以概念或分析的方式表達）的分別在於並沒有從「立綱維，立實踐底軌轍」展示工夫，僅從「真實體現上說」，在踐履時指點出「道體之順適平常與渾然一體而現」，從而「當下便有受用」；二，羅近溪能夠以「破光景」工夫爲其學問的特殊風格，實是依於宋明儒學已從「分解」的方式建構了層層的解說，即已「立綱維，立實踐底軌轍」（即宋明儒學在種種道德實踐之思考，如本體論與工夫論〔註116〕），宋明儒學的思想發展到羅近溪的階段，所要處理的則是如何落實地

〔註115〕 所謂「非分解」即牟宗三先生常言的「非分別說」，而「非分別說」的意思，牟宗三先生說：「用非分別的方式把道理、意境呈現出來，即表示這些道理、意境，不是用概念或分析可以講的；用概念或分析講，只是一個線索，一個引路。照道理或意境本身如實地（as such）看，它就是一種呈現，一種展示；而莊子在某一層面所表現的正是如此。」（牟宗三著《中國哲學十九講》，《牟宗三先生全集》第二十九冊，頁 347。

〔註116〕 牟宗三先生說：「『理學膚淺套括之氣』是表示庸俗。（套括猶言八股）。『一洗……』之語不可用來說別人，並非說程朱陸王等亦庸俗。只因他們分解義理、立綱維、有主斷，故成理學大家，而不可以用此語說。但須知此學本不同于一般的專學。只當分解地說之時，始有系統；有軌道、有格套，亦因而好像是一專學。然而當付之于踐履時，則那些系統相、軌道相、格套相、專學相，便一齊消化而不見……」（牟宗三著《從陸象山到劉蕺山》，《牟宗三先生全集》第八冊，頁 244）換言之，牟宗三先生是以儒學思想內部分解的發展而必至的落實問題上說羅近溪的「破光景」工夫爲特殊風格。魏美媛先生曾指出：「牟先生對近溪的說明，以無工夫的工夫以及當下即是渾淪順適之圓頓理境爲近溪學之特色，正是在其闡明儒釋道之共法上所表示者。此一特色是儒學內部自身的發展：以陽明知體與泰州學派的義理爲背景，是儒學內分解到盡頭，所必至的落實的問題；放在歷史的發展，是儒學高妙圓熟的義理代表。牟先生此一體會，不僅從歷史的發展，將晚明三教合一，做理論的闡明與融通。也是良知學自身應有的內涵。」（魏美媛著〈牟宗三論近溪學的客觀地位〉，載於《鵝湖月刊》第四零六期，2009年 4 月，頁 48）依此，牟宗三先生言「破光景」乃羅汝芳思想的特殊風格或特點仍然是從其對於「陽明後學」的「判教的」分判工作上來說，而本文以「孝弟慈」作爲羅汝芳的學問宗旨乃從其爲學歷程及思想架構的詮釋來說，則兩者的分別即在於詮釋的視角不同，是以無礙於牟宗三先生以「破光景」作爲羅汝芳思想的特殊風格或特點的分判。相關於牟宗三先生對「陽明後學」的詮釋進路爲「判教的」態度，可參拙文〈論牟宗三先生對王塘南「透性研幾」的詮釋〉相關部分的論述，載於《當代儒學研究》第十五期，2013 年 12 月，頁 221～224。

消化分解說的種種解說而達至眞實地「體現」出來的問題。〔註117〕換言之，羅近溪的「破光景」工夫實是預設了種種以「分解」方式所建構的宋明儒學之解說。

　　牟宗三先生以「破光景」爲羅近溪思想的特殊風格實具有深刻的義理脈絡爲依據，然而，「破光景」是否即已全面涵蓋羅近溪的思想而可標示爲「學問宗旨」呢？依於黃梨洲的說法：「大凡學有宗旨，是其過人之得力處，亦是學者之入門處。」〔註118〕牟宗三先從宋明儒學的內部分解的發展至落實消化的層面來說「破光景」乃是羅近溪思想的「過人之得力處」，自是諦當的話。不過，從「學者之入門處」來說，則「破光景」工夫是否已能探入羅近溪的思想呢？本文卻認爲：「破光景」固然是羅近溪思想的特殊風格，而作爲理解羅近溪思想的關鍵處卻是「孝弟慈」，羅近溪曾言：「一切經書皆必歸會孔孟，孔孟之言皆必歸會孝弟，以之而學，學果不厭；以之而教，教果不倦；以之而仁，仁果萬物一體、而萬世一心也已。」〔註119〕此即羅近溪的思想以「孝弟慈」爲其「歸會孔孟」思想的落實方案。周汝登也曾言：「先生以孔孟爲宗，以赤子良心、不學不慮爲的，以孝弟慈爲實，以天地萬物同體，撤形骸、忘物我，明明德于天下爲大。」〔註120〕依此，「孝弟慈」即爲羅近溪思想的落實處，亦是其學問宗旨。

　　那麼，究竟羅近溪的「孝弟慈」思想有何殊勝之處呢？「孝弟慈」作爲羅近溪的學問宗旨又如何體現於其整個思想體系呢？本節將會指出：羅近溪的思想宗旨是「孝弟慈」。從羅近溪的學思歷程來說「孝弟慈」爲其學問宗旨，即羅近溪先從程朱之學「習靜」不果得病轉而向陸王之學，後又以王陽明的良知學未於「愛親敬長處」得落實其理（良知）又回轉孔孟，以「仁者

〔註117〕高瑋謙先生指出：「近溪思想的主要宗趣，乃是在整個儒家思想發展的脈絡中，特別強調天地萬物之存有的意義可以通過人身形體『體現』出來的一種哲學觀點。依此觀點，則所謂身體或形體，以及心體或道體，不再只是抽象概念分解下的兩個異層異質的東西，而是在具體的生命實踐中交融爲一的眞實。」（高瑋謙著〈羅近溪「體現哲學」之工夫論特色〉，載於《揭諦》第21期，2011年7月，頁97）本文認同高瑋謙先生的說法，即說此處言羅近溪的「體現」是表示「身體或形體以，及心體或道體，在具體的生命實踐中交融爲一的眞實」之意思。

〔註118〕黃宗羲著《明儒學案》（上冊），頁4。

〔註119〕羅汝芳著《近溪子集》，羅汝芳著，方祖猷等編《羅汝芳集》（上冊），頁53。

〔註120〕周海門著〈聖學宗傳・羅近溪傳〉，《羅汝芳集》（下冊），頁862。

人也，親親之為大」言「孝弟慈，為天生明德，本自一人之身而末及國家天下」〔註121〕；從思想的架構來說，羅近溪的「孝弟慈」本於「求仁」宗旨而始，「孝弟慈」即是「仁義」的實義，此即「赤子之心」從「孝弟慈」所證成，從「孝弟慈」亦即「親親」之實義，「親親」即可「橫亙將去，便作家國天下」；「孝弟慈」亦即「生生之德」之實義，「生生」即可「直豎起來，便成上下古今」，〔註122〕如是，即從「孝弟慈」（「赤子之心」的「知孝知弟」）證成本心之良知，從而體會天道的生生之德。〔註123〕依此，羅近溪的「孝弟慈」思想之實義乃是指「道體流行攝歸於本心實性」。如此，「孝弟慈」即成為羅近溪的學問宗旨，並從而開展其「赤子之心」、「格物（古今一大關鍵）」、「致知（復以自知）」、「破光景」、「大人之學」等思想。

壹、「孝弟慈」作為羅近溪的學問宗旨

一、「歸會孔孟」的學思歷程

「孝弟慈」作為羅近溪的學問宗旨有其學思歷程上的發展及完成，羅近溪之孫羅伯愚（懷智，1561～1635）曾言：「蓋公十有五而定志于洵水，二十有六而征學于山農，三十有四而悟《易》于胡生，四十有六而授道于泰山丈人，七十而問心于武夷先生。其他順風而拜者不計其數，接引友朋，隨機開發者，亦不知其數，身所止處，弟子滿座，未嘗以師席自居。」〔註124〕羅近溪的學思程歷是豐富而曲節的，今只取其學思歷程中的主軸，而以「會歸孔孟」為終，下文即以「從程朱到陸王」；「由陽明而『歸會孔孟』」來分述。

（一）從程朱到陸王

羅近溪自言其曾有一段受顏山農「治癒」（啟悟）的經歷，此段經歷可作為羅近溪從學於程朱之學（「出就舉業」並以「道學自任」）至學宗陸王（實

〔註121〕羅汝芳著《近溪子續集》，《羅汝芳集》（上冊），頁232。
〔註122〕羅汝芳著《近溪子續集》，《羅汝芳集》（上冊），頁233。
〔註123〕參楊祖漢先生之說，其言：「依近溪，以赤子之心之知孝知弟證本心良知，亦以此體會天道生生，亦可謂是登峰造極，至平易切近處，便是至高明偉大處；但即在此知孝知弟處，便自然給出由內而外，由我而人的實踐規矩、道路，這可說是在枝簡易處開出的實踐道路，這道路是道德主體、本心良知的必然落實處。」（楊祖漢著〈羅近溪思想的當代詮釋〉，載於《鵝湖學誌》第三十七期，2006年12月，頁170）另外，以「孝弟慈」作為羅近溪的思想宗旨，據楊漢老師的親言，實是由他所首先闡發的，特此注明。
〔註124〕羅懷智著〈羅明德公本傳〉，《羅汝芳集》（下冊），頁832。

義是師事顏山農）的一個座標。羅近溪曾自言其學思經歷：

年至十五，方讀《論語》。出就舉業，所遇之師，卻是新城張洵
水先生，名璣，爲人英爽高邁，且事母克孝，每謂人須力追古先。
於是一意思以道學自任，卻宗習諸儒各樣工夫，屏私息念，忘寢忘
食，奈無人指點，遂成重病。賴先君舊領陽明先生之教，覺兒用功
致疾，乃示以《傳習錄》一編，不肖手而讀之，其病頓愈，而文理
亦英發。且遇楚中高士，爲說破《易經》，指陳爲玄門造化。予竊心
自忻，此是天間大道眞脈，奚迥啻玄教而已哉！〔註125〕

依羅近溪之言，其學於程朱的是以科舉的內容爲先，從學於張洵水後，見其
「事母克孝」又「力追古先」，遂有「以道學自任」之志，後來，更有所謂「宗
習諸儒各樣工夫」〔註126〕，其中所習的工夫之一是「屏私息念」，此「屏私息
念」即是薛敬軒（瑄，1389～1465）的「習靜」工夫，〔註127〕此工夫的要旨
爲「萬起萬滅之私吾心久矣，今當一切決去，以全吾澄然湛然之體」，具體的
操作即：「獨居密室，几上置水一盂，鏡一面，對座逾時，俟此中與水鏡無異，
方展書讀之，頃或念慮不專，即掩卷復坐，習以爲常」〔註128〕，如此經年，
卻成「重病」。究竟羅近溪「習靜」或「忘寢忘食」所致的是甚麼病呢？依於
賀貽孫著〈顏山農先生傳〉的記錄，此當爲「心病」或「心火」之病的心理
問題。〔註129〕，按羅近溪在此處的自述，其「重病」經父親（羅前峰，名錦，

〔註125〕羅汝芳著《近溪子續集》，《羅汝芳集》（上冊），頁231。

〔註126〕所謂「宗習諸儒各樣工夫」即「《近思錄》、《性理大全》所說的工夫」。羅汝
芳著《近溪子集》，《羅汝芳集》（上冊），頁52。

〔註127〕薛瑄乃明初宗程朱學者，黃宗羲曾言：「先生以復性爲宗，濂、洛爲鵠，所著
《讀書錄》，大概爲《太極圖說》、《西銘》、《正蒙》之義疏，然多重複雜出，
未經刪削，蓋惟體驗身心，非欲成書也。」（黃宗羲著《明儒學案》（上冊），
頁111～112）從「復性爲宗」與「體驗身心」可見，薛瑄之學乃是重視程朱
的「格物窮理」與「靜坐」等的修持。

〔註128〕曹胤儒著〈羅近溪師行實〉（節錄），《羅汝芳集》（下冊），頁834。

〔註129〕賀貽孫著〈顏山農先生傳〉所錄，顏鈞言羅汝芳之病爲「心病」，其言：「是
乃子之所以大病也。子所爲者，乃制欲，非體仁也。欲之病在肢體，制欲之
病乃在心矣。心病不治，死矣。」（賀貽孫著〈顏山農先生傳〉，《顏鈞集》，
頁83）而此「心病」或「心火」之病，依王汎森先生曾以胡直（胡廬山，1517
～1585）患「火症」之說及明代人使用「心火」一詞的意義而指出顏山農所
說「心火」即是心理問題。參王汎森著〈明代心學家的社會角度——以顏鈞
的『急救心火』爲例〉，收於王汎森著《晚明清初思想十論》，上海：復旦大
學出版社，2004年，頁10。）

1490～1565）給予王陽明的《傳習錄》即得到治愈。依此來看，可以說羅近溪的學問取態已從程朱而轉向陸王，至少是從《近思錄》、《性理大全》轉至《傳習錄》，然而，羅近溪在另一處的自述中卻指出：「却看見《傳習錄》說：諸儒工夫未是，始去尋象山、慈湖等書，然於三先生所爲工夫，每有窒礙，病雖小愈，終沈滯不安。」〔註130〕正在於羅近溪只是「病雖小愈」，即造就了後來相遇顏山農的「急救心火」並事師三年。換言之，羅近溪的「轉向」僅算是初步的，直至其與顏山農的相遇、治病、事師等才是從學問宗趣上轉向陸王。

羅近溪曾自言其與顏山農相遇後的經歷，其言：

> 芳時大夢忽醒，乃知古今天下，道有眞脈，學有眞傳，遂師事之。……三年之後，一夕忽悟今說，覺心甚痛快，中宵直趨卧內，聞於先君，先君亦躍然起舞曰：『得之矣！得之矣！』迄今追想一段光景，誠爲平生大幸大幸也。〔註131〕

羅近溪得到顏山農以「體仁之妙，即在放心」的「治癒」後，遂事師於顏山農，所作的是「朝夕專以孔子求仁、孟子性善質正之，於四書口誦而心惟之，一切時說講章置之不觀」〔註132〕，其後三年，遂得悟而與其父起舞暢樂，更直認此段時光是「平生大幸」。於此，羅近溪的學問宗趣可謂徹底地從「道有眞脈，學有眞傳」歸宗於陸王心學。〔註133〕

（二）由陽明而「歸會孔孟」

經歷顏山農的「治癒」後，羅近溪的學問宗趣已歸屬於陸王的心學，然而，對於王陽明的「致良知」之說，卻以爲還有著「未暇照管」的遺憾，其自言：

> 陽明先生乘宋儒窮致事物之後，直指心體，說個良知，極是有功不小。但其時止要解釋《大學》，而於孟子所言良知，未暇照管，

〔註130〕羅汝芳著《近溪子集》，《羅汝芳集》（上冊），頁52。

〔註131〕羅汝芳著《近溪子集》，《羅汝芳集》（上冊），頁52。

〔註132〕曹胤儒著〈羅近溪師行實〉（節錄），《羅汝芳集》（下冊），頁834。

〔註133〕關於羅汝芳從顏鈞處所得「治癒」，顏鈞曾說：「遇耕樵衍講同仁急救心火，芳聽受二十日夜，言下悟領旨味，鼓躍精神，歸學三月，果獲豁然醒，如幾不可過者。」（顏鈞著〈著回何敢死事〉，《顏鈞集》，頁43）與羅近溪的自述作比較之下，則羅近溪言所謂「大夢忽醒」似乎並不是從顏鈞言「體仁之妙，即在放心」的當下即悟，乃於顏鈞處「聽受二十日」，「歸學三月」才能得。

故只說個良知，而此說良知，則即人之愛親敬長處言之，其理便自
實落，而其工夫便好下手〔註134〕

羅近溪對於王陽明「致良知」的「未暇照管」即僅表示其說未有充分的從「愛
親敬長」（即孝弟）作爲「實落」處，作爲「工夫便好下手」的發揮而已。於
此，可從兩方面看，一者是王陽明言「良知」所著重的確是以「知是知非」
的道德決斷能力來規範「良知」，其言：「良知只是個是非之心，是非只是好
惡。只好惡，就盡了是非。只是非，就盡了萬事萬變。」〔註135〕二者是王陽
明言「致良知」的「未暇照管」自是有其問題意識的限制，即王陽明提出「致
良知」的問題意識是：爲何要「致良知」的問題，其所要論諍的對象是朱子
（熹，1130～1200）的「格物窮理」工夫的「求之於外」與「支離」；「陽明後
學」在「致良知」的體驗參究中提出「致良知」的問題意識卻是：如何「致
良知」的問題，其所要論諍的是在肯認「良知本體」之下所作出的「保任本
體」或「致知存乎心悟」之種種工夫論問題，用羅近溪的說法，即是「致良
知」的「落實」處或「工夫下手」處。依此二者，羅近溪正是既承認王陽明
提出「致良知」的貢獻，又是繼承「致良知」的要義而提出以「孝弟慈」來
充實「致良知」之說，並以「歸會孔孟」爲其自身學問的宗趣。

另外，羅近溪以「孝弟」來作爲孔孟之要，亦有其家庭環境的影響，其
曾說：

辛自幼蒙父母憐愛過甚，而自心於父母及弟妹，亦互相憐愛，
眞比世人十分切至。因此每讀《論》《孟》孝弟之言，則必感動，或
長要涕淚。以先只把當做尋常人情，不爲緊要，不想後來諸家之書，
做得著累喫苦。〔註136〕

〔註134〕羅汝芳著《近溪子集》，《羅汝芳集》（上冊），頁86。
〔註135〕王陽明著，陳榮捷編《王陽明傳習錄詳註集評》，台北：台灣學生書局，1983
年，第二八八條，頁341。然而，王陽明亦有從知孝知弟來說「良知」，其有
言：「孟氏『堯、舜之道，孝弟而已』者，是就人之良知發見得最眞切篤厚、
不容蔽昧處提省人，使人於事君處友仁民愛物，與凡動靜語默間，皆只是致
他那一念事親從兄眞誠惻怛的良知，即自然無不是道。蓋天下之事雖千變萬
化，至於不可窮詰，而但惟致此事親從兄、一念眞誠惻怛之良知以應之，則
更無有遺缺滲漏者，正謂其只有此一個良知故也。事親從兄一念良知之外更
無有良知可致得者，故曰：『堯、舜之道，孝弟而已矣。』此所以爲惟精惟一
之學，放之四海而皆准，施諸後世而無朝夕者也。」（陳榮捷著《王陽明傳習
錄詳註集評》，第一九零條，頁271）
〔註136〕羅汝芳著《近溪子集》，《羅汝芳集》（上冊），頁52。

羅近溪的家庭關係洋溢著「孝弟慈」的真情實意，甚至在立「以道學自任」之志以前，即以為「孝弟」可謂道德實踐的真實感受。在此，則可以說學問宗旨的衡定雖不必然以學思歷程為要，然其學問宗旨的發生意義仍然能從學思歷程中發現，而在羅近溪在事師顏山農的幾年間，曾「東奔西走，而幾至亡身」之後，卻能忽有所悟（「回頭」），其說：

> 又在省中逢著大會，與聞同志師友發揮，卻翻然悟得只此就是做好人的路徑，奈何不把當數，卻去東奔西走，而幾至亡身也？從此回頭，將《論語》再來細讀，直覺字字句句重於至寶，又看《孟子》，又看《大學》，又看《中庸》，更無一字一句不相照映。由是卻想，孔孟極口稱頌堯舜，而說其道孝弟而已矣。〔註137〕

至此，羅近溪以「孝弟慈」作為「良知」的落實處或下手處想法即已形成，更以孔孟的學說為其學問宗旨，此可說是「會歸孔孟」〔註138〕。此後，他所從師的「三十有四而悟《易》于胡生，四十有六而授道于泰山丈人，七十而問心于武夷先生」，都可以說是其以「孝弟慈」規範「良知本心」的說法之逐步完成，〔註139〕如「悟《易》于胡生」，則是從《易》學的「生生之德」來說「孝弟慈」可作為其天性不已之所發。

　　綜言之，從羅近溪的學思歷程來看，其先從程朱轉到陸王的思想規範，又從王陽明的「致良知」與家庭的背景所引領，遂有「歸會孔孟」為學問的

〔註137〕羅汝芳著《近溪子集》，《羅汝芳集》（上冊），頁52。
〔註138〕謝居憲先生認為「會歸孔孟」的「會歸」有二義：「其一為孔孟心傳已失傳二千年，如今失而復得，就此意義而言，有『離而復歸』之意；其二表示近溪哲學以孔孟之學為學，以孔孟之宗旨為宗旨。」（謝居憲著《羅近溪哲學思想研究》，國立中央大學博士論文，2009年，頁56）依此，謝居憲先生認為羅汝芳實有三次較為關鍵的「歸會」：一是歸會於顏鈞，間接歸會於孔孟；二是拜胡宗正為師之前的棄舉業而轉聖學的契機；三是拜胡宗正為師以貫通四書與《易經》。然而，本文此處所著重的只是論述「孝弟慈」可作為羅汝芳的學問宗旨，即羅汝芳往後的思想如何完整地發展其「孝弟慈」思想之完成，仍然可以說是「孝弟慈」作為其思想的規範。
〔註139〕謝居憲先生曾指出：「近溪此時對孔孟之學可以說近乎融會貫通。說是『近乎』是因為近溪自己亦稍有猶疑之處。如此引文中提到：『其時孔、孟一段，似覺渾融在中，一切宗旨、一切工夫，橫穿直貫，處處自相湊合。』近溪用了『似覺』二字，由此可見一斑。」（謝居憲著《羅近溪哲學思想研究》，頁55）本文同意謝居憲先生的說法，即：羅近溪未「悟《易》于胡生」前，對以「孝弟」融會貫通於孔孟之說只是「近乎」而已。不過，此說卻仍無礙於羅汝芳以「孝弟」作為「歸會孔孟」的思想形成之說。

宗趣，其中更以「孝弟慈」作爲「歸會孔孟」思想的要旨，從而發展出其「由實踐之路把握宇宙人生之實相，證悟人生乃至整體存在界之意義及價值」的「實踐哲學」〔註140〕，於此，則可以說「孝弟慈」作爲羅近溪的學問宗旨。

二、從「求仁」到「孝弟慈」的實踐要求

從羅近溪的學思歷程可見「孝弟慈」作爲其學問宗旨的發生意義，然而，從羅近溪的思想架構中亦可以發現「孝弟慈」可作爲其思想系統中的關鍵地位，可說是「其過人之得力處，亦是學者之入門處」。

從義理的思想架構來看，「孝弟慈」如何作爲羅近溪的學問宗旨呢？扼要來說，羅近慈思想的起始是本於「求仁」宗旨，「孝弟慈」即是「仁義」的實義，此即「赤子之心」乃是從「孝弟慈」所證成；從「孝弟慈」亦即「親親」之實義，「親親」即可「橫亙將去，便作家國天下」；「孝弟慈」亦即「生生之德」之實義，「生生」即可「直豎起來，便成上下古今」。依此，從「孝弟慈」（「赤子之心」的「知孝知弟」）證成本心之良知，從而體會天道的生生之德，展示出羅近溪思想的整全面貌，是以說「孝弟慈」可以作爲羅近溪的學問宗旨。

從羅近溪的學思歷程來看，其思想的形成之始在於「歸會孔孟」，「究竟孔孟之學的要旨是甚麼？」的問題，即成爲羅近溪思想架構的起始點。依羅近溪所言，孔孟之學的要旨即在於「求仁」，甚至從《大學》、《中庸》、《易經》內所涵蘊的義理亦全在此「仁」一字。

> 孔門之學在於求仁，而《大學》便是孔門求仁全書也。〔註141〕

> 孔子謂：仁者人也，親親之爲大焉，其將《中庸》、《大學》已是一句道盡。《孟子》謂：人性皆善，堯舜之道，孝弟而已矣，其將《中庸》、《大學》，亦是一句道盡。〔註142〕

> 孔門宗旨，止要求仁，究其所自，原得之《易》，又只統之以「生生」一言。夫不止曰「生」，而必曰「生生」，「生生」云者，生而惡可已也。〔註143〕

〔註140〕 參楊祖漢著〈羅近溪的道德形上學及對孟子思想的詮釋〉，收錄於林維杰等主編《理解、詮釋與儒家傳統：中國觀點》，台北：中研院文哲所，2010 年，頁 65～97。楊祖漢先生曾以此解 說儒學思想乃是「實踐哲學」並以此整理羅汝芳的思想。

〔註141〕 羅汝芳著《近溪子集》，《羅汝芳集》（上冊），頁 8。

〔註142〕 羅汝芳著《近溪子續集》，《羅汝芳集》（上冊），頁 233。

〔註143〕 羅汝芳著《近溪子續集》，《羅汝芳集》（上冊），頁 277。

然而，羅近溪曾指出「孔子公案」〔註144〕的問題，即：究竟孔孟的宗旨是甚麼呢？何以羅近溪認爲是「二千年來，尚未見人說破」呢？羅近溪又言孔門的要旨在於「求仁」，然則此「仁」字的殊異處又在於哪裏呢？羅近溪又以怎樣的思考才能言其能「說破」這「孔子公案」呢？依羅近溪的說法，孔門「求仁」的要旨可從《論語》、《大學》、《中庸》、《孟子》和《易經》五部著作中見其大義。〔註145〕本文認爲：羅近溪言「孔門之學在於求仁」的思考架構可依於三方面作出說明：一，《論語》與《孟子》爲言「仁者人也」之義；二，《易經》以言「生生之仁」之義；三，《中庸》與《大學》乃言「仁之肫肫」之義。〔註146〕

從「仁者人也」的義理來說，羅近溪屢屢直言孔子的學說要義在於「仁者人也，親親之爲大」，而孟子最爲能夠解悟，其以「仁人心也」、「形色，天性也」及「赤子之心」等即能把孔子「仁者人也」之義發揮，又能以此來詮釋《大學》和《中庸》的義理。

〔註144〕所謂「孔子公案」，即是羅汝芳所言：「孔孟兩夫子心事，只有天知。至暗藏春色於言語文字，不無端緒可尋卻二千年來，尚未見人說破。」（羅汝芳著《近溪子續集》，《羅汝芳集》（上冊），頁254）又言：「吾輩今日之講明良知，求親親長長而達之天下。却因何來？正是了結孔子公案。」（（羅汝芳著《近溪子集》，《羅汝芳集》（上冊），頁84）

〔註145〕羅汝芳是認定《論語》、《中庸》和《大學》皆是孔子所作，其言：「竊意，孟子每謂願學孔子，而七篇之言多宗《學》、《庸》，則此書信非孔聖親作不能。而孔聖若非五十以後，或亦難著筆也，蓋他分明自說五十而知天命。今觀《中庸》首尾渾全是盡性至命，而《大學》則鋪張命世規模，以畢大聖人能事也。」（羅汝芳著《近溪子集》，《羅汝芳集》（上冊），頁11）然而，何以羅汝芳只憑義理的詮釋即認定《大學》和《中庸》是「非孔聖親作不能」呢？楊祖漢先生曾指出羅汝芳對於經典的詮釋並非以考據或學術研究爲要，乃是從個人的眞切體悟爲重，其言：「他（按：羅汝芳）的學說，實由於其個人之眞切體悟，並非由客觀地閱讀，研究經典而得。但他根據自己之所體悟，對《論》、《孟》及《大學》的重要觀念，似亦可有一番順當的詮釋，將諸書之主要觀念，貫串成一系統。」（楊祖漢著〈心學的經典詮釋〉，載於《興大中文學報》第二十一期，2007年6月，頁67）依此，羅汝芳以爲《論語》、《中庸》和《大學》皆是孔子所作的理由也是緣於此種詮釋的思考。另外，作爲羅汝芳「歸會孔孟」的啓蒙之師的顏鈞，其實亦直認《大學》和《中庸》是孔子的親作，其說：「孔子一生精神，獨造大學中庸，晚創杏壇，聚斐居肆，肩承師任，陶冶己心人性。」（顏鈞著〈邱隅爐鑄專造性命〉，《顏鈞集》，頁36）如是，則不能說顏鈞對羅汝芳的影響僅止於「治愈」心病，還至少具有某些獨特的創造性詮釋之想法。

〔註146〕如此分解地說羅汝芳的思想架構其實有違於羅汝芳思想主要以「非分解」的展示，然而，爲了從「學者之入門處」得步步分疏理解羅汝芳思想的義理。

　　先說羅近溪對於「仁者人也」之義理詮釋。

　　羅近溪對「仁者人也」的詮釋是從「仁」與「人」的多重關係來辯說。其言「仁」與「人」的第一種關係即是「能仁夫人」，所謂「能仁夫人」即是「仁」之所以能夠成就全是由「人」所作而起，亦即「爲仁由己」，羅近溪有言：「大約孔門宗旨，專在求仁，而直指體仁學脉，只說：『仁者人也。』此人字不透，決難語仁。故『爲仁由己』，即人而仁矣。」〔註147〕即是說，爲「仁」是從自己開始，理由是自己是「人」，唯有從「人」作爲具體的實踐才可以達至「仁」，那麼，何以要從「人」才能達至「仁」呢？此又可分從兩方面而說「人」：

　　首先，從「人具有心」而說「人」。羅近溪以「骨肉」與「靈物」作爲「身」與「心」的「兩件」區分，而從「心」則方能爲「大人」，其說：

> 蓋人之爲人，其體實有兩件，一件是吾人此個身子，有耳有目，有鼻有口，有手有足，此都從父精母血凝聚而成，自内及外，只是一具骨肉而已。殊不知其中原有一件靈物，圓融活潑，變化妙用，在耳知聽，在目知視，在鼻知臭，在口知味，在手足知持行，而統會於方寸，空空洞洞，明明曉曉，名之爲心也。〔註148〕

羅近溪認爲以「人具有心」作爲對「仁者人也」的理解是特別具有「覺悟」義，透過孟子的「仁者心也」來說，此「心」即是「仁」之所在，能夠得著「覺悟」其「心」則自能從於「大人之學」，如此，「仁者人也」與「仁者心也」之義則並無分別，羅近溪即言：「若能得其眞體，使良知活潑，便心即是仁，仁即是心，内則爲主宰，發則爲正路。人心在人，困所係不爲輕也，愼之愼之。」〔註149〕此處所言的「能得其眞體，使良知活潑」即是指以「孝弟慈」的實踐來「覺悟」此「赤子之心」，如是即能達「仁即是心」進而至「斯人而仁」的境地，此即著重於「仁者人也」中「心」（人心）所具的「覺悟」義。後文將詳論羅近溪所論的「良知」與「赤子之心」。

　　其次，從「人身與仁心原不相離」而說「人」。羅近溪認爲即使「心」爲「身」的重要部分，而從生活的實踐上卻只有否「放心」則只在於「節次分辨」的差別上，如是，則兩者實是不能分別處理的，其言：

〔註147〕羅汝芳著《近溪子集》，《羅汝芳集》（上冊），頁27。
〔註148〕羅汝芳著《近溪子集》，《羅汝芳集》（上冊），頁141。
〔註149〕羅汝芳著《近溪子集》，《羅汝芳集》（上冊），頁23。

何以是人？蓋人身耳目口鼻，皆以此心在其中，乃生活妙應，非心如何？其生活應妙，必有節次分辨，即是心之義，而所由以發用之路也。惟人心在人身，如此要緊，則心失而身即死人矣，此所以爲可哀也。人身與仁心，原不相離。〔註150〕

羅近溪認爲「人身與仁心原不相離」作爲對「仁者人也」的理解是特別具有「實踐」義，透過孟子的「形色天性也」來說，此「人身」雖然從「形色」來看僅算是「血肉之軀」，但可也是「天性」的落實之處，也是「聖人結果之地」，「仁心」之發用即需要從「人身」的「實踐」所展現，如是，「仁者人也」的「人」實是「人身與仁心」的一體，羅近溪有言：「吾此形色，豈容輕視也哉！即所以爲天性也。惟是生知安行，造位天德，如聖人者，於此形色，方能實踐。實踐云者，謂行到底裏，畢其能事，如天聰天明之盡，耳目方纔到家；動容周旋中禮，四體方纔到家。只完全一個形軀，便渾然方是個聖人，必渾然是個聖人，始可全體此個形色。」〔註151〕此處所說的「只完全一個形軀，便渾然方是個聖人」的要義即在於「聖人」仍然只是從日用的生活上展示其「仁」，是以羅近溪又有言：「能孝能弟，終身不改，便叫聖人矣。」〔註152〕依於羅近溪言「仁」與「人」的「能仁夫人」關係，所著意的是「人身」與「人心」的關係，「人身」的重要是由於「人心在人身」而「人心」正是「仁」之所在；然又不可以截然區分「人身」與「人心」，因「仁心」的發用仍然要由「人身」作出實踐，此即「能仁夫人」的意義。

然而，羅近溪對「仁者人也」的詮釋中，還有言「仁」與「人」的第二種關係即是「斯人而仁」。所謂「斯人而仁」即是「仁」的發用才算是「人」，即「人」之所以爲「人」的必要條件，是以羅近溪言：「夫仁者人也，能仁夫人，斯人而仁矣。」〔註153〕並不止於「能仁夫人」，還涉及「斯人而仁」的說法，而且，兩者是「本末一貫」的。於此義，羅近溪更以「胚胎」、「萌蘖」等爲喻來解說，其言：

〔註150〕羅汝芳著《近溪羅先生一貫編》，《羅汝芳集》（上冊），頁352。
〔註151〕羅汝芳著《近溪子集》，《羅汝芳集》（上冊），頁50。
〔註152〕羅汝芳著《近溪羅先生一貫編》，《羅汝芳集》（上冊），頁374。
〔註153〕羅汝芳著《明德夫人臨行別言》，《羅汝芳集》（上冊），頁305。

　　　　　故曰：「仁者人也。」此則明白開示學者以心體之眞，亦詳細指
　　學者以入道之要。後世不省，仁是人之胚胎，人是仁之萌蘗，生化
　　渾融，純一無二。〔註154〕

所謂「人是仁之萌蘗」即「能仁夫人」，是表示「仁」的開始是需要由「人」
作實踐的；「仁是人之胚胎」即「斯人而仁」，乃表達「人」之所以爲「人」
的必要條件是能具有「仁」之覺悟，此義可以從羅近溪對於「人之所以異於
禽獸也者幾希」來解說，羅近溪有言：

　　　　　竊謂此章歷論群聖，其意主在憂勤惕勵，然憂勤惕勵，生於覺
　　悟警醒。今承下問，敢以此「覺」字，爲人之異於禽獸處也。蓋天
　　命流行，物與無妄，萬民萬物，並育於霄壤之中，其靈性生生，渾
　　然一體而無二樣。……惟是人在萬物之中，其靈明稟得尤多，而聖
　　生吾人之內，其神明尤爲獨至，故其知能雖普地而同，然而其覺悟
　　則超群而先得。〔註155〕

於此，從「靈性生生，渾然一體」來看，則人與萬物並無兩樣，然而，人的
「靈明」卻「稟得尤多」，其「覺悟則超群而先得」之下，即是「人之異於禽
獸處」，此「覺悟」即「仁」，如是，「人」之所以爲「人」的必要條件（異於
禽獸處）即也是其能具有「仁」之覺悟而已。至此，羅近溪思想的起始是「求
仁」，然從其以《論語》、《孟子》的詮釋說的「仁者人也」，則「仁」乃是偏
重於「人」，甚至可以說「仁學」與「人學」具有「合而一體」又「分而辯證」
的關係。

　　從「生生之仁」的義理來看，羅近溪指出從《易經》的參悟才能理解「仁
者人也」的特殊義理，其中的要義在於「生生」，即從「生生之謂易」而見「天
地之仁」，而「人」作爲「天地之心」（「天地之性，人爲貴；人者，天地之心
也」）則能「復」以「見天地之仁」（天道之生生不已）下，更能從「覺悟」
中得以「天下歸仁」，把「爲仁由己」之「明德」推進至「萬物一體」。究竟
如何從「生生之謂易」能推導至「萬物一體」呢？羅近溪有言：

　　　　　《易》，所以求仁也。蓋非易無以見天地之仁，故曰：「生生之
　　謂易」，而非復無以見天地之易，故又曰：復見其天地之心，夫大哉
　　乾元！生天生地，生人生物，渾融透徹，只是一團生理，吾人此身，

〔註154〕羅汝芳著《近溪羅先生一貫編》，《羅汝芳集》（上冊），頁337。
〔註155〕羅汝芳著《近溪子續集》，《羅汝芳集》（上冊），頁251。

自幼及老，涵育其中知見云爲，莫停一息，本與乾元合體。眾卻日用不著不察，是之謂道不能弘人也。必待先覺聖賢的明訓格言，呼而覺之，……此個機括，即時塞滿世界，了結萬世，所謂：天下歸仁，而爲仁由己。〔註156〕

羅近溪指出「生生之謂易」的要點是「天地之仁」，此「天地之仁」實是天道的生生不已的創生，乃至「生天生地，生人生物」，人作爲「天地之心」其所能作的是「爲仁由己」，以「心」之「覺悟」爲契機，則能「復」得此「生生之仁」。於此，羅近溪更提出了以「生」即「心」的見解，其說：「善言心者，不如把個『生』字來替了他，則在天之日月星辰，在地之山川民物，在吾身之視聽言動，渾然是此生生爲機，則同然是此天心爲復。」〔註157〕然而，雖說「爲仁由己」，但仍可有落實下手處，此即是「孝弟慈」。羅近溪指出：

孔門《學》、《庸》，全從《周易》生生一語化將出來。蓋天命不已，方是生而又生；生而又生，方是父母而己身，己身而子，子而又孫，以至曾而且玄也。故父母兄弟子孫，是替天命生生不已顯現個膚皮；天命生生不已，是替孝父母、弟兄長、慈子孫，通透個骨髓，直豎起來，便成上下今古，橫亘將去，便作家國天下。〔註158〕

從天道的生生不已之創生進而言至人倫生活的狀態，更直接把能「覺悟」得此「天地之仁」（生生之仁）的落實下手處爲「孝弟慈」，以《易經》說「仁」其實並不算沒有先例，而從「孝弟慈」以言則正是羅近溪言「求仁」的特色。〔註159〕

從「仁之肫肫」的義理來看，羅近溪即以《中庸》及《大學》的義理來擴充「求仁」的意義，即以一已之身而達至家國天下，達至「天下歸仁」。羅近溪有言：

〔註156〕羅汝芳著《近溪子集》，《羅汝芳集》（上冊），頁28。

〔註157〕羅汝芳著《近溪子集》，《羅汝芳集》（上冊），頁221。

〔註158〕羅汝芳著《近溪子續集》，《羅汝芳集》（上冊），頁232。

〔註159〕楊祖漢先生說：「以仁是『生道』，本來是宋儒之通說，但近溪之說，是本於孝弟以言之的，這便有其特色。」（楊祖漢著〈羅近溪的道德形上學及對孟子思想的詮釋〉，頁73）

孔子一生求仁，而曰：中心安仁者，天下一人者也。其心將仁其身者，仁萬世人人之身，而死無憑據，故既竭心思而繼以先王之道，於是取夫六經之中，至善之旨，集爲《大學》一章，以修齊治平爲規矩，所謂格也。〔註160〕

「天命之謂性」一語，孔子五十以後，以自家立命微言，而肫肫仁惻，以復立生民之命於萬萬世者也。蓋人能默識得此心此身，生生化化，皆是天機天理，發越充周，則一顧諟之而明命在我，上帝時時臨爾，自然其嚴其慎，見其隱，顯其微，率之於喜怒，則其靜虛而其動直，道可四達而不悖，致之於天下，則典要修而化育彰，教可永垂而無斁也。……若仲尼之敦化川流，此其天地，則超絕形象尤爲大也。是以其道則爲至聖之道，其德則爲至誠之德，而統括之曰：此其仁之肫肫。〔註161〕

所謂「仁之肫肫」是「仁」以「眞實無妄」的狀態，羅近溪指出孔子著《中庸》及《大學》的目的實是要「仁」化天下，讓天下充盈「肫仁」之風，其又說：「蓋孔子一生要仁天下，仁萬世，既竭心思於是，必繼之以先王之道，而仁始足以覆天下、萬世矣，故述而不作，信而好古，六經皆是此意。」〔註162〕

綜言之，羅近溪言孔門宗旨之在「求仁」，其「心事」即在於從「仁者人也」以「能仁夫人」與「斯人而仁」兩義作爲「求仁」的起始點，以「生生之仁」作爲「仁者人也」貫通於天地萬物從而致「萬物一體」；以「仁之肫肫」作爲「仁者人也」的「盡性至命」與「命世規模」作爲「仁之全體」而達「仁天下，仁萬世」。

再說羅近溪對於「親親之爲大」之義埋詮釋。

羅近溪屢屢直言孔子的學說要義在於「仁者人也，親親之爲大」，其說「仁者人也」作爲「仁之全體」的義理已如上述分析，然而，所言的「親親之爲大」又有何殊異之處呢？於此，又可以分爲兩方面而說「親親」。

首先，從「親親長長幼幼」而說「親親之爲大」。羅近溪直接從「親親」作爲「爲仁」的實踐之起手處，所謂「親親」即是「愛親敬長」，亦即只是「孝弟」，其言：

〔註160〕羅汝芳著《近溪子集》，《羅汝芳集》（上冊），頁5。
〔註161〕羅汝芳著《近溪子集》，《羅汝芳集》（上冊），頁5～6。
〔註162〕羅汝芳著《近溪子集》，《羅汝芳集》（上冊），頁9～10。

仁既是人，便從人去求仁矣，故夫子說：「仁者人也」下即繼以
「親親爲大」，謂之曰「爲大」，蓋云親其親，不獨親其親，直至天
下國家，親親長長幼幼，而齊、治、均、平也。此則所謂人上求仁，
又謂中心安仁，盡天下而爲一人者也。〔註163〕

孔門之教，全是求仁。然自己解註，只說「仁者人也」；說「仁
者人也，親親爲大」。至孟子又直截指出：天下之人，其初皆是孩提
赤子，然不慮不學，卻皆知愛親敬長。此可證人即便是仁，亦可知
仁必以親親爲大也。故曰：「人皆可以爲堯舜。」是見得人皆有此良
知也；又曰：「堯舜之道，孝弟而已矣。」亦見得堯舜也，只是此良
知也。學者入道，從此處起手，便是桃李之核，著土定生桃李；五
穀之種，著土定結五穀。〔註164〕

以「親親長長幼幼」而說「親親之爲大」的要點有三：一者是緊扣「仁者
人也」的實踐義，由於「人心在人身」要能「求仁」即要落實地踐行，是
以會從最爲親近的人倫關係作出「親親」（「親其親」）；二者是指出「爲大」
之意，即是「求仁」的實踐並不止於最爲親近的人倫關係（「獨親其親」），
更應該是推廣開去，從「親親長長幼幼」爲始，達至「齊治均平」的「仁
天下」境界，如此一來，即：只要從「人心」中「求仁」，便能以一「人」
開始而成就「仁天下」；三者是以《孟子》的「天下之人，其初皆是孩提赤
子」作爲詮釋的依據「親親爲大」，指出「赤子之心」即「良知」（「不慮不
學」），也指出「赤子之心」最能表現出「親愛敬長」（「孝弟」），如此，「孝
弟」即是「良知」最重要的表現或工夫，亦是「仁必以親親爲大」的理由。
羅近溪更用「桃李之核，著土定生桃李；五穀之種，著土定結五穀」作爲
比喻，指出「良知」（「赤子之心」）即「種子」（種或核），「孝弟」（親親）
即是「著土」，所謂「著土」便是以落實地踐行的意思。換言之，羅近溪以
「親親長長幼幼」而說「親親之爲人」的要點是：羅近溪思想的起始是本
於「求仁」宗旨，此「求仁」即要求從實踐的角度（「人之爲人」）來作成，
「孝弟慈」的實踐表現即可證成此「仁」，亦即證成「赤子之心」的「良知」，
是以「孝弟慈」亦即「親親」之實義，依此「親親」的擴充開去即可「橫

〔註163〕羅汝芳著《近溪子集》，《羅汝芳集》（上冊），頁186。
〔註164〕羅汝芳著《近溪子集》，《羅汝芳集》（上冊），頁206。

亘將去，便作家國天下」。〔註165〕

其次，從「仁義是個虛名」而說「親親之爲大」。羅近溪「仁之實」、「仁之本」與「仁即孝」等「一體」來說「親親」的實義即「孝弟慈」，如是，則「仁者人也」即以「孝弟慈」作爲其落實與根本的解釋而已。其說：

> 蓋天下最大的道理，只是仁義，殊不知仁義是個虛名，而孝弟乃是其名之實也。今看，人從母胎中來，百無一有，止曉得愛個母親，過幾時，止曉得愛個哥。聖賢即此個事親的心叫他做仁，即此個從兄的心叫他做義，仁義是替孝弟安個名而已。三代以後，名盛實衰，學者往往知慕仁義之美，忘其根源所在。〔註166〕

> 「孝弟也者，其爲仁之本與」！本猶根也，樹必根於地，而人必根於親也。根離地，樹則仆矣，心違乎親，人其能有成也耶？故順父母、和兄弟，一家翕然，即氣至滋息，根之入地也深，而樹之蕃茂也，將不可禦矣。然則厚其親者，實所以厚其身也夫。〔註167〕

從「仁義是個虛名」而說「親親之爲大」來說，羅近溪首先從落實的角度指出「仁義」只是虛名，或者說，「仁義」僅能算是抽象的概念，其實質的內容卻是「孝弟」。羅近溪以爲這是孟子從孔子言「仁義」之「實義」，亦是孟子願學孔子「實事」的「始初著力處與末後得力處」，是以所謂「從心所欲不踰矩」實際上亦只是從事「絜矩孝弟而不踰」。於此，「親親之爲大」即是詮釋「仁者人也」的始初與末後的最終依據。既然「仁義是個虛名」而「孝弟」才是「名之實」，那麼，「仁義」與「孝弟」的關係是怎樣呢？羅近溪即指出「孝弟也者，其爲仁之本」，從根與樹的比喻來說，「孝弟」即是「仁義」的「根本」，能以「根本」的作實踐，則「仁義」才，能「滋息」。然而，此作爲「仁之本」的說法卻並非如朱子以「體用」或「本末」作爲詮釋的理據，即認爲從「體」（存在論）上說「仁」才是「孝弟」之「本」（本源）；從「用」

〔註165〕羅近溪指出「孝弟慈」乃「人之爲人」的表現，亦由此作爲「天道生生不已」的表現能推及至遠近。其言：「《論語》首言『學而時習』，即繼以『其爲人也孝弟』。蓋孔子之學，只是教人爲人，孔子教人爲人，只要人孝弟，所以又說：『仁者人也，親親爲大。』親親即仁，以孝弟之仁，而合於爲人之人，則孝可以事君，弟可以事長，近可以仁民，遠烈以愛物，齊、治、均、平之道，沛然四達於天下國家，而無疆無盡矣。合而言之，則道豈有不生也哉？」（羅汝芳著《近溪子集》，《羅汝芳集》（上冊），頁179～180）

〔註166〕羅汝芳著《近溪子集》，《羅汝芳集》（上冊），頁135。

〔註167〕羅汝芳著《近溪羅先生一貫編》，《羅汝芳集》（上冊），頁333～334。

（實踐）上說則「孝弟」便是「仁」之「本」（始初）。〔註168〕羅近溪所言的「孝弟也者，其爲仁之本」是以「仁者人也」觀念來說，其曾言：「古本仁作人最是，即如人言：樹必有三大根始茂，本猶根也，夫人亦然，亦有三大根，一父母，一兄弟，一妻子。」〔註169〕所謂「仁之本」即「人之本」，以人之所以爲人（即：存在論的本源）來說，則「孝弟慈」確然是「仁之本」。如是，在羅近溪的思想中，「仁義」、「人」、「孝弟」即是作爲「一體」的觀念，甚至可以認爲「仁義」與「孝弟」並沒有分別。〔註170〕

　　至此，羅近溪以「仁者人也，親親之爲大」爲孔子學說的一句要義，其學問思想的規模亦由此而定，前者「仁者人也」可以說是其「求仁」宗旨的思想規模（「仁之全體」），後者「親親之爲大」則可以說是其「孝弟慈」思想的落實處、得力處和入門處。依羅近溪的說法，「孝弟慈」即其「求仁」思想之始與終，就「大人之學」〔註171〕，其有言：「太和絪縕，凝結此身，其始之生也，以孝、弟、慈而生，是以其終之成也，必以孝、弟、慈而成也。人徒見聖人之成處，其知則不思而得，其行則不勉而中，而不知皆從孝、弟、慈之不慮而知，不學而能中來也。」〔註172〕如此，「孝弟慈」即可作爲羅近溪的學問宗旨。

　　綜而言之，從羅近的學思歷程中，其先從程朱轉到陸王的思想規範，又從「致良知」與家庭的背景所引領，逐有以「孝弟慈」作爲「歸會孔孟」爲學問的宗趣；又從羅近溪的「求仁」思想開展「仁之全體」，以「親親之爲大」則可以說是其「孝弟慈」思想的落實處、得力處和入門處。依此兩者，本文認爲：「孝弟慈」即可作爲羅近溪的學問宗旨。

〔註168〕朱子言：「言君子凡事專用力於根本，根本既立，則其道自生。若上文所謂孝弟，乃是爲仁之本，學者務此，則仁道自此而生也。」（朱熹著《四書章句集注》，朱杰人等編《朱子全書》第六冊，上海：上海古籍出版社，2002年，頁68）從「凡事用力」與「務」等來說，則朱子言「孝弟也者，其爲仁之本」實是以「用」或實踐的角度來說，其所謂的「本」則只是「始初」之意。

〔註169〕羅汝芳著《近溪羅先生一貫編》，《羅汝芳集》（上冊），頁379。

〔註170〕羅近溪在回答弟子問及「仁與孝，又何分別？」時，即直接回答「亦無分別。」其中的義理解釋即本於上述分析。羅汝芳著《近溪子集》，《羅汝芳集》（上冊），頁15。

〔註171〕羅汝芳常言《大學》即是「大人之學」、「求仁全書」，其「歸會孔孟」的思想宗趣實亦是以此「大人之學」、「求仁全書」作爲其學的規模。羅汝芳曾言：「《大學》原只是一章書，無所謂經，無所謂傳也，亦無所從缺，無所從補也。蓋其從頭至尾，只是反復詳明，以顯大人之學。」（羅汝芳著《近溪子集》，《羅汝芳集》（上冊），頁9）

〔註172〕羅汝芳著《近溪子集》，《羅汝芳集》（上冊），頁134。

貳、「孝弟慈」的本體義與工夫義 〔註173〕

一、「孝弟慈」的本體義

「孝弟慈」作為羅近溪的學問宗旨，自有其思想架構及其個人的學思歷程為依據。然而，羅近溪的「孝弟慈」思想又如何作為道德實踐的可能根據呢？此即羅近溪的「孝弟慈」思想具有怎樣的本體意義之思考問題，下文試從兩方面析論，即：「良知面目」、「赤子之心」與「明德」。

（一）「良知面目」

羅近溪對於「良知」的詮釋主要緊扣《孟子》而來，從「赤子之心」之不學不慮而自然知孝知敬處說明「良知」，又以此「良知」詮釋《大學》的「明德」，指出「明明德」即為「致良知」，再以此契入乾知（生生之德）的意義，使天地物即能貫通而為一，依於牟宗三先生的話來說，這是「道德的形上學」之完成。〔註174〕

羅近溪詮釋「良知」是緊扣《孟子》而說，尤其是《盡心篇》的「人之所不學而能」章〔註175〕，其中的重要觀念，如「不慮而知」（良知）、「孩提之童」（赤子之心）、「愛親敬長」（親親）等盡皆演化成為羅近溪「孝弟慈」思

〔註173〕對於羅汝芳「孝弟慈」思想的本體義與工夫義，本文將只展示其中的義理輪廓，理由在於：

一、相關於羅汝芳的「孝弟慈」之本體義與工夫義之學術研究已有豐碩而令人信服的成果，本文不欲狗尾續貂般重複相關的論說，這方面可參考：李沛思著《從工夫論看羅近溪思想之特色》（國立中央大學碩士論文，2006年）、謝居憲著《羅近溪哲學思想研究》（國立中央大學博士論文，2009年）、魏美媛著《羅近溪實踐哲學研究》（中國文化大學博士論文，2009年）、王振華著《見心與踐心──羅汝芳哲學思想研究》（陝西師範大學博士論文，2011年）等；

二、本文論述羅汝芳「孝弟慈」的目的是要突顯思想中以「本心實（善）性」作為其真切工夫的下手處或關鍵處，是以對羅汝芳「孝弟慈」的本體義與工夫義的論述亦僅限於此。

〔註174〕本節論述羅汝芳「孝弟慈」思想的本體義的目的僅在於指出：「孝弟慈」能夠作為道德實踐的依據之理論展示，並且，此理論的展示是本於論證羅汝芳「孝弟慈」思想實是以「本心實（善）性」為要義，故此，本節的討論僅限於能夠論述羅汝芳「孝弟慈」思想是以「本心實（善）性」為此，而不會再詳細探討羅汝芳的「孝弟慈」思想如何證成「道德的形上學」之問題。

〔註175〕孟子曰：「人之所不學而能者，其良能也；所不學而知者，其良知也。孩提之童，無不知愛其親者，及其長也，無不知敬其兄也。親親，仁也；敬長，義也。無他，達之天下也。」（朱熹著《四書章句集注》，《朱子全書》第六冊，頁430）

想中的關鍵概念。羅近溪對於王陽明言「良知」的說法有稱譽亦言其有「未暇照管」之處，其言：

> 至我朝陽明先生，則又謂學在致其良知。此雖各有所見，然究其宗旨，則皆志於學聖，故少有不同，而不失其爲同也。蓋聖之爲聖，釋作通明。……若陽明先生之致其良知，雖是亦主通明，然良知卻即是明，不屬效驗，良知卻原自通，又不必等待。況從良知之不慮而知，而通之聖人之不思而得；從良佑的不學而能，而通之聖人之不勉而中，渾然天成，更無斧鑿。恐三先生如在，亦必當爲此公首肯而心契也已〔註176〕

> 陽明先生乘宋儒窮致事物之後，直指心體，說個良知，極是有功不小。但其時止要解釋《大學》，而於孟子所言良知，未暇照管，故只說個良知，而此說良知，則即人之愛親敬長處言之，其理便自實落，而其工夫便好下手〔註177〕

羅近溪認爲王陽明以「致良知」來論說「學聖之道」是「渾然天成，更無斧鑿」的，理由在於王陽明所言的「致良知」比較於周濂溪（敦頤，1017～1073）的「主靜」、程伊川（頤，1033～1107）的「主敬」或朱子的「格物致知」等，「致良知」的說法更能「自通自明」而「一悟大悟」。這是羅近溪對於王陽明「致良知」說法的肯定。然而，羅近溪亦認爲王陽明言「良知」有其「未暇照管」，此即表示其說未有充分的從「愛親敬長」（即孝弟）作爲「落實」處，作爲「工夫便好下手」的發揮而已。然而，爲何羅近溪認爲「良知」的說法需要從「實落」的層面而論呢？此義可從三方面而說，一者是「良知面目」問題；二者是孟子說法的問題；三者是「悟後之修」的問題。羅近溪有言：

> 故只說良知，不說面目，則便不見其體如此實落，其用如此神妙，亦不見其本來原有所目。〔註178〕

> 不慮而知，是學問宗旨。此個宗旨，要看得活，若不活時，便說是人全不思慮也，豈是道理？蓋人生一世，徹首徹尾，只是此個知，則其擬議思量，何啻百千萬種也！但此個知，原是天命之性，天則莫之爲而爲，命則莫之致而至，所以謂之不學不慮而良也。〔註179〕

〔註176〕羅汝芳著《近溪子集》，《羅汝芳集》（上冊），頁110。
〔註177〕羅汝芳著《近溪子集》，《羅汝芳集》（上冊），頁86。
〔註178〕羅汝芳著《近溪子集》，《羅汝芳集》（上冊），頁118。
〔註179〕羅汝芳著《近溪子集》，《羅汝芳集》（上冊），頁91。

　　　　知後乃方可入聖焉耳，非即聖人也。蓋良知心體，神明莫測，原

　　與天通，非思慮所能及，道理所能到者也。吾人一時覺悟，非不恍然

　　有見，然知之所及，猶自膚淺。此後須是周旋師友，優游歲月，收斂

　　精神，以凝結心思。……至此則首尾貫徹，意象渾融，覺悟之功，與

　　良知之體，如金光、火色，煆煉一團，異而非異，同而非同。〔註180〕

首先，所謂「良知面目」，即是「良知」的具體實踐主體，依羅近溪的說法即
爲「形狀」，即是「身心」，羅近溪曾言：「精氣爲物，便指此身；游魂爲變，
便指此心。所謂形狀，即面目也，因魂能游，所以始可以來，終可以返，而
有生有死矣。然形有生有死，而魂只有去來，所以此個良知靈明，可以通貫
晝夜，變易無方，神妙而無體也。」〔註181〕「良知」之說若只從道理上言，
則容易變成「空說道理」，是以羅近溪言「良知面目」即是要求能從具體的實
踐而說「良知」，如此，他對於王陽明提出「良知」而未能從「致」作出具體
的實踐方案，誠認爲是「未暇照管」，是以羅近溪提出的「孝弟慈」即是以「實
落」的層面而說。其次，從王陽明言「良知」而對《孟子》的經典詮釋來說，
王陽明僅著重於前半的詮釋及使用，對於後半所言「孩提之童，無不知愛其
親者，及其長也，無不知敬其兄也。親親，仁也；敬長，義也。無他，達之
天下也」卻似未有加以詳解，此即羅近溪以爲「未暇照管」之處，亦是羅近
溪「孝弟慈」思想發端之處，而對於「不慮而知」的「知」作爲「孩提之童」
的比擬，羅近溪更直言「此個宗旨，要看得活」，此「知」非從無思慮之義，
實是認爲此「知」乃是不能有思慮之處來解釋，是以羅近溪用「莫之爲而爲」
與「莫之致而至」的「莫爲莫致」表達當中自然順適的發用與不知其然而然。
再者，「一時覺悟」是羅近溪常說的，然而，羅近溪指出此「一時覺悟」只是
「恍然有見」而已，這種「恍然有見」的「覺悟」是容易流於「膚淺」的，
如是，則工夫實需要不間斷，羅近溪即言：「工夫得不間斷，方是聖體。若稍
覺有間，縱是平日說有工夫，亦還在凡夫境界上展轉，都算賬不得。故學者
欲知聖凡之分，只在自考工夫間斷不間斷耳。」〔註182〕是以羅近溪認爲即使
有「一時覺悟」仍然要有可予實踐的「實落」下手處持續地做工夫，此仍然
是「孝弟慈」。

〔註180〕羅汝芳著《近溪子集》，《羅汝芳集》（上冊），頁 120。
〔註181〕羅汝芳著《近溪子集》，《羅汝芳集》（上冊），頁 70。
〔註182〕羅汝芳著《近溪子集》，《羅汝芳集》（上冊），頁 127。

　　依此而說，以「孝弟慈」作為道德實踐的可能根據即在於其是「良知」的「實落」處的下手處，亦是「良知面目」。然而，羅近溪的「孝弟慈」思想並不止於「良知面目」的一個層面，其言「良知面目」的另一個是「赤子之心」，依於《孟子》的文本詮釋，及「不慮而知，不學而能」的考量，羅近溪認為「赤子之心」更代表著「良知」在實踐上的呈現，而「孝弟慈」則成為特徵；然而，羅近溪曾指出：「吾人之學，專在盡心，而心之為心，專在明覺。……此個明覺曉得，即是本心，亦只是明覺曉得而已。」〔註183〕換言之，「孝弟慈」是「悟良知」的可能與「致良知」的根據。

（二）「赤子之心」與「明德」

　　羅近溪即緊扣《孟子》文本的說法而提出「赤子之心」（「孩提之童」）的說法，以作為「良知面目」，又可以作為「悟後之修」工夫的依據。然而，羅近溪對「赤子之心」的說法與顏山農是截然不同的，顏山農所言「赤子之心」的意義是認真的從具體而現實的層面作論，其說「赤子之心」的特徵是「胎生三月」的「天然」、原始、不涉及任何人為的狀態。羅近溪的說法則是緊扣從孟子言「孩提之童，無不知愛其親者，及其長也，無不知敬其兄也」來說，即其「赤子之心」是從「愛親敬長」的「不學而知」與「不學而能」來立說，如此，羅近溪以「赤子之心」來說其實亦是從具體而現實的層面作論，只是這一具體而現實的層面卻是以道德人倫的實踐作為規範。

　　既然「赤子之心」是「良知」的具體而現實的「面目」（體現），則其展現出來的是何種特徵呢？依羅近溪的說法，即是「孝弟慈」，其言：

> 孔子此書，却被孟子一句道盡，所云「大人者，不失其赤子之心」者也。夫孩提之愛親是孝，孩提之敬兄是弟，未有學養子而嫁是慈。保赤子，又孩提敬愛之所自生者也。此個孝、弟、慈，原人人不慮而自知，人人不學而自能，亦天下萬世，人人不約而自同者也。今只以所自知者而為知，以所自能者而為能，則其為父子兄弟足法，而人自法之，便叫做「明明德於天下」，又叫做「人人親其親，長其長，而天下平也」。此三件事，從造化中流出，從母胎中帶來，遍天遍地，亘古亘今。〔註184〕

〔註183〕羅汝芳著《近溪子續集》，《羅汝芳集》（上冊），頁271。
〔註184〕羅汝芳著《近溪子集》，《羅汝芳集》（上冊），頁108。

> 孔門宗旨在於求仁。仁者人也，天地萬物爲一體者也。人以天
> 地萬物爲一體，則大矣。《大學》一書，聯屬家國天下以成其身，所
> 以學乎其大者也，然自明明德爲始焉。明明德者人之所不慮而知，
> 其良知也。孩提之童無不知愛其親，無不知敬其兄者也。老吾老以
> 及人之老，長吾長以及人之長，幼吾幼以及人之幼，而家國天下運
> 之掌矣。故曰：「大人者，不失其赤子之心者也。」〔註185〕

羅近溪以「赤子之心」的說法作爲「良知」的具體而現實的「面目」，並「良
知」的「不慮而知」與「不學而能」來說明「愛親敬長」（孝弟慈）之「自知
自能」，如此，羅近溪便是從「知愛知敬」來規範「良知」之義理，更從此「良
知」之義理的具體而眞實的呈現即在於「孝弟慈」的實踐中來說，「良知」之
「知」與「實踐」全在於「孝弟慈」的活動之中，可以說是爲「良知」的理
解作出了一個與別不同的詮釋。〔註186〕

羅近溪言「赤子之心」之「知愛知敬」不單止於證成「良知」，更從而別
開生面地論述「明德」才是《大學》的「總括」。〔註187〕其言：

> 明德只是個良知，良知只是個愛親敬長，愛親敬長而達之天下，
> 即是興仁興義，而修、齊、治、平之事畢矣。故此一章，全重在無

〔註185〕羅汝芳著《盱壇直詮》，《羅汝芳集》（上冊），頁 387。

〔註186〕楊祖漢先生指出：「若只從知是知非處理良知，是『智』的意味比較重；若從
知孝知敬說良知，則知之同時即是孝弟之活動，此是以孝弟爲主，涵藏『知』
於孝弟之實踐中，此有似於劉蕺山所說的『知藏於意』。……近溪是從知孝知
敬弟以落實良知，又以孝弟的眞切自然以指點『仁』的意義。可以說他是對
陽明所說的『大人（或吾心之仁）與天地萬物爲一體』之義，作了非常具體
而眞切的說明。」（楊祖漢著〈羅近溪的道德形上學及對孟子思想的詮釋〉，
頁 69）

〔註187〕對《大學》的論述自朱熹把其輯爲「四書」之一後，《大學》一直以其「綜括
性的，外部的（形式的）主客觀實踐之綱領，所謂只說出其當然，而未說出
其所以然」（牟宗三著《心性與性體》（第一冊），《牟宗三先生全集》第五冊，
頁 22）的特性，而爲宋明理學家所一直以自身的思想而對《大學》「塡彩」，
如朱子以「格物」爲《大學》要旨；王陽明則著重於「致知」；「陽明後學」
即普遍以「知止」爲要，羅汝芳對《大學》詮釋的殊異處即以「明明德」爲
「總括」而「知止」乃爲「眼法」而已，即羅汝芳所言：「《大學》一書，總
括是明吾明德，其眼法只在知止。」（羅汝芳著《近溪羅先生一貫編》，《羅汝
芳集》（上冊），頁 331）所謂「知止」即「眼法」即是以「知止」作爲整套
工夫論的實踐目標，而「明德」卻是從工夫的下手處以至於最終處的達成，
即以一己的「明德」爲始；而「明明德於天下」爲終，如此，「明吾明德」即
成爲《大學》一書的「總括」。

不知愛、無不知敬。此「無不知」三字，一頭管著自己意、心、身；一頭管著家、國、天下。只因人生出世來，此條命脈，原是兩頭都管著，所以《大學》纔說物之本，便連及其末；纔說事之始，便要及其終。〔註188〕

　　大學者，學為大人者也。大人者，與天地合德，與日月合明。大明當空，容光必照，日月者，天地之所以成其大也。良知虛靈，森然萬象，明德者，吾心之日月而萬物一體，與天地同其大者也。明德既是萬物一體，明明德者，亦當一體乎萬物矣。如欲明孝之德，便須體親之心，以盡其愛；欲明弟之德，便須體兄之心，以行其敬；欲明忠信之德，便須體朋友之心，以盡先施之義，推之天下之人，皆一體相親，便是明明德於天下。明德是主意，親民是工夫，而止至善則又其樞要也。〔註189〕

　　明明德之本來明者，即愛親敬長，不慮而知，不學而能，人人皆無不有之者也。老吾老以及人之老，而莫不興孝，長吾長以及人之長，而莫不興弟，即明德達之天下，而人人親親其親、長其長，治且平焉者也。〔註190〕

羅近溪以「明德」即「良知」，直接以「愛親敬長」作為「良知」的規定。羅近溪這樣的詮釋「明德」是配合《大學》與《孟子》的文本結構的，從《大學》而論，「明德」即是「修身」之要，羅近溪曾指出「明德」的「明」即是「日」與「月」的組成，代表著「天」，而「明德」的詮釋便成為「人之心則天也，心之知則日月也」的「良知心體」之義；至於「明明德」即從而為「人知己之有良知也」的「覺悟」自身的「良知心體」之義。〔註191〕依此，「明德」即成為《大學》的「修身」之要，並連接於「意、心、身」與「家、國、天

〔註188〕羅汝芳著《近溪子集》，《羅汝芳集》（上冊），頁158。
〔註189〕羅汝芳著《近溪羅先生一貫編》，《羅汝芳集》（上冊），頁343。
〔註190〕羅汝芳著《近溪子集》，《羅汝芳集》（上冊），頁213～214。
〔註191〕羅汝芳曾言：「明字，從日從月，天之所以為天者，為其有日月也。如非日月，則天之功用廢矣。人之心則天也，心之知則日月也，故心之在人，自朝至暮，自幼至老，無非此知以為功用。捨知以言心，是無日月而能成天也，有是理哉？」（羅汝芳著《近溪子集》，《羅汝芳集》（上冊），頁220）羅近溪言「明」的詮釋當為創造性的詮釋，不過，撤除其「明」即「日月」亦為「天之功用」來說，僅以「明德」即「良知明覺」之發用來說，其以「明德」說「良知」亦是有其符合處的。

下」兩邊，羅近溪更以「物有本末，事有始終」來說此「明德」與「明吾明德」實爲《大學》的「總括」。從《孟子》而說，羅近溪以「愛親敬長」（孝弟慈）來規定「明德」之內容與下手處，即言「欲明孝之德，便須體親之心……欲明弟之德，便須體兄之心」，更依此言「明德」即能推廣至「人人親親其親、長其長」，最終「達於天下」。如此以「明德」貫穿於「良知」、「孝弟慈」來立論，更配合《孟子》「人之所不學而能」章最後一句「達於天下」作詮釋。

此外，羅近溪更認爲「致良知」的實義即是「明明德」而已，對於「致良知」的「致」，羅近溪曾言：

> 致也者，直而養，順而推之。所謂致其愛而愛焉，而事親極其孝，致其敬而敬焉，而事長極其弟，則其爲父子兄弟足法，而人自法之。是親親以達孝，一家仁而一國興仁；敬長以達弟，一家義而一國興義也。非所謂「人人親親其親、長其長，而天下平」耶？〔註192〕

羅近溪所說的「直而養，順而推之」作爲「致」的方案，與「明德」的「明孝之德，便須體親之心，以盡其愛」，其義理上都只是從體證自身的「良知心體」而已，兩者的下手處也是「孝弟慈」，其終亦是「人人親親其親、長其長，而天下平」。「致」與「明」皆能從「孝弟慈」作爲體證工夫的下手處之要義，實是在於羅近溪認爲「吾性之善，則本然具足，原非可以得失言者也」〔註193〕的見解，即是說，羅近溪言「良知」、「赤子之心」、「明德」及「孝弟慈」等貫穿於其思想系統之內，其關鍵的要義還是從「本心實性」中下眞切的工夫，故此，羅近溪直說：「吾人之學，專在盡心，而心之爲心，專在明覺。」〔註194〕

此外，羅近溪以「赤子之心」的「知敬知孝」作爲規定「良知」，又以「孝弟慈」爲「良知」的眞實呈現，則「孝弟慈」所作的「愛、親、敬」等情感作爲怎樣的理解呢？即是說，如何衡定「孝弟慈」爲「良知」的眞實呈現呢？羅近溪提出了「性情」與「情性」之區分，又指出以「源頭清潔，若其初志氣」以避免「嗜欲以認天機」的說法。

> 蓋《中庸》名篇，原是平常而可通達者也。今論人情性之平常應用者，是喜怒哀樂；而其最平且常者，則又是喜怒哀樂之未發也。……《中庸》原先說定喜怒哀樂，而後分未發與發，豈不明白

〔註192〕羅汝芳著《近溪子集》，《羅汝芳集》（上冊），頁86。
〔註193〕羅汝芳著《近溪子續集》，《羅汝芳集》（上冊），頁280。
〔註194〕羅汝芳著《近溪子續集》，《羅汝芳集》（上冊），頁271。

有兩段時候也耶？況細觀吾人終日喜怒哀樂，必待物感乃發，而其不發時則更多也。感物欲動情勝，將或不免，而未發時，則任天之便更多也。《中庸》欲學者得見天命性眞，以爲中正平常的極則，而恐其不知喫緊貼體也，乃指出喜怒哀樂未發處，使其反觀而自得之，則此段性情，便可中正平常。〔註195〕

形色天性，孟子已先言之。今日學者直須源頭清潔，若其初志氣，在心性上透徹安頓，則天機以發嗜慾，嗜慾莫非天機也。〔註196〕

依此，羅近溪區分「性情」與「情性」，前者是「感物欲動情勝」而後者是「天命性眞」，「孝弟慈」等感情是否得以爲「良知」的眞實呈現，即以其爲「天命性眞」之「性情」作衡之定；又從「其初志氣」來說的「赤子之心」渾然天機，則更強調「良知明覺」的「覺悟」義。

綜言之，羅近溪先言「良知」以「赤子之心」爲其「體現」（面目），從「知愛知敬」來規範「良知」之義理，再以爲「良知」之義理的具體而眞實的呈現即在於「孝弟慈」的實踐中來說，「孝弟慈」即成爲道德實踐的可能根據。羅近溪又以「明德」即「良知」，直接以「愛親敬長」作爲「良知」的規定，「明德」才是《大學》的「總括」，即「修身」之要，並連接於「意、心、身」與「家、國、天下」兩邊，使得《大學》的「鋪張命世規模」全由得從「孝弟慈」的實踐作始與終，「孝弟慈」即成爲道德實踐的可能根據。

二、「孝弟慈」的工夫義

「孝弟慈」作爲羅近溪的學問宗旨，不單具備本體義，更涉及工夫義。羅近溪的「孝弟慈」是強調實踐的進路作爲其思想的要旨，其工夫論的基本要素則是「覺悟」與「實踐」，而其所論的工夫亦以此兩者作爲開展，其言：

學道不悟，如適燕，京不知途徑，東走西奔，終無至日；悟而不用功，又如說夢中物，口可得而言之，終不可得而有之也。〔註197〕

若論爲學，則有從覺悟者，有從實踐者。陽明先生與心齋先生，雖的親師徒，然陽明多得之覺悟，心齋多得之踐履。要之，覺悟透，則所行自純；踐履熟，則所知自妙，故二先生俱稱賢聖。但孔子之

〔註195〕羅汝芳著《一貫編・大學》，《耿中丞楊太史批點近溪子全二十四卷集》，《四庫全書存目叢書》，集部第一二九冊，台南：莊嚴文化事業，1997年，頁592。
〔註196〕羅汝芳著《近溪子集》，《羅汝芳集》（上冊），頁353。
〔註197〕羅汝芳著《明德夫子臨行別言》，《羅汝芳集》（上冊），頁302。

言仁，必先以智；孟子之言力，必先以巧，則覺悟、踐履，功固不
缺而序實不容紊。如此詩謂：「念頭動處當謹」，然念頭動從何來？
則未謹之先，不可不探求也；「舉足之間必慎」，然舉足將何所之？
則未慎之先，不可不商訂。〔註198〕

羅近溪雖言「有從覺悟者，有從實踐者」著重於「覺悟」與「實踐」的兼備，
然其始終認為「謹慎」之先是重要，此即以當「覺悟」作為工夫的首先次序，
然而，也並不以為「實踐」為次要，兩者只是在先後次序而非優次的次序。
依此而言，羅近溪所言的工夫即以「格物」的「覺悟」（識仁）義為首先；「致
知」的「實踐」（踐仁）為其次，然而，羅近溪更提出即使已兼備「格物」與
「致知」，還有「破光景」一路的工夫。依此三者來說，即羅近溪「孝弟慈」
思想中的道德實踐之程序（實踐的規條）。

（一）格物與致知

羅近溪所的「格物」與「致知」的實義是覺悟與實踐兩路並行的方案，「格
物」是識仁、悟仁之過程，要義在於契入「大人之學」的關鍵；「致知」是體
仁、踐仁的過程，要義是踐行真正的「大人之學」。先說「格物」

羅近溪曾指出：「故吾人不期學聖則已，學聖必宗孔子，而宗孔子則捨《大
學》，奚以哉？此格物所以為古人一大關鍵。」〔註199〕羅近溪認為「格物」為
學宗孔門的「古今一大關鍵」，其理由即在於「格物」為《大學》的首重義理，
而《大學》即為「孔門求仁全書」，依於羅近溪「求仁」思想的要求，「格物」
便相當地重要。然而，究竟羅近溪所言的「格物」義理有何殊異處呢？羅近
溪說：

> 吾今說正、修、齊、治、平，如何而成始成終？是則即名格物
> 也。若格之之功，到明白透徹，曉得意、心、身之所以能為本，而
> 果足以該乎家、國、天下之末；又明白透徹，曉得誠、正、修之所
> 以當為先，而自可及乎齊、治、均、平之終。先後一貫，停妥不
> 亂，便近大學之道，而知止乎至善也。由是所學，意可誠，心可正，
> 身可修，家可齊，國可治，天下可平。視諸古先之明明德於天下者，
> 其精蘊、其規模，分寸不爽，乃為定、靜、安、慮、能得至善以止
> 焉，而後大學之事畢矣。究竟其明明德於天下，原非他物，只是孝

〔註198〕羅汝芳著《近溪子集》，《羅汝芳集》（上冊），頁219。
〔註199〕羅汝芳著《近溪子集》，《羅汝芳集》（上冊），頁23。

弟慈三者，感孚聯屬，渾融乎千萬人爲一人，貫通乎千萬世爲一世
已爾。……故予嘗謂：大人者，不失其赤子之心者也，此句便足以
盡發《大學》之精蘊；大人者，正己而物正也，此句便足以盡概《大
學》規模。〔註200〕

　　作《大學》者其旨趣要此學學得大，而又要大學之道，道得善，
善得至。明明德於天下而先之國家，國家而先之身心，原如要終，
由天下之本及天下之末，而了天下之大物也。了天下此個大物，不
思古今格則，以格其物，則本何以舉末？末何以歸本？學且未也，
而況於善？善且未也，而況於至耶？故緊接以物，既得其格而善，
斯知其至矣。此個格物，二千年來，訓釋多多少少，芳不量力，主
張滋説，極知妄誕，但聯絡文勢，頗爲貫串，查對石刻古文，亦覺
不相背戾。況下文：自天子以至庶人壹是，修身爲本，又自註釋：
本亂則末難治。蓋本亂則躬不自厚，而所薄又安能歸厚？此謂知本，
此謂知之至，如何本末之格而非善至也哉？若本之身心，以通乎國
家天下，盡天下國家，而管之身心。〔註201〕

簡要來說，羅近溪的「格物」說仍然是依循著王心齋「淮南格物」的形式義
與內容義來說，從「格物」的形式來說，則「格物」的「格」是「絜矩」或
「絜度」之意；「格物」的「物」即「一物有本末之謂」的「物」。羅近溪也
有言：「格物者，物有本末，於本末而先後之，是所以格乎物者也。」〔註202〕
從「格物」內容來看，所謂「本末一物」即是以「意、身、心」爲「本」；「家、
國、天下」爲「末」，而所謂「先後（始終）一事」即是以「誠、正、修」爲
「先」；「齊、治、均、平」爲「後」，其所以作爲「格」的「絜矩」即是「明
明德」，而「明明德」（良知明覺）之要即只是「孝弟慈」（即「修身爲本」），
作「孝弟慈」的工夫便是「格物」之要義。然而，此「孝弟慈」的工夫又當
如何作呢？羅近溪曾指出：

　　吾子此疑（按：即「安望其有道可得，有聖可成也耶？」），果
是千古不決之公案，然却是千聖同歸之要轍也。其端只在能自信從，
而其機則始於善自覺悟，如其覺悟不妙，難望信從而同歸矣。〔註203〕

〔註200〕羅汝芳著《近溪子集》，《羅汝芳集》（上冊），頁215～216。
〔註201〕羅汝芳著《近溪子續集》，《羅汝芳集》（上冊），頁249～250。
〔註202〕羅汝芳著《近溪子集》，《羅汝芳集》（上冊），頁27。
〔註203〕羅汝芳著《近溪子集》，《羅汝芳集》（上冊），頁36。

聖賢之道，原從心上覺悟，故其機自不容已。〔註204〕

換言之，作爲「孝弟慈」的「格物」工夫，其中最重要的步驟爲：「信得及」與「覺悟」，而具體的工夫卻可以有不同方式，羅近溪曾自言其想法：「某常汎觀，今古聖賢，其道雖從悟入，其悟却有不同，有從有而入於無者……有從無而入於有者……」〔註205〕更具體的方式也可能只是「久久反躬尋討，事事隨處觀察」，因爲「善根宿植、慧目素清的人，他却自然會尋轉路，曉夜皇皇，如饑荸想食，凍露索衣，悲悲切切，於欲轉難轉之間，或聽好人半句言語，或見古先一段訓詞時，則憬然有個悟處，所謂皇天不負苦心人，到此，方信大道只在此身，此身渾是赤子，又信赤子原解知能，知能本非慮學，至是，精神自來貼體，方寸頓覺虛明」〔註206〕。如此來說，羅近溪所言「格物」作爲「孝弟慈」的工夫義，其意義在於以「孝弟慈」（修身爲本）爲「絜矩」於「意、身、心」和「家、國、天下」，而其「孝弟慈」（修身爲本）的要義則以「信得及」與「覺悟」。

再說「致知」。羅近溪曾言：「蓋格物以致其知，知方實落，達道以顯其性，性乃平常。」〔註207〕又言：「是則誠意而出格者也。例之修、齊、治、平，節節爲格物致知也明矣。」〔註208〕羅近溪並未有刻意言「致知」的工夫，其所言「致知」實僅算是從「格物」工夫得到「覺悟」後一段的「悟後之修」之工夫。約而言之，羅近溪所言的「悟後之修」的工夫可區分成「復以自知」與「克己復禮」，兩者的要義皆在於「復」之一字。羅近溪言「復」主要從〈復卦〉來說，其曾言：

後弱冠遇人教以講《易》須先乾坤，乾坤須先復，乾坤二卦，雖不相離，而不可相並，六十卦皆是此意。……乾曰「元亨利貞」，復則是元之初，初起頭處，融和溫煦，天下萬事萬物，最可喜可愛，而爲卦之善者也。然孟子形容這個善，卻云：「可欲之謂善。」而孔子指點這個乾元，則又云：「元者善之長。」是復在六十四卦，豈不是第一最善者哉？今要解得復卦的確，須說復是復個善。其復善，又是復善之最長，而非可以其他卦例言也。〔註209〕

〔註204〕羅汝芳著《近溪子集》，《羅汝芳集》（上冊），頁84。
〔註205〕羅汝芳著《近溪子集》，《羅汝芳集》（上冊），頁89。
〔註206〕羅汝芳著《近溪子集》，《羅汝芳集》（上冊），頁37。
〔註207〕羅汝芳著《近溪子集》，《羅汝芳集》（上冊），頁89。
〔註208〕羅汝芳著《近溪子集》，《羅汝芳集》（上冊），頁3。
〔註209〕羅汝芳著《近溪子續集》，《羅汝芳集》（上冊），頁279。

羅近溪對於〈復卦〉的解說是連同孔孟的「善之長」來講，所謂「復」是從「元之初」，天地萬物的初始而言，依孟子此即是「善」；依孔子此更是「善之長」（「長」即「生長」之意），是以「復」亦可以說是「復善」，更可以說是「復善之生而又生」。依此「復」，羅近溪提出「復以自知」的工夫，其言：

> 此與興復、恢復，卻又不同。蓋彼是失而後復。若吾性之善，則本然具足，原非可以得失言者也。〔註210〕

> 此「復」字，從知處說起，所以云「復以自知」也。〔註211〕

> 復是一個而可兩分，雖可以兩分而實則總是一個善也。但性善則原屬之天，而順以出之，知善則原屬之人，而逆以反之。故孩提初生，其稟受天地太和，真機發越，固隨感皆便歡笑。若人心神，開發於本性之良，徹底悟透，則天地太和，亦即時充滿，而真機踴躍，視諸孩提又萬萬也。〔註212〕

> 如乾曰「乾知太始」，始即元也，元則的確是善矣。復曰「復以自知」，自即己之性也，己性又不的確亦是善也哉？顏子心不違仁，則渾然已是復了，復則昭然已自知了，心上更不能以不善昧之，而且頃刻不能容之也。〔註213〕

所謂「復以自知」其要處是從「知」來說，亦即昭然已自即己之性，此已性實已是善。羅近溪先指「吾性之善，則本然具足」，這便不是從「失而得」來說「復」而是如何「昭然自知」的問題，即是「體仁」；羅近溪再指出此「復」是從「天之性善」與「人之知善」兩方面來說，以「人之知善」來說，其以「逆以反之」（體證）的方式達至「徹底悟透」；以「天之性善」來看，其僅從「順以出之」（自然發用）的方式達到「真機發越」，兩者可以說是不同入路的「知」卻依樣是「善」。前者即是聖人覺悟自知，後者即是百姓日用不自知。至此，「復以自知」即是渾然已是自即己之性的「體仁」與「踐仁」，是「悟後之修」的「逆以反之」的體證方式作工夫。

羅近溪言「復」還有「克己復禮」的工夫，其言：

〔註210〕同上註。
〔註211〕羅汝芳著《近溪子續集》，《羅汝芳集》（上冊），頁 280。
〔註212〕同上註。
〔註213〕同上註。

復本諸《易》，則訓釋亦必取諸《易》也。《易》曰「中行獨復」，又曰「復以自知」。獨與自，即己也，中行而知，即禮也。惟獨而自，則聚天地民物之精神而歸之一身矣，己安而不復耶？惟中而知，則散一己之精神而通之天地民物矣，復安得而不禮耶？故觀「一日天下歸仁」，則可見禮自復而充周也；觀「為仁由己」而不由人，則可見復必自己而健行也。……亦知其訓有自，但本文由己之「己」字也，亦克己「己」字也，如何作得做「由己私」？《大學》：克明德、克明峻德，亦克己「克」字也，如何作得做「去明德」、「去峻德」耶？況克字正解，只是作勝、作能，未嘗作去。〔註214〕

夫子所以語之曰「克己復禮」，又曰「一日克己復禮，天下歸仁」。信哉，復其見天地之心矣！蓋一陽元氣，從地中復，所謂由乎己，黃中通理，正位居體，由是視聽言動，一之於禮；由是其為父子兄弟足法，而天下國家視諸掌，則美在其中。〔註215〕

羅近溪言「克己復禮」以「為仁由己」作解釋，也強調「己身」作為「復禮」或「為仁」的道德實踐主體的重要性，致使他以「能」或「勝」作為「克」的詮釋。如是，羅近溪所言的「克己復禮」的實義即由「己身」作為「復禮」的具體行動之展開，從「復見天地之心」而致「復禮」，即把「禮」作為內在化於一「己身」。所謂「克己復禮」即從「己身」的道德實踐行動作為「當下」的工夫以「體仁」及「踐仁」而已。

（二）破光景

「破光景」被牟宗三先生認為是羅近溪思想的特殊風格，牟宗三先生自然有其嚴謹而合理的理論脈絡作出如此判斷，然而，撇除「破光景」是否羅近溪的「學問嫡旨」來說，究竟「破光景」是一種怎樣的工夫呢？簡言之，「破光景」即是本體與工夫的渾一之下，破除認定從自覺工夫得到體悟道體的狀態，作出以道體之順適平常與渾然一體之狀態為勝境。羅近溪有言：

殊不知天地生人原是一團靈物，萬感萬應而莫究根原，渾渾淪淪而初無名色，只一「心」字，亦是強立。後人不省，緣此起個念頭，就會生個識見，因識露個光景，便謂吾心實有如是本體，本體實有如是朗照，實有如是澄湛，實有如是自在寬舒。不知此段光景

〔註214〕羅汝芳著《近溪子集》，《羅汝芳集》（上冊），頁26。
〔註215〕羅汝芳著《近溪子四書答問集》，《羅汝芳集》（上冊），頁315。

原從妄起，必隨妄滅。及來應事接物，還是用著天生靈妙渾淪的心，此儘在為他作主幹事，他卻嫌其不見光景形色，回頭只去想念前段心體，甚至欲把捉終身，人為純亦不已，望顯發靈通，以為宇太天光，用力愈勞，違心愈遠。〔註216〕

汝若果有大襟期，有大氣力，又有大大識見，就此安心樂意而居天下之廣居，明目張膽而行天下之達道。工夫難得湊泊，即以不屑湊泊為工夫，胸次茫無畔岸為胸次。解纜放舡，順風張棹，則巨浸汪洋，縱橫任我，豈不一大快事也耶？〔註217〕

今若說良知是個靈，便苦苦地去求他精明，殊不知要他精，則愈不精；要他明，則愈不明。豈惟不得精明，且反致坐下昏睡沉沉，更支持不過了。若肯反轉頭來，將一切都且放下，到得坦然蕩蕩，更無戚戚之懷，也無憧憧之擾。此卻是能從虛上用工了，世豈有其體既虛而其用不靈者哉？但此段道理，最要力量大，亦要見識高，稍稍不如，難以驟語。〔註218〕

羅近溪所言的「破光景」主要是言「良知之光景」（「光景之狹義」），即傳統儒者證體時，明覺智光所及的證體狀態，能夠達到此「良知之光景」已是一件困難事，至少需要有「識見」與「大工夫」，才能進至「吾心實有如是本體，本體實有如是朗照，實有如是澄湛，實有如是自在寬舒」的狀態。然而，即使是「良知之光景」，假如仍然要執念於此「光景形色」，則此「良知之光景」仍然只是「原從妄起，必隨妄滅」，未能達到以「天生靈妙渾淪的心」來「來應事接物」。接著，羅近溪便試指出破除此「良知之光景」的工夫，即是「放下」，「放下」的工夫其實需要更「有大氣力，又有大大識見」，把「工夫難得湊泊，即以不屑湊泊為工夫，胸次茫無畔岸為胸次」，如此，即成為牟宗三先生所言的「弔詭的工夫」。

綜言之，羅近溪「孝弟慈」工夫義即為格物致知與「破光景」。「格物」是識仁、悟仁之過程，要義在於以「覺悟」作契入「大人之學」的關鍵；「致知」是體仁、踐仁的過程，要義是「實踐」作踐行真正的「大人之學」，強調「復」的重要，以「復以自知」及「克己復禮」為要義；「破光景」是破除認

〔註216〕羅汝芳著《近溪子續集》，《羅汝芳集》（上冊），頁270。
〔註217〕羅汝芳著《近溪子集》，《羅汝芳集》（上冊），頁62。
〔註218〕羅汝芳著《近溪子集》，《羅汝芳集》（上冊），頁115～116。

定從自覺工夫得到體悟道體的狀態，作出以道體之順適平常與渾然一體之狀態爲勝境的工夫，不能算是獨立的工夫，是以可作爲「弔詭之工夫」。

參、羅近溪「孝弟慈」思想中的「道體流行攝歸於本心實性」

本文認爲：羅近溪的學問宗旨即是「孝弟慈」思想。從羅近的學思歷程中，其先從程朱轉到陸王的思想規範，又從「致良知」與家庭的背景所引領，逐有以「孝弟慈」作爲「歸會孔孟」爲學問的宗趣；又羅近慈思想的起始是本於「求仁」宗旨，「孝弟慈」即是「仁義」的實義，此即「赤子之心」乃是從「孝弟慈」所證成；從「孝弟慈」亦即「親親」之實義，「親親」即可「橫亘將去，便作家國天下」；「孝弟慈」亦即「生生之德」之實義，「生生」即可「直豎起來，便成上下古今」。依此，從「孝弟慈」（「赤子之心」的「知孝知弟」）證成本心之良知，從而體會天道的生生之德，展示出羅近溪思想的整全面貌。合此二者，「孝弟慈」可以作爲羅近溪的學問宗旨。

以「孝弟慈」思想的本體意義來說，即「孝弟慈」能作爲道德實踐之根據在於：一，「良知」以「赤子之心」爲其「體現」（面目），從「知愛知敬」來規範「良知」之義理，再以爲「良知」之義理的具體而眞實的呈現即在於「孝弟慈」的實踐中來說，「孝弟慈」即成爲道德實踐的可能根據；二，以「明德」即「良知」，直接以「愛親敬長」作爲「良知」的規定，使「明德」才是《大學》的「總括」，即「修身」之要，並連接於「意、心、身」與「家、國、天下」兩邊，使得《大學》的「鋪張命世規模」全由得從「孝弟慈」的實踐作始與終，「孝弟慈」即成爲道德實踐的可能根據。從「孝弟慈」思想的工夫意義而言，即「孝弟慈」能作爲道德實踐之程序（實踐的規條）在於：一，「格物」是識仁、悟仁之過程，要義在於以「覺悟」作契入「大人之學」的關鍵；二，「致知」是體仁、踐仁的過程，要義是「實踐」作踐行眞正的「大人之學」，強調「復」的重要，以「復以自知」及「克己復禮」爲要義；三，「破光景」是破除認定從自覺工夫得到體悟道體的狀態，作出以道體之順適平常與渾然一體之狀態爲勝境的工夫，不能算是獨立的工夫，是以可作爲「弔詭之工夫」。

依上文的分析而說，本文認爲：羅近溪的「孝弟慈」思想之形態實是「道體流行攝歸本心實性」。所謂「道體流行」即「良知」（天理、本體）的周流遍潤所眞實地呈現、圓頓地呈現；所謂「本心實性」即以「性情」的一面說「本心」，並以一活活潑潑、天機發見、自然而然的赤子之心爲名；所謂「道

體流行攝歸本心實性」即是以此「本心實性」為依據來達至「道體流行」之境界。從羅近溪的「孝弟慈」思想來看，其要義在以「赤子之心」作為「良知面目」，從「知愛知敬」來規範「良知」之義理，再以為「良知」之義理的具體而真實的呈現即在於「孝弟慈」的實踐中來說，如此，言「良知」的「知愛知敬」即為「本心實性」，羅近溪亦言：「吾性與聖一般，此是從赤子胞胎時說，若孩提稍有知識，則已去聖遠甚矣。故吾儕今日只合時時照管本心，事事歸依本性，久則聖賢可希望。」〔註219〕羅近溪亦強調以「仁之全體」而達「仁天下，仁萬世」，此即以道體流行」為其說的「大人之學」，至於要達至此「道體流行」（大人之學）的下手處，即是「格物」與「致知」等於「赤子之心」之復返工夫。本此而說，「孝弟慈」思想實是以「赤子之心」的「知愛知敬」作為真切工夫的入路，從而詮釋「道體流行」境界之可能及如如呈現，此即是羅近溪的學問思想的核心宗旨。然而，羅近溪又提出了「破光景」的工夫，借用牟宗三先生的說法，其所「放下」的「弔詭的工夫」所「拆穿」的是所謂「光景之狹義」（「良知之光景」）。

最後，值得一提的是羅近溪雖然以「本心實性」作為達至「道體流行」的入路，然而，羅近溪乃有提出「性情」與「情性」之區分，而且，羅近溪也指出「至善」乃是深藏於「性善」之內，是有需要作出種種「體仁」（即「復以自知」與「克己復禮」）的「實踐」工夫，才能達至「仁天下，仁萬世」的境地。羅近溪有言：「孟子之學孔，孔子學堯舜，豈是捨了自己的性善去做？但善則人性之所同，而至善則盡性之所獨，故善雖不出於吾性之外，而至則深藏於性善之中。今一概謂至善總在吾心，而不專屬聖人，是即謂有腳則必能步，而責扶攜之童，以百里之程；有肩則必能荷，而強髫垂之孺，以百觔之擔。」〔註220〕依此，羅近溪的「孝弟慈」思想還不至於即以從「情性」而說，但也可以說是其理論中所潛藏的巨大張力。

〔註219〕羅汝芳著《近溪子續集》，《羅汝芳集》（上冊），頁263。
〔註220〕羅汝芳著《近溪子四書答問集》，《羅汝芳集》（上冊），頁307。

第四章 「泰州學派」思想的俗化：
本心實性的解放致情識而肆

學則學矣，奚必講耶？

必學必講也，必原有事于學于講，必不容不學不講也。

——何心隱〔註1〕

夫童心者，絕假純真，最初一念之本心也。

若失卻童心，便失卻真心；失卻真心，便失卻真人。

——李卓吾〔註2〕

前　言

　　本文認為：「泰州學派」思想俗化的特徵，即是「本心實性的解放致情識而肆」。所謂「思想俗化」是指其中的思想特徵僅於用語話頭處的表面相近，而質實處已有截然不同的依據參照，依「泰州學派」的後學發展來說，其思想特徵僅是表面上仍然是「自然」與「樂學」，其理論依據的「本心實性」則純粹由自然的情性而說。所謂「本心實性的解放」已並不是指相關於「良知」（天理、本體）的流行所呈現之圓融境界，而是直指此「本心實性」即為自然的情性之「本來面目」，此言「解放」即把「本心實性」乃由「良知本體」在超越層所作的根據完全鬆動，由道德範疇說的「本心實性」徹底轉變為自然主義的性情而已。

　　所謂「情識而肆」乃出劉蕺山之說，其曾言：「今天下爭言良知矣，及其弊也，猖狂者參之以情識，而一是皆良；超潔者蕩之以玄虛，而夷良於賊，

〔註1〕何心隱著〈原學原講〉，何心隱著，容肇祖整理《何心隱集》（北京：中華書局，1960年）頁1。

〔註2〕李贄著〈童心說〉，《焚書》卷三，李贄著，張建業主編《李贄全集注》（北京：社會科學文獻出版社，2010年）第一冊，頁276。

亦用知者之過也。」〔註3〕其中「參之以情識」與「蕩之以玄虛」即是導致王學流弊的兩大問題，依黃梨洲之詮釋，「參之以情識」（「情識而肆」）指的是「泰州學派」；「蕩之以玄虛」（「玄虛而蕩」）指的是王龍溪。〔註4〕何以劉蕺山會批評「泰州學派」乃「參之以情識」呢？其所指的「情識」是甚麼意思呢？「參之以情識」又是指甚麼樣的問題呢？

以「情識」言「陽明後學」的問題並不是始於劉蕺山，顧涇陽在批評「見在良知」時已曾經指出「將見成情識，冒作見成良知」的問題，其言：「羅念庵先生曰：『世間那有見成良知？』良知不是見成的，那個是見成的？且良知不是見成的，難道是做成的？此個道理稍知學者，類能言之，念庵能不曉得而云爾？只因人自有生以來，便日向情欲中走，見聲色逐聲色，見貨利逐貨利，見功名逐功名，勞勞攘攘，了無休息。……那原初見成的日疏日遠，甚且嫌甚能覺察我，能檢點我，能阻礙我，專務蒙蔽，反成胡越。於此有人焉為之指使本來面目，輒將見成情識，冒作見成良知。」〔註5〕依顧涇陽之言，其說之目的主要在於把羅念菴的「世間那有見成良知？」之說詮釋成從現實層面的流弊而致不能說「見在良知」，其中一個現實層面的流弊正是「將見成情識，冒作見成良知」，依顧涇陽對人性的刻劃的說法，即：「人自有生以來，便日向情欲中走，見聲色逐聲色，見貨利逐貨利，見功名逐功名，勞勞攘攘，

〔註3〕劉宗周著〈解二十五〉，劉宗周著，吳光主編《劉宗周全集》第二冊，杭州：浙江古籍出版社，2007年，頁278。

〔註4〕黃宗羲有言：「陽明先生之學，有泰州、龍溪風行天下，亦因泰州、龍溪而漸失其傳。泰州、龍溪時時不滿其師說，益啟瞿曇之秘而歸之師，蓋躋陽明而為禪矣。然龍溪之後，力量無過於龍溪者；又得江右為之救正，故王致十分決裂。泰州之後，其人多能赤手以搏龍蛇，傳至顏山農、何心隱一脈，遂復非名教之所能羈絡矣。」（黃宗羲著，沈芝盈點校《明儒學案（修訂本）》，北京：中華書局，2008年，頁703）

至於以「情識而肆」指稱「參之以情識」；用「玄虛而蕩」稱謂「蕩之以玄虛」，則是由牟宗三先生的寫法為開端，後來研究相關範疇的學者也時有採用（如鄭宗義），牟宗三先生有言：「陽明後，唯王龍溪與羅近溪是王學之調適而上遂者，此可說是真正屬于王學者。順王龍溪之風格，可誤引至『虛玄而蕩』，順羅近溪之風格（嚴格言之，當說順泰州派之風格），可誤引至『情識而肆』。然這是人病，並非法病。欲對治此種人病，一須義理分際清楚，二須真切作無工夫的工夫。若是義理分際混亂（即不精熟于王學之義理），則雖不蕩不肆，亦非真正的王學。」（牟宗三著《從陸象山到劉蕺山》，《牟宗三先生全集》第八冊，台北：經聯出版社，2003年，頁245）

〔註5〕顧憲成著《小心齋劄記》，台北：廣文書局，1975年，頁274～275。

了無休息」，所謂「情識」即是指「情欲」，而從「情欲」即爲人的「本來面目」，再以此「本來面目」爲「良知」，正是「將見成情識，冒作見成良知」的問題。劉蕺山言「泰州學派」的問題乃「參之以情識」，其要義大致亦依據於顧涇陽後的普遍說法，〔註6〕即判斷「泰州學派」的「情識」實義爲「情欲」，並誤認此「情識」作「良知」之「本來面目」。

至於劉蕺山言「泰州學派」的問題乃「參之以情識」的說法大致可從兩方面作理解，一是「情識」即「功利」；一是「情識」即「性情之變」。先說前者。

先說以「情識」爲「功利」。劉蕺山主要依於當時對「情欲」的說法而論，其言：

> 學者終身造詣，只了得念起念滅工夫，便謂是儒門極則。此箇工夫以前，則委之佛氏而不敢言；此箇工夫以外，則歸之霸圖而不屑言。遂使儒門淡泊，爲二家所笑，而吾儒亦遂不能舍二家以立腳。以故往往陽闢佛而陰逃禪，名聖眞而雜霸術，虛無、功利之說縱橫以亂天下，聖學不傳。〔註7〕

劉蕺山對於當前的儒學思想危機是具有深刻的反省。對於「念起念滅工夫」的工夫問題，劉蕺山自有其學術思想的要義論析，本文不加詳論。至於劉蕺山對當時讓「聖學不傳」的兩大流弊的指稱：「委之佛氏而不敢言」並「往往陽闢佛而陰逃禪」的「虛無」；「歸之霸圖而不屑言」並「名聖眞而雜霸術」的「功利」，前者即是「超潔者蕩之以玄虛」的王龍溪一脈；後者即是「猖狂者參之以情識」的「泰州學派」。依此，劉蕺山認爲「泰州學派」是「參之以情識」的問題，並不止於「將情識冒作良知」的觀念層面的問題，更涉及現實層面的問題。劉蕺山言「虛無、功利之說縱橫以亂天下」的「功利」即指出「泰州學派」從「將情識冒作良知」而致的現實問題，所謂「歸之霸圖而不屑言」即是以情欲之追求作爲個人的最大意圖，對諸於修養工夫不屑多言；

〔註6〕對於「陽明後學」流弊具此一「將情識（情欲）冒作良知（本體）」類近的說法，「江右學派」的王時槐也曾言：「大凡學者有兩種病，一種是以情慾爲天機，冒認本體全不用眞修之功者；一種是以意見障本體，自謂能做功夫而實自作疑弊者，總之皆不識自心，原一毫散漫不得，亦一毫把捉不得，汝故或縱或執兩病而俱失之也。」（王時槐著《塘南王先生友慶堂合稿七卷補遺一卷》，《四庫全書存目叢書》，集部第一一四冊，台南：莊嚴文化事業，1997年，頁185）

〔註7〕劉宗周著〈人譜雜記一〉，《劉宗周全集》第二冊，頁31。

所謂「名聖眞而雜霸術」即是指以爲聖人之名本於眞性情，其底子裏僅圖謀於個人的權欲利益。如是，劉蕺山認爲「泰州學派」對於傳承陽明學的問題乃「參之以情識」，即兼從觀念上誤解「將情識冒作良知」及現實上誤將眞性情的個人情欲當作聖人所爲的「功利」問題。

再說以「情識」爲「性情之變」。劉蕺山主要是依於他個人對於「情」的獨特見解而來。劉蕺山把「四德」與「七情」作出嚴格區分，以「喜怒哀樂」爲「四德」（仁義禮智）乃是劉蕺山從《中庸》的「獨體」爲「性宗」之詮釋而來，把「喜怒哀樂」上提至超越層，即「性之情」，並依此指涉「性」的眞實內容；〔註8〕而把「七情」（「喜怒哀懼愛惡欲」或「懀死恐懼好樂憂患」等）視爲經驗層，即「性之欲」。「性之情」（四德）與「性之欲」（七情）兩者之間的關鍵在於「心體」的「覺」與「照」，〔註9〕能「不逐於感」即爲「四德」；而「發則馳」即淪爲「七情」，依此，劉蕺山有所謂「性情之變」的說法，其言：

> 喜、怒、哀、樂，雖錯綜其文，實以氣序而言。至毅爲七情，曰喜、怒、哀、懼、愛、惡、欲，是性情之變，離乎天而出乎人者，故紛然出而不齊。所謂感於物而動，性之欲也，七者合而言之，皆欲也。君子理過欲之功，正用之於此。〔註10〕

〔註8〕 劉宗周有言：「獨體不息之中，而一元常運，喜怒哀樂，四氣周流，存此之謂中，發此之謂和，陰陽之象也。……君子所以必其獨也，此性宗也。喜怒哀樂即仁義禮智之別名。以氣而言，曰『喜怒哀樂』；以理而言，曰『仁義禮智』是也。理非氣不著，故《中庸》以四者指性體。」（劉宗周著〈易衍〉，《劉宗周全集》第二冊，頁 138）又有言：「《中庸》言喜怒哀樂，專指四德言，非以七情言也。喜，仁之德也；怒，義之德也；樂，禮之德也；哀，智之德也。」劉宗周著〈學言中〉，《劉宗周全集》第二冊，頁 414）此即以《中庸》所言的「喜怒哀樂」之「情」上提至「性體」而爲「性之情」。

〔註9〕 劉宗周指出：「夫性，本天者也。心，本人者也。天非人不盡，性非心不體也。心也者，覺而已矣。覺故能照，照心嘗寂而嘗感，感之以可喜而喜，感之以可怒而怒，其大端也。喜而變爲欲、爲愛，怒之變爲惡、爲哀，而懼則立於四者之中，喜得之而不至於淫，怒得之而不至於傷者。合而觀之，即人心之七政也。七者皆照心所發也，而發則馳矣。眾人溺焉，惟君子時發而時止，時返其照心而不逐於感，得易之逆數焉。此之謂『後天而奉天時』，蓋愼獨之實功也。」（劉宗周著〈易衍〉，《劉宗周全集》第二冊，頁 138～139）此即言「四德」與「七情」的關鍵即在於「心」的「覺故能照」，能夠「返其照心而逐於感」即能得「性情之正」，使「喜怒哀樂」合「性」而爲「四德」。

〔註10〕 劉宗周著〈學言上〉，《劉宗周全集》第二冊，頁 399。

「喜怒哀樂」作爲四氣之活動，其落於經驗界展現其精神活動之歷程雖然似是錯綜的散失貌，其實則仍有氣序。可是，如果「喜怒哀樂」作爲四氣之活動失去其氣序，則只會淪爲「七情」的錯出而已。此即「性情之變」。而由於「情」之發用乃是「因感而動」的，劉蕺山即言：「喜怒哀樂，性之發也：因感而動，天之爲也。懼死恐懼好樂憂患，心之發也：逐物而遷，人之爲也。」〔註11〕無論是「四德」與「七情」，兩者都是「因感而動」，分別在僅在於所「感應」的乃是從「性體」的自然自發的「不容已」，還是被動地由所「感應」的對象所決定其活動，成爲「逐物而遷」。如是，「七情」即是「性情之變」，亦即「感於物而動」的「性之欲」。依此，劉蕺山認爲「泰州學派」是「參之以情識」的問題，雖然仍然是「將情識冒作良知」的觀念層面的問題，其問題意識則更在於精緻地剖析「泰州學派」對於「性情之正」（性之情）與「性情之變」（性之欲）的混淆，未能以「時發而時止，時返其照心而不逐於感」的工夫作爲下手處，逐任由「情」之發用呈現至「發而馳」，終於成爲「情識而肆」的問題。〔註12〕

按劉蕺山對「泰州學派」的評論來說，「泰州學派」的思想之問題關鍵即在於「將情識冒作良知」之觀念（理論）與現實的問題。究竟「泰州學派」的思想發展如何構成了這一「將情識冒作良知」之觀念（理論）與現實的問題呢？

本文認爲：「『將情識冒作良知』之觀念（理論）與現實的問題」即是「本心實性的解放致情識而肆」之問題，而「泰州學派」的何心隱與李卓吾的學說最能表現出這一「本心實性的解放致情識而肆」問題，下文的討論即分別以何心隱的「原學原講」（講學）思想與李卓吾的「童心」思想爲焦點，重構

〔註11〕劉宗周著〈學言上〉，《劉宗周全集》第二冊，頁381。
〔註12〕林月惠先生曾指出：「王學發展所產生的『參之以情識』之流弊，也拆射在文學思想中。就此而言，蕺山『即性言情』的進路，在理論上避免『情肆』的可能性；而其『指情言性』的義理開展，理應能對道德與美學上的『性情』意涵，提供爲一種哲學思考向度，同時對『情欲』也給出合理的安排。」（林月惠著〈從宋明理學的「性情論」考察劉蕺山對《中庸》「喜怒哀樂」的論釋〉，載於《中國文哲研究集刊》第二十五期，2004年9月，頁215）
另外，本文於劉宗周「性情論」的討論僅涉及於其評論「泰州學派」爲「參之以情識」（「情識而肆」）的部分，對其「性情論」的其他內容之詳細討論，可參考林月惠著〈從宋明理學的「性情論」考察劉蕺山對《中庸》「喜怒哀樂」的論釋〉及李明輝著〈劉蕺山思想中的「情」〉（李明輝著《四端與七情》，台北：台大出版中心，2005年，頁169～212）。

出他們的思想體系，並透現出他們所展示的依然是「泰州學派」之特殊學術風格：自然與樂學，只是其理論的依據卻以「本心實性的解放」作為入路，以為「本心實性」即純粹之自然的情性，即從何心隱的「原學原講」思想中強調「大精神力量」與「意氣」，又與以李卓吾的「童心」思想中著重「情性」之自然與真切，從而構成了「泰州學派」的獨特學術風格，依此，並論證出他們的思想實是「本心實性的解放致情識而肆」，此即是「泰州學派」思想的俗化。

第一節　何心隱的「原學原講」思想

引　言

　　黃梨洲把何心隱與顏山農並列，稱為「顏山農、何心隱一派」，儼然兩人在學術思想具有深刻的傳承關係，然而，從顏山農的自述中稱何心隱作「舊徒」，〔註13〕並認為只有程學顏和羅近溪才是能夠繼承其學說，〔註14〕依此，把何心隱視為顏山農的嫡系其實並不恰當，然而，從本文對於「泰州學派」的考察來看，何心隱的思想無疑是把「泰州學派」的思想發展推動至一個「情識而肆」的地步，即使何心隱不是顏山農的嫡系徒兒，仍可以算是曾經的門生而躋身於「泰州學派」一脈。

　　黃梨洲曾經藉顧端文對何心隱的描述作出「諸公赤身擔當，無有放下時節」的判語，其言：「泰州之後，其人多能以赤手搏龍蛇，傳至顏山農、何心隱一派，遂復非名教之所能羈絡矣。顧端文曰：『心隱輩坐在利欲膠漆盆中，所以能鼓動得人，只緣他一種聰明，亦自有不可到處。』義以為非其聰明，正其學術也。所謂祖師禪者，以作用見性。諸公掀翻天地，前不見古人，後不見來者。釋氏一棒一喝，當機橫行，放下柱杖，便如愚人一般。」〔註15〕

〔註13〕顏山農曾說：「忽有太平府當涂縣尹龔以正，南昌人，係舊時講學一日之門生，差吏持聘儀，請往彼府，衍教三學生徒，且報稱南道提學耿楚侗名定向，係舊徒梁汝元門生，命邀老師祖往太平久處。」（顏鈞著〈自傳〉，顏鈞著，黃宣民點校《顏鈞集》，北京：中國社會科學出版社，1996年，頁27）

〔註14〕顏山農曾指出：「究竟得友，止獲羅子近溪，相隨二三年，僅可共學以出仕。嗣此，雖徠百千眾之相從，亦止有孝感程學顏，相隨三月，頗悟此學此道，縱步燕城，又為無嗣而殤生。如（于）此二人之外，並鮮繼述之士，且於修身快心齊家無幾。」（顏鈞著〈明堯舜孔孟之道並系以跋〉，顏鈞著《顏鈞集》，頁20）

〔註15〕黃宗羲著，沈芝盈點校《明儒學案》（下冊），北京：中華書局，2008年，頁703。

所謂「非其聰明，正其學術也。所謂祖師禪者，以作用見性」即以爲何心隱的學術思想根本連「聰明」也稱不上，黃宗羲甚至以爲何心隱的思想最後「一變而爲儀、秦之學」，即僅作爲權術思想的考量而已。然而，李卓吾則指出：「世之論心隱者，高之者有三，其不滿之者亦三。……其病心隱者曰：人倫有五，公舍其四，而獨置身于師友賢聖之間，則偏枯不可以爲訓。與上闇闇，與下侃侃，委蛇之道也，公獨危言危行，自貽厥咎，則明哲不可以保身。且夫道本人情，學貴平易，繩人以太難則畔者必眾，責人於道路則居者不安，聚人以貨財則貪者競起，亡固其自取矣。此三者，又世之學者之所以爲心隱病也。」〔註16〕比較來看，黃梨洲不滿意何心隱的正是其中「委蛇之道」的問題，不過，即使從李卓吾所言的「世之學者之所以爲心隱病」的「人倫有五，公舍其四」與「繩人以太難」兩點來看，何心隱的形象似乎又並非即如「赤手搏龍蛇」與「非名教之所能羈絡」，究竟黃梨洲是本於甚麼理由而判定何心隱也是歧出於「泰州學派」呢？與黃梨洲敘述顏山農的處理不同，黃梨洲處理顏山農的敘述很可能只是以二手的資料而撰，而從何心隱的敘述來看，黃梨洲相當可能地已看過何心隱的著作，如引述了〈辯無欲〉與〈辯無父無君非弑父弑君〉〔註17〕兩文的文字，是以黃梨洲之所以指認何心隱的歧出於「泰州學派」，當是依於王世貞在〈嘉隆江湖大俠〉的記載而說。〔註18〕然而，黃梨洲雖然把何心隱摒除於《明儒學案》，但對於何心隱的思想學說又是否具有相應的理解呢？黃梨洲指出：「心隱之學，不墮影響，有是理則實有是事，無聲無臭，事藏於理，有象有形，理顯於事。」〔註19〕究竟何心隱的學問宗旨是否僅是如此呢？黃梨洲所言的「心隱之學」大抵是出於何心隱所著〈矩〉一文，文中有言：

〔註16〕 李贄著〈何心隱論〉，收錄於《何心隱集》（何心隱著，容肇祖整理《何心隱集》，北京：中華書局，1960年），頁10～12。

〔註17〕 〈辯無欲〉與〈辯無父無君非弑父弑君〉兩文具見於《何心隱集》，頁42，51～52。

〔註18〕 王世貞有言：「嘉隆之際，講學者盛行於海內，而至其弊也，借講學而爲豪俠之具，復借豪俠而恣貪橫之私，其術本不足動人，而失志不逞之徒相與鼓吹羽翼，聚散閃倏，幾令人有黃巾、五斗之憂。蓋自東越之變爲泰州，猶未至大壞：而泰州之變爲顏山農，則魚餒肉爛，不可復支。……何心隱者，其材高於山農而幻勝之。少嘗師事山農。」（王世貞著〈嘉隆江湖大俠〉，《何心隱集》，頁143～144）其實，凡讀過王世貞的〈嘉隆江湖大俠〉，都可以感受到黃宗羲對於顏山農與何心隱的評價與事蹟記錄，多由此文轉手而出。

〔註19〕 黃宗羲著《明儒學案》（下冊），頁705。

> 學之有矩，非徒有是理，而實有是事也。若衡、若繩、若矩，
> 一也。無聲無臭，事藏於理，衡之未懸，繩之未陳，矩之未設也。
> 有象有形，理顯於事，衡之已懸，繩之已陳，矩之已設也。矩者，
> 矩也，格之成象成形者也，物也。〔註20〕

扼要言之，何心隱在〈矩〉所要論證的「矩」是「天之則」，此「矩」即用於「格之成象成形」之「物」，因「物也，即理也，即事也」，通過於「矩」始能「事理之顯乎其藏」，從而達「不愈矩」。然而，黃梨洲論述「心隱之學」，實只是「物也，即理也，即事也」的見解，其要義「矩者，矩也，格之成象成形者也，物也」則並未有提及。換言之，以黃梨洲之言作爲何心隱的學問宗旨，似乎較難於言之成理。那麼，究竟何心隱的學問宗旨是甚麼呢？何心隱曾有自述言：

> 汝元所事講學以事生平事者，事孔孟所講所學事以事也。……汝
> 元生平所事於孔孟所講所學事以事事者，亦惟事乎其心，而心乎其事，
> 於孔孟所歸所慎所願所辯於所講所學其事，以事生平事也。〔註21〕

所謂「所事講學以事生平事」或「於孔孟所歸所慎所願所辯於所講所學其事，以事生平事」即是以「講學」作爲「生平」至爲要緊的「事」，何心隱重視「講學」，甚至視之爲其學問生命之始與終也是「講學」，其曾說：「元生平生所事講學事，則元今日爲講學被毒事。」〔註22〕依此來說，何心隱的學問當以「講學」爲關鍵，問題是：爲甚麼何心隱如此重視「講學」呢？甚至把「講學」視爲自己的生命歷程，以「講學」爲生命。〔註23〕何心隱在萬曆七年（1579）被捕，於獄中寫了一篇〈原學原講〉之文，即在於表明自己從事「講學」的正當性與必然性。由此來說，何心隱的學問宗旨，當可言爲「原學原講」（即「以『講學』爲生命實踐」）。〔註24〕

〔註20〕 何心隱著〈矩〉，《何心隱集》，頁 33。黑體字爲筆者所強調。

〔註21〕 何心隱著〈又上湖西道吳分巡書〉，《何心隱集》，頁 89。

〔註22〕 何心隱著〈上新建張大尹書〉，《何心隱集》，頁 83。

〔註23〕 程學博曾言何心隱對「講學」的重視程度，其言：「平生精力自少壯以及老死，自家居以至四方，無一日不在講學，無一事不在講學，自講學而外，舉凡世之所謂身家兒女、一切世情俗態，曾無纖毫微眇足以罣先生之口而入先生之心。」（程學博著〈祭梁夫山先生文〉，《何心隱集》，頁 136）另外，吳震先生「以『講學』爲生命」作標題，敘述何心隱對「講學」的重視。

〔註24〕 以「原學原講」爲何心隱的思想要旨，實即是表明何心隱對「講學」的重視程度至於作爲生命的實踐，詳細的論述可參考韓曉華著〈論何心隱的「講學」思想〉，載於《當代儒學思想》第十八期，2015 年 6 月，頁 103～152。

那麼，究竟何心隱的「原學原講」有何殊勝之處呢？「原學原講」作為何心隱的學問宗旨又如何體現於其整個思想體系呢？本節將會指出：何心隱的思想宗旨是「原學原講」。從何心隱的學思歷程來說「原學原講」的要義，即在於何心隱的「宗於孔孟」而作出「設教」與「辯講」，〔註25〕此即形成其有「必學必講」的必要性，是以可以說何心隱的學問宗旨即在於「原學原講」；從何心隱的思想系統來看，則何心隱獨特的「身」論具有「身體」、「出身」和「身家」等三組概念，依此三者的層層演進之思考可構成何心隱獨特的理想社會觀念：「會」，而此「會」的可能建構則必在於「友朋」與「師友」之間的「必學必講」，何心隱遂提出了「原學原講」，也把「原學原講」上溯至人的身體要求與精神體現，更指出此「原學原講」實是傳承於孔孟的道統。依此，「原學原講」即成為何心隱的學問宗旨，並從而開展其「仁義則人」、「意氣」說、「育欲」說、「從友道到師道」、「宗（族）會」等思想。

壹、「原學原講」作為何心隱的學問宗旨

一、「宗於孔孟」而設教與辯講

依鄒元標的說法，何心隱自幼便是「穎異拔群」，身邊的人都以他作「偉器」或「奇才」，然而，「及聞王心齋先生良知之學」後，竟然放棄功名，而「師顏山農，即以繼孔孟之傳」。〔註26〕究竟何心隱所聽聞到的王心齋之良知之學是甚麼？文獻上並未有多記錄，反之，何心隱對於「繼孔孟之傳」的志向卻常常提及，尤其言論於「設教」與「辯講」的說法。

「宗於孔孟」是何心隱常常自許的說法，其曾言：「姚江始闡良知指，眼開矣，而未有身也。泰州闡立本指，知尊身矣，而未有家也。茲欲聚友，以成孔氏家。」〔註27〕然而，何心隱「宗於孔孟」的「所宗」的是「孔孟」之

〔註25〕關於何心隱的學思歷程的資料並不算豐富，大致來說，於鄒元標著〈梁夫山傳〉或李贄著〈何心隱論〉等皆著重於何心隱的生平事蹟，何心隱除了曾經事師顏鈞之外，究竟有沒有其他的師承呢？又何心隱究竟在「聞王心齋先生良知之學」後所言「道在茲矣」的經歷具有何種的「啟蒙」性質呢？這些問題也未能容易在現存的《何心隱集》內找到答案，是以本文所言何心隱的學思歷程僅以其言（「宗於孔孟」之說法）與行（講學與辯的行動）來考察。
〔註26〕鄒元標著〈梁夫山傳〉，《何心隱集》，頁120。
〔註27〕耿天台著〈里中三異傳〉，《耿天台先生文集》，台北：文海出版社，1960年，頁1628。

甚麼思想或學說呢？本文認為：何心隱的「宗於孔孟」即是學於孔子的「設教」與循於孟子的「辯講」。先說前者。

何心隱嘗以學習孔子為榜樣，更言欲「成孔氏家」。然而，何心隱所說「家」概念是具有特殊意涵的，其言：「象物而象，形物而形者，身也，家也。心、意、知，莫非身也，本也，厚也。天下、國，莫非家也，厚也，本也。莫非物也，莫非形象也。」〔註28〕所謂「象物而象，形物而形」與「莫非物也，莫非形象也」主要是說「身」與「家」既可以是具體的「形象物」，也可以是抽象的「象徵物」；何心隱如此表達是把「身」與「家」之間作為能象徵地具有表裏與內外延伸的關係。〔註29〕依此來說，何心隱說「成孔氏家」即是以自己作為孔子的外在延伸（即象徵），那麼，他可以怎樣成為孔子的外在延伸呢？何心隱的想法是「設教」，對於孔子的「設教」，其言：

> 仲尼之身之家，本欲妙有象有形於無聲無臭，以神道設教乎，伏羲堯舜之徒，而反不著楊墨之不息。……仲尼之身之家，不惟不著於群流之不息，而尤不著於君子之絜矩也。〔註30〕

何心隱所言「神道設教」即孔子的不仕而於民間的「設教」作「講學」。何心隱言「神道設教」可謂是延續於顏山農的說法，即指以「神妙」的性命之「道」作為設立教化之用，以孔子來說，即是說以「仁道」作為「講學」。〔註31〕然而，依何心隱的理解，孔子的「神道設教」並非純粹地以「性命之道」作為「講學」的內容，而是從事「以仁出政」的「聚天下之英才」之行動，其言：

> 惟君臣而後可以聚天下之豪傑，以仁出政，仁自覆天下矣。天下非統於君臣而何？故唐虞以道統統於堯舜。惟友朋可以聚天下之英才，以仁設教，而天下自歸仁矣。天下非統統於友朋而何？故春秋以道統統於仲尼。〔註32〕

換言之，所謂「以仁出政」、「以仁設教」即並非以道德實踐的「教化」為其最終的目標，反之，道德的實踐是以政治的行為作為規範，何心隱所理解孔

〔註28〕何心隱著〈矩〉，《何心隱集》，頁33。
〔註29〕參張璉著〈何心隱的社會思想論析〉的「不斷延伸的社會」一節，載於《史學集刊》，1998年第1期，頁28。
〔註30〕何心隱著〈矩〉，《何心隱集》，頁36。
〔註31〕顏山農有言：「夫子大中大易之神道設教，以為爐鑄仁道，行麗家國天下，醉飽太和，不欺誑也，豈惟默運明哲哉！」（顏鈞著〈失題〉，《顏鈞集》，頁11）
〔註32〕何心隱著〈與艾冷溪書〉，《何心隱集》，頁66。

子的「神道設教」實是爲了「天下自歸仁」的目的，「設教」固然是「講學」，
「神道」亦是「仁道」，而其用心卻有所偏差。從「泰州學派」的「講學」
傳統來看，如王心齋對「講學」的重視乃是從個人的道德實踐（即從「修
己」以至「安人」的道德實踐的可能途徑）與「安身」的境界之完成（即
「人人共明共成之學」，即能圓滿地達成「修己」與「安人」同成的「安身」
境界），何心隱無異地把「設教」的要處置於後者，而把握不住「泰州學派」
以「本末一貫」來平衡個人與群體的道德實踐之要義，甚至可以說是「忘本」。
〔註33〕不過，何心隱言孔子的「設教」也並不是如此的明確地以從事政治爲
目標，其言「設教」卻仍有一個「身不與政」及「出身」的問題思考，其說：

> 孔子，設教之至善，而身不與政者也。不與政而賢於立政。然
> 則出身以繼孔子，以主大道之宗，其於朝政豈小補哉？〔註34〕

何心隱認爲孔子的不仕而「設教」正在「道之不行」而爲，更在於「身不與
政者」，才能「不與政而賢於立政」，孔子只是「命以賢者，命以天道」之下
才作出「出身以主大道」。然而，此處所言的「身」又涉及何心隱獨特的「出
身」觀念，簡單而言，「出身」即是脫離或放棄自己所處於的某種「地位」或
社會角色，何心隱認爲能夠「設教」的其中一個要點是「身之無在」。以此來
看，觀乎何心隱一生不仕，熱衷於「講學」，甚至以「講學」爲其生命的意義，
其謂「出身以繼孔子，以主大道之宗」當有某種「惟自信其所見所憑之必見
是於天下於萬世而已」的「啓蒙」。〔註35〕當然，僅從這種「啓蒙」的自信來

〔註33〕 此處言「忘本」的「本」在於何心隱在個人的道德實踐上並未有把握「本心
明覺」爲要義，僅從「大精神力量」的「意氣」來說道德實踐的可能依據，
終成其把「本心實性的解放」，淪爲自然主義的性情論，下文將詳細討論。

〔註34〕 何心隱著〈又上海樓書〉，《何心隱集》，頁 74。

〔註35〕 何心隱著〈論作主〉，《何心隱集》，頁 54。
另外，在這裏使用了「啓蒙」一語作爲代表何心隱自命繼承於孔子的自覺與
自主的證悟，理由有二：一，何心隱並未有指點出「悟良知」或「覺悟」的
說法，反而強調「心之自主」而已，使用「啓蒙」即刻意區別於心學中的「覺
悟」；二，此處「啓蒙」（Enlightenment）的意義是借用於康德（Immanuel Kant，
1724～1804）在〈答「何謂啓蒙？」之問題〉所說：「啓蒙是人之超脫於他自
己招致的未成年狀態。未成年狀態是無他人底指導即供法使用自己的知性的
那種無能。」（康德著，李明輝譯〈答「何謂啓蒙？」之問題〉，收錄於《康
德歷史哲學論文集》，台北：聯經出版事業，2002 年，頁 27）所謂「啓蒙」
實即是能夠超脫地、自覺地使用「知性」的能力，其中的「自覺」及「超脫」
與何心隱的自覺與作主並能「出身」在意思上有相應之處，是以本文借用康
德在該文中使用的「啓蒙」概念以表達何心隱的「惟自信其所見所憑之必見
是於天下於萬世而已」的經驗。

看，則還不可以如黃梨洲言「一變而爲儀、秦之學」，即把何心隱的學思僅作爲權術思想的考量而已。

再說後者。何心隱嘗有「不容已於辯」的說法，從現存的《何心隱集》來看，題爲「辯」的有：〈辯無欲〉、〈精析心髓匡廓以辯孔子之於正卯〉、〈辯無父無君非弒父弒君〉、〈辯志之所志者〉等，其他沒有題爲「辯」的篇章也有不少具備「辯」的成分，如〈面壁〉、〈修聚和祠上永豐大尹凌海樓書〉等，可見何心隱的學說是極具「辯講」的，然而，何心隱明言他的「辯講」乃是循於孟子，其說：

> 凡志之所志，大有所不容不辯者，莫大乎志人物志之不容不辯也。……若李耳者，則又仙不仙若也，容不於仙釋志以辯李耳之不志於仙釋志耶？是又亟而深切於李耳辯者，即孟軻亟而深切於楊氏辯也，……合而辯之，昔之與孔子混者，惟楊墨也，不容已於辯也。今之與孔子混者，惟仙釋也不容已於辯也。況又有著若列禦寇者，又有若莊周者，似楊而非楊，似墨而非墨，似仙而非仙，似釋而非釋……〔註36〕

換言之，何心隱認爲「凡志之所志」即有不忍於其「混」的問題遂有「不容不辯」的舉動，而何心隱自言其所作的「辯講」實是同於孟子的辯與楊墨。回到何心隱學問宗旨的衡定問題，從其「宗於孔孟」來說，所「宗」的是以「設教」與「辯講」爲要，「設教」在於以「仁道」作爲「講學」，要「學」於孔子則必要「講」；「辯講」在於以言（言說或文言）作出講解行動，要「學」於孟子則又必要「講」。故此，何心隱的「宗於孔孟」則「必學必講」，是以「原學原講」當可作爲何心隱的學問宗旨。

二、從「保身」到「出身」、「身家」

除了從何心隱的學思歷程來探討其學問要旨外，從何心隱的思想詮釋也可以發現當中的關鍵處，從而重構其學問宗旨。何心隱對於「身」的理解是非常獨特的，可以稱爲「具體的象徵物」，其中的意義有三：一是「身體」（具體而實在）；二是「出身」（象徵個體的社會角色）；三是「身」與「家」（象徵概念的相對與延伸的關係）

何心隱曾辯說「保身」的問題，其中他即討論了「身體」與「出身」的相關問題。何心隱更由於「出身」的問題而有言：「雖欲保身，保身何爲？」

〔註36〕何心隱著〈辯志之所志者〉，《何心隱集》，頁57～58。

〔註37〕即是說，意欲保身卻未知保身的理由。何爲甚麼何心隱會如此思考呢？
其言：

> 惟謬見則以爲身有在而後不容以不保，身在尊而後不敢以不
> 保。如身在農、在工、在商，身在卑也，不保，未有不殞其身者也。
> 是身有在不容以不保也。又如身在士，由士而仕，身日尊矣。身之
> 尊者，言足以興，默足以容，信不敢以不保也。〔註38〕

何心隱從士、農、工、商作爲「出身」說「在尊」或「在卑」也有其「保身」
的理由，「在卑」的「不容不保身」是以生存的問題來說，即以「身體」的肉
身層面而言；「在尊」的「不敢不保身」是以對他人的影響力來說，即以「身
體」的精神層面立論。而何心隱又以自己來說對於「保身」之無暇，其說：「某
所以如痴如癲者，以身之無在也。無在而求有在之不暇矣，何暇於身之保耶？」
〔註39〕即是說，何心隱自詡沒有了「出身」反而能夠爲其他社會角色謀求好
處，是以對於「保身」是難以注意的。要注意的有兩點：一是何心隱所認定
的「保身」僅是從「身體形骸」的「保存」來說，與王心齋言「保身」的「保」
實際上是從「身體形骸」乃道德實踐的先決條件，而保存或保護這個「身體
形骸」正是作爲實踐道德本心的發動之基本要求，實是截然不同；二是「身
體」與「出身」的關係，何心隱認爲「出身」直接影響到「身體」的問題，
何心隱言「出身」又可以從兩層意思來說，其一是社會角色，即何心隱常以
「士、農、工、商」來說的社會組織下的不同階層，「出身」即是「身有在」；
其二是「超脫」於所處於的社會角色的思想與行動，「出身」即是「身無在」。
何心隱言「身有在」與「身無在」的區分又涉及於「心」、「性」與「欲」的
問題，簡要來說，何心隱指出「身有在」是「心」之「心心各在」與「性」
之「性性各率」的具體落實之處，如是，即「心」與「性」是影響到「身體」
的各種表現，包括「欲」。依此而說，何心隱所說「身體」與「出身」實是具
有個體與社群的關係。

何心隱談及個體與社群的關係即是其言「身」與「家」的討論。何心隱
曾言：

> 象物而象，形物而形者，身也，家也。心、意、知，莫非身也，

〔註37〕何心隱著〈修聚和祠上永豐大尹凌海樓書〉，《何心隱集》，頁 73。
〔註38〕何心隱著〈修聚和祠上永豐大尹凌海樓書〉，《何心隱集》，頁 72～73。
〔註39〕何心隱著〈修聚和祠上永豐大尹凌海樓書〉，《何心隱集》，頁 73。

　　本也，厚也。天下、國，莫非家也，厚也，本也。莫非物也，莫非
　　形象也。〔註40〕

　　　夫會，則取象於家，以藏乎其身；而相與以主會者，則取象於
　　身，以顯其家者也。不然，身其身者，視會無補於身也。家其家者，
　　視會無補於家也，何也？視會無所顯無所藏也。乃若天下國之身之
　　家，可以顯可以藏乎其身其家者也。〔註41〕

何心隱說「身」與「家」的關係即如上文已論述，「身」與「家」既可以是具
體的「形象物」，也可以是抽象的「象徵物」；何心隱如此表達是把「身」與
「家」之間作爲能象徵地具有表裏與內外延伸的關係。然而，這樣從概念的
關係來說「身」與「家」只是何心隱對「會」的說法之觀念鋪陳，即是說，
何心隱說「夫會，則取象於家，以藏乎其身」意即以「會」的觀念是「家」
的延伸，更能把不同的社會角色之「身」隱藏（容納）在內，「會」成爲「家」
的具體象徵物；「家」又是「身」的具體象徵物，至於「會」是甚麼呢？「會」
僅是具體的象徵物，它可以取象於家，國，甚至天下。換言之，何心隱所言
的「身」觀念從身體的肉體形骸與精神層面（保身），轉至社會角色的具體落
實（出身），再轉向於延伸象徵的意義，從而建立個體與社群關係（身家），
這是何心隱思想特別具有社會取向的一面。

　　綜言之，何心隱言「保身」、「出身」與「身家」說法之要義是從建立一
個理想的「會」，而建立「會」的可能即在於「友朋」與「師友」，何心隱曾
言：「師非道也，道非師不犓。師非學也，學非師不約。不犓不約則不交。」
〔註42〕又言：「天地交曰泰，交盡於友也。友秉交也，道而學盡於友之交也。」
〔註43〕既然建構「會」的可能在於「必學」於「師」，也「必講」於「友之交」，
則何心隱遂提出了「原學原講」以建立其理想社會的思想，是以「原學原講」
作爲何心隱的學問宗旨可從其「身」的理解而層層遞進地推演出來。

三、〈原學原講〉的要旨

　　依何心隱自己的說法，〈原學原講〉可以算是何心隱一生學問的精粹所
在，何心隱自言：

〔註40〕何心隱著〈矩〉，《何心隱集》，頁33。
〔註41〕何心隱著〈語會〉，《何心隱集》，頁28～29。
〔註42〕何心隱著〈師說〉，《何心隱集》，頁27。
〔註43〕何心隱著〈論友〉，《何心隱集》，頁28。

　　汝元生平所事所講所學事不得鳴於天下，與天下共講共學共事
於孔孟名家所事所講所學事生平事者，乃以生平所畜謬發〈原學原
講〉萬有〕餘言一冊，剛欲詣闕鳴之於朝廷，以鳴於天下。……汝
元果得公祖以〈原學原講〉以奏以鳴，即汝元所事所學所講事以事
生平事者，得鳴於天下也。汝元雖死亦生也。其形死也，其神生也。
其形之所死者，汝元不得所講所學其事即於天下鳴也，不得早遇公
祖之所致也。其神之所生者，汝元幸得〈原學原講〉其冊即於天下
鳴也，幸得公祖之所致也。〔註44〕

　　爲講孔孟學而遭毒至此，縱不能免毒於形骸，而可以免於心志
也。何者？心之所志，在原學原講一冊也，在所悉所辯一紙也。悉
得臺下順而導之，則形體雖死於毒而不存，而心之所志所在自不死
於毒而不傳也。〔註45〕

何心隱在獄中面對死亡時，即以爲此文的能夠發表的話，則有「汝元雖死亦
生也。其形死也，其神生也」的無憾。究竟〈原學原講〉所要說明的是甚麼
思想呢？

　　〈原學原講〉的要旨盡在首句：「學則學矣，奚必講耶？必學必講也，必
原有事于學于講，必不容不學不講也。」〔註46〕何心隱於〈原學原講〉中主
要反反覆覆地以不同的事例來論證「講學」的必要性與正當性。〔註47〕首先，
何心隱以《洪範》有關人體的五種表象與功能（「五事」）來說「學」與「講」
的，所謂「五事」即「貌、言、視、聽、思」，何心隱指出：「自有貌必有事，
必有學也，學其原於貌也」又說：「自有言必有事，必有講，講原於言也。」
〔註48〕何以「貌－事－學」與「言－事－講」兩組的關係是具有必然性呢？
關鍵即在於所謂「事」，何心隱所言的「事」即是具體的落實的事物和存在，

〔註44〕何心隱著〈上南安康二府書〉，《何心隱集》，頁96～97。

〔註45〕何心隱著〈上祁門顧四尹書〉，《何心隱集》，頁80。

〔註46〕何心隱著〈原學原講〉，《何心隱集》，頁1。

〔註47〕祝平次先生指出：「何心隱文字雖比顏鈞來得順暢，然因其喜重複，語句多注
重形式上的繁衍，意義反而比顏鈞的文字來得晦隱。」（祝平次著〈社會人倫
與道德自我——論明代泰州平民儒者思想的社會性〉，收錄於鍾彩鈞等編《明
清文學與思想中之主體意識與社會——學術思想篇》，台北：中研院文哲所，
2004年，頁121）何心隱的文字喜歡形式上的重複，在句型表達以至於論證
形式也是如此。

〔註48〕何心隱著〈原學原講〉，《何心隱集》，頁1。

所謂「有貌必有事，必有學也」，即：凡有面貌的即是具體的存在，具體的存在之間的關聯，則必會產生學問的存在。「有言必有事，必有講」也是相同道理。會而言之，何心隱指出：「即事即學也，即事即講也。聖其事者，聖其學而講也。」〔註49〕其次，何心隱便依次以堯、舜、禹、文、武、周公等論證在孔子以前是「已有學而學，已有講而講」的「隱隱學而隱隱講」，及至孔子「其學其講，乃學乃講，乃顯顯以學以講名家，其原也」，並說河洛圖及「仁，則人心也。心則太極也」來說孔子的「即學即講」思想。最後，何心隱指出孟子之「辯」也是其學於孔子「必學必講」，也說出「前乎孟子其前以學以講，名家之著而盛於前者，莫盛於孔子也。後乎孔子其後以學以講，名家之著而盛於後者，莫盛於孟子也」，自詡自身的「講學生命」乃是傳承於孔孟的道統之中。

　　觀乎〈原學原講〉實已綜合了何心隱思想中最為核心的部分，即其「人」觀以致於「必學必講」，即其「宗於孔孟」以致於「必學必講」，如此，「原學原講」即可以作為何心隱的學問宗旨。

　　綜言之，從何心隱的學思歷程來說，其「宗於孔孟」的是以「設教」與「辯講」為要，「設教」在於以「仁道」作為「講學」，要「學」於孔子則必要「講」；「辯講」在於以言（言說或文言）作出講解行動，要「學」於孟子則又必要「講」。故此，何心隱的「宗於孔孟」則「必學必講」，是以「原學原講」當可作為何心隱的學問宗旨；從何心隱的思想系統來說，以「保身」、「出身」及「身家」來看，可發現何心隱對於理想的社會建構的思考，建構「會」的可能在於「必學」於「師」，也「必講」於「友之交」，則何心隱遂提出了「原學原講」以建立其理想社會的思想，甚至從何心隱對〈原學原講〉的重視及其中的義理來看，則「原學原講」的思想內涵亦足以統攝何心隱的獨特思想，如是，何心隱的學問宗旨即可以「原學原講」作為定位。

貳、「原學原講」思想的本體義與工夫義

一、「原學原講」的本體義

　　「原學原講」作為何心隱的學問宗旨，自有其學思歷程上「宗於孔孟」的原素及其個人思想中「出身與身家」與「必學必講」的獨特思考為依據。然而，何心隱的「原學原講」思想又如何作為「道德實踐」的可能根據呢？

〔註49〕何心隱著〈原學原講〉，《何心隱集》，頁4。

〔註50〕此即何心隱的「原學原講」思想具有怎樣的本體意義之思考問題，下文試從兩方面析論，即：「仁義之為人」與「意氣、大精神力量」。

（一）仁義之為人

何心隱的思想定位常被評為「狂」，惟其亦常以「宗於孔孟」及「仁義乎人」等作「講學」，是以何心隱還是被人列為儒者之流。〔註51〕然而，在何心隱所言「仁義」之實義卻只能算是「大精神力量」或「天之則」而已，並不是根源於「道德本心」。何心隱雖然肯定「人之為人」乃是本於「仁義」，其說：

> 仁義之人，人不易而人也，人則仁義，仁義則人。不人不仁，
> 不人不義。不仁不人，不義不人，人亦禽獸。仁義之人，人不易而
> 人也。必以仁為廣居，而又必廣其居以象仁。〔註52〕

何心隱的「人則仁義，仁義則人」說法，與顏山農的「仁，人心也。是心之體，肫肫焉，靈靈焉」，或羅近溪「仁者人也」的說法是相近的，即是以「仁」（或「仁義」）作為「人之為人」的最重要的部分。然而，「仁」（或「仁義」）雖然是作為「人之為人」的最重要的部分，但是，他們對於「仁」（「仁義」）的說法卻是不同的，顏山農以「肫」說「仁」，即是說從「至誠」的「眞實無

〔註50〕 此處的「道德實踐」是指何心隱所作的「原學原講」基本的思想是「神（仁）道設教（化）」，即使其「道德實踐」的最終目的是以政治作為道德的規範，其實踐行動還是一般被冠以為「道德的」，是以仍用「道德實踐」作為指涉何心隱的「原學原講」。

〔註51〕 吳震先生說：「與其說心隱是離經叛道的思想家，還不如說是一位鄉村運動的實踐家、民間教育家、講學家。從根本上說，其思想意識、行為方式仍然未擺脫儒學傳統的觀念模式、價值體系。由於其行事古怪作風，故被稱為『狂』或『俠』或『霸』，但不足以成為推翻心隱對於『孔孟之學』、『孔孟之道』抱有強烈的自覺承擔意識的論據。」（吳震著《泰州學派研究》，頁312）本文認為：何心隱確然是對於「孔孟之學」有自覺的承擔，然而，其繼承的卻只是以「行仁義」（或現實層面）的思想，並非以「仁義行」的「孔孟之道」思想。又，本文認為：何心隱可以被列入「儒家」，只限於「儒家」的界定採取班固著《漢書‧藝文志》的說法，其言：「（1）儒家者流，蓋出於司徒之官，助人君順陰陽明教化者也。（2）游文於六經之中，留意於仁義之際，祖述堯舜，憲章文武，宗師仲尼，以重其言，於道最為高。」（許嘉璐主編《二十四史全譯：漢書》第二冊上，上海：漢語大詞典出版社，2004年，卷三十，志第十，頁784）所謂「儒家者流」即是指「儒」字的源流指稱；所謂「宗師仲尼」即是指列入為「儒家」的基本要素。依於「宗師仲尼」來說，則何心隱當可被列入為「儒家」。

〔註52〕 何心隱著〈原人〉，《何心隱集》，頁26。

妄」的狀態來說，並以此而言對天地萬物的「生化」，是以其言「肫生萬物，無時或息，皆至誠爲貞幹」乃是從道德的，存有論的層面來衡定；羅近溪則是從落實的角度指出「仁義」只是虛名，或者說，「仁義」僅能算是抽象的概念，其實質的內容卻是「孝弟」。比較來說，何心隱所說的「仁」（或「仁義」），與羅近溪從「仁者人也，親親其爲大」的詮釋作爲理解「仁義」的關鍵，也是從落實的角度來說，只是，何心隱把「親親」詮釋作「凡有血氣之莫不親莫不尊」，其言：

> 象仁以廣居，象以正路，無象之象也。……廣其居以象仁，正其路以象義，有象之象也。……仁無有不親，惟親親之爲大，非徒父子之親親已也，亦惟親其所可親，以至凡有血氣之莫不親，則親又莫大於斯。……義無有不尊也，惟尊賢之爲大，非徒君臣之尊賢已也，亦惟尊其所可尊，以至凡有血氣之莫不尊，則尊又莫大於斯。〔註53〕

所謂「廣其居以象仁，正其路以象義」即以爲具體落實的行動來能詮釋（象徵延伸）「仁」與「義」的意義，「親親」即是「仁」的具體象徵；「尊賢」即是「義」的具體象徵。何心隱又以「親親之爲大」的「爲大」理解爲「應盡其極」之意，如此，「親親」作爲「仁」的具體象徵便「應盡其極」，乃至「凡有血氣之莫不親」；至於「義」亦作相同的類比詮釋爲「凡有血氣之莫不尊」。如此詮釋「仁義」，則至少存在兩個問題：一是儒墨之辨的問題；二是人倫關係的問題。前者是儒家的「有差別的仁愛」與墨家的「無差別的兼愛」的比較問題；後者則是何心隱在「人倫有五，公舍其四，而獨置身于師友賢聖之間」的問題，此問題後文將再詳論，這裏先說前者。依何心隱循於孟子的「辯講」，對於墨學即有「不容已於辯」，其言：

> 墨故賊仁以無父耶？凡有血氣，莫不於孔子親，以明親父之性之命之仁，而著之天下萬世不世之世，父父子子以親親其道者，不亦幾於不著於墨之兼愛似仁，其道之不息之若是耶？乃若孟子親而願孔子學，以明仁以親親者，容不於似仁賊仁之流於無父，以賊親親其道若墨者辨耶？〔註54〕

何心隱明言其以「凡有血氣之莫不親」來說「仁」是有別於墨家的「兼愛」，兩者的差別在於墨家言「兼愛」說「爲天下利」乃可以致「無父」，而孔孟之

〔註53〕何心隱著〈仁義〉，《何心隱集》，頁27。
〔註54〕何心隱著〈原學原講〉，《何心隱集》，頁23。

言「仁」乃有其「親親之道」，兩者有著根本的差別。然而，爲甚麼孔孟之「仁」有其「親親之道」而不致於「無父」呢？即是說，何心隱雖言「廣其居以象仁，正其路以象義」即以爲具體落實的行動來能詮釋（象徵延伸）「仁」與「義」的意義，他仍然需要解釋此「仁」此「義」所從何而來。何心隱乃提出「有極」，或言「心，太極也」，其言：

> 人，則天地心也。而仁，則人心也。心，則太極也。太極之所生者，兩儀也，而乾乎其乾，坤乎其坤者，非乾坤其儀而兩耶？兩儀之所生者，四象也。〔註55〕

依此，何心隱提出的「仁義乎人」或「仁義之爲人」，從具體的實落層面說即「親親」與「尊賢」；從抽象的根源層面說即是「心」，或「心，太極也」。然而，何心隱此言「仁，則人心也。心，則太極也」是指「道德本心」嗎？恐怕並不是，據下文的分析其所說只是「大精神力量」或「天之則」而已。

（二）意氣、大精神力量

何心隱說「仁，則人心也。心，則太極也」，此「太極」究竟指的甚麼呢？此「太極」即是自然生命力量的「大精神力量」或「天之則」而已，其言：

> 意與氣，人孰無之，顧所落有大小耳。戰國諸公之與之落意氣，固也。而孔門師弟之與，曷常非意氣之落耶？戰國諸公之意之氣，相與成伙者也，其所落也小。孔門師弟之意之氣，相與以成道者也，其所落也大。意落於小則濃，落於大則淡。氣落於小則壯，落於大則索。恆人之意氣皆然也。聖賢之意氣必落於大而不落於小也。聖賢之意必誠，誠必其明明德於天下之誠也。誠其明明德於天下，而意與道凝矣。聖賢之氣必養，養必養其塞乎天地之間之養也。養其塞乎天地之間，而氣與道配矣。……不落意氣之説，豈昌自今耶？當孔子之時，如聃如喜之徒，已昌其説矣。孔子憂其害道，是故有爲毋意，爲毋必，爲毋固，爲毋我者，皆絕之。〔註56〕

所謂「氣與道配」與顏山農、羅近溪等強調的「從心所欲不踰矩」的說法相近。依何心隱的詮釋，此「氣與道配」是從「誠其意」與「養其氣」來說才能可致「聖賢」之境地，然而，此「意」與「氣」卻是從自然生命的意氣而

〔註55〕何心隱著〈原學原講〉，《何心隱集》，頁17。
〔註56〕何心隱著〈答戰國諸公孔門師弟之與之別在落意氣與不落意氣〉，《何心隱集》，頁54～55。

已，其所以謂「戰國諸公之意之氣，相與成俠者也，其所落也小。孔門師弟之意之氣，相與以成道者也，其所落也大」，即是以自然的生命意氣之強度來開拓出外在的事功，其言「意落於小則濃，落於大則淡。氣落於小則壯，落於大則索」更表明地說出「意」與「氣」皆是從自然生命而來。何心隱亦有用「大精神力量」來說此「意」與「氣」的強度，其有言：

> 惟仲尼之道，海內廖廖莫聞，誠爲一大空爾。此空一補，豈小補哉？補之何知？亦不過聚英才以育之，將使英才佈滿於下以待上用，即周子所謂美人多而朝廷正，天下治矣。補報亦豈小哉？且有大精神力量而後補此大空。〔註57〕

何心隱固然認爲「設教」可以「聚英才以育之，將使英才佈滿於下以待上用」，然其亦強調此舉是需要具「大精神力量」的人才能作爲。依此，何心隱言其「仁，則人心也。心，則太極也」已明白地是指自然生命的「大精神力量」而已，何心隱甚至認爲此自然生命的「大精神力量」乃是「矩」，乃是「天之則」，可以作爲衡量「欲」而達至「從心所欲不踰矩」，其說：

> 仲尼十五而志學，志此矩也。三十而立，立此矩也。四十而不惑，不惑此矩也。五十而知天命，知此矩也。六十而耳順，順此矩也。至於七十而始從心所欲不踰矩矣。……大學之矩，自矩所欲而亦無所惡，不必絜焉也。絜非矩也。況大學之矩乎！大莫大於天也，而矩其天之則也。〔註58〕

何心隱以孔子的學思歷程皆緣於「矩」，並指出「矩」即「天之則」，已是把「泰州學派」的顏山農與羅近溪等所重於「本心實性」的眞切工夫作「悟良知」的思想，完全滑落至僅以「心之性情」（「意氣」）的自然生命層面作爲道德實踐的可能依據。不過，何心隱仍然著重於「啓蒙」的可能，即以「設教」讓自然生命得到「自主」的「啓蒙」，從而會「出身以主大道」。換言之，何心隱雖然僅以自然生命的「大精神力量」來支持其「原學原講」的道德實踐，但仍以「惟自信其所見所憑之必見是於天下於萬世」的「知」爲可能，用何心隱的說話，即是「作主」，其曾言：

> 其欲某自作主，而不憑人之議論，不憑人之求，言亦切矣。人皆言某少主，奚獨某之言爲然，意者某之言未必如人之言也。然人

〔註57〕何心隱著〈又與艾冷溪書〉，《何心隱集》，頁 66。
〔註58〕何心隱著〈矩〉，《何心隱集》，頁 34～36。

之所謂主者則知之矣。……人情恆蔽於所不見，見之未有不超之者
也。農工之超而爲商賈，商賈之超而爲士，人超之矣，人爲之矣。
士之超而爲聖賢，孰實超之而實爲之，……惟自信其所見所憑之必
見是於天下於萬世而已。〔註59〕

何心隱所倡議的「作主」即繫於人之「知」並能「自信」能作出「實超之而
實爲之」的行動，如此，其自然生命的「大精神力量」才能得以「啓蒙」，並
從而「出身以主大道」。何心隱從上引文更以孔子的學思歷程言「知此矩」，
實亦是本於此義。

綜言之，何心隱的「原學原講」思想作爲「道德實踐」的可能根據乃在
於自然生命的「意氣」、「大精神力量」。何心隱雖強調「人則仁義，仁義則人」
的說法，然其所說的「仁義」僅從具體的「親親」與「尊賢」來說，其「仁
義」的根源則是自然生命的「意氣」、「大精神力量」；不過，何心隱言此自然
生命的「意氣」、「大精神力量」作爲道德實踐之可能，則仍然需有以人之「知」
並能「自信」能作出「實超之而實爲之」的「作主」行動。

二、「原學原講」的工夫義

「原學原講」作爲何心隱的學問宗旨，不單具備本體義，更涉及工夫義。

何心隱的「原學原講」緣於其對於理想的社會建構之思考，建構「會」
的可能在於「必學」於「師」，也「必講」於「友之交」，遂提出了「原學原
講」以建立其理想社會的思想。要能完成其「會」的工夫即在於：「寡欲與育
欲」、「從友道至師道」及「會」等，下文即依此三方面來說何心隱「原學原
講」思想的工夫義。

（一）寡欲與育欲

何心隱提倡「育欲」並不是從「縱欲」而言，而是肯定「欲」。在其理想
的社會建構中，「欲」既不可滅，從「育欲」而言。其言：

欲惟寡則心存，而心不能以無欲也。欲魚欲熊掌，欲也。舍魚
而取熊掌，欲之寡也。欲生欲義，欲也。舍生而取義，欲之寡也。
能寡之又寡，以至於無，以存心乎？欲仁非欲？得仁而不貪，非寡
欲乎？〔註60〕

〔註59〕何心隱著〈答作主〉，《何心隱集》，頁53～54。
〔註60〕何心隱著〈辯無欲〉，《何心隱集》，頁42。

性而味，性而色，性而聲，性而安佚，性也。乘乎其欲者也。
而命則爲之御焉？是故君子性而性乎命者，乘乎其欲之御於命也，
性乃大而不曠也。凡欲所欲而若有所發，發以中也，自不偏乎欲於
欲之多出，非寡欲？寡欲，以盡性也。……乃君子之盡性於命也，
以性不外乎命也。命以父子，命以君臣，命以賢者，命以天道，命
也，御乎其欲者也。〔註61〕

何心隱對於「欲」是肯定的，其所說的「欲」並不止於自然生理的「欲望」，
還包括意願上的「意欲」或「意向」，如是，不單「味、色、聲」等是「欲」，
連「意向」於「義」、「仁」也是「欲」，是以何心隱認爲不可能達至「無欲」，
即使是「能寡之又寡」還是不能以至於「無」。不能「無欲」之下，何心隱
遂提出「寡欲」，「寡欲」即是能夠從「所欲而若有所發，發以中也」，如是，
「欲」是受到控制的，何心隱直言即是「盡性」。然而，如何才能夠「發以
中」呢？何心隱又提出「命」的觀念，即「乘乎其欲之御於命，性乃大而不
曠也」，以「命」作爲「御欲」，而此「命」即是「矩」，亦即是「天之則」，
依上文分析，何心隱所言的「矩」、「天之則」，實即自然生命的「大精神力
量」與「意氣」。另外，何心隱不單提出「寡育」，更指出「育欲」的經世主
張。其言：

欲貨色，欲也。欲聚和，欲也。族未聚和，欲皆逐逐，雖不欲
貨色，奚欲哉？……昔公劉雖欲貨，然欲與百姓同欲，以篤前烈，
以育欲也。太王雖有欲色，亦欲與百姓同欲，以基王績，以育欲也。
育欲在是，又奚欲哉？仲尼欲明明德於天下，欲治國、欲齊家、欲
修身、欲正心、欲誠意、欲致知在格物，七十從其所欲，而不踰乎
天下之矩，以育欲也。〔註62〕

何心隱所提出的「育欲」是從肯定「欲」，並以政治的目的來權衡作出「育欲」。
從「以篤前烈」、「以基王績」和「欲明明德於天下」來說「以育欲」的目的，
「育欲」的實義便不是「道德的」而是「政治的」。縱然「育欲」能夠在「治
國」、「平天下」等取得果效，卻並不代表在爲己成德的層面也是正確的。何
心隱的「育欲」思想正在於其「原學原講」思想的本體義實只是自然生命的
「意氣」與「大精神力量」而已，要致從個人生命中達「寡欲」則依於「命」；

〔註61〕 何心隱著〈寡欲〉，《何心隱集》，頁 40。
〔註62〕 何心隱著〈聚和老老文〉，《何心隱集》，頁 72。

要達從國家社群中得「從心所欲」則用於「育欲」。「寡欲」和「育欲」即是
何心隱「原學原講」思想的工夫義。

（二）從友道至師道

假如說羅近溪以「明德」作爲《大學》的「總括」〔註63〕；則何心隱則
算是以「親民」作爲《大學》的「實落」。何心隱曾指出：

> 《中庸》，象棋子也。《大學》，象棋盤也。對著是棋，於上惟君
> 臣，堯舜以之。對著是棋，於下惟友朋，仲尼以之。故達道始屬君
> 臣，以其上也。終屬於朋友，以其下也。下交於上，而父子、昆弟、
> 夫婦之道自統於上下而達之矣。夫父子、昆弟、夫婦，固天下之達
> 道也，而難統乎天下。惟君臣而後可聚天下之豪傑，以仁出政，仁
> 自覆天下矣。〔註64〕

何心隱把《中庸》和《大學》作棋子與棋盤的比喻，而以「對著是棋」的「君
臣」或「友朋」來說，實是一種政治的、管治的使用《中庸》和《大學》，
也即是以政治目的作爲道德實踐的依據或方向，換言之，何心隱說《大學》
其實僅從「親民」作政治方向的詮釋而已。然而，即使何心隱以政治作爲道
德的規範，其政治立論也是別開生面的。何心隱指出「達道始屬君臣，以其
上也。終屬於朋友，以其下也」，以「君臣之道」即「朋友之道」才是「仁
自覆天下」，理由在於「君臣」後可作「朋友」，此關係即可以「聚天下之豪
傑」。

何心隱何以特別重視「朋友」的關係呢？此可以從兩方面而說，一是以
理想的社會來說；二是以個體主義來說。從理想的社會來說，何心隱明言：

> 夫婦也，父子也，君臣也，非不交也，或交而匹，或交而昵，
> 或交而陵、而援。八口之天地也，百姓之天地也，非不交也，小乎
> 其交者也，能不驕而泰乎？〔註65〕

〔註63〕羅汝芳曾言：「《大學》一書，總括是明吾明德，其眼法只在知止。」（羅汝芳
著《近溪羅先生一貫編》，羅汝芳著，方祖猷等編《羅汝芳集》（上冊），南京：
鳳凰出版社，2007年，頁331）所謂「知止」即「眼法」即是以「知止」作
爲整套工夫論的實踐目標，而「明德」卻是從工夫的下手處以至於最終處的
達成，即以一己的「明德」爲始；而「明明德於天下」爲終，如此，「明吾明
德」即成爲《大學》一書的「總括」。

〔註64〕何心隱著〈與艾冷溪書〉，《何心隱集》，頁66。

〔註65〕何心隱著〈論友〉，《何心隱集》，頁28。

何心隱並不是要對傳統的綱常倫理作出蔑視或完全的破壞殆盡，他要的是動搖傳統倫常觀念的狹隘，以爲傳統的倫常觀念實在並未能成就更爲理想的社會，是以何心隱指出「八口之天地也，百姓之天地也，非不交也，小乎其交者」，以「八口之天地」、「小」等形容傳統倫常觀念的狹隘。從個體主義來說，何心隱則指出：

> 天地交曰泰，交盡於友也。友秉交也，道而學盡於友之交也。……
> 法象莫大乎天地，法心象心也。夫子其從心也，心率道而學也，學
> 空空也。不落比也，自可以交昆弟；不落匹也，自可以交夫婦；不
> 落昵也，自可以交父子；不落陵也，不落援也，自可以交君臣。天
> 地此法象也，交也，交盡於友也。友秉交也。〔註66〕

所謂「法象莫大乎天地」是以「一天」、「一地」來象徵朋友之間的獨立個體性，透過此一獨立的個體性，個體與個體之間始可以打破傳統倫常觀念的狹隘，而可以「不比，不匹，不昵，不陵，不援」，成就更爲理想的社會群體之關係。另外，何心隱又認爲「友秉交也，道而學盡於友之交也」的「師友」關係亦是重要的，其言：

> 師非道也，道非師不慱。師非學也，學非師不約。不慱不約則
> 不交。不交亦天地也，不往不來之天地也。〔註67〕

何心隱認爲「友秉交」固然是重要，而其重要性在於其「交」能以「師」以「學」，促成兩個獨立的個體能夠得以爲「大」爲「泰」。不過，何心隱言此「師友」關係其實只是「亦師亦友」的相互關係，如此，個體之間亦可以保持著「不比，不匹，不昵，不陵，不援」的關係，其言：

> 天地於易，易天而不革天，易地而不革地，師也，至善也。非
> 道而盡道，道之至也。非學而盡學，學之至也。可以相交而友，不
> 落於友也。可以相友而師，不落於師也。此天地之所以爲大也。惟
> 大爲泰也，師其至乎！〔註68〕

綜言之，何心隱「原學原講」思想的工夫義主要是以建構其理想的「會」而作，其言「寡欲」原是道德實踐的範疇論說，然其又說「育欲」卻明確表達出以政治範疇道德的目的；至於「友道」是其理想社會的「新」的橫向的個

〔註66〕何心隱著〈論友〉，《何心隱集》，頁28。
〔註67〕何心隱著〈師說〉，《何心隱集》，頁27。
〔註68〕何心隱著〈師說〉，《何心隱集》，頁27～28。

體之間的關係；「師友」則是其理想社會的「新」的縱向的個體之間的關係。何心隱的「原學原講」思想即在於此「新」的倫常觀念中擔任「師友」的重要角色，從「育欲」與「啓蒙」方式以建構新的社會結構與關係。〔註69〕

參、何心隱「原學原講」思想的「本心實性的解放致情識而肆」

本文認爲：何心隱的學問宗旨是「原學原講」。從何心隱的學思歷程來說，其「宗於孔孟」的是以「設教」與「辯講」爲要，「設教」在於以「仁道」作爲「講學」；「辯講」在於以言（言說或文言）作出講解行動，是以何心隱的「宗於孔孟」則「必學必講」，「原學原講」當可作爲其學問宗旨；從何心隱的思想系統來說，以「保身」、「出身」及「身家」來看，可發現何心隱對於理想的社會建構的思考，建構「會」的可能在於「必學」於「師」，也「必講」於「友之交」，則何心隱遂提出了「原學原講」以建立其理想社會的思想，如是，何心隱的學問宗旨即可以「原學原講」作爲定位。

以「原學原講」思想的本體意義來說，即「原學原講」能作爲道德實踐之根據在於：一，自然生命的「意氣」、「大精神力量」。何心隱雖強調「人則仁義，仁義則人」的說法，然其所說的「仁義」僅從具體的「親親」與「尊賢」來說，其「仁義」的根源則是自然生命的「意氣」、「大精神力量」；二，何心隱言此自然生命的「意氣」、「大精神力量」作爲道德實踐之可能，但仍然需有以人之「知」並能「自信」能作出「實超之而實爲之」的「作主」行動，即「啓蒙」，如是，「原學原講」的意義便展示出來。從「原學原講」思想的工夫意義而言，即「原學原講」能作爲道德實踐之程序（實踐的規條）在於：一，「寡欲」原是道德實踐的範疇論說，然何心隱又說「育欲」卻明確表達出以政治範疇道德的目的，此即成爲其「原學原講」的重要工夫；二，「友道」是其理想社會的「新」的橫向的個體之間的關係；「師友」則是其理想社

〔註69〕何心隱在其「原學原講」的思想主導下曾創辦了「聚和堂」的家族組織，取「合族始聚以和」，「有教有育」之意。「聚和堂」約維持了六年，其成就菲淺，鄒元標說：「設率教、率養、輔教、輔養之人，延師禮賢，族之文學以興。許畝收租，會計度支，以輸國賦。凡冠婚喪祭，以迨孤獨鰥寡失所者，悉裁以義，彬彬然禮教信義之風，數年間，幾一方之三代矣。」（鄒元標著〈梁夫山傳〉，《何心隱集》，頁120。）然而，本文並非以全面考察何心隱的生平與思想的思想史性質，對此則不多加詳論，相關的於何心隱的「聚和堂」之討論可詳參：吳震著《泰州學派研究》，頁290～312；宣朝慶著《泰州學派的精神世界與鄉村建設》（北京：中華書局，2010年），頁170～176。

會的「新」的縱向的個體之間的關係。何心隱的「原學原講」思想即在於此「新」的倫常觀念中擔任「師友」的重要角色，從「育欲」與「啓蒙」方式以建構新的社會結構與關係。

　　依上文的分析而說，本文認爲：何心隱的「原學原講」思想之形態實是「本心實性的解放致情識而肆」。所謂「本心實性的解放」已並不是指相關於「良知」（天理、本體）的流行所呈現之圓融境界，而是直指此「本心實性」即爲自然的情性之「本來面目」，此言「解放」即把「本心實性」乃由「良知本體」在超越層所作的根據完全鬆動，由道德範疇說的「本心實性」徹底轉變爲自然主義的性情而已。從何心隱的「原學原講」思想來看，其要義是以「原學原講」作爲建立理想的「會」之基礎，縱向至「師友」橫向至「友道」來作爲「啓蒙」個體，連繫個體的作用，從而建構一個理想的「會」。然而，何心隱雖強調「人則仁義，仁義則人」的說法，其所說的「仁義」僅從具體的「親親」與「尊賢」來說，其「仁義」的根源則是自然生命的「意氣」、「大精神力量」，此即已是由道德範疇說的「本心實性」徹底轉變爲自然主義的性情，尤有甚者，何心隱提出的「育欲」或「神道設教」的目的更是從政治來規範道德，已經並非以「爲己之學」作爲要義了。〔註70〕

　　值得一提的是，何心隱雖然已被摒除於顏山農的門下，然而，從其用語及思考方式，則不難發現，何心隱的思想實有著顏山農與羅近溪的痕跡，如「成形成象」、「仁者人也」等的觀念。不過，從另一方面來看，何心隱所言的「心」、「性」及「大精神力量」（意氣）等卻已完全有別於顏山農與羅近溪仍然以在「本心實性」作入路而從「良知明覺」達至掌握「心體」，何心隱所著重的「矩」則只是所謂「天之則」，如是，何心隱所作的道德實踐已經淪爲自然主義的性情論，此正是「泰州學派」於「百姓日用」的「道體流行」之境步步滑落至「情識而肆」的發展趨勢。

〔註70〕從另一個角看，何心隱對於社會結構的改造的思考與實踐，似乎又確有其特殊的地位，張璉先生曾明言：「身爲晚明變動時期的知識分子，何心隱獨特的社會思想，表達出有別於一般宋明儒者對『眞儒』的探索，其對人文的關懷與社會之新殷切，則恐非高談心性修養的儒者所可及。」（張璉著〈何心隱的社會思想論析〉，頁31）當然，以本文是哲學思想史立場來說，其高談「人則仁義，仁義則人」，又以「神道（以仁）設教」爲其思想的關鍵，所考察即在於其「道德實踐」的可能依據及程序，對其社會思想則不多討論。

第二節　李卓吾的「童心說」思想

引　言

　　李卓吾，原名載贄，後易姓李。本文認爲：從「自覺的認同意識」和思想類型與學風的歸屬來看，則李卓吾仍然應該歸納於「泰州學派」，亦即當爲「儒家」。狄百瑞（W.Theodore de Bary，1919-）先生曾正面地評價李卓吾的思想爲對儒學的「自由主義」之轉化與創造的結果，其說：「我注意到十六世紀的明代思想家有一種個人主義思想的傾向，這種傾向在他們的時代裏被認爲激進，許多近代學者也持有同樣看法。但是，就他們的激進思想而言，王陽明門下的泰州學派諸子，尤其是李贄，似乎仍是只有把他們當作新儒家長期發展下的結果才能理解。」〔註71〕然而，即使李卓吾的個人主義思想可以當作是儒家「自由主義」之轉化與創造的結果，也仍然可以探討其思想中的相關於道德實踐之根據及實踐的程序的部分。

　　不過，李卓吾思想的複雜性與爭議性，卻形成論述他思想中有否具有「道德實踐」也是問題。劉蕺山曾語及李卓吾，其說具有啓發性，其言：「近世李卓吾以秦皇、武墨爲大聖人，而學者又以李卓吾爲孔子，即陸象山以朱子爲僞，朱子又以陸象山爲禪，此等善惡名目，皆從私意識輾轉卜度，總不是定理。若論源頭，武明空未始非聖人，所以亦是堯舜而非桀紂。學者須從源頭上尋出本來，人果是何等面目，一切性、道、教是善是惡，必知端的。」〔註72〕所謂「從源頭上尋出來」可以說是其思想的核心部分，究竟李卓吾思想的核心部分是甚麼呢？翻查近代學人對於李卓吾的思想研究，不難發現「童心說」即是李卓吾的思想核心部分，可是，究竟近代學者們本於甚麼理由而以「童心說」爲李卓吾的思想核心呢？袁光儀先生曾指出其中的要點，其說：「〈童心說〉原本只是收於《焚書》卷三的一篇文字，可說是一篇讀書筆記，乃是對龍洞山農敘《西廂》末謂『知者勿謂我尚有童心可也』一說之反對而藉題發揮，然而，其所言『童心者，眞心也』，卻恰恰表明了李贄以『眞』爲最高價值的思想核心所在；而其中『六經、語、孟，乃道學之口實，斷斷乎

〔註71〕狄百瑞著，李弘祺譯《中國的自由傳統》，香港：香港中文大學，1983年，頁44～45。
〔註72〕劉宗周著《劉子文編》卷七，收錄於張建業滙編《李贄研究資料滙編宗》，李贄著，張建業主編《李贄全集注》（北京：社會科學文獻出版社，2010年）第二十六冊，頁222。

其不可語於童心之言明矣』的大膽議論，更是學者們引證其『反道學』的重要論據之一；此外，因其中對文學主張的開創性見解，更使〈童心說〉成為文學史家探討其文學理論的重要文本，故談李贄者，多以『童心說』為其核心。」〔註73〕換言之，「童心說」能夠作為李卓吾的學問宗旨，理由有三：一是「童心說」最能代表著李卓吾「真」為最高價值的思想；二，〈童心說〉內特別具有令人批評的大膽議論；三，「童心說」可以延伸至文學理論的領域。依此來說，「童心說」當可作為李卓吾的學問宗旨。

那麼，究竟李卓吾的「童心說」有何殊勝之處呢？「童心說」作為李卓吾的學問宗旨又如何代表著其整個思想體系呢？本節將會指出：李卓吾的思想宗旨是「童心說」，而「童心說」的要義在於「情性」之自然發用與真切之狀態，由此對「為己之學」作出了獨特的詮釋，並形成所謂「極端個人主義的聖人之學」。

壹、「童心說」作為李卓吾的學問宗旨

〈童心說〉一文收錄於李卓吾著《焚書》卷三，只是一篇不過千字的文章。然而，卻因其內容涉及李卓吾具體而說的「真」觀念、對傳統經典的批評及涉及文學理論而被學術界特為注重。然而，究竟李卓吾在〈童心說〉所言的「童心」是甚麼意思呢？為甚麼李卓吾會以「童心」作為具體象徵其「真」的觀念呢？下文即主要據〈童心說〉的文本回應上述兩問題。

一、「童心」之衡定

李卓吾在〈童心說〉的篇首已經為「童心」作出了界定：

> 夫童心者，真心也：若童心為不可，是以真心為不可也。夫童
> 心者，絕假純真，最初一念之本心也。若夫失卻童心，便失卻真心；
> 失卻真心，便失卻真人。人而非真，全不復有初矣。〔註74〕

李卓吾以「真心」作為「童心」的第一個界說，那麼，甚麼是「真心」呢？李卓吾再給出了兩項條件：「絕假純真」和「最初一念之本心」，並且「真心」推演至「真人」的問題。然而，究竟李卓吾提出的「真心」的「真」是甚麼

〔註73〕袁光儀著〈道德或反道德？李贄及其「童心說」的再詮釋〉，載於國立台北大學中國語文系《第三屆文學與資訊學術研討會會前論文集》，2006 年 10 月，頁 171。

〔註74〕李贄著〈童心說〉，《焚書》卷三，《李贄全集注》第一冊，頁 276。

意思呢？依「絕假純眞」說，則「絕假」即是「眞假」相對的「眞」，而「純眞」即是「天眞」的「未染雜質」；依「最初一念之本心」說，則「本心」即心之本然狀態。合而言之，李卓吾以「眞心」來說「童心」即是心之未染雜質的本然狀態。而且，身體是心之載體，李卓吾的推論是沒有「童心」即沒有「眞心」，沒有「眞心」也非「眞人」。對於「童心」的界定，仍然可以追問：甚麼是「心之未染雜質的本然狀態」（即「童心者，心之初也」）？「心之未染雜質的本然狀態」有何種作用呢？或者說，李卓吾言此「童心」作爲「心之未染雜質的本然狀態」是相對應用於甚麼範疇說法呢？不過，依〈童心說〉的結構，李卓吾卻先從失却「童心」的理由。他說：

> 夫心之初曷可失也！然童心胡然而遽失也？蓋方其始也，有聞見從耳目而入，而以爲主于其内而童心失。其長也，有道理從聞見而入，而以爲主于内而童心失。其久，道理聞見日以益多，則所知所覺日以益廣，……夫道理聞見，皆自多讀書識義理而來也。古之聖人，曷嘗不讀書哉！然縱不讀書，童心固自在也，縱多讀書，亦以護此童心而使之勿失焉耳，非若學者反以多讀書識義理而反障之也。……童心既障，于是發而爲言語，則言語不由衷；見而爲政事，則政事無根柢；著而爲文辭，則文辭不能達。非内含于章美也，非篤實生輝光也，欲求一句有德之言，卒不可得。所以者何？以童心既障，而以從外入者聞見道理爲之心也。〔註75〕

李卓吾指出「今之學者」的「童心之障」乃源於「多讀書識義理」，由於「童心既障」，遂變成「語不由衷、政事無根柢、文辭不能達」等問題，然而，李卓吾卻也指出「古之聖人」卻是「不讀書，童心固自在」，「多讀書，亦以護此童心而使之勿失」。換言之，「古之聖人」與「今之學者」的分別並不在於「讀書」，而是「義理」，究竟「古之聖人」與「今之學者」所認識的「義理」有何分別呢？對於「古之聖者」的所學所習，李卓吾曾言：

> 夫古之聖人，蓋嘗用湔刷之功矣。但所謂湔磨者，乃湔磨其意識，所謂刷滌者，乃刷滌其聞見。若當下意識不行，聞見不立，則此皆爲寐語，但有纖毫，便不是淡，非常惺惺法也。……是以古之聖人，終其身於問學之場焉，講習討論，心解力行，以致於

〔註75〕 同上註。

寝食俱廢者，爲淡也。淡又非可以智力求，淡又非可以有心得。
〔註76〕

「古之聖人」所學習得的「義理」乃是「身心之學」，其所以能夠「多讀書，亦以護此童心而使之勿失」，即其所學的「義理」是關於須躬行實踐的學問，如是，「古之聖人」即使「多讀書」也不致於「外人者聞見道理爲之心」，反過來說，即「今之學者」的「多讀書識義理」實並非「身心之學」，這樣的理解，正是李卓吾所強烈批判的「假道學」而要求把「學」作爲「生死」與「性命」事，其有言：「大抵今之學道者，官重於名，名又重於學。以學起名，以名起官，使學不足以起名，名不足以起官，則視棄名如敝帚矣。」〔註77〕又說：「凡爲學皆爲窮究自己生死根因，探討自家性命下落。」〔註78〕以此回應：甚麼是「心之未染雜質的本然狀態」（即「童心者，心之初也」）？即不以「假道學」的「多讀書識義理」，而以「身心之學」爲「學」從而得以「護此童心」，讓其保持著「心之未染雜質的本然狀態」，遂能夠「言語皆由衷」、「政事有根柢」、「文辭能達」、「內含于章美」、「篤實生輝光」。即是說，「心之未染雜質的本然狀態」的「童心」實是能夠讓道德行爲、政治行動及文章事工等得到發揮之根本要素。

另外，依〈童心說〉的結構，李卓吾是特別強調「童心」能夠成爲文章事工的根本要素。他說：

> 以聞見道理爲心矣，則所言者皆聞見道理之言，非童心自出之言也。言雖工，于我何與，豈非以假人言假言，而事假事文假文乎？蓋其人既假，則無所不假矣。……天下之至文，未有不出于童心焉者也。苟童心常存，則道理不行，聞見不立，無時不文，無人不文，無一樣創制體格文字而非文者。詩何必古選，文何必先秦。降而爲六朝，變而爲近體；又變而爲傳奇，變而爲院本，爲雜劇，爲《西廂曲》，爲《水滸傳》，爲今之舉子業，皆古今至文，不可得而時勢先後論也。〔註79〕

〔註76〕李贄著〈答耿中丞論淡〉，《焚書》卷一，《李贄全集注》第一冊，頁58。
〔註77〕李贄著〈復焦弱侯〉，《焚書》卷二，《李贄全集注》第一冊，頁111。
〔註78〕李贄著〈答馬歷山〉，《續焚書》卷一，《李贄全集注》第三冊，頁111。
〔註79〕李贄著〈童心說〉，《焚書》卷三，《李贄全集注》第一冊，頁276～277。

針對於「天下之至文，未有不出于童心」的說法。李卓吾更指出：「苟童心常存，則道理不行，聞見不立，無時不文，無人不文，無一樣創制體格文字而非文者」。明顯地，李卓吾的「童心」概念是以文學理論作為應用的主要範疇，李卓吾又提出「童心常存，則道理不行，聞見不立，無時不文，無人不文，無一樣創制體格文字而非文者」的見解，即是說，以「童心」作為「至文」的判準，則無用說「詩必古選」、「文必先秦」，而言「近體」、「傳奇」、「雜劇」等皆可以算是「至文」，要處是得「童心常存」。然而，在文學中或「至文」之內，「童心」是有怎樣的表現呢？依李卓吾對於文學的評論來看，「至文」所能表現出的「童心」即是「性情」之自然與真切，李卓吾曾言：

> 且夫世之真能文者，比其初皆非有意於為文也。其胸中有如許無狀可怪之事，其喉間有如許欲吐不敢吐之物，其口頭又時時有許多欲語而莫可以告語之處，蓄極積久，勢不能遏。一旦見景生情，觸目興歎；奪他人之酒杯，澆自己之塊壘；訴心中之不平，感數奇於千載。〔註80〕

> 故性格清澈者音調自然宣暢，性格舒徐者音調自然疏緩，曠達者自然浩蕩，雄邁者自然壯烈，沉鬱者自然悲酸，古怪者自然奇絕。有是格，便有是調，皆性情自然之謂。〔註81〕

依此而言，李卓吾既言文章事工主要「童心」之為「情性」之自然與真切為準，則他所作出：「《六經》、《語》、《孟》，非其史官過為褒崇之詞，則其臣子極為讚美之語。……後學不察，便謂出自聖人之口也，決定目之為經矣，孰知其大半非聖人之言？縱出自聖人，要亦有為而發。……則《六經》、《語》、《孟》，乃道學之口實，假人之淵藪也，斷斷乎其不可以語于童心之言明。」換言之，李卓吾作出對經典的批判：「因是而有感于童心者之自文也，更說甚麼《六經》，更說甚麼《語》、《孟》乎？」之實義，正在於《六經》、《語》、《孟》非能表現出聖人的「情性」之自然與真切。又以此回應：甚麼是「心之未染雜質的本然狀態」（即「童心者，心之初也」）？則李卓吾所言的「童心」之實義是「情性」之自然與真切而已。從道德行為、政治行動及文章事工等得到發揮之根本要素之「童心」來說，李卓吾言「心之未染雜質的本然狀態」其實亦只是「情性」之自然與真切而已，尤其是從道德實踐來說，李卓吾甚

〔註80〕李贄著〈雜說〉，《焚書》卷三，《李贄全集注》第一冊，頁272。
〔註81〕李贄著〈讀律膚說〉，《焚書》卷三，《李贄全集注》第一冊，頁365。

至認爲「情性」之自然發用，則亦會能自然而止，其有言：「故自然發於情性，則自然止乎禮義，非情性之外復有禮義可止也。惟矯強乃失之，故以自然之爲美耳，又非于情性之外復有禮義可止也。」〔註82〕

至此，本文認爲：李卓吾的「童心」意即「心之未染雜質的本然狀態」，其應用的範疇包括道德行爲、政治行動或文章事工，而李卓吾尤其注重於把「童心」使用於文學方面。從李卓吾對「至文」所能表現出「童心」的要求來看，則李卓吾的「童心」之實義乃是指「情性」之自然與眞切。再回到道德實踐的討論來說，李卓吾強調的「童心」更以爲「情性」能自然之發用，自然之止乎於禮義，禮義亦是「情性」之表現而已。

二、從「童心」到「聖人之學」

李卓吾既言「情性」之自然發用爲「童心」之要義，則他如何詮釋其學說呢？尤其是李卓吾常以「儒者」以自許，其言：「夫卓吾子之落髮也有故，故雖落髮爲僧，而實儒也。是以首纂儒書焉，首纂儒書而復以德行冠其首。然則善讀儒書而善言德行者，實莫過於卓吾子也。」〔註83〕李卓吾又如何以其「童心」來說明儒家思想中的「聖人之學」呢？扼要來說，李卓吾是從「極端的個人主義」〔註84〕來成就「聖人之學」，此極端的個人主義即由其對於「童心」的解放來說，把「聖人之學」定位於「爲己之學」，而此「爲己」的「己」卻是「童心」，亦即「情性」之自然發用，即李卓吾以「童心」過渡至「聖人之學」的關鍵是對「爲己之學」之詮釋。

李卓吾先指出孔子所教人的「聖人之學」是以「爲己」作爲要義，其言：「孔子未嘗教人學孔子也。……曰「爲仁由己」……「古之學者爲己」，又曰：「君子求諸己」惟其由己，故諸子自不必問仁於孔子；惟其爲己，故孔子自無學術以授門人。是無人無己之學也。無己，故學莫先於克己；無人，故教惟在於因人。」〔註85〕如是，則「聖人之學」的實義即是「爲己之學」。值得

〔註82〕同上註。
〔註83〕李贄著〈初潭集‧序〉，《李贄全集注》第十二冊，頁1。
〔註84〕「極端個人主義」是狄百瑞先生對李贄的評價之一，其言：「李贄是王陽明和王艮弟子中最反傳統，最個人主義和最放縱不羈的一個。他公然宣揚個人應該從根深柢固的傳統中解放出來。他這種庇度很接近近代西方的個人主義。……李贄唯一對於此自由的理學傳統的例外是他強烈地不贊成普講及哲學的討論。對近代西人言之，這種情形可以看作只是他個人的偏好；但是在新儒學的脈絡中，李贄是把他個人的極端個人主義推得太遠了。」（狄百瑞著《中國的自由傳統》，頁95）
〔註85〕李贄著〈答耿中丞〉，《焚書》卷一，《李贄全集注》第一冊，頁40～41。

注意的是，李卓吾雖然強調「童心」即「情性」之自然發用，卻也指出孔子的「爲己之學」乃從「克己」爲要，蓋因李卓吾強調「心之未染雜質的本然狀態」是「情性」之自然發用與眞切，其中的「眞切」義也是重要的，更由此「眞切」而說「克己」，即權衡「情性」之自然發用。換言之，此「情性」之自然發用仍然有其「條理」〔註86〕，此處下文當詳論。

李卓吾認爲「古之聖者」的「爲己之學」的最重要的是以「自適」、「快樂」爲要務，其言：

> 士貴爲己，務自適。如不自適而適人之適，雖伯夷、叔齊同爲淫僻；不知爲己，惟務爲人，雖堯、舜同爲塵垢秕穅。此儒者之用，所以竟爲蒙莊所排，青牛所訶，而以爲不如良賈。〔註87〕

伯夷、叔齊或、堯舜皆爲儒家思想中的聖人典型，四人的出處仕隱之間相去甚遠，然而，他們之爲「聖」並不在於外的事跡行徑，乃在於本於內心的眞誠（「童心」），表現出「自適」的「爲己」。換言之，李卓吾所說的「爲己之學」，即在於「眞切地」對待「情性」之自然發用，包括言行一致（「言顧行，行顧言」），其言：

> 夫孔子所云言顧行者，何也？彼自謂於子臣弟友之道有未能，蓋眞未之能，非假謙也。人生世間，惟是此四者終身用之，安有盡期？……聖人知此最難盉，故自謂未能。己實未能，則說我不能，是言顧其行也。說我未能，實是不能，是行顧其言也。……故爲毋自欺，故爲眞聖人耳。不似今人全不知己之未能，而務以此四者責人教人。所求於人者重，而所自任者輕，人其肯信之乎？……聖人不責人之必能，是以人人皆可以爲聖。〔註88〕

「眞切地」對待「情性」之自然發用，可以是「毋自欺」的表現，如是，似乎並不會是過於艱難達成的事，是以李卓吾言：「聖人不責人之必能，是以人人皆可以爲聖。」然而，如此以「童心」詮釋「爲己之學」（「聖人之學」）卻仍然要面對正面對待「爲己」至極的「自私自利」，李卓吾便常「眞切地」指出自己的「自私自利」，其言：「我以自私自利之心，爲自私自利之學，直取

〔註86〕 李贄曾指出：「夫天下之民物眾矣，若必欲其皆如吾之條理，則天地亦且不能。是故寒能折膠，而不能折朝市之人；熱能伏金，而不能伏竟奔之子。」（李贄著〈答耿中丞〉，《焚書》卷一，《李贄全集注》第一冊，頁41）

〔註87〕 李贄著〈答周二魯〉，《焚書》卷二，《李贄全集注》第一冊，頁214。

〔註88〕 李贄著〈答耿司寇〉，《焚書》卷一，《李贄全集注》第一冊，頁72。

自己快當，不顧他人非刺。故雖屢承諸公之愛，誨諭之勸，而迄不能改者，懼其有礙於晚年快樂故也。自私自利，則與一體萬物者別矣；縱狂自恣，則與謹言慎行者殊矣。萬千醜態，其原皆從此出，彼之責我是也。」〔註89〕如此的「告白」正是李卓吾「異端」形象的成因。然而，對李卓吾來說，「為己之學」能達至極處，則能夠「展示」出來，進至「為己便是為人」，李卓吾曾以顏山農於講學時打滾作解說，其言：

> 所云山農打滾事，則淺學未嘗聞之；若果有之，則山農自得良知真趣，自打而自滾之，何與諸人事……當滾時，內不見己，外不見人，無美於中，無醜於外…… 若果能到此，便是吾師，吾豈敢以他人笑故，而遂疑此老耶？……山農為己之極，故能如是，儻有一亮為人之心，便做不成矣。為己便是為人，自得便能得人，非為己之外別有為人之學也。〔註90〕

何以李卓吾會說「山農自得良知真趣，自打而自滾之」？即在於「為己之學」乃是能真切地從「情性」之自然發用而為，當顏山農打滾以示其「道體」的渾然時，實是能夠達到「內不見己，外不見人，無美於中，無醜於外」的境界，如此，即能以其自身的境界「展示」於他人，更能成就他人，成為「為己便是為人，自得便能得人」。於此，李卓吾的「童心」過渡至「聖人之學」便是以「為己之學」的詮釋作為關鍵概念，透過「為己之學」的「己」乃是「童心」的「情性」之自然發用與真切的狀態，便可以從而展示其獨特的「極端個人主義的聖人之學」。

貳、「童心說」思想的本體義與工夫義

一、「童心說」的本體義：論「童心」與「赤子之心」之別

「童心說」作為「道德實踐」的可能依據，李卓吾所言的「聖人之學」即是其所作的「道德實踐」，〔註91〕當然，從李卓吾的思想系統來說，「童心」

〔註89〕李贄著〈寄答留都〉，《焚書》卷一，《李贄全集注》第一冊，頁226。
〔註90〕李贄著〈答周柳塘〉，《焚書》卷一，《李贄全集注》第一冊，頁219～221。
〔註91〕李贄的學問思想是否具有「道德實踐」的成素是有需要釐清當中「道德」概念，尤其是李贄有大量「反假道學」的言論。從李贄所強調自己所作的「為己之學」即「聖人之學」來說，他所主張的學說理應具有「道德」的意涵，然而，從「童心」的衡定為「情性」之自然發用與真切的狀態來說，則其言的「道德」其實義乃近於「倫理」的觀念，假如從此來說，則李贄的「童心說」仍可有倫理實踐之意。

無疑地是其「道德實踐」的依據。然而，「童心」是否即為傳統儒學的「本心」呢？甚至是作「良知本體」的具體詮釋呢？本文嘗試從李卓吾的「童心」與羅近溪的「赤子之心」作比較，藉以明白地展示出李卓吾雖然有大量地使用明代儒學傳統的用語（如「本心」、「明德」、「情性」等），但內裏卻已是把「泰州學派」以「本心實性」作為真切的工夫作入路的方向轉移至從自然主義的性情論而已。

有學者已經指出李卓吾「童心」觀念其實是受到羅近溪「赤子之心」所啟發，〔註92〕用「童心」而不繼承羅近溪的說法而使用「赤子之心」呢？首先，李卓吾雖自言：「《近溪語錄》須領悟者乃能觀言語之外，不然，未免反加繩束，非如王先生字字皆解脫門，既得者讀之足以印心，未得者讀之足以證入也。」〔註93〕又說：「我若不知近老，則近老有何用乎！惟我一人知之足矣。」〔註94〕然而，李卓吾對於羅近溪所言的「赤子之心」，或「明德」，或「孝弟慈」等的關鍵概念是否又真的相應呢？其次，李卓吾是本於甚麼理據而使用「童心」而不使用「赤子之心」（《孟子》）呢？

依李卓吾對於「赤子之心」（或「本心」，或「良知」）的理解而言，其有謂：

> 既無半點私意，則所云者純是一片赤心。〔註95〕

> 惟公之所不容已者，在于泛愛人，而不欲其擇人；我之所不容已者，在于吾道得人，而不欲輕以與人：微覺不同耳。公之不容已者，乃人生十五歲以前《弟子職》諸篇入孝出弟等事；我之所不容已者，乃十五成人以後為大人明《大學》，欲去明明德于天下等事。公之所不容已者博，而惟在于痛癢之末；我之所不容已者專，而惟

〔註92〕 林其賢先生說：「卓吾在宣揚時，雖似乎偏贊王龍溪，那是考慮到多數人的吸收能力，他自己則是取法羅近溪的多。例如，卓吾最有名的〈童心說〉，便是受到羅近溪『大人赤子之心』的啟發。」（林其賢著《李卓吾的佛學與世學》，台北：文津出版社，1992年，頁36）龔鵬程也指出：「他（李贄）以『童心』形容本心，則是受了羅近溪赤了良心說的影響。」（龔鵬程著《晚明思潮》，台北：里仁書局，1994年，頁8）周群先生更直言李贄的「童心」即羅汝芳的「赤子之心」，其言：「李贄反對道理見聞。所謂最初一念的童心與羅汝芳所說的赤子本非學慮是完全一致的。」（周群著《儒釋道與晚明文學思潮》，上海：上海書店出版社，2000年，頁119）
〔註93〕 李贄著〈復焦弱侯〉，《焚書》卷二，《李贄全集注》第一冊，頁112。
〔註94〕 李贄著〈答耿司寇〉，《焚書》卷一，《李贄全集注》第一冊，頁75。
〔註95〕 李贄著〈答耿司寇〉，《焚書》卷一，《李贄全集注》第一冊，頁73。

直收吾開眼之功。……雖各各手段不同，然其爲不容已之本心一也。
〔註96〕

　　每思公之所以執迷不返者，其病在多欲。古人無他巧妙，宜以
寡欲爲養心之功，誠有味也。公今既宗孔子矣，又欲兼通諸聖之長：
又欲清，又欲任，又欲和。既聖人之所以繼往開來者，無日夜而不
發揮，又于世人之所以光前裕後者，無時刻而于繫念。又以世人之
念爲欲念，又時時蓋覆，只單顯出繼往開來不容已本心以示于人。
分明貪高位厚祿之足以尊顯也，三品二品之足以褒寵父祖二親也，
此公之眞不容已處也，是正念也。却回護之曰：「我爲堯、舜君民而
出也，吾以先知先覺自任而出也。」是又欲蓋覆此欲也，非公不容
已之眞本心也。〔註97〕

李卓吾常有及「本心」，其言「本心」卻並非以「道德本心」爲要，反而從「情
性」之「眞切」與「自然」爲重。此「本心」具有「不容已」的特性，從「情
性」中「不容已」所流露發用的就是「本心」，即使所顯露出來的是「入孝出
弟等事」，或「欲去明明德于天下等事」，甚至是「貪高位厚祿之足以尊顯」之
事，或「足以褒寵父祖二親」之事，只要是「不容已」的即是「本心」之發用，
用李卓吾的說法，即「眞不容已處也，是正念也」。李卓吾雖有「眞本心」之
說，其要處卻是以爲所表現出來的行爲與「不容已」的爲同一，即爲「眞本心」。
換言之，李卓吾所言的「本心」實是包括了由「情性」所自然流露出來的「欲」。
李卓吾更直言「欲」與「利」也是包含於「良知」（本心）之內，其言：

　　吾故曰：「雖大聖人不能無勢利之心。」則知勢利之心，亦吾人
稟賦之自然矣。〔註98〕

　　禽獸雖殊類，然亦有良知，亦有良能，亦知貪生，亦知畏死，
亦知怕怖刑法，何嘗有一點與人不同，只是全不知廉恥爲可恨耳。
〔註99〕

如此來說，李卓吾所言的「本心」或「良知」之實義是一種既具有勢利，貪
生畏死的，卻又並不知廉恥的「稟賦之自然」。從「本心」或「良知」竟是「不

〔註96〕李贄著〈答耿司寇〉，《焚書》卷一，《李贄全集注》第一冊，頁71。
〔註97〕李贄著〈答耿司寇〉，《焚書》卷一，《李贄全集注》第一冊，頁76。
〔註98〕李贄著《道古錄》卷上，第十章，《李贄全集注》第十四冊，頁255。
〔註99〕李贄著《道古錄》卷下，第二十四章，《李贄全集注》第十四冊，頁331。

知廉恥」的「稟賦」看，李卓吾言的「本心」或「良知」與傳統儒學的「本心」或陽明學派所說的「良知」在內容意義上有極大的出入。

至於羅近溪的「赤子之心」（「孩提之童」）是緊扣《孟子》文本而立論，以作為「良知面目」，又可以作為「悟後之修」工夫的依據。羅近溪的說法緊扣孟子言「孩提之童，無不知愛其親者，及其長也，無不知敬其兄也」來說，即其「赤子之心」是從「愛親敬長」的「不學而知」與「不學而能」來立說，如此，羅近溪以「赤子之心」來說其實亦是從具體而現實的層面作論，只是這一具體而現實的層面卻是以道德人倫的實踐作為規範。

既然「赤子之心」是「良知」的具體而現實的「面目」（體現），則其展現出來的是何種特徵呢？依羅近溪的說法，即是「孝弟慈」，其言：

> 孔門宗旨在於求仁。仁者人也，天地萬物為一體者也。人以天地萬物為一體，則大矣。《大學》一書，聯屬家國天下以成其身，所以學乎其大者也，然自明明德為始焉。明明德者人之所不慮而知，其良知也。孩提之童無不知愛其親，無不知敬其兄者也。老吾老以及人之老，長吾長以及人之長，幼吾幼以及人之幼，而家國天下運之掌矣。故曰：「大人者，不失其赤子之心者也。」〔註100〕

羅近溪以「赤子之心」的說法作為「良知」的具體而現實的「面目」，並「良知」的「不慮而知」與「不學而能」來說明「愛親敬長」（孝弟慈）之「自知自能」，如此，羅近溪便是從「知愛知敬」來規範「良知」之義理，更從此「良知」之義理的具體而真實的呈現即在於「孝弟慈」的實踐中來說，「良知」之「知」與「實踐」全在於「孝弟慈」的活動之中，可以說是為「良知」而理解作出了一個與別不同的詮釋。

試比較羅近溪所言的「赤子之心」與李卓吾所說的「童心」，則更能發現兩者在內容是差天共地的。尤有甚者，羅近溪所說的「赤子之心」其言的「心」乃依於「良知明覺」的意思，而著重於「覺悟」，羅近溪有言：「聖賢之道，原從心上覺悟，故其機自不容已。」〔註101〕然而，李卓吾言的「童心」卻只從「情性」之自然與真切來說，明顯地，已脫離了陽明心學的學理傳統。李卓吾的用語上與羅近溪近似的並不單止是「童心」（近似於「赤子之心」），還

〔註100〕羅汝芳著《盱壇直詮》，《羅汝芳集》（上冊），南京：鳳凰出版社，2007年，頁387。
〔註101〕羅汝芳著《近溪子集》，《羅汝芳集》（上冊），頁84。

有「明德」和「情性」等（當然，在中國哲學的經典詮釋作爲哲學思想建構的傳統中，學術用語許多時也是相同的），如果從「明德」與「情性」的使用來看，更可以清楚發現：李卓吾所使用的「明德」概念實是依於其「童心」作爲「情性」之發用自然來說；而羅近溪所使用的「明德」即是「良知」，並區分「性情」與「情性」的使用，前者是「感物欲動情勝」；而後者是「天命性眞」，「孝弟慈」等感情是否得以爲「良知」的眞實呈現，即以其爲「天命性眞」之「性情」作衡之定。

二、「童心說」的工夫義

既然李卓吾提倡的「童心說」乃是「情性」之自然發用與眞切的狀態，則可有需要達到此一狀態（境界）的工夫（實踐之程序或實踐的規條）嗎？

李卓吾對於實踐工夫的要求是肯定的，其說：

> 公勿以修身爲易，明明德爲不難，恐人便不肯用工夫也。實實欲明明德者，工夫正好艱難，在埋頭二三十年，尚未得到手，如何可說無工夫也？龍溪先生年至九十，自二十歲爲學，又得明師，所探討者盡天下書，所求正者盡四方人，到末年方得實詣，可謂無工夫？〔註102〕

然而，究竟李卓吾所謂的實踐工夫是怎樣的呢？李卓吾「童心說」的實踐工夫主要是達至「情性」之自然發用與眞切的狀態，然而，此「童心」卻又能「自然止乎禮」，達至當中的「條理」處。如此，李卓吾的「童心說」是仍然需要實踐工夫的。可是，在此需要釐清李卓吾所言「自然發於情性，則自然止乎禮義」的問題，即：何以「情性」之自然發用能自然止乎禮義呢？這涉及李卓吾所言的「禮」觀念。

（一）由「己」之「禮」

從〈四勿說〉中可見李卓吾對於「禮」的看法，其言：

> 人所同者謂禮，我所獨者謂己。學者多執一己定見，而不能大同于俗，是以人于非禮也。非禮之禮，大人勿爲；眞己無己，有己即克。此顏子之四勿也。……顏子沒而其學遂亡，故曰「未聞好學者」。〔註103〕

〔註102〕李贄著〈答耿司寇〉，《焚書》卷一，《李贄全集注》第一冊，頁76。
〔註103〕李贄著〈答耿司寇〉，《焚書》卷三，《李贄全集注》第一冊，頁284。

李卓吾先指出以大眾共同遵守的為「禮」，然而，他卻認為每個人都是獨特的
「己」，如是，則容易墮進於「非禮」的境況，他認為真正的「己」實是自然
而然地表現出「己」，而且，儒學傳統所言的「禮」（四勿說，即「非禮勿視，
非禮勿聽，非禮勿言，非禮勿動」）實已隨著唯一能不貳持守的顏淵之死而絕。
既然儒家傳統的「禮」已絕，則以其由「己」所出的「禮」該是怎樣的呢？
李卓吾提出：

> 由中而出者謂之禮，從外而入者謂之非禮；從天降者謂之禮，
> 從人得者謂之非禮；由不學、不慮、不思、不勉、不識、不知而至
> 者謂之禮；由耳目聞見，心思測度，前言往行，彷彿比擬而至者謂
> 之非禮。語言道斷，心行路絕，無蹊徑可尋，無途轍可由，無藩圍
> 可守，無界量可限，無扃鑰可啓，則於四勿也當不言而喻矣。〔註104〕

李卓吾所提出的「禮」是「無蹊徑可尋，無途轍可由，無藩圍可守，無界量
可限，無扃鑰可啓」，似乎是很任意或無規範，然而，從他所列舉出來作為「禮」
與「非禮」的特質中，則至少可以歸納出他所言的「禮」之特性：「禮」是「由
中而出者」（即從「己」之內在而來），「從天降者」（即從「己」之天生而來），
「由不學、不慮、不思、不勉、不識、不知而至者」（即從「己」之自然而來）。
如是，「禮」再不是從外在、人為及各種考量而成的。究其實，李卓吾所言之
「禮」與儒家傳統的「禮」並無二義，即禮只取其形式義，而「禮」的內容
義才是要點，以孔孟傳統而言，「禮」的內容義即是「仁義」；對李卓吾來說，
「禮」的內容義即是「情性」，如是，「情性」之發用只要合乎其「自然」與
「真切」即是「止乎禮」。

（二）志道、據德、依仁、遊藝

要達到「情性」之發用只要合乎其「自然」與「真切」即是「止乎禮」，
則仍然要求在實踐工夫上的程序，李卓吾曾把求道的過程按志道、據德、依
仁、遊藝分成四個階段，〔註105〕其言：

> 大志道如志的，的在百步之外，尚爾遙遠。據德則己得而據之，
> 然日夜惶惶，猶死侵奪，終非己有，與我猶二也。依仁則彼我不二

〔註104〕李贄著〈答耿司寇〉，《焚書》卷三，《李贄全集注》第一冊，頁284～285。
〔註105〕「志道、據德、依仁、遊藝」此八個字曾被朱子定性作為學之程序，時會被
刻畫在學校的匾額作為書齋的名稱。此處正是李卓吾「借題發揮」當作其個
人對於為學程序。

矣，然猶未忘一也。到遊藝時，則如魚游水，不見其水；如水裏魚，不見有魚。自相依附，不知其孰爲依附；尚無所依，而何據何志之有？尚無有仁，而何德何道之有？到此則遺價給由，種種皆藝也；由給價遺，皆遊也。〔註106〕

「志道」即是以眞實的「爲己」作爲求道的志向，李卓吾曾說：「學道人大抵要跟脚眞耳，若始初以怕死爲跟脚，則必以得脫死生，離苦海，免恐怕爲究竟。」〔註107〕「據德」與「依仁」即是從實踐中進行「爲己之學」，李卓吾指出：「穿衣吃飯，即是人倫物理；除却穿衣吃飯，無倫理矣。……于倫物上加明察，則可以達本而識眞源，否則只在倫物上計較忖度，終無自得之日矣。」〔註108〕所謂「依仁」即是已經達到一定程度的「爲己」之境界，找得著「條理」。「據德」與「依仁」兩者只是程度上的差異而已。

至於「遊藝」則是儒、釋、道之間的內外合一之境地。李卓吾有詳述：「豈不平常！豈不奇妙！日用應緣，但如此做去，則工夫一片；工夫一片，則體用雙彰；體用雙彰，則人我俱泯；人我俱泯，則生死兩忘；生死兩忘，則寂滅現前。眞樂不言假。……程夫子尋孔顏樂處，尋此處也。此樂現前，則當下大解脫，大解脫則大自在，大自在則大快活。世出世間，無拘無碍，資深逢源。故曰：『魚相忘乎江湖，人相忘乎道術。』」〔註109〕李卓吾對於「遊藝」境地的描述滲透著其三教思想中的最勝義，「體用雙彰」即儒學；「當下大解脫」即佛教；「魚相忘乎江湖」即道家，在此境界之下，所作的事皆可以成「藝」，其價值意義僅緣於爲「己」所給予，正是「極端個人主義的聖人之學」的最高義。

參、李卓吾「童心說」思想所表現的「本心實性的解放致情識而肆」

本文認爲：李卓吾的「童心」意即「心之未染雜質的本然狀態」，其應用的範疇包括道德行爲、政治行動或文章事工，而李卓吾尤其注重於把「童心」使用於文學方面。從李卓吾對「至文」所能表現出「童心」的要求來看，則李卓吾的「童心」之實義乃是指「情性」之自然與眞切。再回到道德實踐的討論來說，李卓吾強調的「童心」更以爲「情性」能自然之發用，自然之止乎於禮義，禮義亦是「情性」之表現而已。李卓吾更以「爲己之學」的詮釋

〔註106〕李贄著〈與陸天溥〉，《續焚書》卷一，《李贄全集注》第三冊，頁15。
〔註107〕李贄著〈觀音問。答澹然師〉，《焚書》卷四，《李贄全集注》第二冊，頁80。
〔註108〕李贄著〈答鄧石陽〉，《焚書》卷一，《李贄全集注》第一冊，頁8。
〔註109〕李贄著〈與陸天溥〉，《續焚書》卷一，《李贄全集注》第三冊，頁15。

作爲關鍵概念，把其「童心說」過渡至「聖人之學」，透過「爲己之學」的「己」乃是「童心」的「情性」之自然發用與眞切的狀態，便可以從而展示「極端個人主義的聖人之學」的規模。

以「童心說」思想的本體意義來說，即「童心說」能作爲道德實踐之根據在於：「本心」。李卓吾所言的「本心」並非以「道德本心」爲要，反而從「情性」之「眞切」與「自然」爲重。此「本心」具有「不容已」的特性，李卓吾更直言「欲」與「利」也是包含於「良知」（本心）之內，尤有甚者，李卓吾所言的「本心」或「良知」之實義是一種既具有勢利，貪生畏死的，卻又並不知廉恥的「稟賦之自然」。從「童心說」思想的工夫意義而言，即「童心說」能作爲道德實踐之程序（實踐的規條）在於：一，爲「己」之「禮」，李卓吾所言的「禮」之特性：「禮」是「由中而出者」（即從「己」之內在而來），「從天降者」（即從「己」之天生而來），「由不學、不慮、不思、不勉、不識、不知而至者」（即從「己」之自然而來）。如是，「禮」再不是從外在、人爲及各種考量而成的。「禮」的內容義即是「情性」，如是，「情性」之發用只要合乎其「自然」與「眞切」即是「止乎禮」；二，李卓吾把求道的過程按志道、據德、依仁、遊藝分成四個階段，重點在於「遊藝」階段實是三教的最高勝義。

依上文的分析而說，本文認爲：李卓吾的「童心說」思想之形態實是「本心實性的解放致情識而肆」。所謂「本心實性的解放」已並不是指相關於「良知」（天理、本體）的流行所呈現之圓融境界，而是直指此「本心實性」即爲自然的情性之「本來面目」，此言「解放」即把「本心實性」乃由「良知本體」在超越層所作的根據完全鬆動，由道德範疇說的「本心實性」徹底轉變爲自然主義的性情而已。從李卓吾的「童心說」思想來看，其要義是以「童心」作爲完成個人的「聖人之學」，此「聖人之學」的基礎是「情性」之自然發用與眞切，然而，此「情性」卻並不是「道德本心」，僅作爲一種「稟賦之自然」，更甚的是李卓吾同樣使用「良知」作思想的論述，此「良知」卻是「不知廉恥」的。如是，李卓吾的「童心說」已經完全由道德範疇說的「本心實性」徹底轉變爲自然主義的性情。

值得一提的是，近年有學者從「氣」論的角度來論說羅近溪與李贄的關係，〔註110〕具體的操作是從羅近溪所言的「一陽之氣」詮釋其整個思想，並

〔註110〕張美娟著《從羅近溪「一陽之氣」到李贄、湯顯祖文藝思想——以中國氣論爲研究進路看古典文論》，台北：學生書局，2011 年。

指出李贄的「童心」亦可以從「氣論」所詮釋，並看見兩者傳承的關係。然而，從本文的立場來說，李卓吾的「童心說」無論是「情性」或是「氣論」，他的「心之未染雜質的本然狀態」（「童心」）還是非純粹的「道德本心」，更是從發用的層面把「良知」誤作爲「眞性情」，如此，正是對「良知本心」思想的把握不住，滑落至「情識而肆」的問題。

第五章　結　論

夫宋明儒學要是先秦儒家之嫡系、中國文化生命之綱脈　。

隨時表而出之，是學問，亦是生命。

——牟宗三〔註1〕

　　本文所作的是哲學思想史的清理工作，對象是「泰州學派」，考量的是「泰州學派」在儒學思想發展史上（包括「良知學」的發展、明清儒學的轉型及傳統儒學思想的發展脈絡）相應的義理定位之問題。由於《明儒學案》的偏頗或文獻上的資料不足等問題，「泰州學派」一直被形象化為：「泰州學派中的一些思想人物未免行為乖張、言論荒誕，與傳統儒學之精神顯得格格不入，這些思想及行為的異端因素成為打破傳統、張揚人性、解放思想的重要動源」〔註2〕，然而，究竟「泰州學派」是否如此呢？在「泰州學派」內亦有好些人物的哲學思想極具深刻性與創發性，於此，又該怎樣理解「泰州學派」的思想發展呢？本文的定位是從哲學思想史的角度作出討論，其中所衡定的是對哲學問題的思考於歷史脈絡內之發展，借唐君毅先生的話來說，是「即哲學史以言哲學」或「本哲學以言哲學史」，即「唯是即哲學思想之發展，以言哲學義理之種種方面，與其關聯著」〔註3〕，所考量的詮釋方案是兼具於哲學思想的歷史性與融貫性。然而，既然是以哲學思想作為主要的考察對象，其他相關於文化、社會、政治等具體環境的互動或影響，則並不在考量之列。

　　經過卜文以「道體流行的圓融境界」、「道體流行攝歸於本心實性」和「本心實性的解放致情識而肆」作為「泰州學派」三個發展階段及六個代表人物的論述，下文即嘗試從儒學的發展中探討「泰州學派」思想的定位。

〔註1〕牟宗三著〈序〉，《從陸象山到劉蕺山》，頁（5）。

〔註2〕吳震著《泰州學派研究》，頁1。

〔註3〕唐君毅著《中國哲學原論（原性篇）》，台北：台灣學生書局，1989年，頁6。

第一節 「泰州學派」在儒學思想發展中的定位

本文所探討的「儒學思想發展」是以三個不同的發展階段的角度為準，即：「良知學」的發展、明清儒學的轉型、儒家傳統思想的詮釋發展。

壹、從良知學的發展看「泰州學派」

關於「良知學」的發展，林月惠先生曾指出：

> 在陽明逝世後，陽明思想因著王門諸子的了解、詮釋與實踐，呈現各種思想面貌。大體上，王門諸子對陽明立『良知』為本體，皆無異議；但對於『致良知』（致知）工夫，卻有著不同的入路，爭辯於是蠭起。因此，王學的分化甚或轉向，是環繞著工夫問題而發展的。然而，工夫論的爭辯，必牽涉到對本體的了解，二者不僅在理論建構環環相扣，也可相互檢證。……陽明之後，良知學的發展，徵諸《大學》的詮釋，正是由『致知』轉向『知止』。……陽明歿後，王門諸子對『致知』工夫的體證，有逐漸強調在『心體』上用功的趨向。……王門諸子中已有察覺到：若未悟得良知本體，而僅在意念上為善去惡，則可能造成善念、惡念紛起交雜，意念憧憧，翻騰無窮，如明道所言『將見滅於東而生於西』，欲根終難斷除。在這個意義下的『誠意』工夫，只在念起念滅上著力，終究悟不得本體，工夫已落第二義。因此，除非正『心』（心體），否則就無法保證『意』之誠。換言之，致知工夫的關鍵處在『正心』，而在『心體』上用功的『立體』（見體）工夫已經呼之欲出。〔註4〕

扼要言之，在陽明逝世後的「良知學」發展有三項較為突出的要點：一，工夫論的爭議為要，卻又互相影響到對本體的理解；二，對《大學》的詮釋由「致知」轉移以「知止」為要；三，以追求「第一義工夫」作為陽明後學共同的問題意識。依此來看，「泰州學派」的思想發展其實也是處身其中，與「陽明後學」發展有著相同的特徵，尤其是「第一義工夫」追求及對《大學》的詮釋焦點之轉移。首先，顏山農以「七日閉關法」來強行從「心體」上用功，以成「見體」的工夫；羅近溪的「格物」說中最重要的步驟為：「信得及」與「覺悟」，這些都是從「真切工夫之依據」作「第一義工夫」之追求。其次，王心齋的「安身」思想更直言：「《大學》箇說止至善，便只在止至善上發揮，知止，知安身也。」

〔註 4〕林月惠著《良知學的轉折：聶雙江與羅念菴思想之研究》，頁 580～591。

〔註5〕而羅近溪也有言：「《大學》一書，總括是明吾明德，其眼法只在知止。」

〔註6〕所謂「知止」即「眼法」，是以「知止」作爲整套工夫論的實踐目標，而「明德」卻是從工夫的下手處以至於最終處的達成，即以一己的「明德」爲始；而「明明德於天下」爲終，如此，「明吾明德」即成爲《大學》一書的「總括」。如此來看，「泰州學派」也該當是「陽明後學」的重要一員，黃梨洲把「泰州學派」除掉「王門」之名，實是囿於「泰州學派」後學的劣名而致（如何心隱、李卓吾等），本於「泰州學派」的發展實不能摒其於「王門」之外。

然而，由於「泰州學派」在學術風格上較爲偏重於實踐的部分，對於「良知本體」的討論相對地少，甚至與「陽明後學」在激烈爭論「以知覺爲良知」或「分裂體用」也保持著距離。不能不說，「泰州學派」是普遍地對於「良知本體」不採取「形而上」或「超越意識」來把握，如王心齋的「安身」思想的實義是從「即本體以爲工夫」爲入路，其「安身」即爲「良知」的「天然自有」的「復初」狀態；「安身」又即是以其爲「良知」的「百姓日用」之「知」的覺悟義與「即事是道」的實踐義，所成就的「良知本體」周流遍潤所眞實之呈現，如是，「安身」實即是其能覺悟至「良知」的本體之樂。這種從具體而現實的角度來論述道德實踐的本體與工夫義，卻又爲「良知學」的發展帶來不一樣的方向，可以「道德的實踐主義」來名之。此可以說是「泰州學派」在「良知學」發展中的定位。

貳、從明清儒學的轉型〔註7〕論「泰州學派」

關於明清儒學的轉型，鄭宗義先生曾指出：

〔註5〕王艮著〈答問補遺〉，《明儒王心齋先生遺集（卷一）》，頁 15 下～16 上。

〔註6〕羅汝芳著《近溪羅先生一貫編》，《羅汝芳集》（上冊），頁 331。

〔註7〕關於明末清初儒學思想之轉型，現代學者已提出了眾多的解釋，如梁啓超的「理學反動說」、錢穆的「宋學延續說」、余英時的「內在理路說」、鄭宗義的「儒學內部形上與形下的緊張關係說」等。詳見秦峰著《明清之際儒家的理氣論與內在一元傾向──黃宗羲哲學探微》（香港中文大學博士論文，2010 年）及林舜聰著《明清之際儒家思想的變遷與發展》（台北：花木蘭文化出版社，2009 年）。當然，對於明末清初儒學思想之轉型的解釋可以有多種多樣，更不可能只由於某種單一的「本質原因」就能對這一歷史現象或學術思潮作出某種武斷的解釋模式，然而，從哲學思想史的研究來說，卻可以解釋的效力作爲考察某一歷史現象或學術思潮所可能導致的因素，提供某一個解釋的思考面向，至於能否達到預期的解釋效力，則有待檢驗或論證其中的合理性。在這裏僅以鄭宗義先生「儒學內部形上與形下的緊張關係說」爲例，用以展示「泰州學派」於此儒學思想之轉型中的定位。

　　　　晚明王學的主要毛病在於缺卻實踐工夫而喜空描一形上的圓融
化境，由是埋下了形上與形下分崩離析的危機。這從東林以降學者
的救正大多集中於努力把形上世界往下拉落；把超越隱藏於內在之
中可以證明。而其具體的歷史後果是從內在一元的傾向演爲形上心
靈的萎縮；從宋明儒的道德形上學逐步轉爲厭談形上本體注重形下
氣質才情與人欲的達情遂欲思想。明清之際儒學內部的這一變遷，
其實正標誌著一迴異於宋明儒學的新典範的出現；這新典範包括的
人物，前有顏習齋、陳乾初，後有清代的戴東原。必須指出，上述
達情遂欲思想發展的線索雖與泰州學派轉手的線索共同鼓動了明末
崇尚情欲的風氣，但二者取徑卻南轅北轍，不宜混爲一談。〔註8〕

扼要來說，由明末轉至清初的儒學思想取向發生了典範式的轉變，由宋明儒
學的「道德形上學」逐步轉而爲注重氣質才情與人欲的「達情遂欲」思潮。
依此一轉變來看，「泰州學派」的思想發展其實也有其中的角色存在。

　　首先，「泰州學派」的發展使得宋明儒學的「道德形上學」之型態有走向
著重於道德實踐的趨勢，再從而只著重於自然生命爲道德實踐之可能根據，
破壞了「道德形上學」的思想型態，即從何心隱的個案研究中可以發現，他
所說的「仁義」僅從具體的「親親」與「尊賢」來說，其「仁義」的根源則
是自然生命的「意氣」、「大精神力量」，此已是由道德範疇說的「本心實性」
徹底轉變爲自然主義的性情。這是「泰州學派」在明清儒學思想的轉型中所
處的第一個位置，即「泰州學派」乃有份於王學流弊的成因而致推導出明清
儒學思想轉型。其次，「泰州學派」的發展更是鼓吹了清初注重才情與人欲的
「達情遂欲」思潮，即從李卓吾的個案中可以發現，他認爲「情性」之發用
只要合乎其「自然」與「眞切」即是「止乎禮」，李卓吾以「情性」爲「聖人
之學」的根據，雖然也以「眞切」作爲「情性」發用的判準，然而，其表白
般的展示出「自私自利」作爲「眞情性」，則無異是鼓吹了清初的「達情遂欲」
思潮。這是「泰州學派」在明清儒學思想的轉型中所處的第二個位置。這可
以說是「泰州學派」在明清儒學的轉型中的定位。

〔註8〕鄭宗義著〈性情與情性——論明末泰州學派的情欲觀〉，收錄於鄭宗義著《明
　　　清儒學轉型探析：從劉蕺山到戴東原（增訂版）》，頁282。

參、從儒家傳統思想（「內聖外王」）的詮釋論「泰州學派」

關於儒家傳統思想（尤其是「內聖外王」）的詮釋，余英時先生曾指出：

> 「外王」必須建立在「內聖」的基礎之上，本是儒學的原始觀
> 念之一，孔子的「為政以德」，孟子的「仁心」、「仁政」，都是這一
> 觀念的不同表達方式。宋初古文運動的倡導者雖因急於「推明治道」
> 而未暇發揮「內聖」，但「內聖」與「外王」不可分離的意識仍在潛
> 滋暗長之中。……宋代『得君行道』的終極目的是重建理想秩序，
> 當時稱之為『三代之治』。朱熹論『道統』、『道學』與『道體』，無
> 一不與『三代之治』緊密相連。從這一角度說，王陽明在明代理學
> 史上的劃時代貢獻，便在於他用『覺民』取代了『得君』，示學者另
> 一條『行道』的途徑，因而使『三代之治』再度成為一種令人嚮往
> 的理想。……他發明的「良知之學」最後是為了「治天下」，絕不能
> 止於個別士大夫的「自得」。換句話說，他是要重回宋代道學「為己
> 而成物」的大傳統，不過不再走「得君」的上行路線，而改走「覺
> 民」下行路線。〔註9〕

扼要言之，儒家傳統思想的詮釋尤其特重於「內聖外王」的架構，從宋代的
著意於「得君行道」的方式以得實踐「內聖外王」的上行路線要求，轉而到
王陽明用「覺民行道」的方式以得實踐「內聖外王」的下行路線要求。從「得
君行道」轉至「覺民行道」以實踐「外王」之取向來看，「泰州學派」以繼承
王陽明的「覺民行道」之社會性傾向的形象是非常突出的，而且，「泰州學派」
在社會教化的積極推廣或社會性行動的傾向實在具有儒學傳統思想的基本型
態，即兼具「內聖」與「外王」。

不過，從本文的考察來看，「泰州學派」的社會教化與社會性行動的基本
形態有二：首先，是以「安人」作為「修己」工夫的延伸，如王心齋和王東
崖的「講學」是為了能達至「人人共明共成之學」，即能圓滿地達成「修己」
與「安人」同成的「安身」境界之重要道德實踐工夫，如此，他們確具有「覺
民行道」的思想成分，但是，又並非以政治化的傾向為要，與所謂「外王」
事功算是有所差別，甚至從顏山農〈急救溺世方〉偏向於理想化或浪漫化的
政治論述，則見其思想仍然停留在「得君行道」的方向。其次，以「外王」
事業脫軌於「內聖」工夫，如何心隱提出的「神道設教」的目的則是從政治

〔註 9〕余英時著《宋明理學與文化》，台北：允晨文化，2004 年，頁 9、315、317。

來規範道德（「聚天下之英才」），已經並非以「爲己之學」作爲要義了。換言之，「泰州學派」內的社會行動與淑世關懷在表面上是兼備了「陽明後學」中較爲被忽略的「外王」事業，如顏山農的「萃和會」和何心隱的「聚和堂」的實踐社區改革運動。然而，如果把儒家傳統的思想之「外王」定性在於政治層面的話，則「泰州學派」的思想發展上在「外王」部分並非具有特別的見解，這些社區的改革運動，其目的反而是以「忠君」與管理爲重。由此來看，似乎並不能誇大其說地以爲「泰州學派」在「外王」事業上可有多大的參考價值與反省資源。換言之，從儒家傳統思想（「內聖外王」）的詮釋來看，「泰州學派」的社會教化與社會性行動可以說是其特別的「外王」事業，卻也不能誇大其意義。

第二節　本文的回顧與反省

壹、回顧與嘗試

本文對於「泰州學派」的思想研究之進路，曾經在一篇已發表的書評論文表示過，其中的要點有二：

一、「作爲理學家所思考的哲學問題與概念，自有其義理系統內部的融貫性及發展脈絡。而作爲思想的詮釋工作來說，也並不能僅止於對於理學家的思想作出論點式的研究，還需要從其思想的義理內部建構出具系統性的思想架構，這樣的理論建構其實同樣適用於泰州學派的研究。」〔註10〕

二、「泰州學派的思想發展至少仍有兩條線索值得討論：一是既提倡自然宗旨，又力主戒慎因提倡現成恣肆爲率性無忌憚的理論張力問題；二是對於『宗於孔孟』、『宗於儒學』的經典詮釋與實踐的問題。從這兩條線索來探討泰州學派的發展如何演變成劉蕺山所言的『參之以情識』問題，也可以探討泰州學派在明末清初崇尚情欲的思潮中的助力，從這樣的動態性探討來看，似乎更能夠突顯出泰州學派的思想特質和理論問題。」〔註11〕

〔註10〕韓曉華著〈《泰州學派研究》評介〉，載於《鵝湖月刊》第四五二期（2013年3月），頁45。
〔註11〕韓曉華著〈《泰州學派研究》評介〉，頁46。

依此兩點來看，本文嘗試對「泰州學派」內的六位較有代表性的人物作出個案式的研究，並從而檢視「泰州學派」的發展如何演變成劉蕺山所言的『參之以情識』問題，從動態性的探討盼望能夠突顯出泰州學派的思想特質和理論問題。以此來說，本文對「泰州學派」的研究即側重於從點（個別具代表性的人物）再連接成線（縱向的學派思想發展）的動態性的研究，這正是本論文對「泰州學派」的思想研究所作的嘗試。下文試分別論述。

　　首先，從個別人物的研究來說，本文嘗試從研究人物的思想建構出系統性的架構，以學問宗旨爲要的展示他們思想中的要義，並依於「本體與工夫」的架構，融貫地展現他們思想中可作爲道德實踐的根據與可能程序的思考，依此，即對「泰州學派」內的六位較有代表性的人物作出從其思想的義理內部建構出具系統性的思想架構（即學問宗旨），具體的論述如下：

　　王心齋的學問宗旨是「安身」思想，而此「安身」思想的要旨在於「立本」，此即以「修身，立本也；立本，安身也」作爲其「安身」思想之架構。王心齋以「不用增一字釋本義」詮釋《大學》的「止至善」，提出「知本」實是有著道德實踐的方向或規範的開始點或下手處；從「以修身爲本」及「本末一貫」來說，則「本」即是「身」之意思，「立本」逐成爲道德實踐的要義，而「立本」的要緊處在於連繫於「修身」與「安身」，「修身」是一種具體的道德實踐的方法或下手處，「保身」是確保能作具體的道德實踐的先決條件，而「安身」則是道德實踐的目標或理想狀態，從「安身」的達成才能致「安身以安家而家齊，安身以安國而國治，安身以安天下而天下平也」。依此，「安身」的追求是從「修己」與「安人」的兩端而開展，亦是王心齋思想中的主要問題意識。

　　王東崖的學問宗旨是「樂學」思想，其要義在於「心之妙用」與「率性修道」，依於王心齋的「大成學」強調「良知本體」以「心之妙用」而說「眞樂自見」；據於「率性修道」著重「原自具足」「直下便是」、「本自見成」而言「率性之樂」與「修道之樂」，從而把「樂學」成爲其思想體系的核心要旨，開展出一個「樂」（本體）與「學」（工夫）環環緊扣的思想體系，而此「樂學」之實義是指「道體流行的圓融境界」。

　　顏山農的學問宗旨是「大成仁道」思想。從顏山農的學思歷程來看，「大成仁道」作爲顏山農的學問宗旨之要義，在於其「樂學大成正造」，並以「許身有爲」欲「仁化天下」之實踐行動。從顏山農詮釋王心齋的「大成之學」來看，「大成仁道」作爲顏山農的學問宗旨之要義，在於其從《大學》、《中庸》

詮釋的「心印」，並以「人心」（仁）作為「本良知一體之懷」（王心齋「大成之學」）的詮釋；以「妙」（神莫）作為「妙運世之則」（王心齋「大成之學」）的詮釋，「仁」（「人心」）即成為其詮釋「大成之學」的關鍵概念，以「大成聖」的「修己」始於「仁」；其「安人」則終於「仁道」，如是，「大成仁道」即成為顏山農的學問宗旨。

羅近溪的學問宗旨即是「孝弟慈」思想。從羅近的學思歷程中，其先從程朱轉到陸王的思想規範，又從「致良知」與家庭的背景所引領，逐有以「孝弟慈」作為「歸會孔孟」為學問的宗趣；又羅近慈思想的起始是本於「求仁」宗旨，「孝弟慈」即是「仁義」的實義，此即「赤子之心」乃是從「孝弟慈」所證成；從「孝弟慈」亦即「親親」之實義，「親親」即可「橫亙將去，便作家國天下」；「孝弟慈」亦即「生生之德」之實義，「生生」即可「直豎起來，便成上下古今」。依此，從「孝弟慈」（「赤子之心」的「知孝知弟」）證成本心之良知，從而體會天道的生生之德，展示出羅近溪思想的整全面貌。合此二者，「孝弟慈」可以作為羅近溪的學問宗旨。

何心隱的學問宗旨是「原學原講」思想。從何心隱的學思歷程來說，其「宗於孔孟」乃以「設教」與「辯講」為要，「設教」在於以「仁道」作為「講學」；「辯講」在於以言（言說或文言）作出講解行動，是以何心隱的「宗於孔孟」則「必學必講」，「原學原講」當可作為其學問宗旨；從何心隱的思想系統來說，以「保身」、「出身」及「身家」來看，可發現何心隱對於理想的社會建構的思考，建構「會」的可能在於「必學」於「師」，也「必講」於「友之交」，則何心隱遂提出了「原學原講」以建立其理想社會的思想，如是，何心隱的學問宗旨即可以「原學原講」作為定位。

李卓吾的學問宗旨是「童心」思想。「童心」意即「心之未染雜質的本然狀態」，其應用的範疇包括道德行為、政治行動或文章事工，而李卓吾尤其注重於把「童心」使用於文學方面。從李卓吾對「至文」所能表現出「童心」的要求來看，則李卓吾的「童心」之實義乃是指「情性」之自然與真切。再回到道德實踐的討論來說，李卓吾強調的「童心」更以為「情性」能自然之發用，自然之止乎於禮義，禮義亦是「情性」之表現而已。李卓吾更以「為己之學」的詮釋作為關鍵概念，把其「童心說」過渡至「聖人之學」，透過「為己之學」的「已」乃是「童心」的「情性」之自然發用與真切的狀態，便可以從而展示「極端個人主義的聖人之學」的規模。

　　其次，從縱向的學派思想發展的研究來說，即透過這種既著重於個別代表人物思想的系統性建構，又把他們納入於一個思想發展的脈絡來作出研究。依本文的說法，即是從「道體流行的圓融境界」，而「道體流行攝歸於本心實性」，再「本心實性的解放致情識而肆」的思想發展脈絡，此脈絡的要義有二：一是著重於「泰州學派」內的代表人物所持的本體與工夫中的思想作出衡定；二是偏重於「泰州學派」思想的特點：「自然」與「樂」，並發現「泰州學派」的思想固然可以用「自然」與「樂」為要，其中所說「自然」與「樂」的內涵卻隨著代表人物所持的本體與工夫中的思想而有別。具體的論述如下：

　　以「道體流行的圓融境界」來看，王心齋的「安身」思想和王東崖的「樂學」思想之形態乃是「道體流行的圓融境界」。所謂「道體流行」即「良知」（天理、本體）的周流遍潤所眞實地呈現、圓頓地呈現，則此「道體流行」實已是一圓融的境界，即眞實地、圓頓地之呈現。從王心齋的「安身」思想來看，其說的要義實是順良知的充分呈現，即心意知物一皆是良；順良知與天地萬物爲一體之明覺感應，即可體驗到一形上與形下渾化爲一、超越與內在打成一片的圓融之境界。如是，王心齋常言及「百姓日用是道」或「愚夫愚婦與知與能」即本於此而立論，王心齋的「安身」思想實是圓融地貫通於本體義與工夫義，此正是王心齋的學問思想的核心旨趣。王東崖即常言及「孔顏之樂，愚夫愚婦之所同然也」即是本於此而立說，「樂學」思想實是圓融地貫通於本體義與工夫義，亦是王東崖的學問思想的核心宗旨。

　　用「道體流行攝歸本心實性」來說，顏山農的「大成仁道」思想和羅近溪的「孝弟慈」思想之形態實是「道體流行攝歸本心實性」。所謂「道體流行」即「良知」（天理、本體）的周流遍潤所眞實地呈現、圓頓地呈現；所謂「本心實性」即以「性情」的一面說「本心」，並以一活活潑潑、天機發見、自然而然的赤子之心為名；所謂「道體流行攝歸本心實性」即是以此「本心實性」為依據來達至「道體流行」之境界。從顏山農的「大成仁道」思想來看，其要義在於以「人心」（仁）作為關鍵概念，以「大成聖」的「修己」始於「仁」；其「安人」則終於「仁道」。如是，要達至「道體流行」的入路即是從「人心」（仁）作為為下手處，其中的「七日閉關法」、「制欲而非體仁」等工夫便是對於「人心」（仁）之復返，顏山農常言的「從心所欲不逾矩」、「赤心之心」等即是本於此而說，「大成仁道」思想實是以「人心」（仁）作為眞切工夫的入路，從而詮釋「道體流行」境界之可能及如如呈現，亦是顏山農的學問思

想的核心宗旨。借用牟宗三先生的「破光景」義，顏山農可謂以「人心」（仁）作出種種真切的工夫以「拆穿」所謂「光景之廣義」（「流行之光景」）。從羅近溪的「孝弟慈」思想來看，其要義在以「赤子之心」作為「良知面目」，從「知愛知敬」來規範「良知」之義理，再以為「良知」之義理的具體而真實的呈現即在於「孝弟慈」的實踐中來說，如此，言「良知」的「知愛知敬」即為「本心實性」，羅近溪亦言：「吾性與聖一般，此是從赤子胞胎時說，若孩提稍有知識，則已去聖遠甚矣。故吾儕今日只合時時照管本心，事事歸依本性，久則聖賢可希望。」〔註 12〕羅近溪亦強調以「仁之全體」而達「仁天下，仁萬世」，此即以道體流行」為其說的「大人之學」，至於要達至此「道體流行」（大人之學）的下手處，即是「格物」與「致知」等於「赤子之心」之復返工夫。本此而說，「孝弟慈」思想實是以「赤子之心」的「知愛知敬」作為真切工夫的入路，從而詮釋「道體流行」境界之可能及如如呈現，此即是羅近溪的學問思想的核心宗旨。然而，羅近溪又提出了「破光景」的工夫，借用牟宗三先生的說法，其所「放下」的「弔詭的工夫」所「拆穿」的是所謂「光景之狹義」（「良知之光景」）。

　　從「本心實性的解放致情識而肆」而言，何心隱的「原學原講」思想和李卓吾的「童心說」思想之形態實是「本心實性的解放致情識而肆」。所謂「本心實性的解放」已並不是指相關於「良知」（天理、本體）的流行所呈現之圓融境界，而是直指此「本心實性」即為自然的情性之「本來面目」，此言「解放」即把「本心實性」乃由「良知本體」在超越層所作的根據完全鬆動，由道德範疇說的「本心實性」徹底轉變為自然主義的性情而已。從何心隱的「原學原講」思想來看，其要義是以「原學原講」作為建立理想的「會」之基礎，縱向至「師友」橫向至「友道」來作為「啟蒙」個體，連繫個體的作用，從而建構一個理想的「會」。然而，何心隱雖強調「人則仁義，仁義則人」的說法，其所說的「仁義」僅從具體的「親親」與「尊賢」來說，其「仁義」的根源則是自然生命的「意氣」、「大精神力量」，此即已是由道德範疇說的「本心實性」徹底轉變為自然主義的性情，尤有甚者，何心隱提出的「育欲」或「神道設教」的目的更是從政治來規範道德，已經並非以「為己之學」作為要義了。從李卓吾的「童心說」思想來看，其要義是以「童心」作為完成個人的「聖人之學」此「聖人之學」的基礎是「情性」之自然發用與真切，然

〔註 12〕羅汝芳著《近溪子續集》，《羅汝芳集》（上冊），頁 263。

而，此「情性」卻並不是「道德本心」，僅作爲一種「稟賦之自然」，更甚的是李卓吾同樣使用「良知」作思想的論述，此「良知」卻是「不知廉恥」的。如是，李卓吾的「童心說」已經完全由道德範疇說的「本心實性」徹底轉變爲自然主義的性情。

貳、限制與展望

本文的限制與展望者有三：「泰州學派」的廣度與深度的研究、「泰州學派」內部的比較研究和「泰州學派」對外的比較研究。

首先，本文所作的是哲學史的清理工作，在篇幅、時間與文獻資料的種種限制之下，只能夠選取其中較爲具代表性的六個人物作個案研究，又由於需要配合整個「泰州學派」的思想發展脈絡作研究方向，對於六個人物的個案研究並未能鉅細無遺地探討當中人物思想的全部要義。以「泰州學派」的思想研究之廣度來看，好些人物亦尙應列入研究之中，如王一菴（棟，1503～1581）、林東城（春，1498～1541）、韓樂吾（貞，1509～1585）和趙大洲（貞吉，1508～1576）等；從「泰州學派」的思想研究之深度來看，則綜觀羅近溪哲學思想的深刻性與創建性而言，實在還可以進一步對其思想中的內部作出更仔細的分析與融貫的詮釋，如其屢言的「古今一大關鍵」之格物說。如此來看，則對於「泰州學派」的思想研究，實在可以在本文的研究基礎上再作出廣度與深度的探討。其次，本文的研究是採取線性發展的研究取向，「泰州學派」之內的思想比較反而成爲了次要的，如是，則在於「泰州學派」內個別人物的思想比較實是可以再作研究的，如顏山農與羅近溪同樣提倡「赤子之心」，兩者更有師徒關係，但從思想的系統來看，所使用的「赤子之心」概念的內容卻是千差百異，再拉遠一點，深受羅近溪影響的李卓吾以「童心」詮釋「赤子之心」，又可以與他們作出比較性的研究，如此，則更能發現個別人物思想的特殊之處。再者，本文的研究僅以「泰州學派」爲對象，雖然在「陽明後學」的許多思想互動或交涉之中，「泰州學派」的形象是明顯地比較抽離的，然而，作爲「陽明後學」一員的「泰州學派」與其他學派的比較，則仍然能夠發現「良知學」所具有不同面向的發展。尤有甚者，「泰州學派」的研究可以並不止於與中國哲學的比較研究，顏山農的「閉關七日法」深具宗教性的成分，實在可以從西方神秘主義的角度探索其中的宗教意涵。如此，則可以使「泰州學派」的思想研究進一步的擴展。

　　最後，要說明的是本文所作的是哲學思想史的清理工作，對象是「泰州學派」，考量的是「泰州學派」在儒學思想發展史上相應的定位問題。如此地去作哲學思想的研究，主要的思考取向是：哲學史的清理工作與哲學思想的開發工作是互相地配合，而哲學研究正在於能夠啓蒙運用自己理性的勇氣。在此謹列引兩位本人所敬重的老師的話作結束本文的研究：

> 　　我從事中國哲學研究，一向主張兩條腿走路：一是哲學史的清理工作，一是哲學思想的開發工作。既是兩條腿，則這兩項工作自然是相互配合，離則兩傷、合則雙美的。沒有哲學史的清理，哲學思想的開發即便不是絕無可能，也極其量是閉門造車，想出門合轍難矣。反過來，哲學思想之不斷要求能回應時代的問題，亦替哲學史的清理提供更多嶄新的視角，使哲學史本身益顯多姿。〔註13〕

> 　　哲學即是啓蒙之學。哲學之本義在引導每一個人有勇氣運用自己的理性。「人類要脫離自己所加之于自己的不成熟狀態」（康德語）端賴人類有哲學。〔註14〕

〔註13〕 鄭宗義老師著〈前言〉，《儒學、哲學與現代世界》，石家莊：河北人民出版社，2010 年，頁 1。

〔註14〕 盧雪崑老師著〈自序〉，《實踐主體與道德法則──康德實踐哲學研究》，香港：志蓮淨苑文化出版部，2000 年，無頁碼。

參考書目

以下參考書目，除古籍原典與學位論文依時代或時間先後排序之外，其他類別則依作者姓名筆劃順序排列。

一、古籍原典

1. 漢・鄭玄注，孔穎達疏：《禮記正義（十三經注疏）》第四冊，北京：北京大學出版社，2000 年。

2. 宋・周敦頤：《周敦頤集》，北京：中華書局，1990 年。

3. 宋・程顥、程頤：《二程集》，北京：中華書局，2004 年。

4. 宋・朱熹，朱杰人主編：《朱子全書》（共二十七冊），上海古籍出版社，2002 年版。

5. 明・王陽明，陳榮捷編：《王陽明傳習錄詳註集評》，台北：台灣學生書局，1983 年。

6. 明・王龍溪、吳震編校：《王畿集》，南京：鳳凰出版社，2007 年。

7. 明・王心齋，袁承業編纂：《王心齋先生遺集（五卷）》，上海：國粹學報館，1912 年。

8. 明・王心齋：《重刻心齋王先生語錄二卷》，《四庫全書存目叢書・子部》第 10 冊，濟南：齊魯書社，1995 年。

9. 明・王心齋：《王心齋全集》，日本嘉永元年(公元 1846 年)和刻本。中國古籍全錄　http://guji.artx.cn。下載日期：4/3/2008。

10. 明・王心齋：《王心齋全集》，台北：廣文書局，2012 年版。

11. 明・王東崖，袁承業編纂：《王東崖先生遺集（二卷）》，上海：國粹學報館，1912 年。

12. 明・王東崖：《新鐫東厓王先生遺集二卷》，《四庫全書存目叢書・集部》第 146 冊，濟南：齊魯書社，1997 年。

13. 明・王一菴，袁承業編：《王一菴先生遺集（二卷）》，上海：國粹學報館，1912 年。

14. 明・鄧潛穀：《潛學編》，《四庫全書存目叢書》集部第一三零冊，台南：莊嚴文化公司，1997 年。

15. 明・顏山農，黃宣民整理：《顏鈞集》，北京：中國社會科學，1996 年。

16. 明・羅近溪：《耿中丞楊太史批點近溪子全二十四卷集》，《四庫全書存目叢書》，集部第一二九至一三零冊，台南：莊嚴文化事業，1997 年。

17. 明・羅近溪，方祖猷等整理：《羅汝芳集》，南京：鳳凰出版社，2007 年。

18. 明・羅近溪，曹胤儒編：《盱壇直詮》，台北：廣文書局，1960 年。

19. 明・何心隱，容肇祖整理：《何心隱集》，北京：中華書局，1960 年。

20. 明・何心隱：《何心隱先生爨桐集四卷》，國家圖書館藏明天啓五年張宿何怙園刻本。

21. 明・王塘南：《塘南王先生友慶堂合稿七卷補遺一卷》，《四庫全書存目叢書》，集部第一一四冊，台南：莊嚴文化事業，1997 年。

22. 明・李卓吾，張建業主編《李贄全集注》（共二十六冊），北京：社會科學文獻出版社，2010 年。

23. 明・顧憲成：《小心齋箚記》，台北：廣文書局，1975 年。

24. 明・劉宗周，吳光主編：《劉宗周全集》（共六冊），杭州：浙江古籍出版社，2007 年。

25. 清・黃宗羲著，沈芝盈點校：《明儒學案》，北京：中華書局，2008 年。

26. 許嘉璐主編：《二十四史全譯：明史》，上海：漢語大詞典出版社，2004 年。

27. 許嘉璐主編：《二十四史全譯：漢書》，上海：漢語大詞典出版社，2004 年。

二、近人專著

1. 王汎森：《晚明清初思想十論》，上海：復旦大學出版社，2004 年。

2. 牟宗三：《心體與性體》第一冊，《牟宗三先生全集》第五冊，台北：經聯出版社，2003 年。

3. 牟宗三：《心體與性體》第二冊，《牟宗三先生全集》第六冊，台北：經聯出版社，2003 年。

4. 牟宗三：《從陸象山到劉蕺山》，《牟宗三先生全集》第八冊，台北：經聯出版社，2003 年。

5. 牟宗三：《牟宗三先生晚年文集》，《牟宗三先生全集》第二十七冊，台北：經聯出版社，2003 年。

6. 牟宗三：《中國哲學十九講》，《牟宗三先生全集》第二十九冊，台北：經聯出版社，2003 年。

7. 任利文：《心學的形上學問題探本》，鄭州：中州古籍出版社，2005 年。

8. 余英時：《宋明理學與文化》，台北：允晨文化，2004 年。

9. 余英時：《朱熹的歷史世界：宋代士大夫政治文化的研究》，北京：三聯書店，2004 年版。

10. 岑溢成：《大學義理疏解》，台北：鵝湖出版社，1991 年版。

11. 吳震：《明代知識界講學活動系年：1522～1602》，上海：學林出版社，2003 年。

12. 吳震：《羅汝芳評傳》，南京：南京大學出版社，2005 年。

13. 吳震：《泰州學派研究》，北京：中國人民大學出版社，2009 年。

14. 狄百瑞著，李弘琪譯：《中國的自由傳統》，香港：香港中文大學，1983 年。

15. 林子秋：《王艮與泰州學派》，成都：四川辭書出版社，2000 年。

16. 林月惠：《良知學的轉折：聶雙江與羅念菴思想之研究》，台北：臺大出版中心，2005 年。

17. 林月惠：《詮釋與工夫：宋明理學的超越蘄嚮與內在辯證》，台北：中研院文哲所，2008 年。

18. 林月惠：《陽明「內聖之學」研究》，台北：花木蘭文化出版社，2009 年。

19. 林其賢：《李卓吾的佛學與世學》，台北：文津出版社，1992 年。

20. 林舜聰：《明清之際儒家思想的變遷與發展》，台北：花木蘭文化出版社，2009 年。

21. 周群：《儒釋道與晚明文學思潮》，上海：上海書店出版社，2000 年。

22. 宣朝慶：《泰州學派的精神世界與鄉村建設》，北京：中華書局，2010 年。

23. 馬曉英：《出位之思：明儒顏鈞的民間化思想與實踐》，銀川：寧夏人民出版社，2007 年。

24. 唐君毅：《中國哲學原論（原教篇）》，台北：台灣學生書局，1990 年。

25. 唐君毅：《中國哲學原論（導論篇）》，台北：台灣學生書局，1983 年。

26. 唐君毅：《中國哲學原論（原性篇）》，台北：台灣學生書局，1989 年。

27. 張美娟：《從羅近溪「一陽之氣」到李贄、湯顯祖文藝思想——以中國氣論爲研究進路看古典文論》，台北：學生書局，2011 年。

28. 張學智：《明代哲學史》，北京：北京大學出版社，2000 年。

29. 嵇文甫：《晚明思想史》，北京：東方出版社，1996 年版。

30. 程玉瑛：《晚明被遺忘的思想家：羅汝芳（近溪）詩文事蹟編年》，台北：廣文書局，1995 年。

31. 勞思光：《思辯錄：思光近作集》，台北：東大圖書，1996 年。

32. 勞思光：《新編中國哲學史（第三卷上冊）》，桂林：廣西師範大學出版社，2005 年。

33. 彭國翔：《良知學的展開——王龍溪與中晚明的陽明學》，北京：生活‧讀書‧新知三聯書店，2005 年。

34. 彭國翔：《儒家傳統：宗教與人文主義之間》，北京：北京大學出版社，2007 年。

35. 彭國翔：《近世儒學史的辨正與鉤沉》，台北：允晨文化，2013 年。

36. 楊祖漢：《中國哲學史》（下冊），台北：里仁書局，2005 年版。

37. 楊祖漢：《中庸義理疏解》，台北：鵝湖出版社，1984 年。

38. 楊祖漢、曾昭旭、王邦雄：《孟子義理疏解》，台北：鵝湖出版社，1989 年。

39. 鄭宗義：《明清儒學轉型探析：從劉蕺山到戴東原（增訂版）》，香港中文大學出版社，2009 年。

40. 鄭宗義：《儒學、哲學與現代世界》，石家莊：河北人民出版社，2010 年。

41. 劉述先：《黃宗羲心學的定位》，杭州：浙江古籍出版社，2006 年。

42. 錢明：《陽明學的形成與發展》，南京：江蘇古籍出版社，2002 年。

43. 錢穆：《宋明理學概述》，《錢賓四先生全集(9)》，台北：經聯出版事業有限公司，1998 年。

44. 龔鵬程：《晚明思潮》，台北：里仁書局，1994 年。

三、期刊或單篇論文

1. 朱書萱：〈王心齋格物思想詖評〉，載於台灣國立新竹師範學院《語文學報》第五期，1998 年 12 月。

2. 任利文：〈王艮「安身」論的政治意蘊解讀——中晚明儒家之一種自我抉擇〉，載於《清華學報》新三十八卷第二期，2008 年 6 月。

3. 余英時：〈士商互動與儒學轉向〉，收錄於余英時著《儒學倫理與商人精神》，《余英時文集》（第 3 卷），桂林：廣西師範大學出版社，2004 年。

4. 岑溢成：〈王心齋案身論今詮〉，載於《鵝湖學誌》第十四期，1995 年 6 月。

5. 吳震：〈陽明後學概論〉，載於《中國文哲研究通訊》第十二卷，第三期，2002 年 9 月。

6. 李明輝：〈劉蕺山思想中的「情」〉，收錄於李明輝著《四端與七情》，台北：台大出版中心，2005 年。

7. 林月惠：〈從宋明理學的「性情論」考察劉蕺山對《中庸》「喜怒哀樂」的論釋〉，載於《中國文哲研究集刊》第二十五期，2004 年 9 月。

8. 林月惠：〈唐君毅、牟宗三的陽明後學研究〉，載於《杭州師範大學學報（社會科學版）》第一期，2010 年 1 月。

9. 祝平次：〈社會人倫與道德自我——論明代泰州平民儒者思想的社會性〉，收錄於鍾彩鈞、楊晉龍編《明清文學與思想中之主體意識與社會》，台北：中研究文哲所，2004 年。

10. 袁光儀：〈道德或反道德？李贄及其「童心說」的再詮釋〉，載於國立台北大學中國語文系《第三屆文學與資訊學術研討會會前論文集》，2006 年 10 月。

11. 高瑋謙：〈羅近溪「體現哲學」之工夫論特色〉，載於《揭諦》第二十一期，2011 年 7 月

12. 倪劍青：〈身體：在心性與政治之間——從《大學》的「修身」觀念談起〉，收錄於祝平次、楊儒賓編《天體、身體與國體：迴向世界的漢學》，台北：國立臺灣大學出版社，2005 年。

13. 陳來：〈明代的民間儒學與民間宗教——顏山農思想的特色〉，收錄於陳來著《中國近世思想史研究（修訂版）》，北京：三聯書店，2010 年。

14. 黃文樹：〈泰州學派人物的特徵〉，《鵝湖學誌》第 20 期，台北：鵝湖出版社，1998 年 6 月。

15. 黃宣民：〈顏鈞及其"大成仁道"〉，載於《中國哲學》（第十六輯），長沙：嶽麗書社出版，1993 年 9 月。

16. 黃宣民：〈明代平民儒者顏鈞的大中哲學〉，載於《哲學研究》，1995 年第 1 期。

17. 康德著，李明輝譯〈答「何謂啓蒙？」之問題〉，收錄於《康德歷史哲學論文集》，台北：聯經出版事業，2002 年。

18. 張璉：〈何心隱的社會思想論析〉，載於《史學集刊》，1998 年第 1 期。

19. 程玉瑛：〈王艮（1483～1541）與泰州學派：良知的普及化〉，載於《歷史學報》第十七期，1989 年 6 月。

20. 游騰達：〈慈湖學說在明代中葉的迴響——以陽明後學評騭「不起意」說爲焦點〉，載於《國文學報》第 43 期，2008 年 6 月。

21. 楊祖漢：〈羅近溪思想的當代詮釋〉，載於《鵝湖學誌》第三十七期，2006 年 12 月。

22. 楊祖漢：〈心學的經典詮釋〉，載於《興大中文學報》第二十一期，2007 年 6 月。

23. 楊祖漢：〈羅近溪的道德形上學及對孟子思想的詮釋〉，收錄於林維杰等主編《理解、詮釋與儒家傳統：中國觀點》，台北：中研院文哲所，2010 年。

24. 蔡家和：〈牟宗三〈黃宗羲對于天命流行之體之誤解〉一文之探討〉，載於《湖南科技學院學報》，第 27 卷第 1 期，2006 年 1 月。

25. 劉勇：〈黃宗羲對泰州學派歷史形象的重構──以《明儒學案》〈顏鈞傳〉的文本檢討爲例〉，載於《漢學研究》第 26 卷第 1 期，2008 年 3 月。

26. 潘玉愛：〈顏山農的心性問題〉，載於《哲學與文化》，第卅一卷第八期，2004 年 8 月。

27. 鄭宗義：〈明末王學的三教合一論及其現代回響〉，收錄於吳根友編《多元範式下的明清思想研究》，北京：生活‧讀書‧新知三聯書店，2011 年。

28. 韓曉華：〈《泰州學派研究》評介〉，載於《鵝湖月刊》第四五二期，2013 年 2 月。

29. 韓曉華：〈論唐君毅先生對荀子「性惡善僞」的詮釋〉，載於《鵝湖月刊》第四五七-四五八期，2013 年 7～8 月。

30. 韓曉華：〈論牟宗三先生對王塘南「透性研幾」的詮釋〉，載於《當代儒學研究》第十五期，2013 年 12 月。

31. 韓曉華：〈論何心隱的「講學」思想〉，載於《當代儒學研究》第十八期，2015 年 6 月。

32. 鍾彩鈞：〈泰州學者顏山農的思想與講學──儒學的民間化與宗教化〉，載於《中國哲學》（第十九輯），長沙：嶽麓書社出版，1998 年 9 月。

33. 魏美媛：〈牟宗三論近溪學的客觀地位〉，載於《鵝湖月刊》第四零六期，2009 年 4 月。

四、學位論文

1. 左東嶺：《李贄與晚明文學思想》，中國：南開大學博士論文，1995 年。

2. 陸冠州：《泰州學派化俗思想研究》，台灣：國立中山大學博士論文，2004 年。

3. 李沛思：《從工夫論看羅近溪思想之特色》，台灣：國立中央大學碩士論文，2005 年。

4. 袁光儀：《晚明極端個人主義的「聖人之學」──「異端」李卓吾新論》，台灣：國立師範大學博士論文，2005 年。

5. 潘玉愛：《王心齋與中晚明儒學的轉折─兼論道德自我與社會人倫的衝突與和諧》，台灣：輔仁大學博士論文，2005 年。

6. 粘峻鳴：《王東崖思想研究》，台灣：靜宜大學碩士論文，2008 年。

7. 劉勇：《晚明士人的講學活動與學派建構──以李材爲中心的研究》，香港：中文大學博士論文，2008 年。

8. 謝居憲：《羅近溪哲學思想研究》，台灣：國立中央大學博士論文，2009 年。

9. 秦峰：《明清之際儒家的理氣論與內在一元傾向──黃宗羲哲學探微》，香港：中文大學博士論文，2010 年。

10. 王振華：《見心與踐心——羅汝芳哲學思想研究》，中國：陝西師範大學博士論文，2011 年。

11. 蘇芳儀：《顏鈞的「大成仁道」——「成己成物」的思想關懷與社會實踐》，台灣：國立臺南大學碩士論文，2011 年。

五、英文著作

1. Wang Yang-Ming, Chan Wing-Tsit tran., *Instrictions For Practical Living and Other Neo-Confucian Writings*, New York: Columbia University Press, 1963.

2. Ronald G. Dimberg, *The Sage and Society: The Life and Thought of HO HSIN-YIN*, The University Press of Hawaii, 1974.

3. Wm. Theodore de Bary, *Learning for One's Self: Essays on the Individual in Neo-Confucian Thought*, New York: Columbia University Press, 1991.

附錄一　漢語學術界對「泰州學派」的研究概況

前　言

　　當代漢語學術界對於「泰洲學派」的研究成果並不算豐碩，然而，從學術著作與學位論文的區分來看，則仍能發現其中的研究趨勢，實可作爲從事研究「泰州學派」的借鏡及基礎。〔註1〕

第一節　學術著作類的研究成果

　　已出版相關於「泰州學派」的學術著作可區分爲直接論述「泰州學派」爲研究對象的著作及間接以「泰州學派」的思想特質作爲研究視角進行其他研究（如美學、社會學）的著作。直接論述「泰州學派」爲研究對象的著作僅得：楊天石著《泰州學派》、〔註2〕林子秋、馬伯良、胡維定著《王艮與泰

〔註 1〕關於漢語學界對於「泰州學派」的研究大致可區分成：以學派爲對象的研究和以個別「泰州學派」人物爲對象的研究。前者的研究成果累積較少；後者的研究成果則較爲分散，尤其是對「泰州學派」個別人物所受到的重視程度來看，其中的差異頗大，如王襞及何心隱仍未有以其爲主題研究之著作出版，學位論文亦只有數篇碩士論文，而以羅汝芳爲專題研究的著作已有三本，以李贄爲專題研究的著作更有近十本之出版，即使博士學位論文也有數篇。不過，本研究的主要關注是對「泰州學派」的整體性之哲學問題研究，是以此「漢語學術界對『泰州學派』的研究概況」即以學派爲對象的研究作回顧，至於以個別「泰州學派」人物爲對象的研究成果則留待論述個別人物時作部分論析。

〔註 2〕楊天石著《泰州學派》，北京：中華書局，1980 年。

州學派》、〔註3〕胡維定著《泰州學派的主體精神》、〔註4〕季芳桐著《泰州學派新論》、〔註5〕吳震著《泰州學派研究》。〔註6〕其他間接以「泰州學派」的思想特質作爲研究視角進行其他研究則有：張樹俊著《泰州學派的創新精神》、〔註7〕劉華著《泰州學派的經濟詮釋》、〔註8〕姚文放主編《泰州學派美學思想史》、〔註9〕胡學春著《眞：泰州學派美學範疇》、〔註10〕宣朝慶著《泰州學派的精神世界與鄉村建設》〔註11〕等。

其中，楊天石的《泰州學派》、季芳桐的《泰州學派新論》和吳震的《泰州學派研究》可謂標誌著當代漢語學術界對於「泰洲學派」研究不同階段（開創性、學術研究性、奠基性）的代表著作。茲分述如下：

一、楊天石著《泰州學派》

楊天石的《泰州學派》出版於 1980 年，先此書以前鮮有以「泰州學派」作爲研究主題的著作，此書對於「泰州學派」的研究實有其開創性的意義，作者甚至有意識地提出與當時學術界不一樣的想法，藉以豐富宋、明哲學思想的研究，其言：「長期以來，泰州學派被認爲是一個具有豐富人民性和異端色彩的唯物主義學派，本書的看法與此相反。相信通過深入的研究和討論，這一問題將不難解決；我們對宋、明時代的哲學及其發展規律的認識，也將因此進一步得到豐富。」〔註12〕然而，囿於作者的思想背景所影響，本書乃以共產主義思想的用語（如：「唯心主義」、「唯物主義」、「封建地主階級」等）作爲分析或討論的工具，致使某些較爲獨到的見解也掩藏其中，以下試從兩方面述說本書在「泰州學派」的研究中的重要意義：

一，對「學派」人物的訂定上，本書不囿於黃宗羲的《泰州學案》五卷本，乃從袁承業所著的《王心齋先生弟子師承表》〔註13〕綜合而指出：「比

〔註3〕林子秋、馬伯良、胡維定著《王艮與泰州學派》，成都：四川辭書出版社，2000年。
〔註4〕胡維定著《泰州學派的主體精神》，南京：南京出版社，2001年。
〔註5〕季芳桐著《泰州學派新論》，成都：巴蜀書社，2005年。
〔註6〕吳震著《泰州學派研究》，北京：中國人民大學出版社，2009年。
〔註7〕張樹俊著《泰州學派的創新精神》北京：中國文聯出版社，2001年。
〔註8〕劉華著《泰州學派的經濟詮釋》，北京：中國文聯出版社，2001年。
〔註9〕姚文放主編《泰州學派美學思想史》，北京：社會科學文獻出版社，2008年。
〔註10〕胡學春著《眞：泰州學派美學範疇》，北京：社會科學文獻出版社，2009年。
〔註11〕宣朝慶著《泰州學派的精神世界與鄉村建設》，北京：中華書局，2010年。
〔註12〕楊天石著〈後記〉，《泰州學派》，頁176。
〔註13〕王艮著、袁承業編《王心齋先生遺集（卷三）》，上海：國粹學報館：神州國光社，1912年。

較著名的有王襞、王棟、朱恕、韓貞、夏廷美、徐樾、顏鈞、羅汝芳、楊起元、周汝登、何心隱、耿定向等。」〔註14〕另外，作者從王心齋至耿定向的個案分析中發現「泰州學派」的主要學風有三：一是講「百姓日用」、「赤子之心」等乃是「為了論證封建道德的先驗性和全民性」；說「無為」乃是「要人民放棄認識現實、變革現實的努力」；二是「幾乎所有泰州學派的人都是推尊孔子、孟子的」；三是「幾乎所有泰州學派的人都是推尊封建道德的」。〔註15〕依此，作者再從李卓吾的思想特質作對比，逐說出：「在這些問題上（按：即上述三點），李贄和泰州學派是對立的。因此，李贄的思想不屬於泰州學派。」〔註16〕暫不論作者對於「泰州學派」的學風之衡定問題，單從其所取的方法及不囿於固有的論點，從而對於「泰州學派」人物的訂定上作出反省的思考來看，實是對「泰州學派」的研究上有開創之風。

　　二，對「泰州學派」與陽明後學的思想關聯有其獨到的思考，本書特別觀察到王心齋並不大願意提到「致良知」的「致」字。本書指出：「王艮卻不大願意要這個『致』字。歐陽德和他討論『致良知』的問題，他開玩笑地說：『某近講良知致。』（《年譜》）他甚至對族弟王棟說：王陽明最初講的是『致良知』，後來只講『良知』二字，不要這個『致』字了。」〔註17〕對於「致良知」的「致」之問題，不單是王心齋的想法，即使是王陽明的其他弟子（如王龍溪、錢緒山）也作出不同程度的肯定與否定，王龍溪就提出了「四無句」以「悟本體即工夫」的進路來否定「致」在具體工夫義上的作用。當然，本書中提到王心齋不語「致」的理由是：「『良知』任何時候也不會被障蔽，它『現現成成』地存在著，所以，不需要『致』。」〔註18〕即是從「現成良知」的角度而說王心齋並不言及「良知」的「致」，實是未考量及「陽明後學」對「致良知」的「致」之工夫論問題。

　　然而，本書對「泰州學派」的研究實在亦有不少的誤解與錯釋，此可能正如作者自言：「對中國哲學史，著者懂得很少。本書所論，可能有不少謬誤。」〔註19〕不過，即使撤除作者以富共產主義色彩的術語作為分析工具的限制，

〔註14〕楊天石著《泰州學派》，頁78。
〔註15〕楊天石著《泰州學派》，頁169。
〔註16〕楊天石著《泰州學派》，頁170。
〔註17〕楊天石著《泰州學派》，頁34。
〔註18〕楊天石著《泰州學派》，頁35。
〔註19〕楊天石著《泰州學派》，頁176。

本書對於「泰州學派」作爲「陽明後學」的問題意識實是未有相應之處，致使在「泰州學派」的研究上造成許多乖謬的論斷，以下僅以王心齋爲例子作說明。〔註 20〕王心齋的主要思想特徵是「安身論」，「安身論」可區分成「保身」與「安身」兩個部分。

對於王心齋的「保身」思想，本書指出：「王艮認爲，一固人逃避現實，不管天地萬物，這是『遺末』，丟掉了次要的東西，是不好的。但是，因爲天地萬物而危及自己的身體，就是『失本』，是更不好的。千重要，萬重要，保住自己的生命最重要。」〔註 21〕其實，王心齋在〈明哲保身論〉中提及的「保身」主要是從「良知良能」而說「明哲保身」，即是以道德本心所發動的道德能力而說「保身」，當中道德能力的發動實即源於道德良知的實踐要求，是以王心齋言「保身」實從道德實踐的要求而說。說王心齋只重視「保身」而「臨難苟免」，實是誤釋王心齋從「本末一貫」的角度而言「身」與「天下萬物」作爲道德實踐過程之兩端。王心齋在〈明哲保身論〉明言：「如保身而不知愛人，必至於適己自便，利己害人。……此自私之輩，不知本末一貫者也。若夫知愛人而不知愛身，必至於烹身割股，捨生殺身，則吾身不能保矣。」〔註 22〕依此，王心齋言「知保身」以至「保天下」實際上是從「良知良能」的道德實踐性來論述能由「愛人」而至「平天下」，即「身」乃是道德實踐上的主體、社會政治的行動主體，實非只簡單地論說「保存形骸身體」。

對於王心齋的「安身」思想，本書指出：「道體現在個人身上，既要尊道，又要尊身；爲了尊道，就必須尊身。怎樣才能尊身呢？王艮認爲，這就要愼於出處，不要貿貿然地跑到封建官僚集團中去，最好的辦法是講明學問，等皇帝誠心誠意，致敬盡禮地出來請教，『出則爲帝者師』，『處則爲天下萬世師』，用自己的一套主觀唯心主義的學術體系來指導封建地主階級，指導『天下萬世』。……這種思想，是從極端唯我主義出發的一種狂妄的生活態度。」〔註 23〕其實，王心齋對於「身」的重視從「人能弘道」開始，人之所以能「弘道」乃在於能把「身」有把「道」實踐出來的可能性，

〔註20〕從篇幅字數來看，楊天石在《泰州學派》中論及王艮的章節約 76 頁，佔全書 176 頁約有五分二之多，依此，楊天石對於王艮的論述可謂是《泰州學派》最重要的組成部分之一。

〔註21〕楊天石著《泰州學派》，頁 24～25。

〔註22〕王艮著〈明哲保身論〉，《王心齋先生遺集（卷一）》，頁 13 上。

〔註23〕楊天石著《泰州學派》，頁 25～26。

如是，「身與道原是一件」雖表達「道」與「身」能合二而爲一體，但其中的「合一」乃根據「身」能把「道」實踐出來爲理由，是以「身」是「道」的承擔者，而所謂「尊身不尊道，不謂之尊身，尊道不尊身，不謂之道，須道尊身尊纔是至善」，即以兩者的關聯性來論述。至於王心齋有言「出則爲帝者師，處則爲天下萬世師」的說法，實只爲從其「安身論」中的「行道」（道德實踐）思想，此「行道」即是從「本末一貫」的思想主導，提出「安身」爲「本」而「安人」爲「末」的一體兩面。王心齋曾說：「本末原拆不開，凡於天下事，必先要知本。如我不欲人之加諸我，是安身也，是立本也，明德止至善也；吾亦欲無加諸人，是所以安人，安人，安天下也，不遺末也，親民止至善也。」〔註24〕而王心齋所提出的「行道」方式即爲「師」（講學），至於「出則爲帝者師，處則爲天下萬世師」正在於「出仕行道」能作爲「帝者師」其果效固然有根本的作用，但作爲「仕」卻又有其際遇的因素，未能「出仕」仍要達至「安人行道」的果效逐應爲「萬世師」。從「安身論」的「安身安人」來看，言王心齋的「尊身」與「師道」乃「極端唯我主義出發的一種狂妄的生活態度」，實是未能理解王心齋從「行道」（道德實踐）的思想。

　　綜言之，楊天石的《泰州學派》在「泰州學派」的研究上具有開創性的意義。然而，對於「泰州學派」的論述上，即撤除以富共產主義色彩的術語作爲分析工具的限制，本書仍然僅呈現出表面的理解，甚至誤解。

二、季芳桐著《泰州學派新論》

　　季芳桐著《泰州學派新論》出版於 2005 年，此書名爲「新論」的意義在於對比此前的「泰州學派」研究作出了幾項有別於當時學術界普遍認定的說法及討論面向，如檢討泰州學派與禪宗、道家的關係等。作者也有意識地檢討當時對「泰州學派」研究的概況並指出：「這些研究成果，無疑大大推進了對泰州學派的研究。但也應該看到這方面研究還做得不夠，還留下了許多的疑問：一、泰州學派應歸屬於儒家還是佛教學派（黃宗羲認爲泰州躋陽明而爲禪）；二、泰州學派創始人王艮與佛教、道教的關係；三、泰州學派的組織特點及個性特徵；四、泰州學派在思想方面有哪些貢獻；五、泰州學派與江右學派、浙中學派相比的理論特色；六、泰州學派幾個越軌人物的評價；七、

─────────────────

〔註24〕王艮著〈答問補遺〉，《王心齋先生遺集（卷一）》，頁 17 下。

泰州學派的歷史地位及影響。」〔註25〕本書的主要內容即環繞著上述疑問而作。以下試從兩方面論述本書的突出之處：

一，對「泰州學派」的研究作出了廣度性的探究。所謂「廣度性的探究」即把相關研究主題的不同題材關聯並加以衡定，以「泰州學派」來說，其與佛教（禪宗）、道教（道家）之別，其與「陽明後學」（尤其是浙中學派、江右學派）的比較，其與明代的朝廷關係，其歷史定位與影響（如民間教育、社會風氣）等，一一皆是關聯著「泰州學派」的「廣度性的探究」之研究材料。本書的研究方向正是從這一方向對「泰州學派」的研究提供了一個廣闊的探索領域。以「泰州學派」與佛教（禪宗）的關係為例，作者從黃宗羲在《明儒學案》的評語（「泰州、龍溪時時不滿其師說，益啓瞿曇之秘而歸之師，蓋躋陽明而為禪矣。」〔註26〕）作為問題反省，先指出黃宗羲自身對於儒佛的區分有誤：「黃宗羲的劃歸不當，除了其佛儒觀、『百姓日用是道』的理解有偏差之外，社會環境的影響和門戶之見亦是重要因素。」〔註27〕再從王心齋的《年譜》紀錄中尋找不著與禪宗有直接的接觸，從而推斷王心齋與佛教的關係僅在於透過王陽明具有濃厚的禪宗色彩而致，其說：「王艮是王陽明的學生，一生受其影響最大，推測王艮是通過王陽明而接觸到禪宗思想，且受其影響。」〔註28〕依此，本書至少論證了「泰州學派」理應歸屬於儒家，並衡定了其與佛教的關係。又以「泰州學派」與浙中學派的比較為例，作者先論述浙中派王龍溪的先天正心之學，再以王心齋、羅近溪與王龍溪的思想作一比較，指出：「王龍溪的修養理論，論述較為複雜，既有未發與已發之討論，又有動與寂之研究，比較適合中根或以上之人；而王艮的功夫論，言論直接而又簡單，沒有知識化的色彩，比較適合普通百姓，也非常有利於儒家文化向民間傳播。」〔註29〕其又言：「王龍溪和羅近溪都主張在心上立根，都認為心為功夫之根本，這是其同。……王龍溪的心是本體之心（形而上的色彩濃），所以在立論時，總是強調心的超越性……羅近溪的心是道德心（即具體的、可操作的道德之心），所以要時時提防，處處注意，使心常處主宰地位（即心統身），而身心一致。」〔註30〕據此功夫論的視野，本書即衡定「泰州學派」

〔註25〕季芳桐著《泰州學派新論》，頁 5。
〔註26〕黃宗羲《明儒學案（修訂本）》，頁 703。
〔註27〕季芳桐著《泰州學派新論》，頁 59。
〔註28〕季芳桐著《泰州學派新論》，頁 61。
〔註29〕季芳桐著《泰州學派新論》，頁 184。
〔註30〕季芳桐著《泰州學派新論》，頁 185。

與浙中學派之別，既在於功夫論講述之前象又在於功夫論的入悟焦點（本體之心與道德心）之不同。暫不評論本書所作出的推論及對個別人物思想的理解與詮釋之問題（即：一，「推測王艮是通過王陽明而接觸到禪宗思想」的論證效力問題；二，王心齋與王龍溪在言功夫論的對象與焦點之問題），本書對於「泰州學派」的研究所涵涉的議題確是有足夠的廣濶視野。

　　二，從工夫論的視野而論「泰州學派」。「泰州學派」的思想總被給人思辨性或理論性較弱的印象，〔註31〕本書對於「泰州學派」的研究焦點即不從思辨性或理論性為入路，反而從功夫論（即作者提到的「修養體驗」或「應用性」）的層面來肯定「泰州學派」學術意義。作者曾言：「將儒家理論化為實際，其難度並不在理論，而在怎樣與實際相結合。用現在的語言來講，泰州學派的工作主要是一種『應用性』的工作，而不是一種『理論性』的工作。這種『應用性』的工作，首先需要的是將儒家理論通俗化。通俗而不走樣，通俗而不膚淺，是要下大力氣的。王艮在這方面是卓有成效的，他提出了許多諸如『百姓日用是道』、『明哲保身』、『不樂不是學』等，通俗的生活化的語言，表達儒家精神以利百姓把握。」〔註32〕依此，本書對於「泰州學派」的探究即偏重於修養體驗上。以王一菴的「誠意說」為例，作者指出：「王棟認為意為心之主宰，念為心之所發。功夫若在善惡之念已發去做，則措手不及；若在善惡之念未發時去做，功夫恰到好處。誠意就是要在發發之前，做功夫，使心有主宰。」〔註33〕如是，則王一菴的「誠意說」所作的重點實是作為功夫修養的一個指導方向。本書又說：「王棟釋『獨』為意（心之主宰）獨立而不摻見聞情識，『愼』指戒愼，不懈怠，即誠。合而言之，『愼獨』指注意其心，使獨立而不摻見聞情識。此論述不僅創造性地詮釋『愼獨』的思想，而且對於糾正泰州後學忽視功夫只講率性有積極意義。」〔註34〕這種創造性的詮釋更成為「泰州學派」對於近代和現代儒家發展的深切影響，「泰州學派本是儒家學派，相比而言，他們關於『內聖外王』的理論和實踐，對後代影響要大得多。就『內聖』理論來看，泰州學派的功夫內容較為豐富，而

〔註31〕　本書作者亦自言：「（按：泰州學派）這種『應用性』的實踐注重的是理論的實際應用，雖然它需要創新，也有創新，不過，從哲學的層面上看，其思辨性或本體論色彩，較之浙中學派、江右學派要弱些。」（季芳桐著《泰州學派新論》，頁14）

〔註32〕　季芳桐著《泰州學派新論》，頁13。

〔註33〕　季芳桐著《泰州學派新論》，頁124。

〔註34〕　季芳桐著《泰州學派新論》，頁125。

王棟的『誠意說』和羅近溪的『身心一致說』，影響猶爲顯著。其思想不僅對於近代，就是對於現代的儒家發展都有影響。」〔註35〕換言之，本書對於王一菴的「誠意說」之定位，實是從功夫論的角度而作出肯定的評價。撇除本書對於王一菴思想的詮釋問題（即未能指出王一菴的「誠意說」實是其對「良知」別具創造的詮釋之下所作出的關聯），〔註36〕以功夫論的角度來論述「泰州學派」的定位，至少具備相當的獨特視野。

本書雖然對「泰州學派」具有「廣度性的探究」與功夫論的視野而肯定「泰州學派」的學術意義之研究特，但是，本書在「泰州學派」研究上仍有些有待釐清的問題及對個別人物的思想深度有待發掘的問題，以下試從兩方面作出討論。

先從「泰州學派」的傳承來說。作爲一個「學派」來說，本書認爲「只要宗泰州學派宗旨，又與王艮有師承關係的，都可歸入泰州學派」，〔註37〕所謂「泰州學派宗旨」即是「百姓日用是道」，本書指出：「泰州學派所以能夠成學派，當然會在思想上或學術上，有一主旨，有一根本精神，就像王（陽明）門一樣，若無『致良知』爲基礎，爲標誌，則既無法認同，又無法認別。泰州學派的主、旨精神或思想核心是什麼？回答是『百姓日常是道』。王艮的思想比較豐富，主要爲：『淮南格物』、『學即樂』、『大成學』、『百姓日用是道』等，但是，能夠爲廣大弟子所認同的，又具有個性特色的是『百姓日用即道』。」〔註38〕除了「百姓日用即道」外，本書認爲「俠義」亦是「泰州學派」的個性特點，更認爲「百姓日用是道」實是儒家俠義行爲的必要前提，其言：「從源頭上看，雖然不能說所有的俠義行爲，皆源於英雄的當下一念心（率性），或皆源於百姓日用是道。但是，當下一念心（善性）實爲儒俠義舉之必要前提。」〔註39〕然而，究竟「泰州學派」的傳承是否即具備此「百姓日用是道」的學派宗旨和「俠義」的學派個性特點而說呢？關於「百姓日用是道」的學派宗旨問題，下文將詳論。從師承關係來看，「泰州學派」的傳承問題大致是可取的。只是，仍有個別的人物是具有爭議的，如李贄，本書則從「王襞的

〔註35〕 季芳桐著《泰州學派新論》，頁 201～202。
〔註36〕 關於王一菴的「誠意說」如何從其對「良知」觀的詮釋而引伸，可詳參吳震《泰州學派研究》，頁 237～263。
〔註37〕 季芳桐著《泰州學派新論》，頁 7。
〔註38〕 季芳桐著《泰州學派新論》，頁 15。
〔註39〕 季芳桐著《泰州學派新論》，頁 16。

私淑弟子」和個人的率眞性格與「泰州學派」的「俠義」精神相配，認爲李贊可歸於「泰州學派」。問題在於「俠義」精神究竟是否符合「泰州學派」的思想面貌其實是具有爭議性的，王心齋、王東崖、王一菴等的講學或思想面貌固然具有社會化的面向，然而，本書所謂的「俠義」卻是從王心齋、顏山農及何心隱的獨特行爲而說，其言：「王艮的俠義、英雄氣節包括獨自見太監止獵、接濟饑民、保護王陽明之子等。⋯⋯在這樣的精神感召下，泰州學派的弟子們也自覺地模仿著，這樣一來，王艮俠義的風格，也就而且也成爲泰州學派的風格。據《明儒學案》載，泰州弟子顏山農、何心隱等都是俠義之士。」〔註40〕問題是王心齋、顏山農和何心隱的獨特行爲雖然是突出的個案，卻並不必然是「泰州學派」的「俠義」風格，理由在於在「泰州學派」內仍有不少並非如此獨立特行的行爲風格，如王襞、王棟、羅近溪等，不能僅從王心齋、顏山農和何心隱的獨特行爲，與黃梨洲對「泰州學派」的形容：「泰州之後，其人多能以赤手搏龍蛇，傳至顏山農、何心隱一派，遂復非名教之所能羈絡」似有吻合之處，即以爲「泰州學派」的個性特點便是「俠義」，更重要的是此「俠義」概念是模糊的，從本書所列舉的事蹟（獨自見太監止獵、接濟饑民、保護王陽明之子等）來說，則亦可以說是其本於良知天理所作出的道德實踐，未必是一般理解的「俠」之意義。依此而說，本書從宗於「泰州學派」的宗旨（「百姓日用是道」）、「泰州學派」的個性特點（「俠義」）與師承關係作爲歸入「泰州學派」的傳承準則，所謂「俠義」作爲準則實是具有問題的。

　　再從「深度性的探究」來說。本書直接以「百姓日用是道」作爲「泰州學派」的學派宗旨，其對「百姓日用是道」的詮釋卻是有欠深度的。本書認爲「『百姓日用是道』與『百姓日用發明良知』是一個道理，指瞬間的當下之心是良知、善性，又指道德行爲應順良知而不萌私智。⋯⋯心性（良知）自誠自明，惟不落意見而日用皆道。更直接更根本地說：率性之爲道也」，〔註41〕並認爲這一「百姓日用是道」實是需要從實踐的角度才能理解，其以爲「任何倫理觀念的產生到豐富都得經歷一個長期的實踐過程。⋯⋯從《年譜》來看，王艮 46 歲，才提出這個思想觀點，並能指點『處處不假安排俱是』。也就是說，到了這時，讓觀念才眞正達到包含許多具體內涵的抽象」。

〔註40〕季芳桐著《泰州學派新論》，頁 18。
〔註41〕季芳桐著《泰州學派新論》，頁 75～77。

〔註42〕然而，究竟「百姓日用是道」是否即是指「瞬間的當下之心是良知、善性，又指道德行爲應順良知而不萌私智」呢？如是的話，則百姓日常所作的行爲與儒者在工夫修養「悟」後所作的行爲，究竟有沒有分別呢？另外，說「率性之爲道」或「一念之心」等觀念是從實踐而能理解，並指出以「百姓日用是道」實是較易爲普通百姓所理解和應用。然而，這樣的講法實是未能理解「泰州學派」的講學宗旨「百姓日用即道」實是依從良知本體的流行呈現之圓融境界而言，此「自然」之境界又是從良知本體的「即體即用」義而來。當中「良知本體的流行呈現之圓融境界」固然是「百姓日用是道」，然其關鍵卻是「悟本體」，此即是「陽明後學」所共同追的「第一義工夫」。假如僅從「率性之爲道」和實踐的角度來說「百姓日用是道」，實是未能夠充分理解「泰州學派」言「百姓日用是道」的宗旨。

綜言之，季芳桐的《泰州學派新論》在「泰州學派」的研究上實是具有學術研究性的意義，讓「泰州學派」的研究正式具備學術研究上的規模。然而，從哲學思想史的研究來看，則本書卻又僅能算是具有「廣度性的探究」及囿於歷史學上的研究進路，未能從哲學義理的層面而深入研究「泰州學派」的重要思想。

三、吳震著《泰州學派研究》〔註43〕

吳震著《泰州學派研究》出版於 2009 年，此書對於「泰州學派」的研究具有深度發掘的奠基性意義。本書的問題意識是從黃梨洲在〈泰州學案〉中的設計問題說起，吳震先生在〈緒論〉提及其質疑的理由有二：「其一，黃宗羲在設計泰州學案時使用的三個標準：出生地域、師承關係、思想類型，本應是合理的，但他在具體操作時，却有失平衡，特別是他根據人物的思想類型所作出的判定不免顯得混亂，其對天台一系的設定尤其如此。其二，黃宗羲在對人物作思想判定的時候，他的標準是不夠明晰和確定的，其結果使得那些所謂『異端』人物都被歸入泰州學派，以至於整部泰州學案幾乎成了一個異端百出的『大雜燴』。比如，方與時、鄧豁渠、管志道、何祥、方學漸等這樣一批思想性格並不一致的人物何以被統統組合進泰州

〔註42〕季芳桐著《泰州學派新論》，頁 78。

〔註43〕筆者對於吳震先生的《泰州學派研究》之評論已詳述於《〈泰州學派研究〉評介》一文，該文亦已刊登於《鵝湖月刊》第四五二期（2013 年 3 月），頁 39～47。此處的論述僅取該文之大要。

學案，實在令人百思不得其解。」〔註44〕然而，吳震先生雖然對於〈泰州學案〉的設計有所質疑，但對於「泰州學派」的定位卻給予肯定，其說：「『泰州學派』作爲一個名稱設置，用來指稱心齋所開創的、經由王襞、王棟以及顏鈞、何心隱、羅汝芳等人構成的學術團體，這一點是毋庸置疑的。故從學術史的角度看，『泰州學派』之名稱是可以成立的，若從哲學史的角度度看，則可說該派人物的思想各有特色，且對陽明心學都抱有一種認同意識，這一點同樣不容懷疑。」〔註45〕換言之，吳震先生是從對〈泰州學案〉的質疑而重新分析「泰州學派」的整體思想特質。問題是：如何釐定「泰州學派」的關鍵人物呢？或，如何從〈泰州學案〉中選定合乎於「泰州學派」的人物呢？吳震先生自言：「所謂『學派』云云，蓋指具有相同學術思想之傾向的某一群體，同時還必須考慮到互相之間的師承關係。泰州學派之名的由來，首先是取自於『泰州』這一地域名稱，其次凡是與泰州學派的開創者心齋的思想具有相同或相近之傾向的人物以及彼此之間具有一定師承關係者，都可以被劃歸於該派名下，出生地是否泰州則是次要的。」〔註46〕在這樣的思考之下，吳震先生選定了王艮、王棟、王襞、顏鈞、何心隱、羅汝芳等六人作爲「泰州學派」的主要代表人物，經過逐一探索的個案式研究後，吳震先生指出「泰州學派」的主要特徵如下：「泰州學派的整體思想狀態非常複雜多樣，任何歷史上對其中某一人物的思想衡定難以照樣適用於對其他泰州學人的歷史定位。……因此，本書對於『泰州學派』這一概念的認同，主要落在該學派成員的師承傳授的關係上，事實上這個學派的構成呈擴散性特徵，並沒有形成一整套嚴密意義上的思想義理系統。……就結論而言，我們也只能從大致上對其總體的思想風貌做出初步的評估。我以爲泰州學派的思想旨趣表現爲將儒學平民化、世俗化，他們的思想取向則表現爲社會取向、政治取向乃至於宗教取向，他們的思想立場大多傾向於陽明心學的『現成良知』、『聖愚無異』，同時又有『回歸孔孟』、『倡明聖學』的思想訴求，王艮所開創的通過講學以化民成俗、實現『人人君子』的那份理想與精神構成了泰州學派的『家風』。」〔註47〕

〔註44〕吳震著《泰州學派研究》，頁40。
〔註45〕吳震著《泰州學派研究》，頁2。
〔註46〕吳震著《泰州學派研究》，頁10。
〔註47〕吳震著《泰州學派研究》，頁439。

　　本書的優點至少可從兩方面來說，即：對個別問題具有高度的問題意識及「學派」研究的完整性。

　　一、本書對應於所討論的個別問題研究是深具有問題意識的，並能展現出前人所未能論析得透徹的思考與結論。先以王艮的淮南格物說為例。本書並不止於著眼於「格物」的概念，更透過幾個步驟來全面探討王艮的淮南格物說：首先，對淮南格物說的形成說考察；其次，從宋明儒學的「格物」詮釋來凸顯王艮淮南格物說的精義；再者，從歷史上對淮南格物說的評論而論析；最後，本書對王艮的淮南格物說提出了四點要義：一、「『格物』不再是一種觀念模式，更不是對外在知識的追求方式，而是一種身體力行的道德實踐」；〔註48〕二、「心齋突出了『身』在《大學》文本中具有『立本』的重要地位，以安身釋格物，而所謂的『格物』事實上已被『安身』所取代，因此淮南格物說實質上就是格物安身說」；〔註49〕三、「突出了『安身』所具有的『立本』、『端本』之意義，以為由此便可以貫穿和打通整部《大學》的義理結構……在於強調個體之身與整全之身對於人來說所具有的根本意義」；〔註50〕四、「心齋安身說的一個理論貢獻是，『身』作為一種『個體』存在，不論此『身』是僅指『形骸』還是含指『心靈』，它具有了先於心意知物之存在的根本地位，是所有物的『根本』(『物之本』)。因此必須先肯定『身體』，然後良知才有著落，這一對『身體』問題的強調和揭示，無疑對於我們重新了解和把握心學運動的整個義理走向有著重要的啟發意義」。〔註51〕換言之，本書實際上指出：王艮的淮南格物說的要點在形式結構上貫穿於《大學》本義，在實質內容上在於「安身」論。如此一來，本書對於淮南格物說的思考即不止於從《大學》本義而說，更從「安身」論的考慮作為王艮思想的重心，這樣才展現出淮南格物說的實義所在。

　　二、從「學派」研究的完整性來說，本書以「學派」來取代單純的「學案」式考量，並以個案式研究作為整體性綜合評述的根據，這是對「泰州學派」作出了既具嚴謹性又備完整性的研究。首先，從「學派」來取代單純的「學案」考量來說，黃宗羲對〈泰州學案〉的編輯設計早已有不少人詬病，

〔註48〕 吳震著《泰州學派研究》，頁123。
〔註49〕 同上註。
〔註50〕 同上註。
〔註51〕 同上註。

然而，本書並不停留於批評的層次，更從肯定「泰州學派」的學術思想史地位及以師承的關係來重新釐清〈泰州學案〉而重構「泰州學派」的內容意義。其次，在重構「泰州學派」的概念時，本書的思考聚焦又不單在於對「泰州學派」作一鳥瞰式的概述，而是透過以「泰州學派」幾位代表人物的個案式研究作線索，以王艮的思想作為「泰州學派」的典型，以王棟、王襞、顏鈞及何心隱的思想轉折作為「泰州學派」思想的變奏，以羅汝芳的思想作為「泰州學派」完成型態的關鍵，再以他們的思想特徵作出綜合，提出「泰州學派」並沒有形成一整套嚴密意義上的思想義理系統，只具有將儒學平民化、世俗化思想旨趣表現。如此一來，實在為「泰州學派」的研究作出了具備完整性的奠基工作。當然，除了上述兩方面的優點外，本書所掌握的文獻資料與參考材料皆極為豐富，在文獻搜集和中日文的相關研究文獻參考上也是極其淵博的。

　　大體來說，本書為「泰州學派」作出嘗試性的、探索性的研究，極具奠基性質的意義。然而，本書在某些論題上卻仍有可延續討論之處。以下試從以思想史的取向研究「泰州學派」的問題。以現代學術的嚴格區分來說，思想史的研究取向與哲學史的研究取向應該是有所區別的，鄭宗義先生曾經指出：「哲學史追溯的是哲學理論（即哲學問題及答案的提出）本身的演變發展，強調的是考查理論的涵蓋性、一致性及其效力與困難所在。思想史尋求的是歷史真相，偏重探索（哲學）思想的形成如何受到時代環境因素的左右，以及它最終如何反過來影響時代發展的走向。而哲學史與思想史對（哲學）思想的評價亦因彼此不同的性質遂有截然異趣的標準。」〔註52〕依此而說，本書所持的研究取向顯然地是思想史的性質，吳震先生也曾明白的說：「我的研究工作也僅止於將泰州學派放在宋明儒學及陽明心學的思想背景中，著重於對思想文本的內在義理作較為深入細緻的解讀與探討，努力做到歷史的把握與思想的呈現相結合。」〔註53〕此所謂「歷史的把握與思想的呈現相結合」即是其思想史研究的旨趣。吳震先生的思想史研究旨趣特別可以從他對顏鈞的論述中發見，本書對於顏鈞的論述主要在於考察他的思想具有的實踐的宗教趨向特色，從而為到泰州後學的思想風格（即「歷史真相」）提供一個新的分析視角，其言：「這裡不準備對山農思想作全面的觀念史考察，而是僅以山

〔註52〕鄭宗義著《明清儒學轉型探析：從劉蕺山到戴東原（增訂版）》，頁 IX。
〔註53〕吳震著《泰州學派研究》，頁 440。

農的生命體驗、放心體仁等工夫和言說這兩方面作爲分析對象，最後對其拯救『溺世』的社會政治設想作一簡單考察。通過考察，以期爲我們深入了解泰州後學的思想風格提供一個新的分析視角。」〔註 54〕這樣所謂提供的「新視角」實即可以說是發掘泰州後學之思想風格的歷史眞相，也即表明了本書所採取的思想史研究旨趣。如果從哲學史研究旨趣作取徑言，對顏山農的研究則至少還要剖析其良知觀及「悟良知」工夫之效力及困難所在。假如從思想史研究旨趣作取徑說，對顏山農的研究則在於論析他的思想如何與文化、社會等具體的時代環境作出互動和影響。本書表明著重研究顏山農的生命體驗、放心體仁等工夫和言說，從而總結出顏山農是注重言說與行動、觀念與實踐之間的互爲貫通，注重社會參與和宗教性的生命體驗，最後更說：「總之在我看來，山農思想的最終歸趨仍然未能擺脫儒家傳統的價值觀念，他對以陽明和心齋所代表的儒家學說更有積極的認同，儘管從歷史上看，由於其思想的言說方式以及他的行爲方式非常獨特，而難以得到儒家士大夫的眞正認同。」〔註 55〕當然，以思想史的取向來研究「泰州學派」其實並無不妥，當代更有從社會史或文化史的取向來研究「泰州學派」。然而，問題是作爲理學家所思考的哲學問題與概念，自有其義理系統內部的融貫性及發展脈絡。而作爲思想的詮釋工作來說，也並不能僅止於對於理學家的思想作出論點式的研究，還需要從其思想的義理內部建構出具系統性的思想架構，這樣的理論建構其實同樣適用於泰州學派的研究。林月惠先生曾言：「陽明後學研究作爲宋明理學研究的一環，其研究重點仍在哲學思考深度的探索。……依念菴之意，入悟的途徑不同，所體驗的性體便呈現不同的面向；而對性體所側重面向的不同，則所建構的思想理論自然有別；而思想理論的不同，也開顯不同的眞理。換句話說，工夫的進路（悟）、對本體的體驗（見性）、理論的建構（立言）、眞理的開顯（入道），是環環相扣的環節，彼此相互影響，各家思想的差異性與豐富性也由此彰顯出來。這樣的哲學探索態度，適用於陽明後學，也適用於宋明理學，乃至中國哲學的研究。」〔註 56〕假如只從思想史的研究取向作進路來研究泰州學派，則使得泰州學派的思想更容易予人缺乏理論的建構層面，這是作爲哲學史的研究取向進路者不得不注意的地方。

〔註 54〕 吳震著《泰州學派研究》，頁 271。
〔註 55〕 吳震著《泰州學派研究》，頁 289。
〔註 56〕 林月惠著《良知學的轉折：聶雙江與羅念菴思想之研究》，頁 720～721。

　　另外，本書雖然以思想史取向來研究「泰州學派」，但對哲學思想史的發展趨向卻未有深究，只主力著重於整合泰州學派的思想特質。然而，泰州學派的思想發展至少仍有兩條線索值得討論：一是既提倡自然宗旨，又力主戒慎因提倡現成恣肆為率性無忌憚的理論張力問題；二是對於「宗於孔孟」、「宗於儒學」的經典詮釋與實踐的問題。從這兩條線索來探討泰州學派的發展如何演變成劉蕺山所言的「參之以情識」問題，也可以探討泰州學派在明末清初崇尚情欲的思潮中的助力，從這樣的動態性探討來看，似乎更能夠突顯出泰州學派的思想特質和理論問題。

　　綜言之，吳震的《泰州學派研究》在「泰州學派」的研究上實是具有奠基性的意義，尤其是在個別問題具有高度的問題意識及「學派」研究的完整性。然而，從哲學思想史的研究來看，則對「泰州學派」的思想研究在建構系統上並未足夠。

貳、學位論文類的研究成果

　　除了學術著作的研究外，近年以「泰州學派」作為研究主題的博碩士學位論文之數量亦尚算不少。在港、台方面，碩士論文有 6 篇，博士論文有 3 篇；〔註57〕在中國大陸方面，碩士論文有 2 篇，博士論文則有 7 篇。〔註58〕

〔註57〕依據「臺灣博碩士論文知識加值系統」在「論文名稱」欄輸入「泰州學派」搜尋的結果為8篇博碩士論文，它們分別是：
周志文著《泰州學派對晚明文學風氣的影響》（台灣大學碩士論文，1975年）；
王家儉著《耿定向與泰州學派》（台灣師範大學碩士論文，1989年）；
陳麗文著《王心齋思想與泰州學派》（台灣師範大學碩士論文，1995年）；
曾光正著《不離俗而證真——泰州學派倫理觀的研究》（台灣師範大學博士論文，1995年）；
黃文樹著《泰州學派教育思想之研究》（高雄師範大學博士論文，1995年）
陸冠州著《泰州學派化俗思想研究》（中山大學博士論文，2003年）；
陳盈吟著《泰州學派哲學路徑之研究》（中興大學碩士論文，2007年）；
黃元嘉著《試論泰州學派的傳承與轉化——從王艮到耿天臺》（暨南國際大學碩士論文，2011年）。（「臺灣博碩士論文知識加值系統」網址為：http://ndltd.ncl.edu.tw；搜尋日期為27/05/2013）
另外，在香港各所大學的圖書館搜尋中發現僅有一篇碩士論文直接以「泰州學派」作研究主題，該文為：張克偉著《泰州王門學派研究》（香港大學碩士論文，1997年）
〔註58〕依據「中國國家電子圖書館」及「中國知識基礎設施工程（CNKI）」在「題名」欄輸入「泰州學派」搜尋的結果為9篇博碩士論文，它們分別是：
季芳桐著《泰州學派研究》（南京大學博士論文，2000年）；

假如以中、港、台三個地區各選一篇作爲研究「泰州學派」代表的話，則以李霖著《試論泰州學派“百姓日用即是道”思想之發展》、張克偉著《泰州王門學派研究》、黃元嘉著《試論泰州學派的傳承與轉化──從王艮到耿天臺》爲選。〔註59〕以下試分別論述：

一、張克偉著《泰州王門學派研究》

張克偉的《泰州王門學派研究》寫成於 1997 年，爲香港大學的碩士論文。張克偉先生於論文寫成後亦曾把論文中的不同篇章分別修訂發表，〔註60〕作者選取「泰州學派」作爲研究主題的問題意識主要在於釐清「泰州學派」在學術思想史上的定位，即：「深入探討該學派的學術思想，既可嚴別泰州王門諸子的學說趨向及思想類型，亦可了解讓派分化流變之迹」。〔註61〕本文既取學術思想史的研究入路，其研究的方式即在於從整個明代的思想作考察「泰州

宣朝慶著《泰州學派的精神世界與鄉建設實踐》（南開大學博士論文，2004 年）；

馮祺著《泰州學派對明末清初繪畫思想的影響》（湖南大學碩士論文，2005 年）；

邵曉舟著《泰州學派美學範疇研究》（揚州大學博士論文，2006 年）；

胡學春著《“眞”：泰州學派美學範疇研究》（揚州大學博士論文，2006 年）；

童偉著《論“狂”──泰州學派與明清美學範疇研究》（揚州大學博士論文，2006 年）；

徐春林著《泰州學派生命哲學研究》（蘇州大學博士論文，2007 年）；

黃石明著《論”中”──泰州學派與明清美學範疇研究》（揚州大學博士論文，2011 年）；

李霖著《試論泰州學派”百姓日用即是道”思想之發展》（山西大學碩士論文，2012 年。

（「中國國家電子圖書館」網址爲：http://mylib.nlc.gov.cn ；「中國知識基礎設施工程（CNKI）」網址爲：http://big5.oversea.cnki.net；搜尋日期爲27/05/2013）另外，在中國大陸中以「泰州學派」爲主題研究的博碩士論文中有兩個特別現象：一是專著的出版，六篇博士論文中已有四篇作爲專著出版了；二是從美學範疇作爲研究「泰州學派」的主要角度。從美學範疇作爲研究「泰州學派」入路的取向，即在於研究「泰州學派」在氣質生命之重視及其可能的美學觀念（審美價值）之探討。

〔註59〕 這樣的選擇是本於兩個理由：一是以「泰州學派」爲主題作出具學術思想史的整體研究；二是時序上乃是最爲新近的著作。依此，更能發現以「泰州學派」作爲研究對象的學術研究之趨勢。

〔註60〕 如：張克偉著〈泰州王門學派一代宗師：王心齋哲學思想論粹〉，刊於《吉林大學社會科學學報》第四期（1992 年）；張克偉著〈王東崖理學思想初探〉，刊於《商丘師專學報》第十五卷第一期（1999 年 2 月）；張克偉著〈何心隱理學思想片斷〉，收錄於《中國哲學》（長沙：岳麗書社出版）第十九輯（1998 年 9 月）。

〔註61〕 張克偉著《泰州王門學派研究》，頁 4。

學派」的定位，以明初的朱子學門人（宋濂、方孝儒、曹端、薛瑄、吳與弼、胡居仁）至王陽明論述的思想流變，再從淮南三王（王心齋、王東崖、王一菴）論述「泰州學派」的思想旨歸，並依次論述顏山農、羅近溪、何心隱、周汝登、焦弱侯、李卓吾等各人的思想旨歸作爲考察「泰州學派」中的傳承意義。

　　本文對「泰州學派」的研究有兩方面較爲深刻的意義。其一，在資料搜集及考察上的嚴謹，「泰州學派」在研究上的一大問題是資料的搜集，如顏山農的文獻直至於 1996 年由黃宣民整理出版《顏鈞集》，才得以呈現較爲完備的資料，本文完成於 1997 年已能夠從《顏鈞集》內頡取相關的資料論述顏山農的思想；其二，透過詳實個案探討而綜括論「泰州學派」對後世的影響，本文透過以數量龐大（約 16 個明代人物）的個案探討明代儒學思想由朱子學輾轉陽明學再衍生至「泰州學派」的不同階段發展，綜合出「泰州學派」的特別意義有：一，平民儒學化的傳道授業方式；二，承接王學傳統簡易直截的自然秉性觀；三，直心體道，重視內省的修養方法；四，提倡「樂學」之教以明道化入，使大眾歸善向善；五，以儒學倫理道德爲本位的思想架構；六，狂士本色與異端傾向，再從而討論「泰州學派」對晚明文藝思想的影響並評價「泰州學派」的思想發展趨勢與定位，在文藝理論上的影響，尤其是三袁（袁中道、袁宏道、袁中道）及湯顯祖等對於「眞性情」的重視，更使其對於傳統文學作出了革新與創造。

　　然而，由於本文以學術思想史作爲研究進路，對於「泰州學派」個別人物的論述多以論點式的表述，每每未能從融貫性的建構作詮釋，使個別人物的思想論述流於表面化，以顏山農爲例，本文主要列舉出五點作爲顏山農的思想要旨：一，「急救心火」與「耕心樵仁」；二，「神莫」與「性情」；三，暢發以「仁天下人心」之大成仁學；四，以《大學》、《中庸》基本精神爲理論依歸的「仁神正學」；五，以日用爲「仁道」之感發，最後，本文指出：「山農之學，就學術規模與理論結構的嚴密程度而言，可以說是未成體系，甚至於一些理學觀念亦未有獨到精闢的闡釋和見解。此與他的出身和學問根底不無關係。然而，作爲一個平民的儒學學者，在追求個性自由的時代思潮，他的學說就是他對整個時代和社會的反映。」〔註 62〕顏山農的文化水平（或學術水平）不高從《顏鈞集》的記載與文章結構中是可見的，不過，顏山農的思想發展的主要問題意識是甚麼呢？其大談「養心」、「放心」、「放任自然」

〔註 62〕 張克偉著《泰州王門學派研究》，頁 527。

的實義究竟是怎樣呢？觀乎顏山農的學思歷程，其「大成仁道」說的主要問題意識是從「七日閉關」與「萃和會」的成效而來，也從其中建構其「大成仁道」學說，要考察顏山農學說則必須注意此處。再以整個「泰州學派」的影響與思想發展趨勢而說，究竟「泰州學派」的具體指涉群體是哪些人物呢？又本文所選取的人物在何等程度上是歸屬於「泰州學派」呢？本文曾指出：「泰州王門學派在學理系統上欠缺嚴密性與一貫，加上其思想淵源過與龐雜，益添在研究上之複雜與困難。本論文的撰寫重點主要是透過泰州王門諸儒對理學的反省與批評，學派的傳承與流變，從而探討其思想的基本精神面貌，以便學者對該派有進一步的認識與研究。」〔註63〕依此，本文對於「泰州學派」的研究上則主要從學術思想史的進路探討其中若干相關的明代人物的思想理路，從而嘗試整理出一個「泰州學派」的思想面貌而已，對於「泰州學派」在「陽明後學」的傳承上，或處於明末清初的儒學思想轉變上的定位卻未能清理出一個嚴謹的理路和定位。

二、黃元嘉著《試論泰州學派的傳承與轉化——從王艮到耿天臺》

黃元嘉的《試論泰州學派的傳承與轉化——從王艮到耿天臺》寫成於 2011 年，為臺灣暨南國際大學的碩士論文。論文的問題意識主要是從格物理論與師道論作為核心而探討「泰州學派」的發展，並指出耿天臺為「泰州學派」發展的轉捩點，有其救正與轉化的定位。

黃元嘉先生的論文對「泰州學派」的研究有幾方面較為深刻的反省，以下僅論述其二：其一，對「泰州學派」作為一個學術思想史的概念之分析，本文指出：「筆者的觀點是『泰州學派』這概念本身是以特定問題的前提與條件而被一再確立、確認。」〔註64〕這一特定的問題與條件即是「對特定人物思想風格變遷的追溯與標誌」，「泰州學派」的概念實是黃梨洲以「先注意到了有一派赤手搏龍蛇，決儒釋之波瀾的學者，再往前追溯其與王門的思想關聯，理序與時序是逆反的。泰州學案，或者泰州學派在理論順序上是優位，而要論時間點反而是在後的。」〔註65〕如此，對於「泰州學派」概念的分析即可以從黃梨洲的構想中解放出來，從另一個方向來為「泰州學派」展開各式各樣的討論；其二，既然立足於「泰州學派」乃是一追溯的標誌概念，則

〔註63〕張克偉著《泰州王門學派研究》，頁 818。
〔註64〕黃元嘉著《試論泰州學派的傳承與轉化——從王艮到耿天臺》，頁 5。
〔註65〕黃元嘉著《試論泰州學派的傳承與轉化——從王艮到耿天臺》，頁 7。

本文對於「泰州學派」的論述，即從「傳承」與「轉化」兩個方向而說耿天臺的重要性，以「傳承」的方向來說，「耿天臺雖然不以泰州學派自我標榜，然而他一直有意識的回應泰州學派眾人，包括王、艮何心隱與羅汝芳的主張。當然泰州學派本身思想就相當鬆散，也充滿了矛盾與不一致，不過幾個中心議題與關懷仍是相當明顯的：從萬物一體的觀點出發，對身的關照、對欲貨色，對食色之性話題的關心、對師道的標榜等等。這些都是可資辨認的獨特論點。」〔註66〕以「轉化」的角度來看，「從王艮到耿天臺，幾個可注意的變化線索是這樣的：與治統對道統的壓抑相呼應，『身』逐漸超出具體生命意義的範圍，轉向更偏重於社會性與精神性的一面，以更強的道德責任感自許。與之成對比的是對『欲』，對食色之性的討論，當意欲與欲望的界線不再清楚時，想要防堵其流弊，只能選擇出從『性體之真』的重新分判，從慎術加以著手。獨標師道的主張則一直受政治氣氛所影響，以耿天臺本人為分界點，往後也不再對孔子講學有所標標，『學』與『政』，或者道統與治統兩者又重新被彌合了。」〔註67〕由於這種「轉化」，本文認為對於「泰州學派這種赤手搏龍蛇的生命力，或者匹夫以道自任的精神，又為何會盛極轉衰，甚至往後不復聞？」〔註68〕的問題之關鍵是耿天臺「在回應泰州學派諸多命題的過程中，無形中也消弭了泰州學派的宗旨。」〔註69〕

　　本文主要以格物理論與師道論作為核心而探討「泰州學派」的發展，其中的關鍵正在於對「泰州學派」主要人物的「格物」與「師道」兩觀念之詮釋，然而，本文對於「格物」與「師道」兩個觀念卻是未能作出融貫性的詮釋。以王心齋的論述為例，先說王心齋的「淮南格物」，本文認為王心齋在初見王陽明時已有自身對「格物」的獨特理解，更推論〈孝箴〉一文為王心齋初會王陽明以前的思想材料，指出〈孝箴〉中所具的敬身為大與苟不得身成天的即是王心齋的「明哲保身」思想的前身，在受教於王陽明門下後便以王陽明的「拔本塞源」的說法為基礎展開其日後的格物理論，此即：「在萬物一體之念下，根本的原理是心體之同然，也就是莫不欲安全而教養之，所以安身保身為根本，以天下國家為末。」〔註70〕，問題是王心齋的「淮南格物」

〔註66〕黃元嘉著《試論泰州學派的傳承與轉化——從王艮到耿天臺》，頁67。
〔註67〕同上註。
〔註68〕黃元嘉著《試論泰州學派的傳承與轉化——從王艮到耿天臺》，頁69。
〔註69〕同上註。
〔註70〕黃元嘉著《試論泰州學派的傳承與轉化——從王艮到耿天臺》，頁18。

固然是強調「立本安身」，然而，其「淮南格物」理論至少有兩點是別具意義的：一是王心齋是從《大學》文本的「物有本末，事有始終」來詮釋「格物」的「物」，把「格物」義從《大學》的文本脈絡詮釋成爲形式上意義，是比較符合《大學》文本語境脈絡的解釋，如是，則不能僅從〈孝箴〉的分析而說王心齋的「淮南格物」早已有了「安身保身」的說法；二是王心齋言「立本安身」實是強調「本末一貫」的「身與天下國家，一物也」之角度，身爲本而天下爲末，二者實爲一體，由主體（身）的道德實踐，能通及天下皆能具道德意義的存在，「格物」的意義便在於「絜矩」。如是，則並不是「莫不欲安全而教養之」的說法，而是從道德實踐工夫的根本處來說「立本安身」。再說王心齋的「師道」，本文認爲王心齋重視「師道」與「講學」主要的理由有二：一是「講學」所具有積極的教法作用，「在王艮來看，講學正是點石成金的妙法，相比於以德感人的聖王，更具有積極層面的意義。」〔註71〕二是政治氣氛的不利王學傳播，「道統與治統在這裡的關係起了微妙的逆轉，現實政治情境是以皇權爲代表的治統壓制著士人群體標榜的道統，在這裡王艮卻主張重新回歸孔子周遊列國講學傳道的『道統』根源，重新在『百姓日用』之間尋求道統的基礎。」〔註72〕問題是王心齋的「師道」理論固然是強調「講學」所具備的積極意義及政治影響，然而，其「師道」理論與他的「安身」思想卻有更強烈的理論關連，此即「師道」實是從「安己」以至於「安人」的道德實踐之程序工夫，王心齋曾言：「學問須知有箇欛柄，然後用功不差。本末原拆不開，凡於天下事，必先要知本。如我不欲人之加諸我，是安身也，是立本也，明德止至善也；吾亦欲無加諸人，是所以安人，安人，安天下也，不遺末也，親民止至善也，此孔子學問精緻奧領處，前此未有能知之者，故語賜曰非爾所及也。」〔註73〕即是說，王心齋所強調的「師道」其實質意涵，乃是在「本末一貫」的思想主導之下的「安人」，亦是王心齋主張回歸孔子講學傳道的重要理據。依此而言，本文對於「格物」與「師道」兩個觀念未能作出恰當詮釋的問題，主要於對「泰州學派」人物之思想系統並未能作出具融貫性的詮釋，例如：「淮南格物」與「師道」乃是王心齋的「安身論」的引伸及實義，假如不察覺此一關鍵，則難於理解「泰州學派」發展的傳承關係。

〔註71〕黃元嘉著《試論泰州學派的傳承與轉化——從王艮到耿天臺》，頁 21。
〔註72〕黃元嘉著《試論泰州學派的傳承與轉化——從王艮到耿天臺》，頁 24。
〔註73〕王艮著〈答問補遺〉，《王心齋先生遺集（卷一）》，頁 17 下。

三、李霖著《試論泰州學派『百姓日用即是道』思想之發展》

李霖的《試論泰州學派『百姓日用即是道』思想之發展》寫成於 2012 年，爲中國山西大學的碩士論文。作者以「百姓日用即是道」一命題作爲主導「泰州學派」傳承的軸心，考察「泰州學派」不同階段的人物如何充實其中的特別意涵，如羅近溪的「赤子之心」、耿定向的「眞機不容已」、焦竑的「知性復性」及李贄的「童心說」。

李霖先生的論文對「泰州學派」的研究主要是作出主題式（「百姓日用即是道」）的反省，以「百姓日用即是道」即是「聖人之道即在老百姓的日常生活中」論析「泰州學派」幾代學者對此一命題的深化與確立，本文指出：「王艮作爲命題的提出者，雖然其思想沿襲了陽明心學的很多內容，但使得『百姓日用』的意義豁然明朗。羅汝芳儒學本位與『赤子之心』的學說對百姓日用的內容也涉及甚多，他將王艮百姓日用範圍擴大了，即在橫向上發展了王艮的命題。耿定向則是從縱向上擴展了本命題，爲百姓找到了更爲恰當的修養身心的方式，對心與事的關係及對心術的選擇上都提出了自己的看法。而焦竑『知性復性』雖看似與百姓日用無關，但實質上則是從理論上將『百姓日用即是道』這一命題深化了。李贄的『童心說』作爲對這一命題的落實，繼續將百姓日用的地位抬高到無以復加，使得這一命題最終確立。」〔註 74〕透過對「百姓日用即是道」命題的考察，本文逐指出「泰州學派」別有兩個方向的轉化及意義：「泰州學派的學術思想之間傳承雖然以『百姓日用即是道』拓展開來，然而卻分爲兩個大的方向，一是其思想向平民化的轉向，另一方向則是其學術思想向近代實學思想的逐漸靠攏。」〔註 75〕

然而，本文雖然對「百姓日用即是道」這一命題作出了「泰州學派」發展上的詳細析論，但是，本文對「百姓日用即是道」這一命題究竟在何種意義上能夠成爲哲學命題的問題卻是未有詳加剖析的，即是說，「百姓日用即是道」究竟是否即是「聖人之道即在老百姓的日常生活中」的意思呢？其中的「聖人之道」意指是成爲「聖人」的工夫指導方向，還是指「良知本體」的呈現方式呢？其中的「百姓日用」意指是「老百姓的日常生活」又如何可以說成是「道」呢？相關於本文對此一系列的問題理解，可以從兩方面言：一是「百姓日用即是道」命題內容的分析。本文以爲「百姓日用」與「道」乃

〔註74〕李霖著《試論泰州學派『百姓日用即是道』思想之發展》，頁 1～2。
〔註75〕李霖著《試論泰州學派『百姓日用即是道』思想之發展》，頁 25。

是一對等的哲學概念，本文有言：「既然百姓與聖人具有的良知是相同的，而良知便是道，那麼由此我們可以得出百姓之道也就是聖人之道。」〔註76〕然而，「百姓日用」並非指出「百姓之道」，或可由此而區分出「百姓之道」與「聖人之道」，理由是百姓與聖人同具「良知本體」的根源，卻不代表兩者在具體表現上為同一，此即「良知的呈現」與否的問題，更甚的是「百姓日用」是指日常生活的行為，此行為如何算是「道」呢？依良知學的說法，即是「良知的呈現」或「良知之發用流行」問題，王陽明言：「蓋日用之間，見聞酬酢，雖千頭萬緒，莫非良知之發用流行。除却見聞酬酢，亦無良知可致矣。」〔註77〕「日用之間」可以為「道」即本於「良知之發用流行」，並非指「百姓日用」等同於「道」；二是從王心齋提出「百姓日用即道」來看。本文以王心齋主張「良知現成」及其曾說：「愚夫愚婦與知能行便是道，與鳶飛魚躍同一活潑潑地，則知性矣。」〔註78〕即認為王心齋乃是主張「百姓日用即道」，甚至以為其說的實義為「聖人之道即在老百姓的日常生活中」。然而，在《王心齋先生遺集》或《重刻心齋王先生語錄二卷》等記錄中，實際上提及類近「良知現成」的文字，僅為：「道一而已矣，中也，良知也，一也，識得此理，則見見成成，自自在在。即此不失，便是莊敬：即此常存，便是持養。」〔註79〕究其實，王心齋言此「見見成成，自自在在」的「良知」是否即「陽明後學」中「見在良知」或「現成良知」爭論的觀念，則仍有待釐清的。另外，王心齋雖有提及「百姓日用即道」，其言：「聖人之道，無異於百姓日用。凡有異者，皆謂之異端。」〔註80〕然而，此中的確義卻是以「良知之發用流行」來說，其言：「百姓日用條理處即是聖人之條理處。聖人知便不失，百姓不知便會失。」〔註81〕即是說，「聖人之道」並非遠離於「百姓日用之間」，也正在於「百姓日用之間」更能指點出「良知的呈現」。依此來說，本文雖以「百姓日用即是道」作為考察「泰州學派」發展的重要命題，但對此命題的涵義卻未能作出仔細的剖析，甚至流於字面上的意義理解。

〔註76〕李霖著《試論泰州學派『百姓日用即是道』思想之發展》，頁5。
〔註77〕陳榮捷著《王陽明傳習錄詳註集評》，台灣：學生書局，1983年，第一六八條，頁240。
〔註78〕王艮著〈語錄〉，《王心齋先生遺集（卷一）》，頁3上。
〔註79〕王艮著〈答問補遺〉，《王心齋先生遺集（卷一）》，頁19上。
〔註80〕王艮著〈語錄〉，《王心齋先生遺集（卷一）》，頁5上。
〔註81〕同上註。

　　總的而言，對於「泰州學派」的專題研究雖然已有不少的成果，但是，從研究的趨勢（包括著作與學位論文的出版）來看，則可以發現其中幾項是研究「泰州學派」最常見的議題：一，「泰州學派」的界定問題；二，顏、何一脈與「泰州學派」在思想與傳承的關係問題；三，「泰州學派」在陽明學中的傳承與定位問題；四，「泰州學派」對明末清初思潮的各種影響或關連。相對來說，此種研究的趨勢卻是每每未能從更為融貫性的詮釋來展示出「泰州學派」在於「陽明後學」、明末清初的儒學轉型及傳統儒學思想中的哲學義理問題，亦未能從哲學思想史的定位清理「泰州學派」的定位問題，即「泰州學派」作為哲學理義的發展上有何種取向，並如何影響後來的哲學思想發展。討論至此，則可以發現「泰州學派」的哲學思想研究仍然是值得深入探討的。

附錄二　王艮著，袁承業編纂《王心齋先生遺集（卷一）》

前　言

　　重新抄錄王艮著，清人東臺袁承業編纂《王心齋先生遺集（卷一）》《語錄》的理由有二：一，袁承業編纂《明儒王心齋先生全集》（全六冊）並不通行且出版年代久遠，爲研究王心齋思想之便利，實有重新抄錄的需要；二，相對於《重刻心齋王先生語錄二卷》（明・萬曆刻本）和《王心齋全集》（日本嘉永元年〔公元 1846 年〕和刻本），袁承業編纂《明儒王心齋先生全集》（全六冊）對於「泰州學派」的研究，可謂更完備與印刊清晰易見，實是研究「泰州學派」的重要材料。

　　抄本依據王艮著，清人東臺袁承業編纂《明儒王心齋先生全集》（全六冊）（上海：國粹學報館：神州國光社，1912 年），分冊編目如下：第一、二冊《王心齋先生遺集（五卷）》、第三冊《王一菴先生遺集（二卷）》、第四冊《王東崖先生遺集（二卷）》、第五冊《王東堧東隅東日天眞四先生殘稿（一卷）》及第六冊《王心齋先生弟子師承表（一卷）》。而《王心齋先生遺集（五卷）》的分卷編目如下：卷一《語錄》、卷二《詩文雜著》、卷三《先生年譜》、卷四《先生譜餘》《先生續譜餘》、卷五《疏傳合編上》《疏傳合編下》。

　　本文在抄錄及斷句時，同時參考了：

　　一、王艮著《重刻心齋王先生語錄二卷》（明・萬曆刻本），（《四庫全書存目叢書子部第十冊》台南：莊嚴文化事業有限公司，1995 年 9 月初版）。

二、王艮著《王心齋全集》（日本嘉永元年〔公元 1846 年〕和刻本）（網上版：中國古籍全錄，http://guji.artx.cn，4/3/2008。）

正　文

條　目	原頁碼

〈語錄〉計一百四十七節〔註1〕　　　　　　　　　　　　　頁一上

一　《大學》是經世完書，喫緊處只在止於至善；格物卻正是止至善。

二　自天子以至於庶人以下數句，是釋格物致知之義。

三　格物之物，即物有本末之物，其本亂而末治者，否矣；其所厚者薄而所薄者厚，未之有也。此格物也，故即繼之曰，此謂知本，此謂知之至也。

四　行有不得者，皆反求諸己，反己是格物底工夫，其身正而天下歸之，正己而物正也。

按：「袁承業編校本」將上列第一至四節合爲一節，今依「明・萬曆刻本」分爲四節。

五　《大學》言平天下，在治其國，治國在齊其家，齊家在修其身，修身在正其心，而正心不言在誠其意，不言在致其知，可見致知、誠意、正心各有工夫，不可不察也。

六　《中庸》「中」字，《大學》「止」字，本文自有明解，不消訓釋。喜怒哀樂之未發，謂之中，中也者，天下之大本也，是分明解出「中」字來。「於止，知其所止」、「止仁」、「止敬」、「止慈」、「止孝」、「止信」，是分明解出「止」字來。

七　纔著意便是私心。　　　　　　　　　　　　　　　　　頁一下

八　大人者，正己而物正者也，故立吾身以爲天下國家之本，則位育有不襲時位者。

九　見龍，可得而見之謂也，潛龍，則不可得而見矣，惟人皆可得而見，故利見大人。

十　危其身於天地萬物者，謂之失本，潔其身於天地萬物者，謂之遺末。

十一　門人問：「志伊學顏？」先生曰：「我而今只說，志孔子之志，學孔子之學。」曰：「孔子之志與學，與伊尹、顏淵異乎？」曰：「未可輕論，且將孟子之言細思之，終當有悟。」

〔註 1〕「袁承業編校本」與「明・萬曆刻本」在分節上有若干的不同，依本人的統計，「袁承業編校本」雖明言所錄有一百四十七節，實際上卻並不足夠，爲此，本人在分節條目上的抄錄即嘗試以「明・萬曆刻本」爲參考，再作分列條目，並會把「袁承業編校本」所增或減的分別明確列出，現即以爲僅得一百四十六節。

十二 聖人雖時乘六龍以御天，然必當以見龍爲家舍。

十三 康節極稱孔子，然只論得孔子玄微處，至其易簡宗旨卻不曾言。

十四 居是邦不非，其大夫，故歙㹸之問，孔子不答子路而答子貢，以是知八佾，雍徹之譏，皆孔子早年事也。

十五 請討陳恒，仁也。不從而遂已，智也。若知其必不從而不請，亦智也，然非全仁智者也，仁且智所以爲孔子。

十六 愛人直到人亦愛，敬人直到人亦敬，信人直到人亦信，方是學 頁二上 無止法。

十七 七十老翁無欲，教一番拈，動一番新，先生每語此詩以省學者。
按：「明・萬曆刻本」爲「無極老翁無欲」。

十八 學者但知孟子辨夷之告子有功聖門，不知其辨堯舜孔子處，極有功於聖門。
按：「明・萬曆刻本」統一以「辯」來說「辨」。

十九 顏子有不善，未嘗不知常知故也，知之未嘗，復行常行故也。
按：「袁承業編校本」把十六至十九條合爲一段，今依「明・萬曆刻本」分爲四節。

二十 聖人經世只是家常事。

二一 有以伊傅稱先生者，先生曰：「伊傅之事我不能，伊傅之學我不由。」門人問曰：「何謂也？」曰：「伊傅得君，可謂奇遇，設其不遇，則終身獨善而已。孔子則不然也。」

二二 天下之學惟有聖人之學好學，不費些子氣力，有無邊快樂；若費些子氣力，便不是聖人之學，便不樂。

二三 或問中。先生曰：「此童僕之往來者，中也。」曰：「然則百姓之日用即中乎？」曰：「孔子云：『百姓日用而不知。』使非中，安得謂之道？特無先覺者覺之，故不知耳。若智者見之謂之智，仁者見之謂之仁，有所見便是妄，妄則不得謂之中矣。」

二四 凡涉人爲皆是僞，故僞字從心從爲。

二五 或言：「佛老得吾儒之體。」先生曰：「體用一原。有吾儒之體， 頁二下 便有吾儒之用。佛老之用，則自是佛老之體也。」

二六 周子曰：「一者，無慾也。」無慾即無極，一即太極，無極是無慾到極處。

二七 程子曰：「一刻不存，非中也，一事不爲，非中也，一物不該，非中也。」知此，可與究執中之學。

二八 不執意見方可入道。

二九 學講而後明，明則誠矣。若不誠，只是不明。

三十 天行健，通乎晝夜之道而知，故知行合一。

三一 無罪而殺士，則大夫可以去；無罪而戮民，則士可以徙。可與幾也，去而不失吾君臣之義。可與存義也，故女樂去幾也。燔肉行，存義也。

三二 知修身是天下國家之本，則以天地萬物依於己，不以己依於天地萬物。

按：「明·萬曆刻本」爲「知得身是天下國家之本」。

三三 論道理若只得一邊，雖不可不謂之道，然非全體也。譬之一樹，有見根未見枝葉者，有見枝葉未見花實者，有見枝葉花實卻未見根者，須是見得一株全樹

始得。 頁三上

三四 「致中和，天地位焉，萬物育焉」，不論有位無位，孔子學不厭而教不倦，便是位育之功。

三五 愚夫愚婦與知能行便是道，與鳶飛魚躍同一活潑潑地，則知性矣。

三六 「射有似乎君子，失諸正鵠，反求諸身，不怨勝己者」，正己而已矣。「君子之行有不得者，皆反求諸己」，亦惟正己而已矣。故曰：「不怨天，不尤人。」

三七 學者有求爲聖人之志，始可與言學。先師常云：「學者立得定，便是堯舜文王孔子根基。」

三八 學者初得頭腦，不可便討聞見支撐，正須養微致盛，則天德生道在此矣。六經四書，所以印證者也。若功夫得力，然後看書，所謂溫故而知新也。不然，放下書本，便沒功夫做。

三九 孔子謂「二三子以我爲隱乎」，此「隱」字對「見」字，說孔子在當時雖不仕，而無行不與二三子，是修身講學以見於世，未嘗一日隱也。隱則如丈人沮溺之徒，絕人

避世而與鳥獸同群者是已。乾初九「不易乎世」，故曰「龍德而隱」，九二「善世不伐」，故曰「見龍在田」。觀桀溺曰「滔滔者天下皆是也，而誰以易之」，非隱而何？孔子曰：「天下有道，某不與易也。」非見而何？ 頁三下

四十 曾點童冠舞雩之樂，正與孔子無行不與二三子之意同，故喟然與之。只以三子所言爲非，便是他狂處。譬之曾點有家宅，不會出行，三子會出行，卻無家宅，孔子則又有家宅，又會出行。

四一 子路只以正名爲迂，所以卒死衛輒之難。

四二 事君有三：君有可諷不可諷，可諫不可諫，可犯不可犯。匪石之貞，不可與幾。

按：「明·萬曆刻本」爲「事君有三：君有可諷不可諷，君有可諫不可諫，君有可犯不可犯。匪石之貞，不可與幾。」

四三　仕以爲祿也，或至於害身，仕而害身，於祿也何有？仕以行道也，或至於害身，仕而害身，於道也何有？

四四　君子不以養人者害人，不以養身者害身，不以養心者害心。

四五　「不亦悅乎」，「說」是心之本體。

四六　或問：「『智者不惑，仁者不憂，勇者不懼。』」先生曰：「我知　頁四上
　　　天，何惑之有？我樂天，何憂之有？我同天，何懼之有？」

四七　若說己無過，斯過矣；若說人有過，斯亦過矣。君子則不然：
　　　攻己過，無攻人之過，若有同於己者，忠告善導之可也。

四八　陰者陽之根，屈者伸之源，屯卦初爻，便是聖人濟屯起手處。

四九　孔子雖天生聖人，亦必學詩、學禮、學易，逐段研磨，乃得明
　　　徹之至。

五十　體用不一，只是功夫生。

五一　智譬則巧，聖譬則力。宋之周、程、邵學，已皆到聖人，然而
　　　未智也，故不能巧中。孔子致知格物而止至善，安身而動，便
　　　智巧。

五二　周茂叔窗前草不除，仁也。明道有覺，亦曰「自此不好獵矣」。
　　　此意不失，乃得滿腔子惻隱之心。故其言曰：「學者須先識仁，
　　　仁者渾然與物同體。」

五三　人之天分有不同，論學則不必論天分。

五四　舜於瞽瞍，命也。舜盡性，而瞽瞍底豫，是故君子不謂命也。
　　　陶淵明言：「天命苟如

此，且盡杯中物。」便不濟。　頁四下

五五　孔子之不遇於春秋之君，亦命也。而周流天下，明道以淑斯人，
　　　不謂命也。若天民則聽命矣。故曰：「大人造命。」

五六　門人歌「道在險夷隨地樂」。先生曰：「此先師當處險時言之，
　　　學者不知以意逆志，則安於險而失其身者有之矣。」

五七　一友人持功太嚴，先生覺之。曰：「是學爲子累矣，因指傍斲木
　　　之匠，示之曰：『彼却不曾用功，然亦何嘗廢事？』」
　　　按：「明・萬曆刻本」爲「一友人持功太嚴，先生覺之。曰：『此
　　　　　先師當時處險，時言之，學者不知以意逆志，則安於險，
　　　　　而失其身者有之矣。』」

五八　刑所以弼教者也，故不教而殺謂之虐。

五九　戒慎恐懼莫離卻不睹不聞，不然便入於有所戒慎、有所恐懼矣。
　　　故曰：人性上不可添一物。

六十　社稷民人固莫非學，但以政爲學最難，吾人莫若且做學而後入
　　　政。

六一　古人定省，謂使親安妥而常定省之，非必問於親而後謂之定省也。文王朝於王季日三，亦只問安否，於內豎而已。

六二　聖人之道，無異於百姓日用。凡有異者，皆謂之異端。　　　頁五上

六三　子見南子之謂中，子路不悅之謂正。中者，自無不正，正者，未必能中。

六四　天理者，天然自有之理也。纔欲安排如何便是人欲。

六五　虛明之至，無物不復，反求諸身，把柄在手。合觀此數語，便是宇宙在我，萬化生身矣。若能握其要，何必窺陳編，白沙之意在，學者須善觀之。《六經》正好印證吾心，孔子之時中，全在韋編三絕。

按：「明‧萬曆刻本」將本條分爲兩節

「高明之至，無物不復，反求諸身，把柄在手。白沙此數語，便是宇宙在我，萬化生身。」

「若能握其要，何必窺陳編」，白沙之意有在，學者須善觀之。《六經》正好印證吾心，孔子之時中，全在韋編三絕。」

今按文意及「袁承業編校本」合爲一節。

六六　學者指摘舉業之學，正與曾點不取三子之意同。舉業何可盡非，但君子安身立命不在此耳。

六七　夢周公，不忘天下之仁也，不復夢見，則歎其衰之甚，此自警之辭耳。

按：六六條與六七條爲「明‧萬曆刻本」所無，特此注明。

六八　問「時乘六龍」，先生日：「此是說聖人出處。是這出處便是這學，此學既明，致天下堯舜之世，只是家常事。」

六九　百姓日用條理處即是聖人之條理處。聖人知便不失，百姓不知便會失。

七十　「文王望道而未之見」，「道」如「魯一變至於道」之「道」，視民如傷，故望天下於道也見。

如「豈若於吾身親見」之「見」。當紂之亂，故卒未之見也。　　　頁五下

七一　孔子知本，故仕止久速，各當其時。其稱山梁雌雉之時哉，正以其色舉而翔集耳。故其系《易》曰：「君子安其身而後動。」又曰：「利用安身。」又曰：「身安而天下國家可保也。」

七二　舜自耕稼陶漁以至爲帝，無非取諸人者。孔子則自不暇耕稼陶漁，無非取諸人者，故曰：「吾無行而不與二三子者，是丘也。」

七三　飛龍在天，上治也，聖人治於上也。見龍在田，天下文明，聖人治於下也。惟此二爻，皆謂之大人，故在下必治，在上必治。

七四　乍見孺子入井而惻隱者，眾人之仁也；無求生以害仁，有殺生以成仁，賢人之仁也；吾未見蹈仁而死者矣，聖人之仁也。

七五　良知之體，與鳶魚同一活潑潑地，當思則思，思過則已。如周
　　　公思兼三王，夜以繼日，幸而得之，坐以待旦，何嘗纏繞？要
　　　之自然天則，不著人力安排。

七六　「山梁雌雉，時哉時哉」，歎其舉止之得時也。「三嗅而作」，是
　　　舉得其時也；「翔而後集

　　　」，是止得其時也。　　　　　　　　　　　　　　　　　　頁六上

七七　有心於輕功名富貴者，其流弊至於無父無君；有心於重功名富
　　　貴者，其流弊至於弒父與君。

七八　光武召子陵與共榻，伸私情也，非尊賢之道也。子陵不能辭而
　　　直與共榻，失貴貴之義也。賢者亦不如此自處。故加足帝腹，
　　　子陵之過；狂奴之辱，光武之失。

七九　子夏篤信謹守，爲己切矣，但不免硜硜然，言必信，行必果，
　　　故孔子進之曰：「無爲小人儒。」

八十　「無爲其所不爲，無慾其所不欲」，只是致良知便了，故曰：「如
　　　此而已矣。」

八一　孔子謂期月三年，孟子謂五年七年之類，要知聖賢用世，眞實
　　　步步皆有成章，定應毫髮不差。

八二　古之時，百工信度，故數罟不入污池。凡宮室器用，一切皆有
　　　制度，百工惟信而守之，莫或敢作淫巧以取罪戾。故人將越度，
　　　而工不敢爲，所以令易行而禁易止也。

八三　孔子卻顏路之請車，而不禁門人之厚葬，無成心也。　　　頁六下

八四　「將上堂，聲必揚之」，仁之用也。故曰：「經禮三百，曲禮三千，
　　　無一事而非仁。」

八五　微子之去，知幾保身，上也。箕子之爲奴，庶幾免死，故次之。
　　　比干執死諫以自決，故又次之。孔子以其心皆無私，故同謂之
　　　仁，而優劣則於記者次序見之矣。

八六　知之爲知之，不知爲不知，是天德良知也。

八七　塵凡事常見俯視無足入慮者，方爲超脫。

八八　即事是學，即事是道。人有困於貧而凍餒其身者，則亦失其本，
　　　而非學也。夫子曰：「吾豈匏瓜也哉，焉能系而不食？」

八九　教子無他法，但令日親君子而已，涵育薰陶，久當自別。

九十　善者與之，則善益長；惡者容之，則惡自化。

九一　君子之欲仕，仁也。可以仕，則仕，義也，居仁由義，大人之
　　　義畢矣。

九二　教不倦，仁也。須善教乃有濟故，又曰：「成物，智也。」

九三　容得天下人，然後能教得天下人。《易》曰：「包蒙吉。」

九四　先生於眉睫之間省覺人最多。　　　　　　　　　　　　　頁七上

　　　　按：「明・萬曆刻本」並無此句。

九五　先生每論世道，便謂自家有愧。

九六　大丈夫存不忍人之心，而以天地萬物依於己，故出則必爲帝師，
　　　處則必爲天下萬世師。出不爲帝者師，失其本矣，處不爲天下
　　　萬世師，遺其末矣。止至善之道也。

九七　或言爲政莫先於講學，先生曰：「其惟聖德乎！僚友相下爲難，
　　　而當道責備尤重。《易》曰：『莫之與，則傷之者至矣。』其必
　　　曰：官，先事信而後言，可也。」

九八　問節義。先生曰：「危邦不入，亂邦不居，道尊而身不辱，其知
　　　幾乎！」曰：「然則孔孟何以言成仁取義？」曰：「應變之權固
　　　有之，非教人家法也。」

九九　問：「《易》稱：湯武革命，順乎天而應乎人。《論語》稱：伯夷
　　　叔齊餓於首陽之下，民到於今稱之。是皆孔子言也，何事異而
　　　稱同邪？」先生曰：「湯武有救世之仁，夷齊有君臣之義，既皆
　　　善，故並美也。」曰：「二者必何如而能全美？」曰：「紂可伐，
　　　天下不可取。彼時尚有微子在，迎而立之，退居於豐，確守臣
　　　職，則救世之仁、君臣之義兩得之

　　　矣。且使武庚不至於畔，夷齊不至於死，此所謂道並行而不相　　頁七下
　　　悖也。《易》曰：『安貞之吉，應地無疆。』」

一零零　問：「昔者仲由、端木賜、顏淵侍孔子而論學，仲由曰：『人善
　　　我者，我固善之，人不善我者，我則不善之。』端木賜曰：『人
　　　善我者，我固善之，人不善我者，我姑引之進退之間而已。』
　　　顏淵曰：『人善我者，我固善之，人不善我者，我亦善之。』孔
　　　子曰：『我則異於是。無可無不可。』此三子之是非何如？而孔
　　　子之所以異於三子者又何如？」先生曰：「子路之謂，直也；子
　　　貢之謂，教也；顏子之謂，德也。直可加之夷狄，教可行之朋
　　　友，德可行之親屬。孔子之無可無不可者，在夷狄則用子路之
　　　直，在朋友則用子貢之教，在親屬則用顏子之德，並行而不相
　　　悖者也。」

一零一　孟子道性善，必稱堯舜，道出處，必稱孔子。

一零二　伯夷之清，齊莊中正有之矣，然而望望然去，不能容人而教之，
　　　此其隘也。柳下惠之和，寬裕溫柔有之矣，然而致袒裼裸裎於
　　　我側，此其不恭也。君子正其衣冠，尊其瞻視，儼然人望而畏
　　　之，又從而引導之，其處己也恭，其待物也恕，不失

　　　己。不失人，故曰：「隘與不恭，君子不由也。」　　　　　　頁八上

一零三　「人心惟危」，人心者，眾人之心也。眾人不知學，一時忿怒相
　　　　激，忘其身以及其親者有矣，不亦危乎？「道心惟微」，道心者，
　　　　學道之心也。學道則戒慎不睹，恐懼不聞，有不善未嘗不知，
　　　　知之未嘗復行，見幾微也。

一零四　孟子曰：「惟大人爲能格君心之非。」孔子曰：「沽之哉，沽之
　　　　哉！我待價者也。」待價而沽，然後能格君心之非。故惟大人，
　　　　然後能利見大人。

一零五　隱居以求其志，求萬物一體之志也。

一零六　夫子之道，忠恕而已矣。忠恕，學之準則也，便是一以貫之。
　　　　孔子以前，無人說忠恕，孟子以後，無人識忠恕。

一零七　孔子之學，惟孟軻知之，韓退之謂孔子傳之孟軻，眞是一句道
　　　　著。有宋諸儒只爲見孟子粗處，所以多忽略過。學術宗源，全
　　　　在出處大節，氣象之粗，未甚害事。

一零八　貴戚之卿，君有大過則諫，反覆而不聽，則易位。微子、箕子，
　　　　殷之貴戚卿也，當紂之惡，不可以不諫，而諫之也當，不在於
　　　　虐焰之後，而其去之也當，不爲儉德辟

　　　　難已焉，可也。昔陳恆弒其君，孔子，魯去位之臣也，且沐浴　　頁八下
　　　　告於魯，而倡大義以請討。則微子箕子者，猶當有旁行之智矣。
　　　　蓋三分天下，文武有其二，微子、箕子豈不知之也？周家歷年
　　　　仁義忠厚，微子、箕子豈不知之也？文武有天下三分之二，則
　　　　周之時足以格紂也明矣。且其祖宗夫子仁義忠厚，則可諒其無
　　　　代殷之念，而易位之舉，亦可必其協同襄贊，而有以共濟天下
　　　　之難者矣。且夷齊清風高節，素抱羞辱污君之義，以此告之，
　　　　安知其不詢謀僉同，而有以共安社稷之危。孟子曰：「民爲貴，
　　　　社稷次之，君爲輕也。」且不惟成湯之祀尙可以永於無疆，而
　　　　箕子不至於囚，比干不至於死，武王夷齊無相悖之道矣。此天
　　　　下本無難事，而惟學識之有未盡焉耳。

一零九　「志於道」，立志於聖人之道也。「據於德」，據仁義禮智信，五
　　　　者，心之德也。「依於仁」，仁者善之長，義禮智信皆仁也，此
　　　　學之主腦也。「游於藝」，多識前言往行，以畜其德也。

一一零　禘之說，正不王不禘之法也。知不王不禘之法，則知君臣上下，
　　　　名分秩然，而天

　　　　下之治，誠如示掌之易矣。　　頁九上

一一一　卑禮厚幣以招賢者，而孟軻至梁，即求而往，明也。「國有道，
　　　　不變塞焉」，即女子貞不字。

一一二　聖人濟屯曰：「利建侯，只是樹立朋友之義。」
　　　　按：「明・萬曆刻本」未有「聖人濟屯」數字。

一一三　唐虞君臣，只是相與講學。

一一四　知此學，則出處進退各有其道：有爲行道而仕者，行道而仕，
　　　　敬焉、信焉、尊焉，可也。有爲貧而仕者，爲貧而仕，在乎盡
　　　　職會計，當牛羊茁壯，長而已矣。

一一五　問：「辭受取與，固君子守身之節，不可不愼。如顏子之貧，孔
　　　　子何不少助之？」先生曰：「重於情則累於道。君子之與受，視
　　　　諸道而已。故曰：非其道，一介不以與人，一介不以取諸人。
　　　　如其道，舜受堯之天下，不以爲泰。」

一一六　「人心惟危」，伊川賢者，猶因東坡門人一言，遂各成黨，況其
　　　　下者乎？學者須在微處用功。顏子不遠復，乃道心也。

一一七　漢高之有天下，以縱囚斬蛇一念之仁。韓信之殺身，以聽徹襲
　　　　齊一念之不仁。

　　　　故人皆有惻隱之心，苟能充之，足以保四海，苟不充之，不足　　頁九下
　　　　以保四體。

一一八　有疑先生安身之說者，問焉曰：「夷齊雖不安其身，然而安其心
　　　　矣。」先生曰：「安其身而安其心者，上也；不安其身而安其心
　　　　者，次之；不安其身又不安其心，斯其爲下矣。」

一一九　堯舜禹相傳授受曰：「允執厥中。」此便是百王相承之統。仲尼
　　　　祖述者，此也。然宰我曰：「以予觀於夫子，賢於堯舜遠矣。」
　　　　子貢曰：「自生民以來，未有夫子也。」有若曰：「自生民以來，
　　　　未有盛於孔子也。」孟子亦曰：「自有生民以來，未有孔子也。」
　　　　是豈厚誣天下者哉？蓋堯舜之治天下，以德感人者也。故民曰：
　　　　「帝力何有於我哉？」故有此位乃有此治。孔子曰：「吾無行而
　　　　不與二三子者，是某也。」只是學不厭，教不倦，便是致中和，
　　　　位天地、育萬物，便做了堯舜事業，此至簡至易之道，視天下
　　　　如家常事，隨時隨處無歇手地。故孔子爲獨盛也。先師嘗有精
　　　　金之喻，予以爲孔子是靈丹，可以點石成金，無盡藏者。

一二零　有學者問放心難於求，先生呼之，即起而應，先生曰：「而心見
　　　　在，更何求心乎？」

一二一　經所以載道，傳所以釋經。經既明，傳不復用矣，道既明，經　　頁十上
　　　　何必用哉？經傳之間，印證吾心而已矣。

一二二　陽明先生詩曰：「羨殺山中麋鹿伴，十金難買芰荷衣。」先生曰：
　　　　「羨殺山中沂浴伴，千金難買莫春衣。」

一二三　《易》曰：「二多譽，四多懼，三多凶，五多功。」先生曰：「初
　　　　多休，六多周。」
　　　　126，六陽從地起，故經世之業，莫先於講學，以興起人才。古
　　　　人位天地、育萬物，不襲時位者也。

一二四　當屯難而乘馬班如者，要在上有君相之明。求而往，明也。「女
　　　　子貞不字，十年乃字」，相時耳，此君子出處之節也。

一二五 誠意、忠恕、強恕、致曲，皆是立本功夫。

一二六 知安身而不知行道，知行道而不知安身，俱失一偏，故居仁由義，大人之事備矣。

一二七 自成，自道，自暴，自棄。

一二八 今人只爲自幼便將功利誘壞心術，所以夾帶病根，終身無出頭處。　頁十下

一二九 日用間毫釐不察，便入於功利而不自知，蓋功利陷溺人心久矣。須見得自家一個眞樂，直與天地萬物爲一體，然後能宰萬物而主經綸。所謂樂則天，天則神。

一三零 學者不見眞樂，則安能超脫而聞聖人之道？問：「能容下之慢，而不能受上之陵，其病安在？」先生曰：「總只是一個傲容。下之慢，視以爲不足與校雲耳。君子只知愛人、敬人。」

一三一 有別先生者，以遠師教爲言，先生曰：「塗之人皆明師也。」得深省。學者有積疑，見先生，多不問而解。

一三二 吾身猶矩，天下國家猶方，天下國家不方，還是吾身不方。

一三三 天性之體，本自活潑，鳶飛魚躍，便是此體。

一三四 一友論及朋友之失，先生曰：「爾過矣，何不取法君子？見不賢而自省之不暇，那有許多功夫去較量人過失！」

一三五 不面斥朋友之失，而以他事動其機，亦是成物之智處。　頁十一上

一三六 仁者安處於仁，而不爲物所動，智者順利乎仁，而不爲物所陷。仁且智，君子所以隨約樂而善道矣。

一三七 齋明盛服，非禮不動，一時具在，便是立志用功。

一三八 朋友初見，先生指之曰：「即爾此時就是。」友未達，曰：「爾此時何等戒懼，私慾從何處入？常常如此，便是允執厥中。」

一三九 天下有道，以道殉身，天下無道，以身殉道，未聞以道殉人者也，以道殉人，妾婦之道也。先生常誦此，學者以立本。

一四零 或問：「處人倫之變如何？」先生曰：「處變而不失其常，善處變者也。爲人君止於仁，爲人臣止於敬，爲人子止於孝，爲人父止於慈，此常道也。舜盡事親之道，而瞽瞍底豫。象憂亦憂，像喜亦喜，不以其害己而或間也，此處變而不失其常也。」先生問門人曰：「孔子與點之意何如？」對曰：「點得見龍之體，故與之也。」曰：「何以爲狂也？」曰：「以其行不掩言也。」曰：「非也。點見吾道之大，而略於三子事爲之末，此所

以為狂也。」

一四一　門人問先生云：「『出則為帝者師』，然則天下無為人臣者矣。」
曰：「不然。學也者，所以學為師也，學為長也，學為君也。帝
者尊信吾道，而吾道傳於帝，是為帝者師也。吾道傳於公卿大
夫，是為公卿大夫師也。不待其尊信而衒玉以求售，則為人役，
是在我者不能自為之主宰矣，其道何由而得行哉？道既不行，
雖出，徒出也。若為祿仕，則乘田委吏，牛羊茁壯，會計當盡
其職而已矣。道在其中，而非所以行道也。不為祿仕，則莫之
為矣。故吾人必須講明此學，實有諸己，大本達道，洞然無疑。
有此欛柄在手，隨時隨處無入而非行道矣。有王者作，必來取
法，是為王者師也。使天下明此學，則天下治矣，是故出不為
帝者師，是漫然苟出則反累其身，則失其本矣，處不為萬世師
是獨善其身，而不講明此學，則遺末矣，皆小成也，故本末一
貫，合內外之道也。」

一四二　《復初說》

治天下有本，身之謂也。本必端，端本，誠其心而已矣。誠心，
復其不善之動而已

矣。不善之動，妄也。妄復，則無妄矣。無妄，則誠矣。誠則
無事矣。故誠者，聖人之本。聖，誠而已矣。是學至聖人，只
復其不善之動而已矣。知不善之動者，良知也；知不善之動而
復之，乃所謂致良知以復其初也。

一四三　〈安定書院講學別言〉

《通書》曰：曷為天下善？曰：師師者立乎中，善乎同類者也。
故師道立則善人多，善人多則朝廷正而天下治矣。非天下之至
善，其孰能與于此哉？昔胡安定先生，泰州人也，有志于學，
一鄉崇祀，為百世師，況天下之至善乎？
今豫章瑤王先生，予同門友也。學于陽明先生，遵良知精一之
傳，來守是邦，以興起斯文為己任，構安定書院，召遠近之士，
居而教之，是一時之盛舉也。余家居安豐，去此百里許，亦承
其召而往學焉。
予謂道在天地間，實無古今之異，自古惟有志者得聞之。孔子
曰：『朝聞道，夕死可矣。』其餘何足言哉？嗟夫！有志之士，
何代無之，若非明師良友鼓舞于前，誘掖獎勸，抑其過引其不
及，以至於中，其不至於半途

而廢，行不著習不察，流于異端枝葉者鮮矣。予也東西南北之
人也，今瑤湖先生轉官北上，予亦歸省東行，辱諸友相愛，後

會難期，故書此以爲後日之記云。

一四四　〈明哲保身論〉贈別瑤湖北上

　　明哲者，良知也。明哲保身者，良知良能也。所謂不慮而知，不學而能者也，人皆有之，聖人與我同也。

　　知保身者，則必愛身如寶。能愛身，則不敢不愛人。能愛人，則人必愛我。人愛我，則吾身保矣。能愛人，則不敢惡人。不惡人，則人不惡我。人不惡我，則吾身保矣。能愛身者，則必敬身如寶。能敬身，則不敢不敬人。能敬人，則人必敬我。人敬我，則吾身保矣。能敬身，則不敢慢人，不慢人，則人不慢我。人不慢我，則吾身保矣。此仁也，萬物一體之道也。以之齊家，則能愛一家矣。能愛一家，則一家者必愛我矣。一家者愛我，則吾身保矣。吾身保，然後能保一家矣。以之治國，則能愛一國矣。能愛一國，則一國者必愛我。一國者必愛我，則吾身保矣。吾身保，然後能保一國矣。以之平天下，則能愛天下矣。能愛天下，則天下凡有血氣者，莫不尊親。莫不尊親，則吾身保矣。吾身保，然後能保天下矣。此仁

頁十三
上

一四五　也，所謂至誠不息也，一貫之道也。人之所以不能者，爲氣稟物欲之偏。氣稟物欲之偏，所以與聖人異也。與聖人異，然後有學也。學之如何？明哲保身而已矣。

　　如保身而不知愛人，必至於適己自便，利己害人。人將報我，則吾身不能保矣。吾身不能保，又何以保天下國家哉？此自私之輩，不知本末一貫者也。若夫知愛人而不知愛身，必至於烹身割股，捨生殺身，則吾身不能保矣。吾身不能保，又何以保君父哉？此忘本逐末之徒，其本亂而末治者否矣。故君子之學，以己度人。己之所欲，則知人之所欲：己之所惡，則知人之所惡。故曰：有諸己而後求諸人，無諸己而後非諸人。必至於內不失己，外不失人，成己成物而後已。此恕也，所謂致曲也，忠恕之道也。故孔子曰：敬身爲大。孟子曰：守身爲大。曾子啓手啓足，皆此意也。

　　古今之囑臨別者，必曰保重。保重，謂保身也。有保重之言，而不告以保身之道，是與人未忠者也。吾與瑤湖子相別而告之以此者，非瑤湖子不知此而告之，欲瑤湖子告之于天下後世之相別者也。

一四六　〈勉仁方〉書壁示諸生

　　予幸辱諸友相愛，彼此切磋砥礪，相勉于仁，惟恐其不能遷善改過者，一體相關故也。然而不知用力之方，則有不能攻己過而惟攻人之過者，故友朋之道往往日見其疏也。是以愛人之道

頁十三
下

而反見惡于人者，不知反躬自責故也。予將有以論之。

夫仁者愛人，信者信人，此合外內之道也。于此觀之，不愛人，不仁可知矣。不信人，不信可知矣。故愛人者人恆愛之，信人者人恆信之，此感應之道也。于此觀之，人不愛我，非特人之不仁，己之不仁可知矣。人不信我，非特人之不信，己之不信可知矣。君子爲己之學，自修之不暇，奚暇責人哉？自修而仁矣，自修而信矣，其有不愛我信我者，是在我者行之有未深，處之有未洽耳，又何責焉？

故君子反求諸身，上不怨天，下不尤人，以至於顏子之犯而不校者，如此之用功也。然則予之用功，其當以顏子自望而望于諸友乎？抑不當以顏子自望而望于諸友乎？夫仁者，以天地萬物爲一體，一物不獲其所，即己之不獲其所也，務使獲所而後已。故人人君子，比屋可封，天地位而萬物育，此予之志也。故朋之來也，予日樂之；其未來也，予日望之，此予之心也。

今朋友自遠方而來

者，豈徒然哉？必有以也。觀其離父母，別妻子，置家業，不遠千里而來者，其志則大矣，其必有深望于予者也，予敢不盡其心以孤其所望乎？是在我者必有所責任矣。朋之來也，而必欲其成就，是予之本心也。而欲其速成則不達焉。必也使之明此良知之學，簡易快樂，優游厭飫，日就月將，自改自化而後已。故君子之道，以人治人，改而止。其有未改，吾寧止之乎？

若夫講說之不明，是己之責也；引導之不時，亦己之責也。見人有過而不能容，是己之過也；能容其過而不能使之改正，亦己之過也。欲物正而不先正己者，非大人之學也。故誠者非自成己而已也，所以成物也。成己，仁也，成物，智也，性之德也，合外內之道也，故時措之宜也。是故君子學不厭而教不倦者，如斯而已矣。

觀其汲汲皇皇，周流天下，其仁可知矣。文王小心翼翼，視民如傷，望道而未之見，其仁可知矣。堯舜兢兢業業，允執厥中，以四海困窮爲己責，其仁可知矣。觀夫堯舜文王孔子之學，其同可知矣。其位分雖有上下之殊，然其爲天地立心，爲生民立命，則一也。顏淵曰：「舜何人也？予何人也？有爲者亦若是。」吾儕其勉之乎！吾儕其勉之乎！

然則予之

頁十四
上

用功，其當以堯舜文王孔子自望而望于諸友乎？抑不當以堯舜文王孔子自望而望于諸友乎？噫，我知之矣！而今而後，予當自仁矣，予當自信矣，予當自仁而仁于諸友矣，予當自信而信于諸友矣！然則予敢不自用功而自棄而棄于諸友乎？予知諸友之相愛，肯不自用功而自棄而棄予乎？故知此勉仁之方者，則必能反求諸其身。能反求諸其身而不至於相親相愛者，未之有

頁十四
下

也。

一四七　〈天理良知說〉

或問：「天理良知之學同乎？」曰：「同。」

「有異乎？」曰：「無異也。天理者，天然自有之理也。良知者，不慮而知，不學而能者也。惟其不慮而知，不學而能，所以爲天然自有之理。惟其天然自有之理，所以不慮而知，不學而能也。故孔子曰：'知之爲知之，不知爲不知'，是良知也。入太廟每事問，是天理也。惟其知之爲知之，不知爲不知，所以入太廟每事問。惟其入太廟每事問，便是知之爲知之，不知爲不知。曰致曰體認，知天理也。否則日用不知矣。"

曰："以子之言，天理良知之學同而無疑矣。人又以爲異者，何哉？"

曰："學本無異，以人之所見者，各自爲異耳。如一人有名焉，

有字焉。有知其名而不知其字者，則執其名爲是，而以稱字者爲非也。有知其字而不知其名者，則執其字爲是，而以稱其名爲非也。是各以自己之所見者爲是，以人之所見者爲非也。既知人矣，又知名矣，又知字矣，是既以己之所見者爲是，又知人之所見者亦爲是也。夫然後洞然無疑矣。"

頁十五
上

〈答問補遺〉計二十一節〔註2〕

一　子謂諸生曰：「惟《大學》乃孔門經理萬世的一部完書，喫緊處惟在止至善及格物致知四字本旨，二千年未有定論矣。某近理會卻不用增一字釋本義自足驗之，《中庸》、《論》、《孟》、《周易》洞然，吻合孔子精神命脈具此矣，諸賢就中會得，便知孔子大成學。」

二　諸生問止至善之旨，子曰：「明明德以立體，親民以達用，體用一致，陽明先師辨之悉矣。此堯舜之道也。更有甚不明，但謂至善爲心之本體，卻與明德無別，恐非本旨。明德即言心之本體矣，三揭在字自喚省得分，明孔子精蘊立極，獨發安身之義正在此。堯舜執中之傳以至孔子，無非明明德親民之學，獨未知安

身一義，乃未有止至善者，故孔子悟透此道理，卻於明明德親民中立起一箇極來，故又說箇於止至善，止至善者，安身也，

頁十五
下

〔註2〕「袁承業編校本」與「明・萬曆刻本」在分節上只有一節的不同，依「明・萬曆刻本」計則爲二十一節，本人在抄錄上仍依「明・萬曆刻本」爲據。另外，〈答問補遺〉與《王心齋全集》（日本嘉永元年和刻本）的卷三〈語錄下〉、《明儒學案.泰州學案一》有不少的相同處，在抄錄時亦會一併參考。

安身者，立天下之大本也，本治而末治，正己而物正也，大人之學也，是故身也者，天地萬物之本也，天地萬物，末也。知身之爲本，是明明德而親民也，身未安，本不立也。本亂而末治者，否矣。本末亂治，末愈亂也。故《易》曰：『身安，而天下國家可保也。』如此而學，如此而爲大人也。不知安身，則明明德親民卻不曾立得天下國家的本，是故不能主宰天地，幹旋造化。立教如此，故自生民以來，未有盛於孔子者也。」

三　諸生問曰：「夫子謂止至善爲安身，則亦何據乎？」子曰：「以經而知安身之知，安身之爲止至善也。《大學》箇說止至善，便只在止至善上發揮，知止，知安身也。定靜安慮得安身而止至善也，物有本末，故物格而后知本也。知本，知之至也；知至，知止也，自天子以至於庶人，至此謂知之至也，一節乃是釋格物致知之義，身與天下國家，一物也。惟一物而有本末之謂。格，絜度也，絜度於本末之間，而知本亂而末治者否矣，此格物也。格物，知本也。知本，知之至也。故曰：自天子以至庶人，壹是皆以修

身爲本也。修身，立本也；立本，安身也。後文引詩釋止至善曰：緡蠻黃鳥，止於丘隅，知所以安身也，孔子歎曰：於止知其所止，可以；人而不如鳥乎？要在知安身也，易曰：君子安其身而後動。又曰：利用安身。又曰：身安，而天下國家可保。孟子曰：守孰爲大？守身爲大。失其身而能事其親者，吾未之聞，同一旨也。」

按：「袁承業編校本」中，本節與下節合爲一節，今據「明·萬曆刻本」茲分爲兩節。

頁十六
上

四　諸生問格字之義，子曰：「格如格式之格，即後絜矩之謂，吾身是箇矩，天下國家是箇方，絜矩，則知方之不正，由矩之不正也。是以只去正矩，卻不在方上求，矩正則方正矣。方正則成格矣。故曰：物格。吾身對上下前後左右是物，絜矩是格也。「其本亂而末治者否矣」一句，便見絜矩格字之義，修身，立本也。立本，安身也。安身以安家而家齊，安身以安國而國治，安身以安天下而天下平也，故曰修己以安人，修己以安百姓，修其身而 天下平，不知安身便去幹天下國家事，是之謂失本也，就此失腳將或烹身割股餓死結纓，且執以爲是矣，不知身不能保又何以保天下國家哉。」

五　《大學》首言格物致知，說破學問大機括，然後下手工夫不差，誠意正心身齊

家治國平天下，由此而措之耳，此孔門家法也。

頁十六
下

六　知本，知止也。知本，知止也。如是，而天地萬物不能撓己靜

也；如是，而首出庶物至尊貴安也；如是，而知幾先見精義入神，仕止久速變通趨時慮也；如是，而身安如綿蠻黃鳥，止於丘隅色斯舉矣，翔而後集，無不得所止矣。止至善也。

七　問反己格物否，子曰：「物格知至，知本也；誠意正心修身，立本也；本末一貫，是故愛人治人禮人也，格物也。不親、不治、不答，是謂行有不得於心，然後反己也。格物然後知反己，反己是格物的功夫。反之如何？正己而已矣。反其仁治敬，正己也。其身正而天下歸之，此正己而物正也，然後身安也。

八　知明明德而不知親民，遺末也，非萬物一體之德也。知明德親民而不知安身，失本也。其本亂而末治者，否矣。亦莫之能親民也。知安身而不知明明德親民，亦非所謂立本也。

九　子謂諸生曰：「《大學》謂齊家在修其身，修身在正其心，何不言正心在誠其意，惟

日所謂誠其意者，不曰誠意在致其知，而致知在格物，物格而後知至，知至而後意誠，意誠而後心正，此等處諸賢曾一理會否也？」對曰：「不知也，請問焉？」子曰：「此亦是喫緊去處，先儒皆不曾細看，夫所謂平天下在治其國，言國治了而天下之儀形在是矣。所謂治國在齊其家者，家齊了而國之儀形在是矣。所謂齊家在修其身，修身在正其心者，皆然也。至於正心卻不在誠意，誠意不在致知，誠意而後可以正心，知至而後可以誠意，夫戒慎恐懼也，然心之本體，原著不得纖毫意思的，纔著意思便有所恐懼，便是助長，如何謂之正心？是誠意工夫猶未妥貼，必須掃蕩清寧，無意無必，不忘不助，是他真體存存，纔是正心，然則正心固不在誠意內，亦不識意外，若要誠意卻先須知得箇本在吾身，然後不做差了，又不是致知了，便是誠意，須物格知至而後好去誠，則誠意固不在致知內，亦不在致知外，故不曰所謂誠意在致其知者，所謂正心在誠其意者，是誠意毋自欺之說，只是實實落落在我身上做工夫不可，便謂毋自欺，為致知與聖經皆不先誠意就去正心，則正心又著空了，不先做致知就

頁十七
上

去誠意，則誠意又做差了，既能誠意不去正心，則誠意又卻助了，卻不可以誠意為正心，以致知為誠意，故須物格而後知至，知至而後有誠意工夫，意誠而後有正心工夫，所謂正心不在誠意，誠意不在致知者，如此也。悟此大學微旨。」諸生謝曰：「此千載未明之學，幸蒙指示，今日知所以為學矣。」

頁十七
下

十　子謂朱純甫曰：「學問須知有箇欛柄，然後用功不差。本末原拆不開，凡於天下事，必先要知本。如我不欲人之加諸我，是安身也，是立本也，明德止至善也；吾亦欲無加諸人，是所以安人，安人，安天下也，不遺末也，親民止至善也，此孔子學問精緻奧領處，前此未有能知之者，故語賜曰非爾所及也。」

十一　《大學》工夫，惟在誠意，故誠意章前後，引詩道極詳備，文王緝熙敬止，止仁，止敬，止孝，止慈，止信，以至沒世不忘止至善也。衛武公學問自修，恂慄威儀，以至民不能忘止至善也。畢竟皆做到至善，未曾悟得至善訣竅，所謂盛德至善者也，孔子合下便要止至善，便是欛柄在手，更不令滲漏，故曰七十從心所欲不踰矩也，使無訟乎，此謂知本，文王則不免崇候虎之錯，而夫身差裏也。

十二　程宗錫問：「『此之謂自謙』，訓作『自慊』，何如？」子曰：「此正承物格知至說來，既知吾身

是箇本，只是毋自欺，眞眞實實在自己身上用工夫，如惡惡臭，如好好色，畧無纖毫假借，自是、自滿之心，是謂自謙，即《中庸》敦厚以崇禮也，謙者無不慊，慊者未必能謙也。然工夫只在愼獨而已，故『不怨天，不尤人，下學而上達，知我者其天乎！』如此而愼獨，則心廣體胖，身安也。」　　　　　　　頁十八上

十三　子謂周季翰曰：「止於仁，止於敬，止於孝，止於慈，止於信。若不先曉得箇安身，則止於孝，烹身割股有之矣；止於敬者，餓死結纓有之矣。必得孔子說破此機括，始有下落，纔能內不失己，外不失人。故《大學》先引緡蠻詩在前，然後引文王詩做誠意工夫，纔得全完，無滲漏。」

十四　子謂徐子直曰：「何謂至善？」曰：「至善即性善。」曰：「性即道乎？」曰：「然。」曰：「道與身何？尊身與道何異？」曰：「一也。」曰：「今子之身能尊乎？否歟？」子直避席請問焉曰：「何哉？夫子之所謂尊身也？」子曰：「身與道原是一件，至尊者，此道；至尊者，此身。尊身不尊道，不謂之尊身，尊道不尊身，不謂之道，須道尊身尊纔是至善。故曰天下有道，以道殉身，天下無道，以身殉道，必不以道殉乎人，使有王者作，必來取法，致敬盡

禮，學焉而後臣之，然後言聽計從，不勞而王，如或不可，則去。仕止久速，精義入神，見機而作，不俟終日，避世避地避言避色，如神龍變化，莫之能測，《易》曰：『匪我求童蒙，童蒙求我。』」又曰：「求而往明也，動靜不失其時其道光明，見險而能知止矣。或曰君子之守身，修其身而天下平，若以道從人，妾婦之道也。己不能尊信，又豈能使彼尊信哉？及君有過卻從而諫，或不聽，便至辱且危，故孔子曰：『清斯濯纓，濁斯濯足，自取之也。』」子直拜而謝曰：「樾甚慚於夫子之教。」　頁十八下

十五　《中庸》先言愼獨中和，說盡性學問，然後言大本、致中和，教人以出處進退之大義也。

十六　「惟皇上帝，降中於民。」本無不同。鳶飛魚躍，此中也。譬之江淮河漢，此水也。萬紫千紅，此春也。保合此中，無思也，

無爲也，無意必，無固我，無將迎，無內外也，何邪思妄念？惟百姓日用而不知，故曰：「君子存之，庶民去之。」學也者，學以修此中也。戒愼恐懼，未嘗致纖毫之力，乃爲修之道，故

曰：「合著本體，是工夫，做得工夫是本體。」先知中的本體，然後好修的工夫。

十七　王子敬問莊敬持養工夫，子曰：「道一而已矣，中也，良知也，一也，識得此理，則見見成成，自自在在。即此不失，便是莊敬；即此常存，便是持養。眞體不須防險，不識此理，莊敬未免著意，纔著意，便是私心。」　　頁十九上

十八　劉君錫問：「常恐失卻本體，即是戒愼恐懼否？」子曰：「且道他失去到那裏去？」

十九　子謂子敬曰：「近日工夫何如？」對曰：「善念動則充之，惡念動則去之。」曰：「善念不動，惡念不動，又如何？」不能對。子曰：「此却是中，却是性，戒愼恐懼此而已矣。是謂顧諟天之明命。立則見其參於前，在輿則見其倚於衡。常是此中，則善念動自知，惡念動自知，善念自充，惡念自去，如此愼獨，便可知立大本。立大本，然後內不失己，外不失人，更無滲漏，使人人皆如此用功，便是致中和，便是位天地、育萬物事業。」

二十　子謂諸生曰：「程子云：善固性也，惡亦不可不謂之性；清固水也，濁亦不可謂之非水。此語未瑩，恐誤後學。孟子只說性善，蓋善固性也，惡非性也，氣質也。變其氣質，則性善矣。清固水也，濁非水也，泥沙也。去其泥沙，則水清矣。故言學不言

氣質，以學能變化氣質也。故曰：「明得盡查滓便渾化。」張子云：「形而後有氣質之性，善反之，則天地之性存焉，氣質之性，君子有弗性者焉。」此語亦要善看，謂氣質雜性，故曰氣質之性。」　　頁十九下

二一　董子某問先生嘗曰：「出必爲帝者師，處必爲天下萬世師，疑先生好爲人師何如？」先生曰：「子未學禮乎？」董子曰：「亦嘗學之矣。」先生曰：「子未知學爲人師之道乎？」董子曰：「願經教之。」先生曰：「禮不云乎，學也者，學爲人師也，學不足以爲人師，皆苟道也。故必修身爲本，然後師道立而善人多。如身在一家，必修身立本，以爲一家之法，是爲一家之師矣。身在一國，必修身立本，以爲一國之法，是爲一國之師矣。身在天下，必修身立本，以爲天下之法，是爲天下之師矣。故出必爲帝者師，言必尊信吾修身立本之學，足以起人君之敬信，來王者之取法，夫然後道可傳亦可行矣。庶幾乎！己立後自配得天地萬物，而非牽以相從者也。斯出不遺本矣。處必爲天下萬世師，言必與吾人講明修身立本之學，使爲法於天下，可傳於後世，夫然後立必俱立，達必俱達。庶幾乎！修身見世，而

非獨

善其身者也。斯處不遺末矣。孔孟之學，正如此。故其出也，　頁二十
以道殉身，而不以身殉道。其處也，學不厭而教不倦。本末一　　上
貫，是謂明德親民止至善矣。」

後　記

　　這是筆者的博士論文。

　　博士論文的完成在二零一四年八月。這是經過幾年的學習，總算能有系統地對一個研究計劃所作出初步的成果。當初僅憑著對「泰州學派」與王心齋那種強調道德實踐的模糊印象，直覺以為可藉由對他們的研究而進入「陽明後學」的研究領域，慢慢地就發覺「泰州學派」人物之多廣、議題之豐富，實在不能夠在幾年的時間內作出全面的釐定與論析。在這裏呈現的論文面貌僅算是在理論上的輪廓性論述，把「泰州學派」的思想發展整理出一個以「道體流行」為主軸的理論脈絡，並以三個階段六個人物個案作焦點，從而為「泰州學派」在儒家思想內作出義理上的定位，亦為日後對「泰州學派」內不同的人物研究與議題討論作出理論上的奠基工作，這亦是筆者認為論文可以出版的理由。至於拙作的瑕瑜得失，幸望海內外先進，不吝指正。

　　博士論文的完成其實只是另一個學習歷程的開端。筆者常記憶著牟宗三先生說到博士學位僅算是拿著學術研究入場券的說話。論文的部分章節有些已經過進一步的修訂或改寫在學術期刊上發表了，然而，在修訂、投稿、改寫的過程中，讓筆者經歷了匿名評審的意見、自我的省思及課題的再三思慮，實在受益匪淺。但願往後的日子能夠持續地遊逛在學術研究的途中。

　　博士論文的完成實在有賴於不同的人物引導、勉勵與支持。要感謝盧師雪崑教授與鄭師宗義教授兩位。盧老師是筆者的博士論文的指導教授，三年來盧老師一直給予最大的啓發與扶助，讓筆者能夠自由地提出許多不成熟的見解，又給予富積極意義的建議；鄭老師是筆者文學碩士論文的指導教授，雖然每每總是戰戰兢兢地坐在鄭老師的身旁報告我那些微末的閱讀心得或論

文觀點，但在鄭老師耐心的提撕與教導下，才學懂一點閱讀古典文獻、哲學詮釋與撰寫學術論文的問題意識之重要。另外，要感謝我的家人，太太少慧在多年來的支持與勉勵是默默支撐著我能夠自由任性地做哲學研究的原動力，女兒晉恩的乖巧是潤澤我心靈的暖流，兒子晉賢雖然患有學習障礙卻是促成我著力追求卓越與自我完成的契機。謹以本論文獻給他們。